新美南吉論／異質のイメージあるいは……

細谷建治児童文学論集 III

てらいんく
TERRAINC

細谷建治児童文学論集　Ⅲ

新美南吉論／異質のイメージあるいは……

目次

I

新美南吉論
——ぼくらがどのように状況にかかわったらよいのかを考えるための
ひとつの長い問題提起として——　10
〝ふたたび偽装を問う〟
——新美南吉にとって戦争とは何であったか——　39
町から村へ、村から森へ
——あの狐たちはどこへ行ったのでしょうか——　53
二つの作品・二つのイメージ
『校定新美南吉全集』　64
想像する力はとりとめもなくはばたくものだ
——『新美南吉全集』の「語注」についての意見——　68

Ⅱ

《出会い》と《本物らしさ》と　78
コロボックル小国盛衰記
——その１・前史——　84
だれも知らない小さな国　93
だれも知らないつばきの木
——『だれも知らない小さな国』の原風景——　101
コロボックル小国という名のマイホーム　107

Ⅲ

『龍の子太郎』の発想　116
《語りつぐ》ということ
――『おかあさんの木』について――　137
いぬいとみこ作『木かげの家の小人たち』『くらやみの谷の小人たち』の連作について。あるいは外界と自我との落差を処理する際に生じる「○○のがわについてかく」発想の批判として　142
もんく・たらたら。あるいは、いぬいとみこ論序説　150
ヒーロー論　157
アンチ・ヒーロー論　178
作家は子どもの日常生活をどのように把え、描いているか　186
ピッピ・ナガクツシタにとって《休暇》とは何か？　201

食物のある風景
——アリス・トム＝ソーヤー・ハイジ・宝島——　209

トラゴロウの《不安》
児童文学の中の子どもと現実の子ども　218

ワルのぽけっとは夕焼けの匂いがする
——灰谷健次郎にとって「非行」とは何か——　225

『もぐりの公紋さ』論　233

贋金づくりへの誘《いざな》い
——『ぼくら三人にせ金づくり』の魅力——　240

怪人二十面相と現代児童文学
——「おまかせ探偵局」と「怪人二十面相」における《時計塔》のイメージの差異を追って——　246

ちえ子は逢魔が時をいつ歩むのか
――『ふたつの家のちえ子』論。あるいは《家》のイメージについて―― 260
二つの風景・二つの家
――ぼくにとっての戦後児童文学五十年―― 270
『八郎』の「したらば、まんつ」について 282

Ⅳ

私的な詩的な指摘
――「賢治から何を学ぶべきか?」について―― 292
『ねしょんべんものがたり』批判
――主に子どもの側からの問題提起として―― 303
ナットクできないことはナットクできない 309

「教材としての児童文学」について考えることがいかにつまらないかということについて 322
『ちびくろさんぼ』シンポジウム（アンケートに答えて） 334
いま、なぜ「ちびまる子ちゃん」なのか
――ぼくらが少し昔をふりかえるとき―― 337
子どもの経済力を分析する 347
斬 356
おもしろさとつまらなさの狭間で 362
ぼくらにとって原っぱとは何であったのか 375
「事実」と「うそ」と 386
連帯の想像力《イメージ》 393

砂田弘の「少年」
——『砂田弘評論集成』のこと——　401
異質のイメージあるいは思い込み、思い違い、うそ付き、決め付け、レッテル、きわめつけに遭遇したときに批評家は何をするかについて　407
著者による覚書　412
解説／新美南吉論そして異質のイメージ、あるいは……の先に　藤田のぼる　413
索引　(i)

I

新美南吉論
――ぼくらがどのように状況にかかわったらよいのかを考えるためのひとつの長い問題提起として――

1 ぼくは、今、新美南吉論なんてかけないと思っているから、長い長いまえがきからはじまる。

ぼくは、正直いって、今、新美南吉論なんてものはかけないと思っています。（最初に出版された有光社版には確かにあった）「ごんごろ鐘」の最後の四百字が抹殺されて、「今はもうない、鐘のひびきがした。」という異聖歌の一文が南吉の作品としてまかり通っている現在、ぼくは、南吉の童話作品は〈研究〉の〈対象〉物として〈不完全〉だと考えています。

ぼくが「ごんごろ鐘」の最後の四百字をぬきに、南吉童話を語ってはいけないと思ったのは、今から六年まえのことです。ぼくは、ある女子学生から、〈わたし「ごんごろ鐘」の最後の「今はもうない、鐘のひびきがした。」という一言に南吉童話の本質が象徴的にあらわれていると思ったのに……〉と、いわれました。その女子学生は、サン＝テグジュペリと梶井基次郎ファンの文学少女でした。彼女は「今はもうない、鐘のひびきがした。」という一言で南吉の童話の全てを語ろうと思っていたのです。ところが、この一文は、他人のかいたものだったのです。その上、「ごんごろ鐘」という作品は、南吉自身がかいた最後の四百字が抹殺されていたのです。

彼女は、南吉童話の把えどころがなくなって、しばらくの間、スターをなくしたファンみたいになりました。逆からいえば、そのくらいに、四百字の抹殺と一文の加筆は当を得ていたともいえます。おそらく、南吉が生きて戦後を送っていたとしても、彼は、巽聖歌のこの修正に力なくうなだれ、自分自身の非力さを感じ、全面的に従っていたに違いありません。

しかし、そんなことは問題ではありません。サン＝テグジュペリの『星の王子さま』に魅せられた女の子が、それと全く同じように、「今はもうない、鐘のひびきがした。」という文章のとりこになってしまったという事実と、そのかげにかくされた四百字抹殺の事実が、ぼくにとっては問題なのです。

今、南吉童話は、サン＝テグジュペリの『星の王子さま』と同じ発想からブームになっているといえます。そのことと、四百字が抹殺されているということは、ぼくにとってぬきさしならない問題なのです。それをぬきにして、ぼくは新美南吉論をかく気になれないのです。

以下、「ごんごろ鐘」における結末部分の〈すりかえ〉が、どれほど大きな混乱をもたらしているか考えようと思います。

まず、最初に「今はもうない、鐘のひびきがした。」という巽聖歌の加筆をストレートに受け取ってみます。つまり、現在、一般に広まっている「ごんごろ鐘」をそのまま読むわけです。そうすると、この作品は、内に戦争に対する批判の眼をもった作品だということが可能になります。つまり、「ごんごろ鐘」は村人になつかしまれていた鐘を献納するという話ですから、今はもうない鐘のひびきをなつかしむという形で、その鐘を奪ってしまった戦争というものを暗に批判しているという把え方が可能になるわけです。

例の『星の王子さま』ファンの女の子も、こんなところに共感していたといえます。つまり、戦時下にあっても自分の内的な良心を守りつづけてきた作家の姿勢に、かなしいまでに美しい星の王子の姿をみたわけです。しかし、これは、《読み違え》だったのです。戦争という外部状況に対して、かなしいまでに美しく自己の内的なものを守りつづけた南吉というイメージは虚像だったのです。

ところで、この読み違えと虚像のイメージは、彼女の罪ではありません。「ごんごろ鐘」の結末部分が《すりかえ》られていることからくる当然の帰結だったのです。「今はもうない、鐘のひびきがした」という一文からかもし出される鐘の余韻はメルヘン的、雰囲気的で具体性に欠けています。だからこそ、戦後生まれのぼくらは、ぼくらの戦後的感覚でもって、鐘の余韻に反戦（非戦程度かもしれない）のイメージを考えてしまうのです。なぜなら、この加筆は、巽聖歌が戦後に、戦後的感覚に乗っかって為したひとつの《すりかえ》なのですから。

それに対して抹殺された四百字は、鐘の余韻を雰囲気的なところにとどめてはいません。献納され、変身した鐘は、はっきりと《何か》の音を出しています。そして、巽聖歌は、この《何か》を抹殺したかったためにあえて四百字抹殺という大英断をやってのけたのです。

その《何か》は何か。これは、一言でいってしまえば「黒い爆弾」です。このことは、巽聖歌自身が大日本図書版の南吉全集第二巻の「作品解説」で「新しい弾丸になられてはたまらない」とかいていることからも明らかです。

ぼくは、今度は、抹殺された四百字を元に戻して考えてみることにします。そうすれば古いごんごろ鐘が単純になつかしまれていなかったという事実に気づくはずです。抹殺部分に「古いものはむくりむくりと新しいものに生れかはつて、はじめて活動するのだ」という言葉があります。古いもの（ごんごろ鐘）は新しいもの（黒い爆弾）に生まれかわって初めて活動するのだという、作者の視点と方向性が具体的な形を伴って、はっきりとあらわされています。抹殺された四百字を、以下に掲げますから、巽聖歌の加筆（「今はもうない、鐘のひびきがした」）と比べてほしいと思います。

【「ごんごろ鐘」の抹殺された四百字】


　ちやうどそのとき、ラジオのニュースで、けふも我が荒鷲が敵の〇〇飛行場を猛爆して多大の戦果を収めたことを報じた。

　僕の眼には、爆撃機の腹から、ばらばらと落ちてゆく黒い爆弾のすがたがうつった。

「ごんごろ鐘もあの爆弾になるんだねえ。あの古ぼけた鐘が、むくりむくりとした、ぴかぴかひかつた、新しい爆弾になるんだね。」

と僕がいふと、休暇で帰つて来てゐた兄さんが、

「うん、さうだ。何でもさうだよ。古いものはむくりむくりと新しいものに生れかはつて、はじめて活動するのだ。」

といつた。兄さんはいつもむつかしいことをいふので、たいていぼくにはよくわからないのだが、この言葉は半分ぐらゐはわかるやうな気がした。古いものは新しいものに生れかはつて、はじめて役立つといふことに違いない。（『おぢいさんのランプ』有光社　一九四二年一〇月）

抹殺された四百字には《ごんごろ鐘→黒い爆弾》という作品のベクトルがはっきりあらわされているのがわかると思います。これに対して、巽聖歌の一文は、雰囲気的につくられているので、鐘のひびき

は残りますが、そのひびきの具体的イメージは浮びません。浮ばないというより、はっきり、鐘が爆弾にとってかわるイメージを抹殺しようとしています。そして、このイメージ抹殺からくる空白が、現在の読者に《読み違え》をおこさせているといえます。

ぼくは、この作品のベクトルを途中でぶった切り、鐘という古いものへの愛惜の情に後戻りさせてしまっている巽聖歌の「ごんごろ鐘」を、個人的には、新美南吉原作・巽聖歌改稿「ごんごろ鐘」と呼ぶことにしています。なぜなら、この区別をはっきりしておかなければ、ぼく自身も、あの女子学生と同じような《読み違え》をしてしまう危険があるからです。こんなことをあえていうのは、現実に戦争批判者南吉（あるいは戦争に無関係な位置にいた南吉）という《読み違え》からくる虚像が生産されつづけているからです。

例えば、滑川道夫は、牧書店版全集③の作品解説で、つぎのようにのべています。

国民学校五年生の『ぼく』が、ごんごろ鐘の思い出を語り、別れを惜しむ村の老人、庵主の尼さんを配して構成する。ぼくたちが、山奥からうば車ででてきて、ごんごろ鐘と別れをおしむ老人を町まで連れていき、また山奥へ送りとどけるという断ちがたい哀愁と少年の善行をからませて構想する。村人たちはいまはもうないごんごろ鐘のひびきをなつかしむのである。

庶民の信仰の象徴でもあり、会合の報知の役も果していたごんごろ鐘を献納しなければならない冷酷さへの批判を底にひめて南吉は書いている。表面的には当時流行の時局童話をよそおいながらも底流にふかい批判をこめているといっていい。南吉には時局便乗の『少国民童話』はとても書く気にもならなかったろう。『ごんごろ鐘』は時局的題材を扱って、せいいっぱいのところだったろう。

（「晩年（戦時中）の創作活動とその作品群」、『新美南吉全集第三巻』牧書店　一九六五年一〇月所収）

長い引用になりましたが、この把え方が最も一般的な南吉の虚像に思えて、あえて引用しました。引用の前半が作品の大要・構成について述べています。また、後半が滑川道夫自身の解説になっています。ここで気づくことは、大要の最後で「村人たちはいまはもうないごんごろ鐘のひびきをなつかしむのである。」といっていることです。これは、巽聖歌の加筆部分とほとんど同じで、原作にはない言葉です。滑川道夫は、たった数行しかない大要のしめくくりを巽聖歌の加筆部分のひきうつしですましてしまっているわけです。つまり、ここにも、最後の結末（抹殺された四百字）が巽聖歌の加筆部分で要約できるという《読み違え》と混乱があるわけです。そして、この読み違えが、戦争という「冷酷さへの批判を底にひめて南吉はかいている。」という評価にもつながってくるわけです。

この作品評価が問題なのは、南吉という作者の考え方を静的に把えて、そこで満足して止まってしまっていることです。

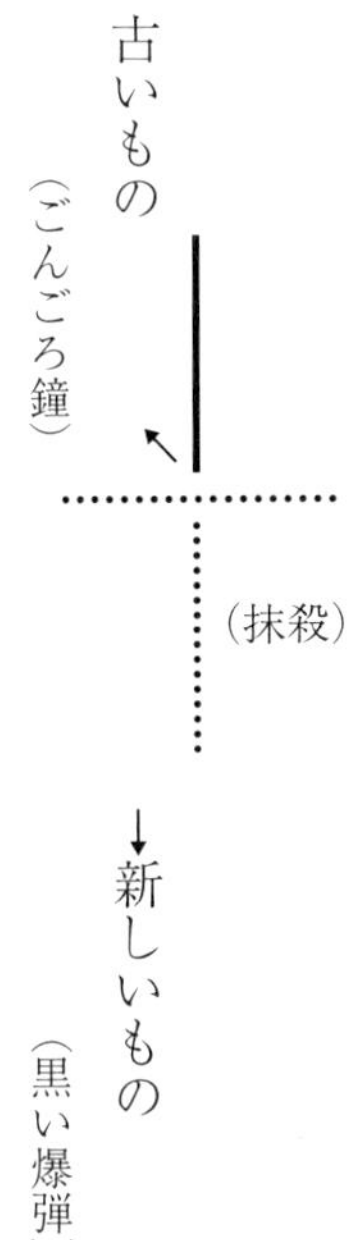

図解すれば、南吉の考え方の矢印は《古いもの→新しいもの》という方向をもっているわけです。ところが、四百字抹殺は、矢印の到達地点を消し去り、愛惜という心情をバネにして矢印の方向をもとに

戻してしまっているわけです。こうなると、南吉の拠点は、ごんごろ鐘という地点から事実上動けないことになります。だからこそ、その古いものを奪った戦争というものに対する批判も出てくるわけです。

しかし、戦争に対する批判云々という評価を無理矢理につくり出すために行なった《すりかえ》は、南吉自身の作品行為のベクトルを抹殺し、静止させています。それは、南吉の作品を歪めたというだけでなく、歪めた人間の思想的拠点が静止していて、やはりか細い《古いものへの愛惜》みたいなものでしかないことを物語っています。

だから、ぼくは、南吉の作品を語る以前に抹殺した側の主体の弱さにスポットをあて、抹殺した理由づけをみようと思います。

2 四百字をつけたりだというのは、作品のベクトルを無視し、同時に自分の主体を合理化している。

ぼくは、かつて日本児童文学者協会の新人賞をとった佐藤通雅の『新美南吉童話論』という本の研究会があったとき、その場に居られた巽聖歌という人に「ごんごろ鐘」の最後の四百字を元に戻す意志はないかと質問したことがあります。だいたい、南吉の作品をどうこうすることについて、他の個人の意志をうかがうこと自体、異常なことだと思うのですが、彼はそのとき《元に戻す意志はない》と答えました。

南吉の先輩であり、世を去る間近の南吉に全原稿を托され、それゆえ南吉童話を世に出すことに魅せられたひとりの老人の《意志はない》という返事に至る長い長い述懐めいた理由づけを、ぼくはききました。そのとき、老人の話の長さと話すこと自体に対する違和感が、ぼくの心の中をおそいまくり、また、老人の発する言葉のひとつひとつが全て南吉に対する善意から出ているだけに（老人にとっては、その言葉が全てほんものとしてあるだけに）ぼくは、当時の――そして、今も全くかわらない――南吉研究のかかえている状況の重さに気がつかされました。

今、思い出すままに、彼が《元に戻す意志はない》といった理由づけを掲げていこうと思います。

第一の理由は、《つけたり論》とか《おまけ論》とかいう呼び名をつけたくなるような論理でした。つまり、南吉に限らず、当時の童話作品における時局的描写は《つけたり》であり、そうしたものを入れなければ本を出版することもできないヒドイ状態だった。そして、「ごんごろ鐘」の最後の四百字も全体からみて不必要な《つけたり》だったからけずったということになります。

第二の理由は、戦後、この作品を本にするときＧＨＱが時局的描写があっては許可しないような状態だったから、また、このようなつけたり描写があることによって、南吉の本質が見失われ、彼の評価が下がることを恐れたからけずったというものです。

第三の理由は、《古いものはむくりむくりと新しいものに生まれかわる》というすじは「おじいさんのランプ」と同じものだから、あえて、時局的描写を入れなくてもいいと考えてけずったというものです。

ぼくは、これに対して、①最後の四百字がつけたりかつけたりでないかは読む人間が決めることだ。②もうＧＨＱの支配する世の中じゃないから出す意志があれば出せるはずだ。③南吉は、すでに宮澤賢治とならび称される程の位置をもっているのだから、評価が下がるかどうかなんて気にする必要はないという三つの反論をしたことを覚えています。

その結果、変わったことは何一つありませんでした。「ごんごろ鐘」の最後の四百字が元に戻ったという話もききませんし、今ある「ごんごろ鐘」のところに南吉原作・聖歌改稿という文字がかかれたという話もききません。

ところで、四百字抹殺の理由づけを、ぼくの古い記憶だけにたよるのでは、いけないと思います。ちょうど、大日本図書版全集第二巻の作品解説で、巽聖歌自身がけずった理由をのべていますので、それをみてほしいと思います。

『おじいさんのランプ』初版を持っている方や研究家には断っておきたい。この文の最初の一行「これは太平洋戦争のときのお話である。」は、戦後になって私がつけ加えた。それから、最後の四百字ばかりをけずって、「今はもうない、鐘のひびきがした。」も私が加えた。戦後はもう禁句的な文字になっていたし、「古いものはむくりむくりと新しいものに生まれかわって」も「おじいさんのランプ」とおなじプロットだ。お寺の鐘が新しい弾丸になられてはたまらない。私の好きな作品の一つだが、この方が鐘の余韻も出るように思う。（「作品解説」、大日本図書版三巻全集『新美南吉童話全集第二巻　おじいさんのランプ』一九六〇年五月所収）

この作品解説は、ぼくの記憶以上に、抹殺の意図をはっきり語っています。一言でいえば、「お寺の鐘が新しい弾丸になられてはたまらない」という巽聖歌の個人的な問題が「ごんごろ鐘」のベクトルを抹殺したのです。しかし、この抹殺が、彼の個人的な問題にすぎないなら、ぼくが四百字抹殺についてガヤガヤいったりするのは、それこそ無意味な作業になります。消耗感と徒労感とを覚えながらも、ぼくが四百字抹殺の問題をとりあげた理由は、この抹殺が、日本児童文学思想史上ぬぐうことができない汚辱になっていると思うからです。

「○○が××になられてはたまらない」という論理は、南吉の○○→××というベクトルを抹殺した改稿者聖歌自身の意志表示になっています。そして、この意志表示の問題点は、まえにも少し述べましたが、巽聖歌が戦後に、戦後的感覚に乗っかって為したところの精神の《すりかえ》にあるのです。

誤解を受けないために断っておきますが、ぼくは南吉の時局描写を暴露することによって、南吉を戦争犯罪人として告発しようとしているのではありません。ぼくは、全く反対の気持ちで、今、これをかいています。戦争にかかわっていた自分を、「本意ではなかった」とか「つけたりだった」とかいう論理をつかうことによってゴマ化し、戦後一遍に変身して、戦争責任の糾弾者みたいになって、「新しい弾丸になられてはたまらない」という精神の《すりかえ》を行なった児童文学者の精神の根本的な弱さをいいたいのです。

この《すりかえ》の恐ろしさは、戦中の《つけたり》に戦後の《つけたり》を置き換えただけで、その本質的な思考方式や発想は全く変わっていないで、ひとつながりになっているところにあります。いいかえれば、これは、時代の本質に対して、いつも《つけたり》のようにしか対応できなかった主体の弱さでもあります。そして、この弱き主体は、仮にもう一度同じ時代がやってきたとしたら、闘うことなく、今度はその時代の《つけたり》に従うに違いありません。

この発想で状況にかかわる場合、いつも、その時代の《つけたり》にかかわっていくことになります。だから、《つけたり》が主流である間は、それに夢中になり、仮にその《つけたり》が批判された場合には、自分は心からそれに従っていたわけではなかった、ただのつけたりであったという形で、自分の精神の根本からの批判を避けてしまいます。ひ弱な思考方式自体は連綿として生きのびるわけです。そして、ひるがえって、自分はいつの時代にも犯されることのない内部意識をもちつづけているのだという錯覚すらもちうるのです。

そして、この錯覚は、南吉の把え方に対しても影響を与えてきます。つまり、南吉が時局をあつかったのはつけたりであり、彼は戦争という時代にも犯されることのない内部意識をもちつづけていたのだという一つの虚像が産み出されるわけです。これは、南吉を戦争の批判者に仕立てあげることによって、同時に時代につけたりのようにしか対応しない自分の生きざまをも合理化してしまっているといえます。

確かに、南吉は若い作家でしたから、最後の一枚とか数行のところで、自分のいいたいことをなまでぶつけたり、幼年童話などに自分の人生観をむき出しでかいたりする未成熟な傾向がありました。しかし、その結末のなまの部分を（特に時局描写に限って）つけたりだとか、おまけだとかいって、抹殺したり無視したりするのは作品行為に対する最大の侮辱だと、ぼくは考えます。

時局描写をつけたりだとする一見進歩的な言葉を吐いて、自分を進歩的陣営の側に組み入れようとしている人間が、実は何一つとして時代の現実的批判をなしえていないのに対して、「ごんごろ鐘」の結末の四百字がもっている南吉童話のベクトルは、一見進歩に背を向けているかのようにみえながら、実は南吉が自己の負のモメントを懸命に他との緊張関係において昇華させようとしたものの帰結として、かえって時代の本質的な部分での象徴たり得たといえるのです。この逆説的なベクトルが可能なところに、文学――とりわけ児童文学――の領域のおもしろさがあると思うのです。そして、このように南吉を把えた場合「ごんごろ鐘」の最後の四百字は抹殺できなくなるのです。

時局描写を抹殺して、南吉を表面上進歩派の側に立たせることは確かに可能だし、現実にはこの種の虚像が支配的な南吉像としてあると思います。しかし、これは、自分の位置を進歩派（？）の側に立たせる方弁にはなりますが、南吉の作品の基本的なベクトルをこわしている上に、現実批判の何らもなしえていません。

そして、南吉の作品が、このように《不完全》な状態におかれているということは、とりもなおさず、それを《対象》としている南吉研究の現状も、不完全な、というよりも気だるい、重っくるしい、それでいてぬるま湯みたいな状態にどっぷりとつかっているということができます。だから、ぼくたちが、今、新美南吉論をかくとしたら、それは《不完全》覚悟の上で「ごんごろ鐘」の四百字抹殺の事実とぬきさしならない闘争をやりとげる形でやられなければならないわけです。そういう重さが、南吉研究には終始つきまとってくるのです。ぼくたちは、そのことを第一に確認しなければなりません。それとの闘いを抜きに「南吉研究」をしてはいけないと思います。

以上の長い長いまえがきの重みを自身の胸にきざんで、ぼくは、これから南吉の童話作品の中身について考えていこうと思います。

それは、南吉の作品の拠点とベクトルをさぐる作業になると思います。なぜなら、その作業が《ごんごろ鐘→黒い爆弾》という抹殺部分の矢印を検証することになると思うからです。そして、この抹殺部分の矢印が単なる《つけたり》でなく、南吉の考え方と作品にとって《ありうべき方向》だと検証されたとき、はじめて、ぼくは新美南吉について語れるという気がするのです。

3　作品の基本的なベクトルについて、それ自体うずまき状の四つの段階について考えることによって、四百字抹殺の問題にせまること。

【出発点としてのエゴイスト】

南吉の作品を考えた場合、よく庶民だとか善人だとか善意あふれる庶民だとかといういい方がされます。つまり、南吉の諸作品は、全て庶民＝素朴な善人という恒等式によって解決されているといえます。しかし、南吉の童話文学の出発点を考えた場合、そんなことは全然ありません。

南吉が、実際にもっていた庶民観は全く反対です。それは、庶民＝エゴイストという認識でした。そして、庶民＝エゴイストという現実認識を昇華するものとして南吉の作品群は生まれてきたのです。南吉にとって、善意は、エゴイスト的な負の現実認識を、大衆的心情へのコミットを媒介として、正の方向へ転化した結果（つまりエゴイスト→善人という矢印の到達点の方）としてあったのです。それを、作品にあらわれた架空の善意を思うあまり、出発点としてのエゴイストを抹殺するのはいけないと思います。なぜなら、それは、最終的に南吉の作品のベクトル自体（ひいては善意の方向自体）を抹殺することにつながるからです。そこで、ぼくは、最初に南吉の作品の出発点としてのエゴイストについて、南吉の庶民観を具体的にあげる形で検討していこうと思います。

南吉は知多半島の半田という郷土にすむ庶民の善意を限りなく愛していると、よくいわれます。しかし、南吉にとって、自分のまわりに居た人々が本当に善意あふれる人々としてあったかというと、そうではなかったといえます。南吉は知多半島という田舎に居て、巽みたいな都会の文学青年にいつも負い目を感じていました。そして、自分はこんな田舎に居るけど実は違っていてエリートなんだという意識をもっていて、だけど、やっぱり自分はみすぼらしい存在にすぎないという負の現実認識をもっていました。

この《みすぼらしい》ということについて南吉は日記の中で次のように語っています。「ある日、ちがった角度からわが家を見た。みすぼらしく見えた。人の目はいつも、こんなふうに見ていたのだろうと思った。つまりそのとき私は、客観的にわが家を見ることができたのである。こんな瞬間が、自分の肉親や、自分自身に関してもあるものだ。」（一九三七年二月七日）

ここにかかれている「ある日、ちがった角度からわが家を見た。みすぼらしく見えた。」という見方は、五年後に書かれた「貧乏な少年の話」の加藤大作君と同じです。大作君はキャラメルの空ばこを拾う「貧乏なやつ」をわなにかけようとしている吉太郎君といっしょに、弟の幸助がその空ばこを拾うのを見てしまうわけです。そこで、大作君は、ちがった角度から、自分の家が貧乏だということを認識するわけです。作品に従っていえば「そこで大作君は、おとなのことばでいえば、じぶんの家の貧乏をはっきり認識した。」ということになります。この作品は、そうした貧乏でみすぼらしい負の現実認識が、大作君の心の中でズーッと続くわけです。そして最後に、弟の空ばこを拾った行為が役場への献納（今でいう廃品回収みたいなやつ）に結びつくことによって正の方向に転換して結末になります。この作品は《空ばこひろいの貧乏な行為──▶役場への献納》という負から正へのベクトルをもっています。この矢印の方向を、まずもって心にとめておいてほしいのですが、ここでは、《みすぼらしい》という現実認識の方を、もっとくわしくみておこうと思います。

南吉は、ものごとを客観的にみることによって、そうしたものの見方ができる自分をエリート的な存在にしたてあげようとしています。しかし、彼は「貧乏な少年の話」の大作君と同じように、客観的にみればみるほど、事態は悪くうつるだけなのです。人の目をいつも気にしている南吉にとって、まわりに居る人間は自分以上にどうしようもない無知で人の目を気にして自分のことしか考えない人間くさいエゴイストたちだったのです。

南吉のみすぼらしさは「場末の映画館」の中にいる自分でもあります。彼は日記の中で次のように語っています。

よく場末の映画館などにいて、教養のない人びとばかりの間にいる自分を発見し、たまらなく寂しくなることがある。教養の有無の距離が人種の差異ほどに感ぜられるときがあるものである。

（一九三七年二月二五日）

南吉は、ここで、場末の映画館にいる人々つまり庶民を「教養のない人々」と呼んでいます。そして、自分は教養のない人間とは人種の違いぐらいの距離をもっているといっています。南吉は、別のところでも自分の周囲にいる人々を「高い文化を知らない人々」（同、三月一日）と規定しています。そこには、「庶民の素朴な善意の人間性」（牧書店版全集③解説）なんてものはありません。あるのは無知で人の目を気にして動く（あるいは動かない）エゴイストたち＝庶民です。そして南吉は、そうした中で「自己が他とすぐれているということ、少なくとも他と異なった存在であるということ」（同・二月二二日）を考えているのです。

ところで、周囲の人々を「教養のない人々」と規定し、自分を、「他と異なった存在」におく作業は、一般にありがちな文学的ポーズであり、自分を巽的な都会の文学青年に近づけようとする感傷にすぎません。しかし、南吉は自分を「他と異なった」位置におこうとするや否や、それ自体極めてエゴイスチックなものだと気づくわけです。無知なる庶民との《距離》を感じたとたん、南吉は耐えられなくなります。彼は、その孤独の状態を「地獄」と呼びます。

「真の孤独感には、もはや感傷がともなわない。藁のように乾いている。感傷の涙のあるうちそれは真の孤独感ではないのである。而して感傷の全然ない孤独感は、この世における一つの地獄である。」（同・三月一日）

この「地獄」の状態は出発点としてのエゴイズムが一つの危機に達した状態です。そこで、何が危機的なのかを考えてみます。何が危機かというと、それは《みすぼらしい》負の現実認識を正の方向に転換できない危機です。ますます負荷が高まって、ぎりぎりどうしようもなくなってきた危機です。

ところで、ひとむかし前の大正期から昭和初期ならば、エゴイズムはそれ程まで危機的にならなかったと思います。ひとつの負荷を荷ったエゴイズムは、大正期ならば《童心》という逃げ道があったし、他との関係ぬきに自己内部で正の方向へ転換できたと思います。というより、むしろ日本的な心情との関係を絶つところから正の方向がみつけられてたといえます。

それに対して、南吉のエゴイズムは、田舎の人の目を気にする人間くさいエゴイズムでした。つまり、それ自体、日本的な庶民感情に基づいたエゴイズムでした。それは、自我意識を中枢にすえてものをみるという（日本的な心情とは本来的にまじわりえない）世界観としてのエゴイズムではなかったといえます。

だからこそ、庶民との距離が「地獄」なのです。南吉は、庶民からの孤立感を自分の中にある日本的な庶民感情を通して、正の方向へ転換します。ここに《エゴイズム→自己犠牲》という南吉の考え方の基本的なベクトルが成立するわけです。自己に内在する大衆的心情へのコミットを通して、エゴイズムという負の現実認識は、再び大衆の中へ回帰するのです。南吉はいいます。

「人間の心を筍の皮をはぐようにはいでいって、その芯にエゴイズムがあるということを知るとき、われわれは生涯の一危機に達する。つまり人というものは皆、究極においてエゴイストであるということを知るとき、われわれは完全な孤独の中につきおとされるからである。しかし、ここでへたばってはいけない。ここを通りぬけて、われわれは自己犠牲と報いを求めない愛との築設に努めなければならない。こういう試練を経てきた後の愛はいかにこの世をすみよいものとすることであろう。」（同・三月一日）

大正期「童心」であったなら避けることができた、他との緊張関係が、南吉のエゴイズムにとってはぬきさしならない問題だったわけです。そして、南吉のエゴイズムが他者と関わることを抜きにしては正の方向に転換できなかったところに、南吉自身のエゴイズムの弱さと南吉の時代の閉塞的特殊性があったといえます。南吉のつくり出した善意の世界を大正期の「童心」やいわゆる「近代的自我」とひとつ束でくくれない理由も、また、ここにあるといえます。そして、庶民＝善人という恒等式からは《エゴイズム→自己犠牲》という南吉の考え方の基本的なベクトルを見い出し得ないのです。

南吉の拠点を大正期「童心」のつづきとして把える見方も、善なる庶民に対する限りない愛からできているという見方も、また、南吉のエゴを（本来的に日本的な庶民感情とまじわりえない）世界観としての近代的自我の範ちゅうで把える見方も、実は南吉の拠点とそのベクトルとを抹殺し、ある静止した位置に南吉をおいてしまう見方だといえます。

ですから、ぼくたちは南吉の童話文学の出発点としてそれ自体日本的庶民感情に基づいたエゴイズムがあるということを最初に確認しておく必要があります。そして、みすぼらしい負の現実認識であるエゴイズムが日本的なるものへの回帰を通して正の方向へ転換するというベクトルをしっかりと把えなければなりません。その結果、エゴイズムは自己犠牲と報いのない愛へと昇華されるのです。そして、ここから南吉の童話文学は始まるのです。

【南吉の作品の分類】

南吉の童話文学は、基本的に《エゴイズム→自己犠牲》というベクトルが支配しています。そして、南吉の作品は、彼の拠点のありようとエゴイズムの昇華のさせ方の違いによって、次の四つの段階に分類することができます。

Ⅰ　動物の善意に拠点がある。エゴイストである人間が動物の善意に対する憧憬を通してパラドックス的に昇華される段階の作品（例、ごんぎつね・てぶくろをかいに）

Ⅱ　人間の善意に拠点がある。しかし、まだ善意共同体としての村のイメージは発見されていない。だから、エゴイストとエゴイストとがぶつかりあいながら、悪いことを悪いことだと知っているのは善いことだという善意に昇華される段階の作品（例、牛をつないだ椿の木）

Ⅲ　人間の善意に拠点がある。善意共同体としての村のイメージが呈示され、エゴイストたちはその中に吸収され昇華される段階の作品（例、花のき村と盗人たち・和太郎さんと牛）

Ⅳ　人間の善意に拠点がある。善意共同体としての村のイメージが社会的拡大化をはかる段階の作品（例、ごんごろ鐘・おじいさんのランプ・貧乏な少年の話）

以上の四つの段階は、南吉の童話文学の発展と展開の過程を示しているといえますが、南吉の考え方自体がうずまき状ともいえるどうどうめぐりの状態でしたから、必ずしも時間的な経過とは一致しません。もちろん、動物の善意を拠点としている作品が主に初期に多く、人間の善意を拠点としている作品が後期に多いという言い方は可能です。しかし、それも一九四三年作の『狐』をどう把えるかによって変わってくると思います。自分に狐がついてないか心配している文六ちゃんとその母親との会話は、人間の会話ですが、一方では動物の善意への憧憬を含んでいます。「もし、ぼくが、ほんとうに狐になっちゃったらどうする?」ときく文六ちゃんと「人間をやめて、狐になることに決めますよ」というおかあさんとの会話は、後期の作品にも動物の善意への憧憬が含まれていることを示しています。また、一九四二年作の「貧乏な少年の話」の原型ともいえるみすぼらしさを違う角度からみるという行為(心理状態)は五年前の一九三七年の日記に既に示されています。

このように南吉の考え方は、ひとつの方向性をもってはいましたが、いつもどうどうめぐりをくりかえしていたといえます。「鳥山鳥右エ門」という作品では、主人公の鳥右エ門は「人のためになること」をしようと思いたち、かじ屋の弟子、酒造り、櫛引きから坊主、乞食までやりますが、結局気がくるってしまいます。エゴイストの鳥右エ門がしもべの平次との距離をうめようとして行なった自己犠牲が、川名というよい心の人ばかりの村に金をめぐむべきか、それとも山の中の村に鐘をつくるべきかという二者択一の中で分裂し、鳥右エ門はついに平次的な庶民との距離を眼前にして心を病み聞こえない鐘の音が聞こえるようになってしまうのです。南吉の童話文学の出発点にはエゴイズムがあると、ぼくはいいましたが、そのエゴがこれほどに悲惨な結末を招く作品は他にありません。「鳥山鳥右エ門」は、既に述べた四つの段階のどこにも入れることができませんが、それら四つの段階を全て含んでいるといえます。南吉の考え方のどうどうめぐりのうずまき状態そのものを示しているといえるのです。

【第一段階の作品】

南吉は、最初のうちは人間なんてものは全然信用していません。例えば「ごんぎつね」とか「てぶくろをかいに」という作品は、かなしいまでに美しい世界を描いているといわれます。それは、確かにかなしいし善意が通じあわないかなしみのわけですが、あの作品の拠点が、人間の善意だとか人間に対する限りない愛情にあるかというと違うわけです。あそこの拠点は動物の善意にあるわけです。

南吉の童話文学における主人公たちの多くは、最初の設定では悪人（というよりエゴイスト、あるいはみすぼらしい何かをもっている人間）です。例えば「ごんぎつね」では、兵十にしろ、ごんにしろエゴイストです。兵十はごんをうち殺す最後の瞬間まで人間の見方でしかものを見ません。ごんも初めはキツネの見方でしか見ません。これが、人間の見方からすれば、ごんをいたずらぎつねにするわけです。でも、ごんのエゴイズムは人間にとっていたずらをするという意味のエゴイズムだから、人間のエゴをより鮮明にするという以上の意味はもっていません。その証拠に、ごんが、兵十のうなぎをとった十日後に、兵十のおっかあの葬式をみるところがあります。そのとき、ごんは《ああ、兵十はおっかあにうなぎを食べさせてやりたかったのかな。わるいことをしたなあ》って、ほらあなの中で考えるわけです。そこで、一ついえることは、兵十はほんとうにおっかあにうなぎを食べさせようとしたのか、その善意は本当のところわからないわけです。それは、ごんがほらあなの中で考えた、ごん自身の善意のわけです。そのほか、いわし屋だって、いわしをとられると兵十をひっぱたきます。彼も、またエゴイストだからです。

そして、一番重要なのは、兵十と加助の会話です。兵十が《おれのところにくりやまつたけなんかを毎日くれるのはだれだろう》と尋ねたとき、加助はいいます。――「どうも、そりゃ、人間じゃない。神さまだ。」

そこには、よいことをするのは人間でなく神さまだという発想が既にあります。つまり兵十や加助のすんでいる村は善意共同体でないわけです。農民＝善人という発想は、そこには全然ないわけです。そこで、最終的には兵十の人間の目でしかものをみないというエゴイズムがごんの善意を駆逐するわけです。この作品のクライマックスです。おそらく、ごんの善意を駆逐した瞬間に、兵十のエゴイズムは感傷ぬきの孤独感におそわれるに違いありません。そして、この孤独感は、南吉が日記の中で、「藁のようにかわいている」といった一つの地獄の状態です。兵十は、ごんとの関わりの中で、我と我が行為を、「客観的」にみてしまうわけです。この関わりが殺害というこれ以上動かしようのない媒介項を経て行なわれるところに「ごんぎつね」という作品の重みがあると思います。兵十（人間）のエゴイズムの危機的なつきつけと動物の善意への憧憬が作品の基本的なベクトルとしてあるわけです。

「手ぶくろを買いに」でも同じことがいえます。子ぎつねがまちがってきつねの方の手を出したとき、ぼうし屋さんは、別にきつねをつかまえたりしないで手ぶくろをわたします。しかし、南吉は、ここでぼうし屋さんの行為を「善行」としては描いていません。子ぎつねの手をみたとき、ぼうし屋さんはいいます。――「さきにお金をください」と。そこで彼はお金がきちんとあっていたから、手ぶくろをわたすわけです。木の葉かどうかを調べるわけです。

ところで、このぼうし屋さんのやったことは、とても町的な発想だったと、ぼくは思います。そして、この作品の拠点がどこにあるかというと、反対に「きつねの親子のすんでいる森」にあるのではないかと思います。この話の始まりの方で、かあさんぎつねが「夜になったら、町までいってぼうやのおててにあうような毛糸のてぶくろを買ってやろう。」と思う場面があります。牧書店版全集第一巻の解説によると、この中の《町までいって》が最初原稿では《村までいって》になっていたそうです。南吉にとって「村」のぼうし屋さんでなく「町」のぼうし屋でなければならなかった根拠も一考の余地があると思います。ただ、これら原稿との比較において、南吉の作品行為を問題にする作業は、南吉研究の現段階では、ほとんど不可能です。宮澤賢治の諸作品について天沢退二郎らがやっている綿密な作品行為の検討とそのための資料の整理、発表が、南吉の諸作品についても早急に行なわれなければならないと思います。

「町」的と「村」的ということに話を戻して考えるならば、かあさんぎつねが最後に「ほんとうににんげんは、いいものかしら。ほんとうににんげんは、いいものかしら。」と、つぶやかざるを得ない根拠（いいものだと断言できないわけ）も、この辺のズレにあるのではないかと思います。

とにもかくにも、彼のまわりに悪い人間ばかりが居たというわけではありませんが、彼の現実認識がそういう負荷をもっていたわけです。文学なんてだいたいそうですけど、自分自身の中にある負のモメントをどんなふうな形で正の方向に転換させるかというところにあるわけです。その第一段階で、南吉は、動物の善意を媒介項としてエゴイズムをパラドックス的に昇華させているわけです。

【第二段階の作品】

第二段階の作品を考えるにあたって、日記にかかれた次の言葉をみてほしいと思います。「人間は皆エゴイストである。常にはどんな美しい仮面をかむっていようとも、ぎりぎり決着のところでは、エゴイストである。――ということを、よく知っている人間ばかりがこの世をつくったら、どんなに美しい世界ができるだろう。自分はエゴイストではない、自分は正義の人間であると、信じ込んでいる人間ほど恐しいものはない。かかる人間が、現代の多くの不幸をつくっているのである。」（一九三七年一〇月二七日）

第二段階の作品は、この日記にかかれているようにエゴイストとエゴイストとがぶつかり合う結果、悪いことを悪いことだと知っているのは善いことだという善意にたどりつきます。

「牛をつないだ椿の木」が、その好例です。この話は、山の中の「しんたのむね」のわきに井戸をつくる海蔵さんの善行がテーマになっています。そして、具体的に話を進めるにあたってバネになっているものは、一見善行とは反対の人間臭いエゴイズムです。

そのバネをストーリーに従って見ていこうと思います。最初に、海蔵さんが井戸をつくるきっかけになったのは、利助が地主におこられたことです。そして、つばきの葉をみんな食ってしまった牛のことをおこられた利助さんに対して、海蔵さんは「おとながおとなにしかりとばされるというのは、なさけないことだろう。」と、利助さんの気もちをくんでやるのです。こうした人の目を気にした実になさけないところから海蔵さんの善行は始まるのです。

海蔵さんは、井戸ほりの新五郎さんに三十円で井戸ができるという話をききます。しかし、利助さん、花うりのおばあさん、がにまたのおじいさん、みな（自分のことしか考えない）エゴイストです。山林でお金をもうけた利助はこういいます。――「その三十円をどうして、おれが出すのかェ。おれだけがその水を飲むなら話はわかるが、ほかのもんもみんな飲む井戸に、どうしておれが金を出すのか、そこが、おれにはよくのみこめんがのォ。」と。

そして、海蔵さんは食べたいお菓子も食べずに三十円の金を二年かけてためることになります。しかし、その行為のバネは「けっきょく、ひとはたよりにならんとわかった。いよいようなったら、おれひとりの力でやりとげるのだ。」というエゴにあります。このようにエゴイズムとエゴイズムとのぶつかり合いの中でストーリーが運ばれていくところに、第二段階の作品（とりわけ「牛をつないだ椿の木」）の特徴があります。作品を動かしているバネは現実次元での生活法則で、みすぼらしい、なさけないものなのです。

しかし、このエゴイズムが《悪いことを悪いことだと知っているのは善いことだ》という形で発展し昇華するところに南吉の《エゴイズム→自己犠牲》という基本的なベクトルが読みとれるのです。

そこで、最後の一番重要な場面にストーリーは発展します。それは、ついに地主がおれて海蔵さんに井戸ほりを許す場面です。海蔵さんは地主のまえで「あなたが死ねば息子さんが井戸をゆるしてくれる、と聞いて、わるい心になりました。もうじきあなたが死ぬからいい、などと、おそろしいことを平気で思っていました。」と告白します。その告白をきいて、地主は井戸ほりを許します。今までずっと善人のようにあつかわれていた海蔵さんに「わるい心」を与えることによって、南吉は地主のエゴイズムを「よい心」に変化させるのです。自分を悪い人間だ、エゴイストだと知っている人間ばかりだったらどんなに美しい世界ができるだろう、という南吉の願いがそこにあります。また、この作品のクライマックスでもあります。

【第三段階の作品】

このように、南吉は作品の中でも、現実法則を逸脱していません。たどりつくさきが「自己犠牲」「善行」だとしても、それを動かすバネは極めて人間臭い人の目を気にしたエゴイズムです。

しかし、彼は一瞬知多半島の半田というところに居るみすぼらしい自分を忘れることがあります。負の現実法則そのものから離れることがあります。それは、南吉が善意共同体としての《村》のイメージそのものを呈示しようと試みるときです。そのとき、彼は、エゴイズムとエゴイズムとをぶつかり合わせることを忘れます。あるいは、彼がいつも胸にいだいていた都会に対する劣等感も、周囲の人々に対する優越感も忘れます。そして、彼は、自分が呈示しようとしている、自分の内部にある大衆的心情だけを覚えています。そのとき、彼は、農民に対する、都会に対するあらゆるものに対する負の認識から脱して、彼のもっているものを全て正の方向に向けて表出するのです。このとき、南吉の善意共同体としての《村》のイメージは最も明らかに最も深く、ぼくたちの前にあらわれます。「花のき村と盗人たち」がそれです。

この作品の主人公は盗人というその商売が示す通り、最初の設定では（他の南吉童話の主人公たちと同じように）エゴイストです。しかし、それ以上に、この作品は善意共同体としての村のイメージ化に力がそそがれています。きのうまでの釜師の釜右衛門、錠前屋の海老之丞、角兵衛じしの角兵衛、大工の息子の鉋太郎、そして、ほんとうの盗人であるかしらの五人は、花のき村にやってきて、盗みをやるどころか、かえって「善行」をやってしまうのです。つまり、エゴイストどもは花のき村の中に吸収され昇華されてしまうのです。ストーリー展開も、かしらと子分の会話を中心に、エゴイズムのかけらもない浪花節的（落語的とか講談的といった方がいいかもしれないけど、まあそんな感じの）センチメンタリズムに一元化されているといえます。

この作品について、巽聖歌は次のように語っています。（大日本図書版全集②）

「この作品は個人的な意見をいえば、私は好かない。どこやらに、大衆文学的なにおいがする。再話『大岡越前守』を書いたあとの発想であろうか。それにもかかわらず、放送にはよく使われる。紙芝居もできている。南吉は原稿ができると人に読んで聞かせたようだから、そういうおもしろみなのであろうか。小盗人たちの名まえや、失敗のくりかえしは人をくすぐるようなところもある。ユーモア文学ではないが、ユーモラスなところが、人によろこばれるのであろう。」

そして、ぼくは、巽聖歌の「大衆文学的なにおい」に対する反撥から、南吉の作品が庶民の中へ確実に回帰できたことを知るのです。南吉にとって巽は「まばゆい都市生活の華やかさ」（一九三七年三月一日）でしたし、また南吉が「ひとりで築きあげてきたもの、私の周囲の高い文化を知らない人びとへの愛、己が魂の平和」（同）を一瞬のうちに粉砕してしまうものとしてありました。そして「花のき村と盗人たち」は、そうした負の現実認識にかかずりあうことなく、最も深く最も確かに自己の信ずる庶民的心情を作品化したものだといえます。

【第四段階の作品】

しかし、南吉の作品は、自己の童話文学の到達点ともいえる「花のき村と盗人たち」における善意共同体としての《村》のイメージの呈示では終わらないのです。

最も完成された作品といえる「花のき村と盗人たち」においてさえ、南吉は、「だから村というものは、心のよい人がすまねばならぬということにもなるのであります。」というつけ加えをしなければならなかったように南吉の《村》は、彼自身の心の平和である反面、イメージが確かなものになるや否や、その架空性がせまられてくるのです。《ねばならぬ》という言い方は、彼の《村》が現実には存在していないことを物語っています。

南吉は、善意共同体としての《村》の社会的拡大化をはかることによって、《村》の復権を試みます。つまり、そこのところに、古いものは新しいものに生まれかわることによって初めて活動するのだという「ごんごろ鐘」や「おじいさんのランプ」に示されたテーマがでてくるわけです。

そこで、ぼくは、《つけたり》ではなく、善意共同体の《社会的拡大化》の問題として「ごんごろ鐘」の最後の四百字を考えようと思うのです。それは、最初に、南吉の善意共同体が他との緊張関係抜きに考えられないものだったというところから語り始められなければなりません。いかに内部に求心的にせまったところで、南吉の負のモメントは正の方向へ転換できなかったということ、つまり、南吉の個性的な精神の道程においても、基本的に私的なものを公的なものへと転換することによってしか《負↓正》のベクトルは成立しなかったということを、ぼくたちは、はっきりと認識しておく必要があります。

つまり、南吉の善意共同体だとか、あるいは全く私的な行為ともいえるキャラメルの空ばこひろいだとかは、世の中でお役にたたなければいけないわけです。

「ごんごろ鐘」という作品も、また、ごんごろ鐘が新しい爆弾にかわることによって、活動しなければいけなかったのです。この作品は「花のき村と盗人たち」とは別の意味で南吉の《村》のイメージをあらわしているといえます。これは、ごんごろ鐘献納の過程を「ぼく」という子どもの眼を通して語っている作品ですから、いわゆる民話風な物語であると見做す余地を与えていません。そこには生活次元での現実法則が流れていますし、場所も《知多》に限定されています。そのような現実認識と紙一重の場所に舞台が設定されているにもかかわらず、この作品ほど共同体意識に根をおろした村のイメージを与えているものは他にありません。

これは、裏をかえしていうならば、作品上でない現実の村も、既に共同体意識にすっぽりとつつまれた村になっていたことを物語っています。この作品の語り手である「ぼく」は深谷のおじいさんのように「ごんごろ鐘と深いつながりがあった」存在ではありません。「南道班こども常会」に属する「ぼく」です。そして、この作品の問題は、ごんごろ鐘と深いつながりもない「ぼく」が吉彦のいった呪文を契機として、ごんごろ鐘と《一つのつながり》をもつところにあるのです。吉彦がごんごろ鐘を最後にならしたときにいった言葉――「西の谷も東の谷も、北の谷も南の谷もなるぞや。ほれ、あそこの村も、ここの村も、鳴るぞや。」――この言葉は「ぼく」の心にやきついて離れません。この「ぼく」はごんごろ鐘の献納がきまってても「ぼくたちの学校の門や鉄さくも、もうとっくに献納したのだから、尼寺のごんごろ鐘だって、お国のために献納したっていいのだと思っていた」存在です。つまり、「ぼく」がごんごろ鐘の呪文を銘記することによって、共同体意識→献納というプロセスを実感するところに、この作品の意味があるといえます。

尼寺から、西の谷、東の谷、北の谷、南の谷、あそこの村、ここの村へと流れていくごんごろ鐘の音は、共同体としての村の広がりを象徴しています。しかし、最も重要な部分だといえる、ごんごろ鐘が共同体内部でなく、一つの社会的なひろがりの中で（つまり特殊南吉的な時代内部で）ひびかせた音について、今ある「ごんごろ鐘」は語っていません。そして、その音を、南吉は、一つの特殊な時代に場を設定していおうとしたのです。そのことによって「ごんごろ鐘」という古いものと「ぼく」という新しいものとの《つながり》を南吉はあらわしたかったといえます。それは、また、ごんごろ鐘が新しい何かに変身することによって初めて可能になる《つながり》でもあったのです。《ごんごろ鐘→新しい爆弾》というベクトルも、南吉が求めてやまなかった他者とのつながり（善意の社会的なひろがり）として理解されるといえます。

ここで、ぼくは新美南吉論を終わりにしようと思います。長い長いまえがきをかきすぎたために、肝心の作品論の方の紙数が減ってしまいました。そのため作品論の方は概論の域を出ておりません。もっときちんと説明しなければならないところをメッタヤタラにとばしてかきました。実のところ、まえがきと作品論とどちらが肝心かというと、ぼくは、今まえがきの方が大切なのではないか、と思っているくらいです。ここで、ぼくが一番気がかりなのは、この論評が「ごんごろ鐘」の四百字を抹殺した当事者のみに対する誹謗・中傷の類にうけとられないか、ということです。しかし、ぼくとしては、南吉の童話文学の作品評価の問題、ひいては戦中児童文学の把え方の問題として考えてきたつもりです。そうでなければ、論の発展が望めないからです。

《抹殺》は厳として存在している事実ですし、大きい目でみれば、これをかいているぼくも、これをよんでいる人間も、そうした状況の中にすんでいるひとりの当事者なのです。この論が新美南吉という作家の研究を少しでも進めるものであったら、と思っています。また、このスッチャカメッチャカの南吉論に対して疑問や反論が出されたら助かります。ほんものの論争は研究の質をまちがいなく向上させますし、そうした事態になれば、ぼくも、また好きなことがいえる次第です。

(『日本児童文学』一九七三年一一月号)

【注記】ここでいう大日本図書版『新美南吉童話全集全三巻』は、一九六〇年五月から七月にかけて出版されたもののことです。現在出版されている大日本図書版『新美南吉童話集全三巻』および『校定新美南吉全集』では、巽聖歌による改変部分は修正されています。

〝ふたたび偽装を問う〟
――新美南吉にとって戦争とは何であったか――

1　なぜ「ふたたび」なのか。

はじめに、なぜ「ふたたび」という表題がついているのか説明しておこうと思います。それは、今からちょうど一年まえに遡ります。ぼくは「日本児童文学」（一九七三年二月号）に「新美南吉論」という評論をかきました。そのとき、ぼくは、「ごんごろ鐘」の最後の四百字が時局的描写のつけたりで必要ない部分だからという理由で抹殺されて、巽聖歌の「今はもうない、鐘のひびきがした。」という改稿が南吉の作品としてまかりとおっている現在、新美南吉論なんてものはかけないといいました。

今、あのときの問題点を考えてみると、四百字抹殺には大きく分けて二つの問題点がありました。第一の問題点は事務的なレベルのものともいえますが、南吉の作品の著作権及び改作・改竄・加筆・抹殺等々の事実関係に関わる問題です。作品の最後の一枚が他人によって勝手に不必要だと断ぜられてかえられたりしたら、それは作者の作品行為に対する最大の侮辱に他なりませんが、南吉の作品の場合、それが見て見ぬふりをされていたといってもいいでしょう。とにもかくにも、南吉の童話作品が《不完全》な状態におとしめられているとしたら、それを《対象》とする南吉文学の研究も当然《不完全》なものにしかなり得ません。確かに、対象が常に完全な状態でおかれているものだと考えるとしたら、それはひどい幻想にすぎないのでしょうが、それにしても南吉の場合はこの《不完全さ》がひどすぎるといえます。学者馬鹿になる必要はありませんが、研究し評論するものにとって作品は対峙し格闘すべき《対象》です。対象との泥まみれ垢まみれのとっくみ合いを抜きに、ものを考えたり、新しい何かをみつけ出したりすることは不可能です。いつまでもニセの作品をウノミにしているところからはニセの評論しかできないでしょう。南吉の作品を研究しようとする場合、第一に――それこそ消耗でつまらない――原作・改作云々の問題があるということを、ぼくらは忘れてはならないと思います。(ただ、この問題は南吉の作品の著作権者である巽氏が亡くなられたために次第に改善されつつあるときいています。ですから、ぼくが、ここで「ふたたび」考えようとしている問題はこれではありません。ぼくが考えようとしているのは、なぜ南吉の作品にかぎって、このような偽装がこらされているのかという次の問題です。)

抹殺に関わる第二の問題点は、この四百字が時局的描写だったというところに端を発します。南吉の作品にあらわれた時局的描写は、今まで作品全体の中では《つけたり》や《おまけ》にすぎないと評価されてきたといえます。「ごんごろ鐘」の四百字も、この考え方にしたがって不必要な時局的描写だからけずったということになります。

ところで、南吉の作品の多くは戦争中にかかれました。特に彼の最もすぐれたものといわれている作品群は、対英米宣戦の知らせをきいたのちの半年間(一九四二年の前半)にかかれています。これは象徴的なことがらではないか、と、ぼくは思うのですが、そのことから、当然戦争に関係した描写も、ところどころにでてくるわけです。そこで、問題なのは、戦争に関係した描写がでてくることそれ自体ではなくて、この戦争に関係したことがかいてある部分をみんな《つけたり》だとか《おまけ》だとかいって切り捨ててすませてしまう作品評価の仕方にあります。ぼくが、特に「ごんごろ鐘」の最後の四百字抹殺にコミットする理由も、この抹殺が《つけたり》的評価のもたらした象徴的偽装として現にあるからです。

ですから、要は、南吉に偽りの装いをほどこすことによって、戦争当時の（そして現在にまで及ぶにちがいない）自分の主体の弱さをカムフラージュしようとする児童文学者の発想の曖昧さを衝くことにあるわけです。ぼくが、一年まえの南吉論の中で最終的に語りたかったことも、「ごんごろ鐘」の四百字抹殺に象徴されるような偽装を全部とっぱらったところで、南吉の作品評価、ひいては戦中児童文学の把えなおし、問いなおしができないか、ということだったといえます。しかし、こうした問いかけは不充分であったらしく、ぼくが批判した（と思っていた）がわからの反応・反論は全くありませんでした。ですから、ぼくは、今「ふたたび」問いかけようと思っているわけです。

ぼくは、これから、南吉の作品評価にあらわれた偽装と偽りの南吉像（戦争批判者南吉というやつ）をできるだけ具体的にとりあげて批判していこうと思っています。そして、そのことを通して南吉にとって戦争とは何であったかを考えていこうと思っています。

まず、この作業をするに先だって、ぼくが戦中児童文学の暴露趣味でこのようなことをやっているのではないかという誤解から自由でいるために、西郷竹彦の次の言葉を引用しておきたいと思います。

――「これは先行する世代を被告席において裁くというんじゃなくて、ぼくらがやっぱり同じような状況の中で、そういう可能性を持ち得るという、その可能性を断ち切るという意味で批判しなくちゃいかんと思う。」（『子どもの本の百年史』）

2 何が「偽装」なのか。

【偽装その1・ごんごろ鐘】

南吉作品の偽装の中で最も大きなものは、いうまでもなく「ごんごろ鐘」の最後の四百字の抹殺です。しかし、これについては、まえの南吉論でいっぱいいったので多くは語らないことにします。ただ、四百字を抹殺して戦争に対する批判云々という偽りの評価をつくり出すために南吉自身の作品の方向性（古いもの・ごんごろ鐘↓新しいもの・黒い爆弾）が抹殺されていること、また結果的に作品は古いものに対する愛惜という抒情のみが優位になっていること、そしてこの抒情の曖昧さは抹殺した側の主体の曖昧さでもあることの三つを指摘するにとどめます。

ここでは視点をかえて、佐々木守の「ごんごろ鐘」に関する評価について考えることにします。彼はいいます。――「『ごんごろ鐘』は供出されるつり鐘をあらゆる村人たちが恋い慕う話で、通り一遍に考えてみれば戦争に対する消極的な抵抗でないこともないが、南吉にとって大切だったことは、そんなことより何より「ごーん、ごろごろ」と鳴るといわれ、いんねんのある古いつり鐘へのノスタルジアである。これは電気とのたたかいを途中で放棄しようとする南吉の『没主体』性につながっている。」

（「『おじいさんのランプ』論」『日本児童文学』一九五九年一二月号）

この佐々木守の指摘について、ぼくは「戦争に対する消極的な抵抗でないこともない」という部分に異論はありますが、没主体性に関する指摘は（抹殺者の没主体性を含めて）極めて重要なものだと思います。

異論の部分について少しいうなら、ぼくは消極的にせよ「抵抗」という姿勢は南吉にはなかったと考えています。佐々木守は、別のところで南吉と戦争との関係について「彼と戦争とはまったく別の世界に住んでいるかのように、彼には戦争などどうでもよかったものらしい。」といっていますが、ぼくは、戦争と南吉との間には少なくとも次元が異なるような距離はなかったと考えています。仮りにあったとしても南吉は自分の住んでいる世界と現実の戦時体制とのギャップをうめようとしていたのではないかと思うのです。そして「ごんごろ鐘」の《黒い爆弾》も、村人の鐘を恋い慕う精神をどうにかして戦時体制下にある社会の中へ拡大化しようと試みたひとつのあらわれではないかと思うわけです。

滑川道夫は「ごんごろ鐘」を評して「南吉には時局便乗の『少国民童話』はとても書く気にならなかったろう」といっていますが、この戦争批判者南吉という虚像に対して、ひとつのパラドックスでもって答えるなら、確かに、南吉は時局に便乗したものはつくらなかったといえます。なぜなら、それは南吉の内発的なものだったと、ぼくらは今、はっきりと把えることができるからです。南吉は便乗した《きまり文句》ではなく、自らの言葉でもって、戦時であった社会とのつながりを求めたといえます。この南吉における内発的性格を、さらに、はっきりさせておくために、「ごんごろ鐘」とは少し離れますが、南吉の戦争観を示しておこうと思います。

【南吉の戦争観・その転向の過程】

南吉にとって戦争とは何だったのだろうかということを考える作業は、大ざっぱにいうと、南吉の考え方（及び作品）をひとつの社会意識として把えることによって、作品論の中に転向のプロセスをおり込んでいくという作業になります。結論的にいうと、南吉の考え方はどうどうめぐりであっちにいったりこっちにいったり、あっちにもつかずこっちにもつかずして、振幅が大きいのです。が、それでも、大きくみるとひとつの方向性をもっていたといえます。そして、この方向性を、南吉の戦争に関するコメントでつなげてみるとそれは、はっきりした転向の過程を示しています。

例えば、よく掲げられるものですが一九三八年一一月一八日の日記にはミリタリズムに対する心情的反撥ととれるコメントがあります。――「日本の子どもたちが十人が十人まで、兵隊ずきであるということ、日本の大衆がほとんど全部、ミリタリストであるということは明治のころの教育、または国家思想、ミリタリズム宣伝の結果だと思われる。」（牧書店版全集⑧）

そして、一九三八年の、戦争に対して一種距離をもっていた視点が一九四〇年一二月八日の日記をみると次のような協力的言辞に変ってきています。――「政府が最近になって、全体主義、滅私奉公、忠君愛国ということを、手を拍ち口を酸っぱくして唱えはじめた理由がようやくわかった。僕も学校で、日本のよさを説き、お国のために死ぬことの尊さを、強調せねばならない。」

この戦争に対するコメントからは、戦争批判者南吉という像は、どんなにがんばってみても出てきません。巽聖歌は、「十五年に入ると、（中略）いたるところに、反戦・嫌戦・自由主義的な言動を見て、びっくりするであろう。」と、同じ巻の「解説」で偽装をこらしていますが、当時の南吉の心情は、この解説とは全く逆の方向へと移行を為しとげているわけです。そして、一年後、一九四一年一二月一二日の日記には、一二月八日の対英米宣戦が行われたことに対するコメントがあります。そこでは、南吉の心情は「ばんざあい」にまですすんでいます。――「金魚屋の前で、山崎の親父にいっしょになった。そして彼の口から、いよいよ対英米宣戦が行なわれたことをきいた。僕は、今朝新聞を見てきたが知らなかったといった。ただいまのラジオの臨時ニュースで、いっていましたといった。いよいよはじまったかと思った。なぜか体が、がくがくふるえた。ばんざあいと大声でさけびながらかけだしたいような衝動も受けた。」

ぼくは、今、人間の考え方の軌跡はある種の波動のような形をとるのではないかと考えています。つまり、人間の考え方にはこれこれだと一律に規定できないゆれ巾があると思います。ですから、Aでなければ非Aだというスタティックな把え方は間違っていると思います。南吉の戦争観についても、反戦かそれとも戦争協力かという二者択一の把え方では律しきれないものがあると思います。それは、大きくゆれ動きながら、大きな眼でみるとある方向へと進んでいき、ときには、その方向さえ見失われることがあるものだと思います。そこで、ぼくらがおさえるべきことは、この波動のゆれ巾と方向を規定しているファクターです。ぼくは、南吉の考え方（＝作品）が基本的にもっていた方向性を、まえの南吉論で《エゴイズム→自己犠牲》と呼びました。南吉は、おそらく《都会的なもの》と《田舎的なもの》というそれ自体可変な相反する二つのファクターによって規定された座標を、彼の幻想共同体といえる善意の村を形成するために、ゆれ動き、生きたのだと思います。そして、この村への試行は当然のことながら彼の内発的なものであったし、村の呈示自体戦時の体制と何ら矛盾するような性格のものでなかったといえます。むしろ、南吉の村が観念の所産でしかなかったように、南吉にとって、対英米宣戦以後の《国家》は日常的次元から非日常的次元への突入のような、つまり極めて観念的な精神的な性格をもって把えられていたのではないかと思います。

それ故、南吉は、現実の人間たちに対しては、たとえそれが戦傷軍人であったとしても、極めて冷酷な（人間の心理の弱さを衝くような）批判的な把え方をしながら、かえって国家が総体として行なっている戦争行為の方には全く批判的な視座をもちえなかったのだといえます。そして、翻って開戦後の社会を国家総体としての非日常への突入という精神次元で把えるなら、負の日常からの脱却をめざすという精神の高揚をもって、開戦後の半年間に集中的に創作にうちこんで幻想共同体である《村》の構築をめざしたとしても何ら不思議はなかったといえます。そして、ここに精神主義の一変型である農本主義の児童文学的形態ともいえる南吉の童話文学が成立するわけです。南吉の一九四二年前半にかかれた作品群は、このような内発的な転向の到達点だったといえます。

このように考えていくと、戦争批判者南吉という把え方が、どれほど南吉の内発的な力を無視しているか、また、こうした評価の仕方がいかに戦後の時流にのっかった《すりかえ》的評価にすぎないものであるか、わかると思います。以上の南吉の戦争観を確認した上で、ぼくは、話をふたたび南吉の作品評価における偽装の批判に戻そうと思います。

【偽装その2・おじいさんのランプ】

滑川道夫は「おじいさんのランプ」を評して「ほろびゆくものへのかぎりない哀愁を超えて新しい時代の発展がくることを主題にして巳之助の善意性をいとおしんでいる。」（牧書店版全集③傍点は細谷）といっています。そして、ここにもひとつの偽装があります。問題なのは「おじいさんのランプ」の《新しさ》です。滑川道夫は、新しい時代の発展がくるという主題を無条件で評価し、南吉の《進歩的性格》をイメージづけようとしています。ところが、この作品は「ごんごろ鐘」と同じ一九四二年五月にかかれたものです。《古いもの→新しいもの》という作品のベクトルが同じであるとしたら《ごんごろ鐘→黒い爆弾》と《ランプ→電燈》という内実も、南吉にとっては同義だったはずです。それなのに、電燈の方の新しさを文明開化とひっかけて肯定的に評価し、黒い爆弾の方の新しさを抹殺するとしたら、それは内実抜きの形骸だけをとりあげた評価だとはいえないでしょうか。この評価の仕方だと、確かに南吉を進歩の側に立たせることはできますが、そんな形骸だけをとりあげて南吉を進歩の側に立たせても何の意味もない、と、ぼくは思います。南吉にとって電燈も黒い爆弾も同じものであったという事実をスポイルして、単純に「おじいさんのランプ」を進歩的と把える評価の仕方に対して、ぼくらは、南吉の精神の歩みの中で《新しさ》というものがどのような内実と性格をもっていたのかというところに視座をすえて検討していかなければいけないのです。そうすれば、そこに「最後の胡弓ひき」で木之助がひきずりつづけていたもの（具体的には古い胡弓）を、ある時点でふっ切って、古きよき善意を新しい社会の中へ拡大していこうという南吉の試行がさぐりだせると思うわけです。そして、この《古いもの》と《新しいもの》という二つの性格概念の対比は《田舎的なもの》と《都市的なもの》という相反する二つのファクターの間でゆれ動いた南吉の精神の軌跡を示すものでもありますし、《古いもの→新しいもの》という作品のもつベクトルは《エゴイズム→自己犠牲》という善意の社会的拡大化のプロセスとも重なり合い、同時に、南吉の精神の転向のプロセスをも語っているわけです。そう考えてくると、「おじいさんのランプ」の《新しさ》を皮相的に《進歩》と断じることが、いかに南吉の内部的衝動の実質を無視しているか、わかると思います。

【偽装その3・貧乏な少年の話】

滑川道夫は「ごんごろ鐘」「貧乏な少年の話」「草」にあらわれた献納を評して「南吉が戦時中にかいた作品は、この献納程度のことが限界である。」（同じく全集③「解説」）といっています。何が「限界」なのかというと、南吉は戦争を批判的に考えていたから、献納以上に協力的なことはかけなかったという「限界」です。つまり、南吉は戦争に対して献納程度のところでふみとどまったということがいいたいわけです。ここにも、戦争批判者南吉という虚像生産への執着があるといえます。

作品に即して具体的に考えると、三つの作品の献納をこのように並列的にあげて「この献納程度のことが限界である」といっしょくたにひっくるめられると、とても困ります。なぜなら、少なくとも「草」

と他の二つ（「ごんごろ鐘」「貧乏な少年の話」）との間では作品における献納の意味・位置が全然ちがうからです。「草」の場合、献納自体は作品を動かす内的ベクトルになっていません。（くわしくは後で述べます）。それに対して、「ごんごろ鐘」「貧乏な少年の話」の場合、献納は作品の中で大きな意味をもっています。「ごんごろ鐘」の場合には《ごんごろ鐘→黒い爆弾》という矢印を動かす現実的な力として献納はありました。しかし、この作品の場合、おじいさんを深谷まで送って鐘との別れを惜しませるエピソードに象徴されているように、また黒い爆弾の呈示の仕方にしろ、主題は献納それ自体にはなく、献納は、いわば狂言まわしの役目をしていたといえます。それと比べると「貧乏な少年の話」は献納という行為なしには作品は成り立たなくなっています。その意味では南吉の童話文学における転向のプロセスは、この作品の中に最もよくあらわされているということができます。

この作品は、私的なもの（キャラメルの空箱を拾うという貧乏なやつの行為）を、公的なもの（その空箱を拾ったのは実は献納するためであったということ）へと転換することによって、貧乏な行為を客観的にみてしまったという危機を乗り越えます。この作品の最も大きな特徴は、キャラメルのはこを拾うという貧乏なやつの行為が廃品回収という献納を抜きにしては絶対に救われなかったというところにあります。そこに、また、この作品の世界がもっている《特殊な狭さ》があるともいえます。「久助君の話」の系列の作品が行きついた先の《狭さ》だともいえます。それ故、この作品は同じ時期につくられた「ごんごろ鐘」「おじいさんのランプ」と異なった世界が示され、南吉の精神の転向のプロセスがわりとストレートにあらわされています。大作君は考えます。――「貧乏だとて恥づかしがることはないのだ。僕達は健康だ。そして僕達には頑張る力があるんだ。僕達にはこれからどんなことだつて出来るのだ。」（「おぢいさんのランプ」初版　傍点は原文）

ここには、自慰の文学ともいえるほどに痛ましい、南吉の転向過程における現実的な論理が示されているといえます。そして、最後に「それなら幸助は、あのキャラメルの箱を献納するつもりで拾つたんだ。さうだったのか。国民六年加藤大作君は、きいてゐて、喜びのために胸があつくなるのを覚えたのである。」（同じく初版）という献納による救いがおかれて終っています。ちなみに、初版では「国民六年加藤大作君」が牧書店版ではただの「加藤大作君」になっています。また、献納の場所も「役場の軍事課」がただの「役場」になっています。これなどもひとつの偽装です。

ところで、滑川道夫はこの作品の結末部分を評して「献納にわずかに時局色をのぞかせているにすぎない。」（牧書店版全集②）といっています。が、既に述べたように、この作品の場合、献納は「〇〇にすぎない」ようなものではなく、この作品に《救い》をもたらす重要なポイントになっているといえます。その部分をスポイルして「〇〇にすぎない」と評価するのも、ひとつのカモフラージュだといえます。

【偽装その４・草／耳】

この「草」という作品にも献納がでてきます。それについて、滑川道夫は「この献納程度が限界である。」といっています。そして、同じ献納について、佐藤通雅は「兵隊ごっこをしていた少年の二つのグループが仲直りして軍隊に献納する草をかるという『草』。全体が明朗な筆運びで終始している。それだけにうっかり時局に足をとられそのまま流されてしまった感がある。」（『日本児童文学』一九七一年一二月）といっています。同じ作品の同じ時局描写であっても、読むものによって正反対の評価が下されることがあるからおもしろいです。滑川道夫の場合は、あくまでも戦争批判者南吉という視点からこの作品をみて、時局と南吉とがある距離を保っていると評価しています。それに対して、佐藤通雅は「時局に足をとられ」たものとして把え「不可避的に露呈する欠陥」とみています。

ぼく自身の考えは、戦争とある距離を保っていたとする滑川道夫の評価より、佐藤通雅の戦争との距離を失っているという見方に近いです。しかし、「足をとられてそのまま流されてしまった」という把え方には、若干異論があります。ぼくは、今、南吉の時局描写を含めて全てを南吉の内発的なものだとして考えていこうと思っています。彼の時局描写が、まるで《つけたり》か《おまけ》のように弱々しかったとしても、それは、彼の内発的な精神自体のひ弱さを物語っているにすぎません。ですから、彼の時局描写を内部的世界から切り離された別個のものと考えることはできません。南吉には彼の内部世界である善意共同体の社会的拡大化を目指すという試行がありました。そして、この社会的拡大化の具体的なあらわれが献納等の時局描写としてあらわれている。と、ぼくは考えます。だから、ぼくは《足をさらわれたもの》と把えず《内発的なもの》として考えていこうと思っているわけです。

ただ「草」の場合、「ごんごろ鐘」「貧乏な少年の話」と違って、献納は作品を衝き動かす内的ベクトルになっていません。戦時の子どもの生活を時事的スケッチ風に描いたような印象をうけます。それだけに、作品の中に南吉自身の精神の葛藤の軌跡だとか内的世界の社会的拡大化ということもありません。確かに、佐藤通雅のいうように「例外」的作品といえるでしょう。おそらく、佐藤通雅は、この内部世界の欠如を衝いて「足をとられ」たといったのだと思います。しかし、ぼくは、足をとられたというより、彼の外部社会と内部社会とが本質的に同化してしまったところに成立したスケッチ風な作品と把えた方がよいように考えます。

ところで、滑川道夫と佐藤通雅とで評価が著しいくいちがいをみせている作品として、もうひとつ「耳」があります。滑川道夫は「南吉の作品では、もっとも時局的といっていいものであるが主題は便乗していない、（中略）時局を題材にしても、時局便乗童話は南吉にはかけなかったのだろう。」と、ここでも戦争批判者南吉という把え方をしています。これに対して、佐藤通雅は「『草』『耳』は、明らかに作者の個が横すべりして軽薄に浮きあがって」いると把えています。

確かに、南吉の自伝的小説群が、開戦を契機として、負のモメントの葛藤とそのひきずりざまよりも社会的拡大化への試行をはっきりみせていることは注目に価します。これは、結局、南吉のメルヘン的作品群にも、同じようにあてはまることなのですが、南吉の善意共同体の社会的拡大化が、彼の観念内部での試行にすぎなかったということによって、南吉の一九四二年前半の作品群は、メルヘン的作品においてこそ白眉であったといえます。自伝的小説群は、この時期、彼の内部世界を構築する余地をもち得なかったという意味で、南吉の精神の転向の過程そのものを呈示するか、あるいは内的ベクトルを喪失することによって生活の皮相をスケッチするにとどまったといえます。そして、ここで、南吉の現実生活における問題意識を考えてみるなら、やはり都築久義のいうように「それこそ毎日の報道に、たとえそれは偽りのものであっても、一喜一憂していた、ありふれた皇民としての南吉像しか想像できない」（『日本児童文学』一九六八年一〇月）といえます。そうして、戦争批判者南吉という虚像をとっぱらい切ったとき、ぼくらは初めて新美南吉の童話文学のほんとうの意味での検討を開始できるのだといえます。

3　おわりに・残ったことごと

与えられた紙数を完全にオーバーしてしまっているので、ここでぼくは、南吉にほどこされている偽装に対する批判をやめようと思います。しかし、今、ぼくの机の上にある草稿では偽装はその10まであります。ぼくが、ここでかいたことはほんのひとにぎりにすぎないことを心にとめておいて下さい。それから、最初の予定では、偽装に対する批判のあとで、《自発的性格》を中心に、南吉の作品における転向の問題をもっときちんと考えるつもりでいました。その他、言い足りないことが山ほど残っているような気がします。力不足を感じつつ筆を擱きます。

（『日本児童文学』一九七四年二月号　特集　新美南吉の再検討）

町から村へ、村から森へ

――あの狐たちはどこへ行ったのでしょうか――

＊ある研究会

一九九四年一月十三日（木）午後。ぼくは今、ある研究会の中にいる。つまらない。生活指導の研究会というやつだ。いくつかのクラスでこまっている子どもたちの実例をあげ、それによその学校の校長先生が答えている。その講師の話がつまらない。ぼくは今、東京の東のはずれの江戸川べりの小学校で教員をしているのだが、ぼくの学校では年に一回か二回、この種の研究会を開くことになっている。ぼくは今、記録の係りなので、心の中では（つまらないな）と思いながらも、ワープロのキーをたたいている。何もせずに時間を過ごすのよりは、こうしてキーを打っている方がひまつぶしにはいいのかも知れない。が、それにしても、記録するようなことを何もしゃべってくれない。だから、こんな、関係ないグチめいたものを書いてしまうことになるのだ。

と、とつぜん「新美南吉」とか「ごんぎつね」とかいう言葉が耳に聞こえてきた。なんで、生活指導に新美南吉が出てくるんだと思ったら、どうやら講師の生まれ故郷が愛知県の半田市、南吉の故郷と同じらしい。少しはおもしろい話になるのか。と思ったら、そうではなかった。やはり、つまらない。ぼくは今、つまらないという言葉をいったい何回使ったことだろうか。この文章を読んでいる人も、もうよほどにつまらなくなって、この先読んでくれないかも知れない。それも、つまらない。こまったものだ。

さて、その講師は、戦中、戦後を物不足の中で育ったという自分自身の生い立ちを、南吉の「ごんぎつね」を引き合いに出しながら語っていた。そうすることによって、どうやら人のあたたかさややさしさ、あるいは自然の豊かさについて語っているようだった。

ぼくはそのとき、ふと、『花咲き山』(岩崎書店　一九六九年一二月)のことで、むかし、作者の斎藤隆介が怒っていたことがあるのを思い出していた。

それは、どこかの小学校の校長が校庭に花咲き山を実際に作ったという話だった。良いことをしたらその山に花を一つさしているという実践談を、その校長はきっとうれしそうに作者である斎藤隆介に伝えたにちがいない。その人は校長だったから校庭に花咲き山を作ったが、クラスの掲示板に花咲き山をつくって花いっぱいの教室にしようとはりきっていた先生のことなら、ぼくは何人も知っている。「いったい何を考えて、そういう馬鹿なことをするんだ」と怒る斎藤隆介に、まだ若かったぼくは「そう読まれるのは、作品のせいですよ。だれが読んでも、そう読みますよ」といってひんしゅくをかった。

斎藤隆介の作品にそうした《弱さ》があるというぼくの考えは今でも変わらない。が、いま考えると、あのとき斎藤隆介は、文学作品が「教材」に変わる瞬間に宿命的に背負い込まされてくる「正しい読み」という名のお化けに出くわし、そのお化けと自分のほんとうに語りたいこととの間の、言葉にできないほどの微妙さに苛立っていたのかも知れない。『花咲き山』の「読み」が良いことをしたら花が一つ咲くという徳目の読みへと移行するのはたやすいことだ。しかし、そのたやすさは、越えてはいけないたやすさだと、ぼくは思う。言葉にできないほどの微妙さを「言葉」で伝えていることの大切さを、ぼくは、斎藤隆介の怒りの中に読み取りたい。

新美南吉の話に戻ろう。南吉と同じ故郷をもつその講師は、自らの生い立ちを「ごんぎつね」の世界とダブらせて語ることで、貧しくとも豊かな自然とやさしい人間たちの心につつまれて育ったと語りたかったのにちがいない。しかし、ほんとうに「ごんぎつね」という話は人間のやさしさについて語っている物語なのだろうか。ぼくはそうは思わない。ぼくは、ここに斎藤隆介の『花咲き山』と同じ不幸をみてしまう。掛け違えたボタンは掛け違えた本人が気づかぬかぎり、いつまでもどこまでも、掛け違えられたまま続いていくにちがいない。

そういえば、もうひとつ、ある研究会での話。これもぼくの学校での話だから、つまらない、つまらないと言いながら、ぼくはけっこう校内での研究会を喜んでいるのかも知れない。講師で来たその校長は、全職員の許しを得て、児童朝会で、新美南吉の「手ぶくろを買いに」の読み聞かせをしたという。そして、「手ぶくろを買いに」のラストである。

子狐が間違って狐の方の手を出したのに帽子屋が手袋を売ってくれたのを見て、母狐は「ほんとうに人間はいいものかしら。ほんとうに人間はいいものかしら」とつぶやく。このラストでの母狐の言葉を強調した上で、この校長は「人間はほんとうにいいものなのです。○○小学校の子どもたちもみな良い子です。みなさん、○○小の子どもはこんないいところがある、こんないいことをしたというのをいっぱい見つけて、校長先生に教えて下さい」とまとめたという。その校長室には子どもたちから集められた「○○小のよい子」のカードが壁にたくさん貼られているという。狐の親子が住んでいた寒い北方の森は今では雪でなく「良い子のカード」で埋めつくされている。白い雪におおわれるよりも、なお心は寒かろう。ここにも、掛け違えられたボタンの『花咲き山』がある。

＊村から町へ

ぼくは今、「ごんぎつね」や「手ぶくろを買いに」を人間のやさしさという観点から捉えるのは、ウソだと言っている。ありもしない「やさしさ」を作品から読み取ることで、そう読む自分を「やさしい人間」だと思い込むのは、さらに真っ赤な大ウソにちがいないからだ。少なくとも、子どもたちに読ませるときには、そうしたウソはつきたくないものだ。

ぼくは、新美南吉の作品の底には、基本的に《エゴイズム→自己犠牲》というベクトルが流れていると考えている。そして、南吉の作品は、彼の拠点のありようとエゴイズムの昇華のさせ方の違いによって、次の四つの段階に分類できる。

Ⅰ　動物の善意に拠点がある。エゴイストである人間が動物の善意に対する憧憬を通してパラドックス的に昇華される段階の作品（例「手ぶくろを買いに」「ごんぎつね」）

Ⅱ　人間の善意に拠点がある。しかし、まだ善意共同体としての村のイメージは発見されていない。だから、エゴイストとエゴイストとがぶつかりあいながら、悪いことを悪いことだと知っているのは良いことだという善意に昇華される段階の作品（例「牛をつないだ椿の木」）

Ⅲ　人間の善意に拠点がある。善意共同体としての村のイメージが呈示され、エゴイストたちはその中に吸収され昇華される段階の作品（例「花のき村と盗人たち」）

Ⅳ　人間の善意に拠点がある。善意共同体としての村のイメージが社会的拡大化をはかる段階の作品（例「ごんごろ鐘」「貧乏な少年の話」）

以上の四つの段階は、南吉の童話文学の発展と展開の過程を示しているが、その変容の過程は単純に階段状のものではない。南吉の考え方自体の堂々巡り状態から考えてもこれはひとつの螺旋と言ったほうが適当なものにちがいない。（この南吉作品の四つの段階について、もっと詳しく知りたい人は、『日本児童文学』73年2月号に、ぼくが書いた「新美南吉論——ぼくらがどのように状況にかかわったらよいのかを考えるためのひとつの長い問題提起として——」という文章を読んでほしい。二十年以上むかしの雑誌に書いたもので、苦労しなければ手に入らないだろうが、苦労するだけの中身は持っているはずだ。）注・本書 10ページ参照。

さて、南吉作品をこの四つの段階に分けた上で、教科書によくとりあげられる「ごんぎつね」と「手ぶくろを買いに」を見ると、そのどちらの作品も、南吉がまだ人間の中に善意を見つけることができずに、動物の中に善意を求めることでかろうじてパラドックス的にそのエゴを昇華していたときのものであることがわかる。つまり、これらは人間の「やさしさ」とは対極に位置する作品たちなのである。

これもすでに何度かいったことだが、「手ぶくろを買いに」の中の、子狐が手ぶくろを買いに行く町の帽子屋は、最初は《町》の帽子屋ではなく、すべて《村》の帽子屋と書かれていたという事実がある。本文中に出てくる九つの《村》が全て《町》に書き改められている。これは、他人の手による改竄ではなく、南吉自身の手による推敲である。南吉の作品を《村のイメージ＝善意共同体としての村のイメージの形成および変容過程》にスポットをあてて考えているぼくにとって、これは大きな問題である。

子狐が手袋を買いに行く先が《村》ではなく《町》になることによって、この作品はじつは不思議な異彩を放つことになる。すでに述べたように「手ぶくろを買いに」は「ごんぎつね」とともに、南吉の初期作品の代表作にあげられるものである。（「ごんぎつね」の草稿である「権狐」が作品ノートに書かれたのが一九三一年、「手ぶくろを買いに」の制作日は原稿の末尾に「一九三三、一二、二六」と記されている。そして、南吉による《村》から《町》への改稿はじつはかなり後期になって行われているので

ある。〉

南吉による推敲は、いつ、なぜ、どのような状況の下で行われたのか。それによって、南吉の善意のありよう、さらには作品の存立基盤までもが大きく揺れてくるものだ。これについて、『校定新美南吉全集』(大日本図書80年~83年)の編集にたずさわった保坂重政がおもしろい指摘をしている。

保坂は、「手ぶくろを買いに」の《村》から《町》への改稿を作品末尾の一行とあわせて考え、《一九四二年》以後においている。一九四二年という年は南吉が「花のき村と盗人たち」などの民話的メルヘンを書いた時期で、ぼくの前述した分類でいうと「Ⅲの段階」になる。この《一九四二年》という年は、南吉が善意共同体としての《村のイメージ》を発見したという意味で南吉作品にとって大きなエポックとなる年である。

また、作品末尾の一行というのは、母狐が〈ほんとうに人間はいいものかしら。ほんとうに人間はいいものかしら。〉とつぶやくところで、前述した校長先生が「よい子のカード」を子どもたちに書かせるために強調したあの部分だ。じつは、ここで南吉は大きな改稿をしている。初稿のラストは〈「ほんとうに人間はいいものかしら。ほんとうに人間がいいものなら、その人間を騙そうとした私は、とんだ悪いことをしたことになるのね。」とつぶやいて神さまのゐられる星の空をすんだ眼で見あげました。〉と書かれている。推敲では、末尾の母狐の言葉とそれに続く部分を大きく削って〈とつぶやきました。〉という一文のみにしている。

これについて、保坂はいう。――〈初稿と推敲稿の本文を較べてみると、作品そのものが劇的な転回をとげ、あまいメルヘン調から一転して、人間存在への懐疑をも含めて緊張感のみなぎる結末になった。そしてこのような結びにしたとき南吉は、作品の舞台を「村」から「町」へと変更したのではないか。

なぜなら、すでに自ら生み出した民話的メルヘンの世界では、「村」には、母狐に「ほんとうに人間はいいものかしら。」などと懐疑的に言われるような人間は住んでいないのだから――。〉(「推敲を「読む」――「ごん狐」と「手ぶくろを買ひに」を中心に」『日本児童文学』一九九〇年八月号)と。

保坂の指摘は二重の意味でおもしろい。ひとつは、南吉がまだ人間の中に善意を見つけていなかった時代に、結末で母狐に言わずもがなの人間の善意に対する自己批判めいた言葉を言わせてしまっていること。思いとは裏腹に語られる言葉。これは南吉の未熟がなせるわざにちがいない。もうひとつは、南吉が善意共同体としての《村》を発見してから後、逆に結末で母狐に人間に対する懐疑的な余韻を残させ、また用意周到に全ての《村》を《町》に変えていったこと。「手ぶくろを買いに」が書かれた一九三三年から推敲が行われたと思われる《一九四二年》以後までのおよそ十年の歳月は、三十才で夭折した作家、新美南吉にとって果たしてどれほどの重みがあったのであろうか。ともかくも、その推敲を経て、《町》の帽子屋まで手袋を買いに行くことによって、この作品は不思議な異彩を放っている。町の帽子屋は、子狐に手渡された二枚の白銅貨をチンチンとかち合わせて〈ほんとのお金〉だと確かめてから手袋を渡す。ぼくはここで宮澤賢治の『銀河鉄道の夜』の「鳥を捕る人」を思い浮かべる。カムパネルラが「あなたはどこへ行くんです」とたずねたときに、「わっしはすぐそこで降ります。わっしは、鳥をつかまへる商売でね。」と答えたあの鳥捕りだ。賢治は、昔話の「雁取り爺」の話を鳥捕りの商売の話に仕立てた。町の帽子屋のチンチンと鳴らす銅貨の音に善意よりむしろ商売という意味での「近代」を感じるのは、ぼくだけだろうか。

＊誤読へのいざない

町の帽子屋の話はこの辺で終わりにして、今度は「ごんぎつね」の《影帽子》の話と、宮澤賢治の「雪わたり」の《しみ雪》の話をしよう。

まずは《影帽子》について。月のいい晩にごんは兵十と加助の〈かげぼうし〉をふみふみ歩いていって、二人の会話を聞く。この場面、教科書では平仮名の〈かげぼうし〉である。「校定全集」では〈影法師〉と漢字で書かれている。もちろん《影帽子》とは書かれていない。

ぼくが「ごんぎつね」の《影帽子》に気づいたのは、高橋勉の「『ごんぎつね』を読む――〈影法師〉をめぐる大事な問い」（『図書新聞』第四三三号　85・1・19）を読んだからだ。ここで高橋は、ある授業研究で、教師が子どもの「かげぼうしって、なんですか?」という問いとそれに続く混乱を、「その質問は重要な問いでない」という形で切り捨てたことを批判する。そして、自らはただの「影」を「影法師」として人格化した昔の人に〈慈しむ心〉を見、そのことを子どもたちに教えていく。

ひとつの言葉に執着していく高橋の「読み」はおもしろい。子どもは教師が何も言わなかったら、おそらく大部分の子が「かげ」をふみながら歩いていったと無意識のうちに読み取っていくにちがいない。そこで教師が立ち止まる。「かげぼうしって何だ?」と問いかける。立ち止まってしまったら、もうダメだ。今まで自然に「かげ」だと読んでいた子も含めて、〈かげぼうし〉という言葉から容易に《帽子》を連想してしまう。《影帽子》の誕生である。影が森の小人のような三角帽子をかぶって動き出す。これは、教師が子どもたちの読みの隙間に仕掛けた一種のトラップではないのか。

高橋は《影法師→人間の慈しみの心》という方向へ考えを進ませていたが、ぼくはむしろ《影帽子》という異質のイメージ、有体にいえば誤読のイメージの方に読みの積極性と可能性を感じている。

子どもに限らず、ぼくらがものを「読む」とき、ぼくらはぼくらの既知の手持ちのイメージをまるでトランプのカードをくりだすように取っ換え引っ換え出しながら「読むという行為」をしているにちがいない。そして、ぼくらの手札がぼくらの手持ちの札以外にないとすれば、ぼくらは読む過程で、つねに自分勝手に解釈し続け、都合の良いイメージを作り続けていることになる。

手持ちの札が少ない子どもたちの読みは、おそらく大人以上に細かいところでは限りなく自分勝手に誤読をし続けているにちがいない。ディテールにおける誤読という揺れを全体として正系のイメージに引き戻している構造が読みのダイナミズムだとぼくは考えている。ぼくは今、誤読へのいざないこそが文学の授業の真骨頂だと思っている。

ぼく自身の《誤読》についていえば、ぼくはかなり長いあいだ、宮澤賢治の「雪わたり」に出てくる〈かた雪かんこ、しみ雪しんこ〉の〈しみ雪〉のことをかたい雪に対する「やわらかい雪」だと思っていたふしがある。〈しみ雪〉のことを漠然と「しみる」→「とける」→「やわらかい」といったふうに考えていたようだ。ぼくが言いたいのは、そんなぼくでも「雪わたり」という物語を、それなりに読み、味わって、今ここにいるということだ。もっと積極的にいえば、《読み違え》こそが読みの幅をひろげ、イメージを豊かにするものだと、ぼくは考えている。

北村想が主宰する劇団プロジェクトナビの「雪をわたって」(本多劇場一九八八年三月公演)を見た。これは賢治の「雪わたり」を土台にした話だが、「雪わたり」のみでなく、四郎とかん子が森へ行った先の狐の学校の学芸会では「注文の多い料理店」や「セロ弾きのゴーシュ」といった作品も登場する。

森が、じつはバイオテクノロジーで水栽培されたトマトの木であることや、きつねがみな飛行服を着ている(これはサン＝テグジュペリの「星の王子」を連想させ、じっさいにラストではみんな飛行機になって月へと飛び立ってしまう）あたりは、北村の着想の冴えといった感じがする。おもしろかったのは四郎とかん子が演じる「セロ弾きのゴーシュ」だ。四郎（佳梯かこ）が懸命にゴーシュを演じているのに対して、かん子（田中ちさ）の方はあっけらかんと「幸福の王子」のつばめばかりでたずねてくる。とちゅうで観客も狐たちも徐々にそのズレに気づいていくのだが、その辺のおかしさが微妙に作品の枠組みを揺るがしていた。教科書の中の「雪わたり」でも、子どもたちはきっと数え切れないほどの《読み違え》をやって作品の枠組みを揺るがしているにちがいない。

北村想には『けんじのじけん』（北宋社　一九九二年八月）という戯曲もある。その「あとがき」で、北村は宮澤賢治について〈私たちはあまりにも『雨ニモ負《ママ》ケズ』の賢治をイメージとして多く持ちすぎているように思われる。〉〈私は『毒もみのすきな署長さん』を書いた賢治が好きである。この軽いピカレスクが好きである。〉と言っている。

賢治の作品はどこの会社の教科書にも載っている。南吉以上に「定番」にちがいない。それでも、「毒もみのすきな署長さん」を載せている教科書は一つもない。これは、禁止されている「毒もみ」という方法で魚を獲った警察署長が裁判で首を切られるというだけの他愛無い短編童話である。毒もみという犯罪を行って、最後に首を切られるときに「面白かった」という主人公の話では、さすがに教科書には載せにくいのだろうか。

北村想の『けんじのじけん』は、この「毒もみのすきな署長さん」の悪人像（といっても小悪党にすぎないのだが）をモチーフにし、署長のかわりに〈けんじ〉をおいている。「けんじのじけん」は一九九二年九月に下北沢の本多劇場で上演された。「けんじ」役の小林正和の飄々としてのらりくらりとした演技が「賢治」をふつうの人間にしていて、おもしろかった。小林のとぼけた詐欺師のような小悪党ぶりが賢治を善人から詐欺師に変えていて心地好かった。これも一種のけんじの誤読にはちがいない。

賢治の「やまなし」は教師が扱いにくい教材の第一位だという。それも、そのはずだ。まず、最初の二匹の蟹の子どもの会話からして、とてもわかるものではない。まず第一に〈クラムボン〉が何かわからない。偉い学者たちが、蟹だといい、あめんぼだといい、プランクトンだといい、川エビだといい、泡つぶだという。正体不明である。その〈クラムボン〉という言葉が何度も繰り返される。兄弟の会話も、どれが兄の言った言葉で、どれが弟の言った言葉かも、定かでない。

ここまで意味不明なものを「教材」として教えることの是非はここでは問わない。言えることは、わからなければ教えなければいいということだけだ。ぼくらは、教科書の中の賢治と南吉の「教材」を使って、あまりにも「いい人」と「やさしい心」について正しく読み続けてきたような気がする。気が付いて振り返ったとき、もうそこにはだれもいない。あの狐たちは町から村へ、村から森へと姿をひそめ、ここにはもうだれもいない。

(『別冊日本児童文学　賢治VS.南吉』文溪堂　一九九四年六月)

二つの作品・二つのイメージ

『校定新美南吉全集』（大日本図書　全12巻　80年6月～81年5月刊　４８００円～５８００円）

二つの「ごんごろ鐘」がある。ひとつは牧書店版『新美南吉全集』第三巻（一九六五年一〇月）のもの、もうひとつは大日本図書版『校定新美南吉全集』第二巻（一九八〇年六月）所収のそれである。以下に二つの「ごんごろ鐘」の冒頭部分を示す。前者が牧版、後者が大日本図書版である。

　これは、太平洋戦争のときのお話である。三月八日、おとうさんが、夕方村会から帰ってきて、こうおっしゃった。

三月八日

お父さんが、夕方村會からかへつて来て、かうおつしやつた。

一見してわかるように、牧版の「本文」には巽聖歌による加筆がみられる。戦中に夭逝した南吉が〈太平洋戦争〉という言葉を使えるはずがない。これは明らかに戦後の所産だ。牧版は、結末部分でも、南吉自身のかいたほぼ四〇〇字の抹消と、それに代わる〈今はもうない、鐘のひびきがした〉という一文の加筆がみられる。

ぼくは以前「新美南吉論」(『日本児童文学』一九七三年二月号所収)という名の文章をかいたことがある。〈ぼくらがどのように状況にかかわったらよいのかを考えるためのひとつの長い問題提起として〉という長いサブタイトルのついた文章の冒頭を、ぼくはこうかいた。――〈ぼくは、正直いって、今、新美南吉論なんてものは書けないと思っています。(初版には確かにあった)「ごんごろ鐘」の最後の四百字が抹殺されて、「今はもうない、鐘のひびきがした。」という異聖歌の一文が南吉の作品としてまかり通っている現在、ぼくは、南吉の童話作品は《研究》の《対象》物として《不完全》だと考えています〉と。

それから、八年余りたった、ぼくらは、今ここに、『校定新美南吉全集』全一二巻(一九八〇年六月~一九八一年五月)を得た。巽聖歌の改竄が怪事であるなら、この全集の完結はまさに快事である。恐悦至極という他はない。

いうまでもなく、「ごんごろ鐘」の結末の四〇〇字解消の意味するものは大きい。そこには南吉の戦争観がはっきりと示されている。それはまた、戦時下という状況においては南吉の意識そのものといえるほどの重みをもつものだった。本全集は【異同】の項で、牧版との差異をはっきりと示している。南吉自身は結末をこうかいている。――〈ちやうどそのとき、ラジオのニュースで、けふも我が荒鷲が敵の〇〇飛行場を猛爆して多大の戦果を収めたことを報じた。僕の眼には、爆撃機の腹から、ばらばらと落ちてゆく黒い爆弾のすがたがうつつた(後略)〉と。

安藤美紀夫は「南吉と半田と私と」(本全集第二巻「月報」一九八〇年六月所収)の中で、四〇〇字の問題にふれている。南吉のかいた〈荒鷲〉とそのころ半田でつくられていた〈天山〉とが〈南吉の眼に二重うつしにとらえられていたのかどうかということ〉を安藤は問題にする。ぼく自身の問題意識にそっていえば、《ごんごろ鐘↓黒い爆弾》という矢印をつき動かす内的ベクトルの追求ということになる。今度の全集の完結は、新美南吉という人間、またその人間が描いた人物と思想についての研究を、より確固としたものにするにちがいない。

ここに、二つの「手袋を買ひに」がある。母狐は子狐のために〈町〉まで手袋を買いにいく。〈町〉のあかりがみえたとき、子狐は〈母ちゃん、お星さまは、あんな低いところにも落ちてるのねえ〉ときく。母狐は〈あれはお星さまぢやないのよ〉といって、足がすくむ。母狐はいう。二つの答えを——。

〈あれは町の灯なんだよ〉

〈あれは村の灯なんだよ〉

前者は、最終的な「本文」で、後者は、実際には使われることのなかった消された「文」である。【推敲】に〈村◯↓町⇩〉とある。——〈狐が手袋を求めに行く場所は最初「村」と設定して原稿がいったん出来上り、次の段階の推敲で「村」を「町」と改めている。〉つまり、「手袋を買ひに」には最初《森↕村》という構図の第一稿があった。そして〈ある時間をおいてから〉（本全集【解題】）その〈村〉を全て〈町〉になおす推敲が行なわれる。ひとつひとつの〈村〉という言葉を消して、〈町〉という言葉におきかえていくとき、南吉の脳裏には、どのような〈村〉あるいは〈町〉のイメージが浮び、あるいは消えていったのだろうか。わかるのは、南吉にとって、最終的に足がすくむ相手が〈町〉だったということである。その場合、〈村〉はおそらく〈森〉と地つづきの空間を共有しているにちがいない。これに対して、人間のすむ〈町〉という空間は、母狐と生きる空間を共有することはない。南吉にとって、帽子屋は〈村〉でなく〈町〉でなければならなかった。ぼくは、使われなかった《村の帽子屋》と決定稿の《町の帽子屋》という二つのイメージの間をつなぐ南吉の作品行為をこれから考えていきたい。

ともかくも、今度の全集は、作品の「校異」をあきらかにし、南吉の「行為」をもかいまみさせてくれた。あとはもう、ぼくらの想像力をただ働かせるだけだ。

苦言をひとつ。【語注】に〈帽子屋〉を説明して、〈当時、半田に「山半《やまはん》」などという帽子屋があり、店の庇の上に、帽子の絵や店名をかいた横長の看板を掲げていた〉とある。すでにいったが、この作品の成立過程で、帽子屋が〈村〉にあったのか、〈町〉にあったのかは大きな問題になるところだ。そして、それは決して〈半田〉の一帽子屋にイメージを限定してしまってすむような「私」的なものではないのである。ひとつの社会意識＝時代意識としての〈町〉あるいは〈村〉のイメージをこそ、ぼくらは追うのである。

（『季刊児童文学批評』創刊号　一九八一年九月）

想像する力はとりとめもなくはばたくものだ

――『新美南吉全集』の「語注」についての意見――

『季刊児童文学批評』創刊号に宮川健郎とぼくが『校定新美南吉全集』の書評をかいた。期せずして、二人ともが「語注」に対して同じ疑問をなげかける形になった。その主旨をひとことでいえば、「語注」が作品のイメージを限定することになりはしまいか、というところにあった。

これに対して、二号で、鳥越信氏から作った側の意見として「『校定新美南吉全集』の『語注』について」という反論が寄せられた。そこで、鳥越氏は、ぼくらの意見を次のようにまとめてくれた。

語注に記載されたことが、伝記的事実との符合、モデルの特定化といった、作品成立の過程を限定する方向に読者を誘うのではないか、という危惧が語られているわけで、簡潔にいってしまえば、いらざるお節介ということになるのだろう。

この鳥越氏のまとめは、全くその通りなのだが、これだけでは全くおもしろくない。なぜなら、危惧なんてものはあくまでも危惧にすぎないからだ。例えば「語注」に〈帽子屋〉を説明して、〈当時、半田に「山半《やまはん》」などという帽子屋があり、店の庇の上に、帽子の絵や店名をかいた横長の看板を掲げていた。〉と記されているからといって、「手袋を買ひに」の子狐が手袋をかいにいった先が「山半」であると思い込むようでは、読むことのいろはから教え直すしかあるまい。〈そのようないろはを教えねばならぬという危惧はある。しかし危惧は論をすすめる武器にはならぬ。〉

危惧は危惧として横においておこう。ぼくは、なぜ〈いらざるお節介〉をするなというのか。それについていう。反論というよりも、ぼく自身の関心事をただとりとめもなく語っていくことにする。そして、おそらくは、そのとりとめのなさが一番の答えにもなってくるはずだと思っている。

まず、ぼくにとって、〈帽子屋〉が半田の「山半」であったら困る。ぼくが最初にひっかかったのは、そこだ。ぼくは「手袋を買ひに」という作品に、二十年にはならぬがややそれに近いむかしから、ひとつの興味をもっている。それは、最初に帽子屋などのある場所が〈村〉とかかれており、次にその全てを〈町〉に改めたという事実だ。「手袋を買ひに」は、その作品成立過程において「二つの作品」をもっている。

ぼくにとって、帽子屋が〈村〉にあるか〈町〉にあるかは、かなり重要なことであった。それも、たまたまひとつの〈村〉という言葉を〈町〉にかえたのではない、全てを〈村〉とかいた第一稿があり、あとでその全ての〈村〉を〈町〉にかきかえたという事実（決定稿は、その意味で第二稿である）は、ぼくの興味をさらにひきつけることになった。

ぼくが、〈村〉に拘泥するには、それなりの理由がある。ぼくは南吉の作品を〈村〉のイメージとの関わりで四つの段階に分類したことがある。南吉のエゴイズムとその昇華のさせ方から作品を分析したが、そのメルクマールとなるものとして〈村〉のイメージがあった。

しつこいかも知れないが、その四つの段階の分類をみてもらおう。

Ⅰの段階

動物の善意に拠点がある。エゴイストである人間が動物の善意に対する憧憬を通してパラドックス的に昇華される段階の作品（例、ごん狐、手袋を買ひに）

Ⅱの段階

人間の善意に拠点がある。しかし、まだ善意共同体としての村のイメージは発見されていない。だから、エゴイストとエゴイストとがぶつかりあいながら、悪いことを悪いことだと知っているのは善いことだという善意に昇華される段階の作品（例、牛をつないだ椿の木）

Ⅲの段階

人間の善意に拠点がある。善意共同体としての村のイメージが呈示され、エゴイストたちはその中に吸収され昇華される段階の作品（例、花の木村と盗人たち、和太郎さんと牛）

Ⅳの段階

人間の善意に拠点がある。善意共同体としての村のイメージが社会的拡大化をはかる段階の作品（例、ごんごろ鐘、貧乏な少年の話）

ぼくは、右のように南吉の作品を分析し、とらえている。だから「手袋を買ひに」の〈帽子屋〉が〈町〉にあるか〈村〉にあるかも、くどいようだが、ぬきさしならないものになってくる。最初、《森↕村》という形の第一稿があり、それが最終的には《森↕町》という形でおさまっている。それは、なぜか。〈村〉という文字を一字一字消しながら、〈町〉という文字にかきかえていく南吉の姿が浮んでくる、というとウソっぽくなるが、南吉は何を考えて、〈村〉を〈町〉にかえたのか。これはもう、とても半田の「山半」などという一帽子屋のことなど考えていてすむものではない。

南吉の脳裏にどのような〈村〉あるいは〈町〉のイメージが浮んでは消えていったのか。ぼくにもわかることは、母狐が最終的に足がすくんでいけなくなる場所が〈町〉だったということだ。その場合、たんねんに消されていった〈村〉の方は、おそらく親子の狐がすんでいる〈森〉と地つづきの空間を共有していたのではあるまいか。〈村〉は母狐が足をすくませるようなところであってはならないという思いが、南吉の中にあって、〈村〉から〈町〉への改稿が行なわれたと考えるのが自然であろう。

この場合、〈町〉という人間のすむ空間は、母狐と生きる空間を共有することはない。使われなかった《村の帽子屋》と決定稿の《町の帽子屋》との間のイメージをつなぐ作業が、また問われてくる。「手袋を買ひに」という作品に出てくる帽子屋は、子狐がまちがえて狐の方の手を出しても、つかまえたりせずに手袋をうってくれる。しかし、南吉は、この帽子屋を単純に「善意」の持ち主としては描いていない。帽子屋は子狐の手をみたとき〈これはきつと木の葉で買ひに来たんだな〉と思う。そして、〈先にお金を下さい。〉というのである。

子狐はすなほに、握《にぎ》つて来た白銅貨二つ帽子屋さんに渡しました。帽子屋さんはそれを人差指のさきにのつけて、カチ合せて見ると、チンチンとよい音がしましたので、これは木の葉ぢやない、ほんとのお金だと思ひましたので、棚《たな》から子供用の毛糸の手袋をとり出して来て子狐の手に持たせてやりました。

帽子屋は、お金が木の葉でないことを確かめて、きちんと合っていたから、商品としての〈手袋〉をわたしている。この帽子屋のとった行動は極めて〈町〉的な発想に基づいていたと、ぼくは思う。〈チンチン〉というお金の音は、〈町〉の音だ。

ぼくは、消された〈村〉についても考える。〈村〉は消されてしまった。これは、消されてしまうことによって、〈森〉と共通の空間をもつことになる。〈森〉の方は、親子の狐がすんでいる。いわば、南吉の善意の拠点があるところだ。「ごん狐」などをみても、この時期の南吉は、人間なんてものは全く信用していないことがわかる。その代替として〈狐〉たち動物が出てきているわけだ。だから、善意は動物のがわにある。してみると、《村↕森》というつながりは、まだみぬ善意共同体の消されてしまった可能性とでもいうことになるのだろうか。南吉の〈森〉のイメージは楽園である。

〈森〉のイメージについていえば、むかし、ドイツにドナウ派と呼ばれる画派があって、森にはいりこみ、風景画というジャンルをつくりあげたという。彼らは、ドナウの河辺で逍遥し、森に光を与えた。ドナウ派の巨匠アルトドルファーは、風景としての〈森〉を描くことで、逆に人間と自然との一体感を表現したといってよい。そして、「手袋を買ひに」の〈森〉はアルトドルファーの〈森〉と同質のものだ。

子供の狐は遊びに行きました。真綿《まわた》のやうに柔《やはら》かい雪の上を駈け廻ると、雪の粉《こ》が、しぶきのやうに飛び散つて小さい虹がすつと映るのでした。

構図と採光に独特の味をみせたというアルトドルファーが、もし子狐のすむ〈森〉を描いたとしたら、どのようになっていただろうか。真綿のようにやわらかい雪が舞い、狐が遊んでいる。その上に小さな虹がぽっかりと浮んでいる。アルトドルファーの風景画にも南吉の〈森〉にも人間は描かれていないが、その空間の中で、人間たちは楽しく遊ぶことができるにちがいない。アルトドルファーは、ドイツの森を妖精たちの手からうばいとり、人間たちのものにした。その〝人間と森との一体感〟は近代のものだ。ぼくは、南吉の〈森〉のイメージの中に、同じように自然との一体感をみる。

ところで、雪に関連していえば、ドイツ・ロマン派の画家パスカル・ダヴィッド・フリードリッヒの描く〈森〉は荒野である。荒涼とした雪景色の中で、林立するはりのような木々のイメージがフリードリッヒの〈森〉である。ここには、もはや南吉の狐たちの遊ぶ空間はない。彼らは、ただ洞穴の中で身をすくめているより他はないだろう。

話は、かなり南吉の作品から離れてしまっているが、乱れついでに、もうひとつ、マックス・エルンストの話をしよう。上野の国立西洋美術館に「石化した森」という油彩画がある。黒くてフロッタージュのように平面的なエルンストの〈森〉は、まるで壁のようだ。ここには、人間のはいりこむすきまは全くない。これが現代の〈森〉のイメージなのだ。エルンストが「石化した森」を描いたのが一九二七年頃、「手袋を買ひに」が一九三三年である。児童文学におけるイメージの冒険は、まだまだ未熟というべきか。

話を突然「語注」に戻す。〈帽子屋〉について〈当時、半田に「山半《やまはん》」などという帽子屋があり……〉とあるのと同じように、〈森〉について次のような「語注」はつけられまいか。――〈むかし、ドイツに「アルトドルファー」などという画家があり、森の風景を描く。南吉の森のイメージはその分身と見る説もある。なお、南吉の森のイメージの周辺には、パスカル・ダヴィッド・フリードリッヒ、あるいはマックス・エルンストという名の人物は実在しない。〉と。

「手袋を買ひに」という作品の〈帽子屋〉に、半田の「山半」という帽子屋をイメージすること自体が、すでにひとつの主観である。鳥越氏は〈あくまでも、一つの可能性を秘めた材料、現在、判明している限りの手がかり、として提示したにすぎない。〉という。確かにその通りだとうなずけないこともない。が、何に対する〈一つの可能性〉なのだろうか。また、何が〈判明している〉のだろうか。そう考えると、そこには何か「客観的事実」を追い求めている姿勢があるようでならない。そして、ぼく自身はといえば、そのような事実からは自由な地平に立ちたいと思っている。ともすれば足をさらわれてしまいそうな伝記的事実という流れの中で、南吉の〈村〉と〈町〉のイメージについてさぐる作業は、ぼくにとってはひとつのフィクションをつくる以上に楽しいものになるにちがいない。

佐藤通雅氏は、『季刊児童文学批評』三号の「『校定新美南吉全集』の周辺」の中で、〈(語注も——引用者注)一つの創造物といえる。「語注」を疑念ありとしたら、次の人がそれをのりこえ、新しい創造物たらしめればいいのである。〉と述べている。これも全くその通りという他はない。しかし、「語注」が〈一つの創造物〉だからといって、「手袋を買ひに」の〈森〉に〈むかし、ドイツに「アルトドルファー」などという画家があり……〉などという注をつけるわけにはいくまい。ところが、現実に〈帽子屋〉の方には〈当時、半田に「山半《やまはん》」などという帽子屋があり……〉などという注がついているのである。ぼくは今、かなり意識的に論理を短絡させているけれども、「客観的真実」「事実」を追い求める方法は、虚構としての作品の存立基盤そのものを危くするといってよい。ひいては、発想の限定という反作用さえ生じかねないと思うのだが、どうだろうか。

最後に気になったことだが、佐藤氏の論文中にH氏、S氏という匿名の表現があった。これは避けた方がいいと思う。相手に正当な反論の機会を与えないことにもなるし、批評そのものの自立が疑われかねないからだ。〈以前、西本鶏介氏から、あきらかにぼくとわかる批判があって反論したところ、〈別に君の名前を出したわけでも反論したわけでもないのに、みずから名のり出て云々〉とかかれたことがある。このような悪文をかかぬためにも気をつけたいと思うのだが、どうだろう。自戒をこめて――閑話。〉

（『季刊児童文学批評』4号　一九八二年七月）

Ⅱ

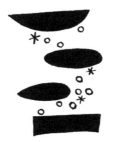

《出会い》と《本物らしさ》と

現代日本の児童文学にとって《おもしろさ》とは一体何なのか？　また、その《おもしろさ》は（子どもを含めての）ぼくら読者を、どのように魅了し、あるいは落胆させているのか？　それら現代児童文学における《おもしろさ》の問題（ひらたくいえば読者のよろこびざま）について、佐藤さとるの場合にはどうなっているのかを考えるのが、この稿の目的です。ですから、ぼく自身、読者のひとりにはちがいありませんが、できたら子どもの反応（よろこびざま）などもないまぜにしながら考えていきたいと思っています。

まず、最初から結論めいた言い方になりますが、ぼくは今、佐藤さとるの作品の《おもしろさ》として、次の二つを考えています。その第一は、読者がそのファンタジー世界との《出会い》のときに受ける新鮮なショックからくるおもしろさです。また、第二は、そのファンタジー世界の内部で展開される《本物らしさ》を享受するおもしろさです。個人的な体験談になってしまいますが、ぼくは中学二年のときに『だれも知らない小さな国』を読み、〝こんな世界もあったのか〟と驚きました。また、登場する小人たちが、今すぐにも読んでいる自分の目の前にとびこんできて「コンニチワ」と言いそうな錯覚におそわれました。大雑把な言い方をすれば、ぼくはそのとき『だれも知らない小さな国』という作品と《出会い》の体験をもち、そこに登場してくる小人たちの《本物らしさ》に魅了されたといえます。

ところで、ぼくは今、佐藤さとるの作品のおもしろさを《出会い》と《本物らしさ》の二つに分けましたが、この二つは《空想世界が本物らしければ本物らしいほど、その出会いも強烈になる》という意味からすれば、決して切り離せるものではありません。佐藤さとる自身、「正しい空想の姿」を定義づけて「現実を離れることなく、現実を直視し、しかも現実の向こうにある真実を見通す、一種の強烈な精神集中作業」（「想像する姿」、『佐藤さとる全集6』講談社　一九七三年六月）と呼んでいます。佐藤さとるのファンタジー世界は単なるふわふわした夢物語ではありません。そこに《本物らしさ》がなければ、当然のことながら強烈な《出会い》の体験もおこらないわけですから、わざわざ二つに分けて考えるまでもなく、佐藤さとるの中には《リアルな空想》の論理が確固としてあるわけです。

ここで、もう少し先まで論をすすめるなら、分ける必要もないような二つのものを、なぜぼくがわざわざ二分して考えようとしているのかという問題が残るわけです。そして、この二つを分けた理由は《出会い》の体験と《本物らしさ》の享受という二つのおもしろさの間に何かのズレがあると、ぼくが考えているところにあります。言いかえるなら《出会い》と《本物らしさ》とにおけるおもしろさの異質性（及びそこから生じる読者のよろこびざまのちがい）をさぐろうと思っているわけです。

そして、この《出会い》と《本物らしさ》との間のズレをさぐるまえに、元に戻るようですが、誤解のないように、この《出会い》と《本物らしさ》について、もう少し具体的に作品に即して説明し、《リアルな空想》の実例をあげておくことにします。例えば「ポストのはなし」についていえば、たけしが「ぼく、ポストの中にはいってみたいな。」と、みちばたの赤いポストをタンタンとたたきながらいったとき、いきなりポストが「はいってごらんよ、いつでもはいれるんだよ。」なんていうあたりは、主人公のたけしだけでなく、読者もびっくりして、簡単に佐藤サットル流のファンタジー世界にひきずりこまれてしまいます。――「たけしは、ポストの中に、はいりたがりました。そしたらポストがしゃべったので、わたしは、びっくりしました。ほんとうに、ポストがしゃべったらいいなーと、わたしは思いました。」（小学二年、女子）

このように、ファンタジー世界との《出会い》をもったたけし（そして読者）は、ポストに〝おでこに切手をはればいい〟といわれて、おかあさんから切手をもらいますが、それが古い切手だったために中にはいれません。たけしは、ちょうどやってきたゆうびんやさんにたのんでポストの中をみせてもらうわけですが、ここで〝おでこに切手をはる〟という法則の設定、とりわけ《古い切手》の呈示に、ぼくは、佐藤さとるのファンタジー世界の《本物らしさ》をみます。

この《古い切手》は、『不思議の国のアリス』でアリスがうさぎ穴からおちるときに棚からとりあげたオレンジ・ママレードの《つぼ》と同じ役割のものです。アリスは、うさぎ穴をどんどん落ちながら、棚にのっかっているオレンジ・ママレードのつぼをとり、それが空っぽだったので、がっかりして、そのつぼをまた棚の上にのっけます。（もちろん、もっと下の棚に。）現実にアリスが万有引力の法則にしたがって落下していったとしたら、アリスは棚からオレンジ・ママレードのつぼをとることも、また戻すこともできなかったはずです。うさぎ穴の底でトマトケチャップみたいにつぶれて話はおしまいになっていたはずです。しかし、ファンタジー世界における《本物らしさ》は、アリスが棚からとったオレンジ・ママレードのつぼのようなものではないか、と、ぼくは考えています。そして、このつぼを得た表現でもって、『不思議の国のアリス』という作品はファンタジーの元祖たる地位を獲得しているのです。

佐藤さとるのファンタジー世界の《本物らしさ》も、基本的にはこのアリスのつぼを得た表現と同質なものだといえます。「ポストのはなし」における《古い切手》は作者のおもわく通りに読者の注意をひきつけ、合理的（?）な現代の小さな読み手たちも、なんだかんだとへりくつをいいながらも、その空想世界のおもしろさにひきこまれてしまいます。――「たけしはポストの中にはいろうとしても、そうはいかない。おでこにきってをはっても、そうはいかない。てがみに足あとがつくもん。ほそいところに、てがみははいるけど、人間がはいるわけないよ。人間がはいったらいいもんだよ。まほうつかいがいれば、はいるかもしれない。いくらまほうつかいだって、むりだと思うよ。あんな小さいてがみでぴったしなんだから、人間がはいりっこしないよ。はいったら、わたしもはいりたいよ。ポストの中にはいりたいよ。」／「たけしくんはなんでポストにはいりたいのでしょう。でも、ポストの中はまっくらけでなんにもない。ただ、てがみがはいっているだけなのに、たけしくんはなんではいりたいんでしょう。そんなにポストにはいりたいなんてばからしい。ポストはきってをはったてがみをいれるだけなのに、そんなものにはいってもしようがないんじゃない。でも、そんなのでねるとくらいからいいでしょうね。」

ぼくは、ここで、《出会い》と《本物らしさ》との間におけるおもしろさのズレ（読者のよろこびざまのちがい）について考えることにします。まず、児童文学の《おもしろさ》について、ぼくは、基本的に次のような考えをもっています。それは何かというと、作品の中で主人公が変わっていき（成長・あるいは退化していき）、その変わりざまをみて、読者もまた変わっていくという過程がおこり得るとしたら、それが最もおもしろいにちがいないということです。特に佐藤さとるの文学の醍醐味は、作品内部における主人公と空想との出会い、及びその主人公の体験に視座を重ね合わせている読者と作品世界との強烈な《出会い》にある、と、ぼくは考えています。ですから、ファンタジー世界に出会うまでの佐藤さとるの主人公たちは、実際積極的な性格をもって行動しています。ポストにはいりたい！　ぼくのけらいになれ！　大きな木がほしい！　と、主人公たちは積極的に外部に対して働きかけ、そうすることによって彼ら自身の夢と出会います。『だれも知らない小さな国』の場合にも、せいたかさんが小人たちと出会うまでの過程には、新しい世界を獲得しようという能動性と変化がせいたかさん（及び読者）の中にあったといえます。

しかし、ぼくは、ここで一つの疑問をもちます。それは、確かにせいたかさんが小人たちと出会うまでの過程には人間が成長する過程で味わう階段のふしめを一つのぼるといった類の実感と緊張があったけれども、コロボックル小国の内部に視座が移行してから後のせいたかさんには、果してこれと同質のふしめ（成長と変化）があったろうか、ということです。つまり、佐藤さとるの主人公たちの行動は、自らのファンタジー世界と出会うまでは能動的で緊張しているけれども、そのファンタジー世界を獲得してからは防衛的でゆるんでしまうのではないかという危惧がぼくの中にあるわけです。

こうなると、《出会い》のおもしろさに続く、ファンタジー世界の展開＝《本物らしさ》の呈示は、単に出会いのおもしろさを補完するにすぎなくなります。ここに《出会い》のおもしろさと《本物らしさ》との間にズレが生じ、《本物らしさ》は、ファンタジー世界が実際にあるようにみせるため、より技術的、より保守的になり、日常次元の発想と同質にさえなってきます。――「異質と思われる世界が、実は、ほとんどこちら側の日常的な世界と変らない世界である（中略）。小人の世界でも、人間の世界の規範や思想は、ほとんどすべてそのまま通用する。」（安藤美紀夫「『だれも知らない小さな国』について」・日本児童文学臨時増刊『現代日本児童文学作品論』所収）

再び「ポストのはなし」に対する子どもの反応に戻って考えれば、読者は〝おでこに切手をはる〟というルールの設定＝《本物らしさ》の呈示によって容易にファンタジー世界にはいり込みました。しかし、これは、逆説的にいえば、読者である子どもたちが自らの日常的な発想をすてることなく、夢と出会い、それを享受しているということになりはしないでしょうか。そして、そこでは、もう強烈な《出会い》のおもしろさは喪失しています。

コロボックル物語も、『だれも知らない小さな国』以後は既に形成されきった《新鮮な世界》のバリエイションにすぎなくなっているといえます。つまり、技術的にはますますおもしろく、本物らしく、細かく、例えば豆イヌがでてきたり、ヘリコプターがでてきたりするようになります。しかし、コロボックル物語が果してこんなにまで、（あるいはこんなふうに）おもしろくなりすぎてよいものだろうか、と、ぼくは思うわけです。特に『豆つぶほどの小さないぬ』の場合、この「コロボックル通信」からの報告は、コロボックル小国をよりきめこまかに、より鮮明に描こうとしたもので、ぼくら人間との関わり（出会い・接触）については語られていません。そして、コロボックルのみを描くとき、その空想世界は本物らしく描けば描くほど、ぼくらの日常生活と同質なものになってしまうといえます。つまり、佐藤さとるは小人と人間との関わり（出会い）を語るときは超一流のおもしろさを発揮し、小人世界のみを語るときはおもしろさのバリエイションの呈示に終ってしまっている、と、ぼくは思うのです。

そこで結語――現代日本児童文学の成長に新しいふしめをつくるために、バリエイションでない空想との強烈な出会いを、もう一度味わいたい。佐藤さとるは、それができる作家だとぼくは思うのです。

（『日本児童文学』一九七五年一二月号　特集　現代児童文学における「おもしろさの思想」）

コロボックル小国盛衰記
――その1・前史――

コロボックル小国の歴史はどこから始まるのか。そして「矢印の先っぽの、コロボックル小国」という、今はだれでも知っているがかつてはだれも知らなかった小国家の起源はどこに求められるのか。さらにいえば、この小国家を、その根本において、成り立たせたファクターというのがあったとしたら、それは一体なんだったのか。ぼくは、これらの謎をとくために、佐藤さとるの初期短編の世界にはいっていこうと思う。

まず、最初にことわっておくが、ここでいう《初期》の範囲は、「コロボックル小国」の起因をさぐるという観点からしても、佐藤さとるが『神奈川新聞』や雑誌『童話』などに作品を発表しはじめた一九四六年から、『だれも知らない小さな国』の構想以前までと限りたい。『佐藤さとる全集』（講談社）の「年譜」（第12巻所収）によると、一九五二年ころから「コロボックル物語」の構想をもつとあるので、多少ダブるが、いちおう同人誌『豆の木』までが初期として考えられてくると思う。この時期の作品を、講談社版全集からピックアップすると次のようになる。

「大おとこと小人」（『童話』一九四六年九月）
「ポケットだらけの服」（『神奈川新聞』一九四七年二月）
「かべの中」（『神奈川新聞』一九四七年八月・原題「デヴィスとポリー」）
「ろばの耳の王さま後日物語」（『童話』一九四八年）
「井戸のある谷間」（『豆の木』創刊号　一九五〇年三月十九日）
「名なしの童子」（『豆の木』再刊第一号　一九五三年三月一日）

さて、これらの六つの初期短編の中で、『だれも知らない小さな国』との類縁関係という点からみて、最も興味をひく作品は「かべの中」だろう。まず、プロットを紹介しておこう。——主人公のデビスくんは仕事で日本にきているが、遠い自分の家のことを思い出して「なきたいほど」なつかしくなる。そこでふいに子どもの頃食堂のかべにはって、妹のポリーと朝晩みていた《絵》のことを思い出す。やがて家に帰ったデビスくんは、妹のポリーにその絵のことを話すのだが、ポリーは、絵の女の子は赤い服をきていたといい、デビスくんは黄色だったという。ところが、はがしてみると黒一色のみごとなかげ絵がでてくる。でも、デビスくんはまじめな顔でこうつけ加える。——「かべの中にかくれていたあいだは、きっとあの絵にも色がついていたんだ。それにちがいないと、ぼくはいまでもかんがえているよ。」と。

ざっとこのような話だが、この中で、ぼくが特にスポットをあてたいのはデビスくんが《絵》を思い出した部分だ。デビスくんは《絵》のことをふいにはっきりと思い出して、なつかしくなり、家に帰ったらなんとかしてさがしてみようと思うのだが、このくだりは、確かに『だれも知らない小さな国』の主人公の「ぼく」が「終戦」（「敗戦」ではない！）の後に「あつい雲がはれるように、ぽっかりと」《小山》のことを思いうかべたのとよく似ている。以下、長い引用になるが、大事な部分なので、二つの文章をよみ比べて、その酷似性を確認してもらいたい。

●デビスくんの《絵》に対する思い

するとと、デビスくんは、とうのむかしにわすれていたことを、ふいにはっきりと思いだしました。デビスくんが子どものころ――たしか八つぐらいのころ――に、食堂のかべ紙の上へ、妹のポリーとふたりで、フットボールをして遊んでいる子どもの絵を、はりつけたことがあったのです。その絵は、たしか、きれいな色のついた絵で、男の子と女の子がいました。男の子はデビスくんそっくりで、女の子はポリーによくにていました。小さかったきょうだいは、朝晩その絵を見るのが、とてもたのしみでした。ところが、それも、いつとはなしにわすれてしまいました。そして、遠い国へくるまで、思いだしもしなかったのです。食堂のかべ紙も、いつかすっかり新しいのがはられてしまいましたから。――あの絵は、もしかすると、いまでもかべ紙の下にのこっているかもしれない――。デビスくんは、そう思うと、なつかしくてたまらなくなりました。そして、こんど家へ帰ったら、なんとかしてさがしだしてみようとかんがえました。（『佐藤さとる全集5』講談社　一九七三年三月）

●「ぼく」の《小山》に対する思い

むし暑いま夏のことだった。ぼくは、焼け野原になった町に立って、あつい雲がはれるように、ぽっかりと小山のことを思いうかべた。なつかしい小山。あれからとうとう、一どもいってみなかった小山。いまでもむかしのままで残っているだろうか。あの山には、おもしろい話がつたわっていたっけ。ぼくはきゅうに、ふきのにおいを思いだした。なつかしい小山。いつか、ふしぎなものを見たことがあった。あれはいったいなんだったのだろう。なぜぼくは、もっとよく調べてみなかったのだろう。そういえば、あの赤い小さな運動ぐつはどうしたろう。どこかにしまってあるはずだから、さがせば見つかるにちがいない。

この二つの文章の酷似性は「かべの中」が『だれも知らない小さな国』のひとつの原型であることをよく示している。それも、コロボックル小国の起因にかかわる重要な原型だ。いうなれば、《絵》が《小山》にかわり、女の子のおぼえていたものが《赤い服》から《立って歩くカエル》にかわり、男の子のそれが《黄色い服》から《コロボックル》にかわっただけで、基本的には同一のパターンだといってもいいだろう。ちがっている点といえば、「コロボックル物語」の方は、まだ「かべの中」にかくれていて、色がついているという一点のみだ。つまり、デビスくんが最後にまじめな顔してつけ加えた「かべの中にかくれていたあいだは、きっとあの絵にも色がついていたんだ。」という《かべの中の世界》をかいたものが「コロボックル物語」だったと考えることができる。つまり、デビスくんの言葉は「コロボックル物語」の登場でもって実証され、逆にぼくらは、今のはやりことばでもっていえば、「かべの中」に「コロボックル小国」のひとつのルーツを発見したわけだ。ここで、少し横道にそれて、全然関係のない話をしたい。今までの『だれも知らない小さな国』の評価は「小人の再発見への努力＝自我の確立・自己の探求」というふうに小人＝コロボックルの系譜からの視点のあて方ばかりだったように思う。

しかし、これは「かべの中」的にいえば、男の子の黄色い服のイメージばかりをほめそやしたことになる。女の子の赤い服のイメージ＝つまり立って歩くカエルの系譜の方は完全に抜けおちているといえはしまいか。この不当さは、今までの評価が、作者の「この物語は、大むかしのコロボックルを、わたしが、あらためて現代の世の中に紹介しようとしたものだといっても、ほとんどまちがいありません。しかし、ほんとうのことをいうと、わたしがこの物語で書きたかったのは、コロボックルの紹介だけではないのです。人が、それぞれの心の中に持っている、小さな世界のことなのです。」という『だれも知らない小さな国』の「あとがき」をウのみにして、これによりかかりすぎてしまったことからおこったものかもしれない。しかし、佐藤さとるの心のイメージ史めいたものを考えると、小人＝コロボックルの系譜よりも、カエル＝立って歩くカエルの系譜の方が、ずっと古く、いわば幼少年期の記憶にまでさかのぼれるものだと、ぼくは思う。それと比べると、小人＝コロボックルの系譜の方はずっと新しくて、おそらく心のイメージ史の中に輸入されて加わってきたものにちがいない。ぼくは、別に古いイメージの方がよくて、あとから輸入されてきたイメージの方は悪いなどというつもりは全くない。ただ、言いたいことは、この辺の、イメージの構成というか、佐藤さとるのイメージの形成史みたいなものについては、もう一度、しっかりと検討しなおす必要があるということだ。「かべの中」の赤い服と黄色い服とにかこつけて、とんでもないところに話がそれてしまったが、これも初期短編をみる場合のひとつの視座になるのではないかと思いしつこくかきつづけてしまった。つまるところ、佐藤さとるの初期短編の世界の中から、立って歩くカエルをさがし出す作業というのは、やっぱり必要だろう。できたら、その問題にもふれていきたいが、とりあえずは閑話休題。

さて、話を元に戻す。問題は「かべの中」と『だれも知らない小さな国』との酷似性だ。そして、もちろんのことだが、この似方は、たまたまこの二つの作品についてだけ偶然にあらわれたのかというとそうではない。つまり、この《何かをふいに思い出して、それに執着しつづけて、再会するという心のパターン》は、佐藤さとるの場合、作品形成上の、一番根っこのところのモチーフになっているのだ。このことは、他の初期短編の中にも、似たようなパターンがいくつかあらわれていることからもうかがえる。

例えば、「名なしの童子」をみてみよう。これなどは、主人公＝太郎とその頭の中のかすみとの葛藤をみると、佐藤さとるの、思い出し、再会するという《心のパターン》そのものがテーマになっているといっても言いすぎではない。主人公の太郎は、頭の中にかすみがあって、そのために「いっぷうかわったなまけもの」になってしまっている。あるとき、太郎は初めてはっきりと「いったい、このかすみはなんだろう。」と自覚して、その正体を確かめようと試み目玉を内がわにむけて、頭の中をのぞいて、名なしの童子が白馬の背中に美しい女の人を乗せているのをみる。そのあと、山のダム工事現場に転勤した太郎は、そこで現実に「女の人」と出会う。

ざっとこんな話だが、この太郎が《かすみ》の存在を自覚し、その正体を確かめようとして、ついに自分の「心のおく」からつかわされた名まえもない童子の仲人でひとりの「女の人」と出会うというパターンは、デビス対《絵》、あるいは「ぼく」対《小山》および《おちび先生》の関係と同質のものだ。ここには、佐藤さとるの思い出あるいは再会のレトリックと呼んだらいいような《心のパターン》がある。

もうひとつ例をあげれば、思い出あるいは再会のレトリックとは一見全く関係ないようにみえる。「井戸のある谷間」のわかものとむすめの話も、それから十五年後にかかれた『てのひら島はどこにある』のラストシーンにそっくりそのままはいってきて、見事なまでに、いたずら虫クルクルの太郎とおこり虫プンのヨシボウとの思い出と再会の物語になりきっている。

また、この「井戸のある谷間」の「あの谷間は、なんてすばらしいんだろう。井戸もすてきだった。井戸へいく橋も、とちゅうのかきの木の下も、それから、あの大きなみかんの木も、赤い屋根も、それに――とにかく、あれだけそろった場所は、世界じゅうにもそう多くはあるまい。」と、わかものにいわしめた《風景》も興味深い。この《風景》は、そのまま『だれも知らない小さな国』の小山の風景を経由して、『てのひら島はどこにある』のラストシーンで再現され、『わんぱく天国』のカオルの「まさきのかきねにかこまれた小さな家」にまでつづいている。そして、長崎源之助の「まだのこっているわんぱくの天国」（『佐藤さとる全集12』講談社　一九七四年六月）によると「井戸のある谷間」の家も、カオルの家も、実は佐藤さとるが小学校五年生のときまですんでいた家だという。

そう考えてみると、佐藤さとるの思い出と再会という《心のパターン》からつくり出される「一種の幻想」も、実は子どものころからの日常生活とすごく密接にむすびついてきているし、彼が子どものころに生活していた家のある例の気にいった風景を現実的基盤にしていることがよくわかるし、またそこを拠点にして、今だにそこから一歩も出てはいないし、出ようともしないし、また《風景》自体も全く変っていないことがよくわかる。

だいたい《思い出》というものは、Aのときのaというものを、'Aのときに思い出すのだから、当然aならぬ'aのイメージになってきて、そこに「一種の幻想」が介在する余地も出てくるはずだが、佐藤さとるの場合、その気にいった風景は全く不変のまま'aのイメージのみを抽出する。「名なしの童子」の太郎が《かすみ》の正体を知ったときの状態をまねていえば、佐藤さとるが彼の日常生活の中から′aという「幼年時代からの一種の幻想」を抽出するとき、彼の目玉はすっかり内がわをむくのだ。

――「かたくつぶった目のうらで、目の玉だけが、じりじりと内がわへまわりだしたように思った。たしかに目玉は内がわへむけられていく。太郎は、もうすこしで、声をたててやめてしまおうかと思った。みょうにむねがくるしい。それでも太郎はこらえた。目玉はすっかり内がわをむいた。」

ところで、ここでちょっと見方をかえて考えてみると、佐藤さとるの魔法の手口はこの《目玉の向きの変換》にあるとはいえまいか。例えば、「大おとこと小人」は、マッチ箱を家にみたてて大おとこになってみたり、逆に家をマッチ箱にみたてて小人になってみたりして、現実には何も変えずに、ただ視座をかえることだけで、そのレトリックをたのしんでいる。この作品などは、佐藤さとるの魔法の手口のひとつの原型で、しかも、視座をかえることによって日常生活のほんの一部のイメージをかえて、それによっておこるドラマをたのしむが、現実のものは一切かわっていないし、またかえようともしない、つまり現実には全く抵触していないという佐藤さとるのファンタジーの性格をよくあらわしている。これは、タイムマシンの乗り手が現実の歴史には全く抵触しないのとよく似ている。

そうしてみると、佐藤さとるは、魔法使いのようにたくさんのメルヘンをつくっているのだけれども、もしかしたら彼はたったひとつのことしかやっていないのではないかとも思えてくる。つまり、色々なものを出してはいるのだけれど、それらは実はたった一本の魔法のつえを使ってやっているバリエーションなのではないかということだ。そして、この魔法のつえというのも、その原型をたどれば、ファンタジーのルールがどうの、小人の系譜がどうのというほど七面倒臭いものではなくて、本当はもっとずっとあっさりしたもので《もし○○が××だったら…》という呪文がキー・ワードになっている《目玉の向きの変換》ではないかと思えてくる。

そして、コロボックルのルーツというのも、実は小人の系譜なんかではなくて、その初期短編群をみている限りでは、つまるところ《カエル》であって、佐藤さとるが例の気にいった風景の中でカエルをみたときに、「もし、このカエルがあるいたら……」あるいは「このカエルが小人だったら……」というふうに思った。その幼児が日常次元でもつような幼稚なイメージ変換の願望が、ことのおこりではないかと思うのだ。佐藤さとるは、長崎源之助の「(初期短編)は、下書きというか、油絵をかくまえの、デッサンか、水彩画みたいな感じがするね。」という問いに答えて「まあ、そんなふうにもみえるね。幼年時代から一種の幻想があって、自分の中に生まれたものがあるわけよね。その小さな生きものが活躍する世界みたいなものがあって……もっとも非常に幼稚だった。あれはその総決算だよ。」(「佐藤さとるに聞く(1)」、『佐藤さとる全集9』講談社　一九七三年八月)といっている。そして、変な言い方になるが、この、佐藤さとるが《幼稚だった》といっている部分にまで遡って、ぼくらは、そのファンタジー世界の意味をさぐっていく必要があるといっていいだろう。

とりあえず、この稿では、コロボックル小国の起因となるべきファクターとして、初期短編の世界から、①何かをふいに思い出してそれに執着しつづけて、再会するという心のパターンと②《もし○○が××だったら……》という呪文をもった魔法のつえによる視座の変換の二つをあげ、また、コロボックルのルーツは《カエル》だったという仮説を呈示して、筆を擱きたい。

(『日本児童文学』一九七八年三月号　特集　佐藤さとるの世界)

だれも知らない小さな国

●コロボックル小国・発見への道程

「峠のむこう」には、町にはないものがなんでもあった。もちの木だって、あるにちがいない。

ぼくもやはりそう考えたのだ。

「矢じるしの先っぽのコロボックル小国」という小国家の存在を暗示するかのように、『だれも知らない小さな国』は《峠のむこう》への期待からはじまっている。——峠のむこうにはなんでもあった、と。

そして、「もちの木」も確かにそこにあった。しかし、やっとのことで見つけ出した「もちの木」は、がき大将の所有するところとなり、三年生のちびの「ぼく」は、ほんのお情けに、わけてもらえるにすぎなかった。がき大将はいう。——「この木はおれの木だぞ。だまってとったらしょうちしない。そのかわり、すこしずつわけてやる。」と。カール・ブッセの《山のあなた》に必ずしも「幸い」があるわけではなかったように、「ぼく」の《峠のむこう》に対する期待はむくわれなかったのである。

しかし、これによって《峠のむこう》に対する期待感が失われてしまうわけではない。むしろ、逆である。物語は、ここから始まるのだ。ぼくはひとりで「もちの木」をさがしに出かけるのだから……。ぼくは《峠》の近くにはいりこむ。そして、作者＝佐藤さとるが「ぼく」に仮託した《峠》のイメージは、最初からふしぎなリアルさをもって、ぼくら読者に呈示されている。——ゆきどまりのように見える、丘のふもとを左に折れて、きゅうな石段をのぼりつめたところにある、やっとひとりが通れるくらいの、せまい切り通しの道。ここが《峠》だ。

トンネルのような切り通しをぬけるとぽっかりと風景がかわってしまう、この《峠》のリアルなふしぎさは、確かに、佐藤さとる自身が幼年時代からずっと遊び過ごしてきた按針塚周辺の《いつも見なれた風景》のもっていたふしぎさに他ならない。そして、この《いつもの見なれた風景》は、直接的に〝小法師さまたちの住んでいる鬼門山の三角平地と泉のある幻想の空間〟へとつながっているのである。佐藤さとるは『ファンタジーの世界』の中で次のようにいっているが、これは《いつもの見なれた風景》と《幻想の空間》との緊密さを物語るものになっているといえる。——「すでに遠く去りかけている故郷は、遊び場としてだけでなく、当時の私の空想の背景としても、じつに豊富な素材を提供してくれた。たとえば、子供のころ好きだったグリム童話の舞台も、ほとんどこの按針塚の周辺にあてはめて理解していた。〝深い森〟が話にでてくれば、ああ、あの山かげの森のような所かと思い、小川がでてくれば、たぶんあのあたりの流れだろうと思う。池がでてくればあの谷間にある用水池のような池かと考える。」

この《風景》に対するダブル・イメージという処理法（具体的にいえば、グリム童話の○○を按針塚の××におきかえる発想＝イメージ変換の願望）は、最も基本的なところで「コロボックル小国」を発見するモチーフになっている。それは、たとえば《用水池のカエル→小人→コロボックル》というように、佐藤さとるが「コロボックル小国」を発見するまでに行なってきたイメージ変換の道程を示しているとはいえまいか。（その意味で、おちび先生がせいたかさんとの五度目の出会いのときに、段々岩の上でいった言葉は印象的である。——「男の子は、そのとき小人さんを見ました。女の子のほうは、立って歩く小さなかえるを見たのです。」この言葉は、コロボックルのルーツが《立って歩くカエル》であることを端的に示している。）

こうして、按針塚の風景＝《峠のむこう》への期待感は、そのふしぎなものへの願望とともに生きつづけ（ガキ大将というひとつの権力的な存在の有無とは無関係に）、ぼくだけの所有する「もちの木」の発見から、そのまま「コロボックル小国」の発見へとつながっていくのである。そして、三角平地の出入り口にある二本の「もちの木」を発見したとき、「ぼく」は声を出してわらい、思わずこういう。——「この山はぼくの山だぞ！」と。

この場合、「小山」の発見＝所有は、「小人」の発見＝所有とほとんど等価にある。この「小山」のイメージについて、天野悦子は「『だれも知らない小さな国』に関して」（『日本児童文学』一九七四年一〇月号）の中で「もはや具体的な存在としての小山をつきぬけて、それ自体豊穣な可能性に満ちた空間」と、いっている。——「この小山は、他の誰にも知られない秘密の場所であることによって、主人公の中で一層の価値を増す。」と。こうして、長い長い期待ののちに「矢じるしの先っぽのコロボックル小国」という小国家は、「ぼく」および読者のまえに姿をあらわすのである。

●コロボックル小国・その原理と法則

「矢じるしの先っぽのコロボックル小国」という小国家は、世に出るまでは、全くのところ佐藤さとるという個人の心の中にある《いつもの見なれた風景》をバックにして動きまわる《一種の幼稚な幻想》にすぎなかった。だから、それは確かに〝だれも知らない小さな国〟にちがいなかった。しかし、ひとたびその存在が知られるや否や、この小国家は、戦後から現代へという児童文学の歴史の流れの中で、ひとつの転換期を形成するほどの記念碑的作品にまでなってしまった。たとえば、上野瞭は『戦後児童文学論』の中で、『木かげの家の小人たち』や『でかでか人とちびち人』と対比させて、「コロボックルだけが、一つの記念碑的意味を持った。」と位置づけている。上野瞭はいう。――「これは、コロボックルという日本土着の小人の物語であると共に、コロボックルに仮託され、象徴された戦後理念の消化物語であり、それを、自律的価値として確立するプロセスの呈示なのである。」と。

上野瞭の『だれも知らない小さな国』に関する《二重読み》は見事という他はない。上野は、ここに、「コロボックル小国」成立の根拠＝原理をあきらかにした。上野は、コロボックルを《戦後価値の具現化》として把えた。これはまた、目にみえないほどにすばやく動きまわる存在という意味では、その存在を信じる者の心の中にだけある《内在的価値》でもあった。そして、これは、作者自身の次のような発言によっても実証される。佐藤さとるは、ここで、「コロボックル小国」の成立根拠＝そのモチーフについて語っている。――「この物語は、大むかしのコロボックルを、わたしが、あらためて現代の世の中に紹介しようとしたものだといっても、ほとんどまちがいありません。しかし、ほんとうのことをいうと、わたしがこの物語で書きたかったのは、コロボックルの紹介だけではないのです。人が、それぞれの心の中に持っている、小さな世界のことなのです。」（『だれも知らない小さな国』の「あとがき」）

ここには、《コロボックルの呈示＝個の尊厳の確立》という論理のパターンがある。こうして、「矢じるしの先っぽのコロボックル小国」の成立原理はあきらかになるのである。そして、「多くの人たちが、小人の再発見への努力を自我の確立とか自己の探究とよび」（神宮輝夫「生きる意味との出会い」、『佐藤さとる全集8』講談社　一九七三年八月）はじめる。《発見》されてからもうすぐ二十年たつ現在では、この小国家は、だれもがみんな知っている大きな大きな国にまで拡大し、発達してきているのである。この拡大と発達のプロセスの良し悪しはとりあえず横においておき、とにもかくにもひとつの《幻想》がなぜここまでの大きな意義と意味をもつことができたのか、その辺の根拠をさぐってみることにする。そして、これは、言いかえれば、佐藤さとるの作品群のもつ《おもしろさ》の秘密をさぐることでもあるのだ。

結論めいた言い方をするなら、ぼくは、『だれも知らない小さな国』にはじまる「コロボックル物語」四部作の《おもしろさ》の根拠として、①出会いの法則と②本物らしさの法則という二つの法則を考えている。もっと具体的にいうならば、《出会いの法則》とは『だれも知らない小さな国』における「ぼく」対「小山」「コロボックル」「おちびさん」との出会いである。そして、これらの《出会い》とくらべると、続篇での出会い（すでに形成されたコロボックル小国が拡大し発達していくプロセスでの出会い）は、はっきりとかげがうすい。ここには法則と呼べるほどの出会いのモチーフはない。たとえば、『豆つぶほどの小さないぬ』のマメイヌさがし、『星からおちた小さな人』のミツバチぼうやとおチャ公との出会い、『ふしぎな目をした男の子』のツムじいとタケルとの出会い、どの場面ひとつとってみても、「ぼく」の《小山》に対する思いに匹敵するものはない。全くのところ、「ぼく」がはじめてきみょうな三角の平地にひょっこりと顔を出したときの感情描写は見事に印象的である。——「ふいに、そこへ出たときの感じは、いまでも、わすれられない。まるでほらあなの中に落ちこんだような気持ちだった。思わず空を見あげると、すぎのこずえのむこうに、いせいのいい入道雲があった。」

誤解をおそれずにいえば『だれも知らない小さな国』という作品は《小人》の物語ではない。この物語を基本的に支配しているものは《出会いの法則》であり、《小人》は、この作家のイメージ形成の原初まで遡れば、単なる《挿入話》にすぎない。それは、「ぼく」の小山に対する思い（三角平地に立ったときのショック、段々岩の上の女の子および赤いくつの小人たちとの出会い、そして敗戦とともに雲がはれたようにぽっかりと小山を思い出すときの感情描写など）とくらべて、《小人》そのもののイメージがまるで希薄であることからもよくわかる。そして、小人たちの没個性化という現象は、この物語の主要なモチーフが小人そのもののイメージ化にではなくて〝一度かいまみた小人たちとの再び出会うまでのスリリングな感情のプロセスを描くこと〟の方にあることから生じたことであり、それは、さらにいえば小人は単なる仲人で、そのむこうにある「おちびさん」との再会に主題がおかれていることはいうまでもない。幼年時代からのひとつの思い＝《出会い》に執着しつづけて、ふいに（あるいはぽっかりと）再会するという心のパターンは、佐藤さとるという作家にとって、一番根っこのところのモチーフになっている、と、ぼくは思う。だから、岩の上で、くつをもって帰ってくるせいたかさんを待つおちび先生の顔だって、真剣にならざるを得ないのだ。――「岩の上のおちび先生は、しんけんな顔つきで、ぼくを待っていた。その目が大きかった。そのときぼくは、流れの中でぼう立ちになった。おちび先生が、なぜこんなことをしたのか、いきなりわかったからだ。――そうか、そうだったのか！――からだじゅうが、かっと熱くなってきた。岩の前につっ立ったまま、おちび先生を上から下まで、あらためて、ゆっくりとながめた。「きみが――あのときの女の子か。」」

そして、『だれも知らない小さな国』を支配するもうひとつの法則＝《本物らしさの法則》も、実は（佐藤さとるがそのファンタジー論の中でいっているような、ルールがどうか掟がどうかといった七面倒臭い《リアルな空想》という代物ではなくて、むしろ《いつもの見なれた風景》をバックにした《出会い》のモチーフに裏づけられたときに、はじめて本物になるのではないだろうか。ぼくは今、女の子がなくした「小さな赤い運動ぐつ」のことを頭に浮べながら考えている。シンデレラのカボチャが馬車になり、ネズミが馬になり、きたない着物がきれいなドレスになったときに、魔法使いのおばあさんは用意周到に《ガラスの靴》だけは手わたしする。これは、だから本物だ。十二時の鐘がなっても、これだけは変らずに残る。空想上の本物らしさとは、基本的にはこの《ガラスの靴》のようなものではないだろうか。そして、シンデレラと王子が《ガラスの靴》を媒介にしてむすばれたように、佐藤さとるは、たったひとつの「赤いくつ」でもって、見事なまでに「せいたかさん」と「おちびさん」の再会のドラマを形づくったのである。

《小人》たちが没個性的だという指摘をうけながら、また「せいたかさん」が状況に対して何ら主体的に働きかけていないという批判をうけながらも、この作品が、戦後児童文学の転換期を形成するひとつの《記念碑的作品》であり得た根拠も、実はここにある。戦争をはさんだ二十年ののちに二人の若者が再び出会うという《思い》のドラマは、日本という国では、まさに空想の上でしか本物らしく構築できなかったのかもしれない。

これに対して、「コロボックル小国」成立以後のことをかいた続篇では、すでに《出会い》は主要なモチーフでなくなり、それにとってかわって「コロボックル小国」をいかにあるようにみせるかという観点からの《本物らしさの法則》が優位に立ってきている。しかし、《本物らしさの法則》は、《いつもの見なれた風景》をバックにした《出会い》のモチーフに裏づけられていないと、単なる技術上のイメージ・アップにおちいらざるを得ない。「コロボックル小国」の存亡は、まさにこの一点にかかっているといえる。

（『日本児童文学別冊　日本児童文学100選』一九七九年一月号）

だれも知らないつばきの木

――『だれも知らない小さな国』の原風景――

人はだれでも、おのれ自身の原風景をもっている。ぼくには、ぼくの原風景があるし、『だれも知らない小さな国』の作者、佐藤さとるにも佐藤自身の原風景があるはずだ。

『だれも知らない小さな国』という作品は、佐藤の原風景によって支えられている。その原風景が、読者の心をゆさぶるのだ。せいたかさんとおちび先生、そしてコロボックルたちが動きまわる姿もさることながら、彼らが動いている風景のありようの確かさに、ぼくらは胸をうたれ、スキをつかれ、ときに驚くのだ。もうあまりにも有名になってしまった〈きみょうな三角の平地〉へ出たときの描写は、やはりひとつの原風景にちがいない。

ふいに、そこへ出たときの感じは、いまでも、わすれない。まるでほらあなの中に落ちこんだような気持ちだった。思わず空を見あげると、すぎのこずえのむこうに、いせいのいい入道雲があった。

主人公の「ぼく」は、もちの木をさがして、この平地にやってくる。しかし、発見されてから後のもちの木は、かげがうすい。三角平地にはいずみがある。一本のつばきの木がある。このつばきの木のイメージが、もちの木にとってかわり、優位にたっていく。だれも知らないつばきの木のイメージが、じつは『だれも知らない小さな国』の原風景を支えているのだ、と、ぼくは思っている。佐藤は、つばきについて、次のように語っている。

小山の南側には、大きなつばきの木があった。つばきはえだが多く、じょうぶでのぼりやすいが、ここのえだぶりは、とくにおもしろかった。まるで魔法のいすのように、ちゃんとこしかけられるところがあった。ちょっとしたよりかかりや、ひじかけまでそろっていた。

こしをおろすと、町が見え、遠くの村も見える。足もとには、いずみが小さくひかっている。つばきの木は、この平地にはいってくるものを見張ることもできた。つばきの木は、コロボックル小国の象徴なのだ。佐藤は、次のようにもいっている。

春にさきがけて、つばきには赤い花がさく。びっくりするほどきれいな色だった。あまりぱあっと目だつので、そのために、小山が人に知られやしないかと、心配になったほどだ。

「ぼく」の心配は、とりこし苦労におわる。小山も、つばきの木も、だれにも知られない。見晴らしのよい休憩所兼見張り台は、そのままの姿で生き残ることになる。佐藤の原風景は守り通されるのだ。

＊

むかし、ぼくがよく遊んだ友達の家に、大きなつばきの木があった。よくのぼった。まんなかあたりの枝に板をわたして、そこを基地にして、遊んだ。

三角平地のつばきがそうであったように、なぜ木というものは、みな、そろいもそろって、人がのって休みやすい枝ぶりの場所をもっているのだろうか。ぼくは友達とそのつばきの木にのぼり、実をとった。中をくりぬき、笛にした。鳴らした。笛は、かん高いピーッという音を耳に残した。

むかし、あれほどまでに、飽きもせず、のぼり、実をとり、くりぬき、鳴らした笛たちは、いま、ただのひとつも残っていない。ぼくのつばきの木は、ただぼくの心の内にある。そのつばきの木のイメージが、『だれも知らない小さな国』の三角平地のつばきの木とダブッてあらわれては、消えていく。人はだれも、ぼくのつばきの木と同じような一本の木をもっているにちがいない。

＊

佐藤に「つばきの木から」（『佐藤さとる全集7』講談社　一九七三年六月所収）という短編がある。プロットをいうと、こんな話だ。――まず、ふたりの少年がいる。タモツはすばしっこくて、いたずら坊主。カズヤはのんびりやだ。タモツはカズヤにむかっていう。「どんな道だって、ついてこられるか。」と。カズヤは「うん」という。タモツは、つばきの木にのぼる。枝にぶらさがる。先まで手でわたり、物置小屋の屋根の上にとびおりる。カズヤも真似をする。が、とびおりるとき（というか、おちるとき）、夢をみる。大きなわにが、ものすごい口をあけている。よけて、水におちる。と、大きなさかながまっている。カズヤをのみこもうとする。トンネルのような口だ。そこで気がつく。ふたりは、もう止めようという。タモツが、つばきのたねで笛をつくろうといい、カズヤが「そういうことなら、ぼく、とくいだ。」と答え、そこで、作品は終わっている。ぼくが、おもしろいと思うのは、ふたりがのぼるつばきの木のえだぶりだ。佐藤は、つばきの木について、次のようにかいている。

タモツはいきなりつばきの木にとびついてのぼりはじめました。このつばきの木は、えだがおおくてのぼりやすい木です。いつかカズヤものぼったことがあります。

タモツは、ぐんぐんのぼって、ふといえだにぶらさがって、そのままえだのさきへ手でわたっていきました。

「あぶないよ、タモちゃん!」

このつばきの木は、『だれも知らない小さな国』のつばきと同じだなと、ぼくは思う。三角平地のつばきは〈つばきは枝が多く、じょうぶでのぼりやすいが、ここのえだぶりは、とくにおもしろかった。〉と描かれていた。それに対して、このつばきは〈えだがおおくてのぼりやすい木〉とある。これは、もうほとんど同じものだ。佐藤は、ぼくと同じように、のぼりやすい大きなつばきの木にのぼり、こしをかけ、たねをとり、笛をつくり、鳴らしたにちがいない。

もうひとつ、初期の短編「井戸のある谷間」(『佐藤さとる全集9』講談社　一九七三年八月所収)にも、一本のつばきの木が立っている。これは、小さな谷間で、ひとりの若者が、若いむすめに水をもらう話だ。井戸をすっぽりと取りかこむように、つばきの木はある。これもやはり、いずみの近くに立つ三角平地のつばきの木と同じものだ。若者は、立ち去るとき〈あの谷間は、なんてすばらしいんだろう。〉〈いつかまた、ぼくはどうしても、ここへやってこなくてはならない。〉といっている。この風景に対する思い入れと、いつかまたここへ来なければいけないという再会の論理は、『だれも知らない小さな国』の原型といってもいいものだ。佐藤の心の中には、ひとつの気に入った風景がある。それが、幾度となく、ぼくらの前に立ちあらわれ、消えていくのだ。コロボックルたちは、いうなれば、その風景の住人にすぎない。ひとつの原風景の中を、立って歩くカエルが通りすぎていく。

＊

ぼくは、『だれも知らない小さな国』という作品の全体について、何も語らず、ただ、つばきの木についてのみ語ってきてしまったようだ。実をいうと、『だれも知らない小さな国』は、このほかにも多くの原風景をかかえこんでいる作品なのだ。三角平地に立つつばきの木は、その象徴にすぎない。

作品の冒頭に出てくる〈峠〉のイメージおよび〈峠のむこう〉への期待感も、やはり、ひとつの原体験・原風景と呼ぶべきものだ。子どもたちは近所の家のもちの木をねらう。たちまち見つかる。大目玉をくう。年上のがき大将は、舌を出して〈平気だよ。峠のむこうにいけば、きっとあるさ。〉という。それに続けて、佐藤は〈峠のむこう〉に対する期待について語る。これはもう、佐藤自身の原イメージという他はないものだ。

「峠のむこう」には、町にはないものがなんでもあった。もちの木だって、あるにちがいない。

ぼくもやはりそう考えたのだ。

このあとに続く〈峠〉の描写、そのイメージの連なりが、ぼくは好きだ。まるで一歩一歩、ほんとうに歩いているように〈峠〉は、ぼくらの脳裏に写しだされていく。――うら通りからつづく細い道が、町のうしろの丘にぶつかり、ゆきどまりのように見える。かまわずに丘のふもとを左に折れると、きゅうな石段がある。それをのぼりつめると、やっとひとりが通れるくらいの、せまい切り通し道になる。ここが〈峠〉だ。

このうす暗いトンネルのような切り通しをぬけると、ぽっかりと明るい村のけしきが目の下に広がってくる。いままでの町の感じが、いきなり村のけしきにかわるのだ。どういうわけか、風のふきぐあいまでがぎゃくになってしまう。

この〈峠〉のふしぎなリアルさは、やはり、佐藤自身の原風景のもつ不思議さ、リアルさにちがいない。かつて、ケストナーは『わたしが子どもだったころ』のまえがきで、最もすぐれた子どもの本の作家は、自分の子ども時代を最もよくおぼえている者だといったことがある。このケストナーのことばに従っていえば、佐藤は最もよい子どもの本の書き手のひとりにちがいない。佐藤の〈峠のむこう〉への期待は、成就する。ぼくらは、三角平地のつばきの木の上の〈魔法のいす〉にこしをかける。そして、ゆるぎない風景の中で、コロボックルたちと遊ぶのだ。

（『日本児童文学』一九八七年四月号　特集　日本の戦後児童文学・ロングセラーの秘密）

コロボックル小国という名のマイホーム

「だれも知らない小さな国」(佐藤さとる作)

『だれも知らない小さな国』という作品が、どのような《子ども像》を描いているのか、と問われると、若干とまどわざるを得ない。せいたかさんは大人だ。コロボックルたちも小さいけれど、おおむね大人たちだ。それでも、やはり《子ども像》というところにこだわってみると、やはり、主人公の「ぼく」しかいないことがわかる。それも、小学校三年生のときのちびの「ぼく」しかいない。だから、まず、照準はここにしぼられる。「ぼく」による《小山》の発見だ。

「ぼく」=こどものころのせいたかさんは、ひとりで《もちの木》をさがそうと考える。暗い切り通しの道に立ちどまり、のぼりにくい左がわの山にもぐりこむ。顔にささや木のえだがあたる。崖からおちそうになる。その崖を迂回して、やぶをおし分けて進む。と、「きみょうな三角の平地」に出る。

――「ふいに、そこへ出たときの感じは、いまでも、わすれない。まるでほらあなの中に落ちこんだような気持ちだった。思わず空を見あげるとすぎのこずえのむこうに、いせいのいい入道雲があった。」

『だれも知らない小さな国』について思うとき、いつも最初に浮んでくるのは、この場面だ。「ルルルルルル……。」と、虫の羽音のように話すこぼしさまや、赤い運動靴をひっぱって立って歩くカエルの姿を思い出してもよさそうなものなのに、きまって頭の中にやってくるのは、この少年だ。少年は汗をふきふき山に分け入り、小山の空間でポケッと立っている。だから、ぼくにとって『だれも知らない小さな国』は《小人》の話ではない。《もちの木》をさがしにいく男の子の話だ。それがなぜ、いつから《小人》の話になってしまったのだろうか……。

まず冒頭部。この話はもちろん《もちの木》さがしから始まっている。峠のむこうに、もちの木をさがしに行こう、と、年上のがき大将は仲間たちに呼びかける。――「〝峠のむこう〟には、町にはないものがなんでもあった。もちの木だって、あるにちがいない。ぼくもやはりそう考えたのだ。」

〝峠のむこう〟への期待感は共有のものだ。仲間たちとともにある。だれが最初におぼえてきたかは知らないが、もちの木の皮からとりもちをつくる作業だって、みんなのものだった。――「もちの木の皮をしばらく水にさらし、すりつぶしながら、かすをあらい流していくと、上等のとりもちができる。」

ところが、「ぼく」はひとりで《もちの木》をさがしにいく。その動機は、年上のがき大将が、小学三年の「ぼく」には「指の先でひねるくらいのとりもち」しかくれなかったからだ。仲間たちとの共有の財産ならば（そして、その仲間のなかで年下に位置していれば）分け前が少なくなるのは当然だ。そこで、自分自身の持ち分をふやそうと、新しいもちの木をさがしに行くまでの気持ちは、まだわかる。しかし、《もちの木》をみつけたとたんに、声をだしてわらい、その私所有宣言をする「ぼく」という子どもの発想になると、ぼくはもう、上野瞭のようにすなおに「人間の内在的価値」（『戦後児童文学論』）の発見だと手ばなしでよろこんではいられないのである。

その木は二本とも、もちの木だった。

ぼくは、声をだしてわらった。こんなところにあった！
「この山はぼくの山だぞ！」
ぼくは思わずそういった。

確かに、上野瞭の深読みは見事という他はない。上野は、佐藤さとるを「『所与の価値』を『自らの価値』として、定着し、確立した者、この栄光を荷った者」とよぶ。そして、『だれも知らない小さな国』という作品が「自らの価値」（あるいは《個の尊厳》と呼ばれるもの）を描いているという点に異議をさしはさむつもりはない。しかし、どこかおかしい、と、ぼくは思う。問題は「自らの価値」の質だ。その実体だ。上野は「この人間の内在的価値の標示は、そうしたものの存在を許さなかった戦争時代に対置されることによって、明らかに戦後の価値標示となった」というが、この〝読み〟が認められるとしたら、それは敗戦直後、天皇制に対するアンチとして、この作品の《個》がでた場合だ。別に直後でなくてもいいのだが、十余年の空白は重すぎる。

なぜ、《もちの木》を発見したとたんに、「ぼく」は「この山はぼくの山だぞ。」などという私所有宣言をしてしまったのだろうか。〝峠のむこう〟への期待は共有のものだ。そして、この共有し得た期待感こそが戦後民主主義だったと、ぼくは考える。しかし、小山の獲得は「ぼく」個人のものだ。共有すべき期待はうらぎられ、「ぼく」は私所有を宣言する。そして、この私所有の発想は、人間の内在的価値の発見とよぶよりは、むしろマイホーム的発想とよぶにふさわしい。

戦後民主主義とよばれるものの中には《連帯》があった、と、ぼくは考えている。確かに《個》への執着は根底にあったが、この《個》は多分に社会的なくらしの意味あいの中で使われていたと思う。戦後民主主義は、戦後連帯民主主義だったと、ぼくは思っている。その点で、昭和三〇年代以降、生活の一定の安定から生じはじめたマイホーム主義の個とは異質なものだ。

小山の私所有宣言をした「ぼく」は、仲間たちから切れている。そして、仲間意識の喪失が、もうひとつの擬似的な社会を形成していくことになる。ここには「所与の価値」としての戦後民主主義の「定着」もなければ、「確立」もない。「ぼく」という子ども像にそっていえば、これは、戦後民主主義からは遠くはなれて、マイホーム主義をかたくなに守る話という他はない。こうして、擬似社会＝コロボックル小国が生まれる。

＊

ここで話を、コロボックルそのもののイメージの方へ移していこうと思う。《子ども像》そのものの考察からは、はずれるが、いつまでも小学三年生の「ぼく」の発想をマイホーム的だと断じていても仕方がないから……。

まず、コロボックルという小人について、作者自身は次のように語っている。――「わたしの胸のうちに住むコロボックルは、森の木かげでドンジャラホイと、のんきにおどってばかりはいない。そんな能なしのでくのぼうがそろっていたら、けっして今の世までは、生きのびられなかっただろう。」と。

作者のいうとおり、小人たちは、続篇の『豆つぶほどの小さないぬ』でマメイヌをさがし、新聞を発行する。また、『星からおちた小さな人』では、〝空とぶ機械〟をつくったりもする。この小人たちは、ミルクにたよっていた『木かげの家の小人たち』の小人たちと比べれば、はるかに能動的で、適応性もすぐれている。しかし、コロボックルは、ロビンやアイリスのように《家》を出ようとはしない。彼らのコロボックル小国は絶対で、その《枠》が破られるようなことはない。——「その中で作者の私は一種の支配者となります。私は生殺与奪の権を握っていて、その世界のことは、他に対していっさいの妥協や説得を必要としません。」（佐藤さとる『ファンタジーの世界』から）

外界から隔絶した擬似社会の支配者の発想を、ぼくたちは今、マイホーム主義という名でよんでいる。安藤美紀夫は『だれも知らない小さな国』のファンタジーを「日常的世界」とそれほど変らないものだといった。これは「家庭を中心とした家計簿のとどく範囲の世界」（「現代日本児童文学作品論」『日本児童文学』一九七三年、八月臨時増刊号）である、そして、このマイホームは、最後におちび先生という伴侶を得て、完成するのである。

＊

佐藤さとるは、自らのマイホームをあいまいもことしたものにしておかない。佐藤は「作中世界のイメージが、読者によってバラバラになっては困る」（『ファンタジーの世界』）という。それは、読者の補充を許さないという意味で、君主のおごりでもある。こうして、佐藤さとるは、自らの作中のキャラクター＝コロボックルたちに桎梏を課した。小人たちのイメージは一挙手一投足まで、そのおごりの中で限定され、ひとつの類型的な小人へとイメージを固定していくのである。

「ヒイラギノヒコに、エノキノヒコに、ツバキノヒコか。」

ぼくはつぶやいた。三人そろったら、こんがらがりそうだった。もっとなかよくなったら、べつのよびやすい名をつけてやろうと思った。

これは、小人たちとの二度目の出会いの場面だが、主人公の「ぼく」までが、こんがらがりそうなほど、小人たちは没個性的な登場の仕方をしているといったら、これはあげ足とりだろうか。それより何より、小人たちの意志にはおかまいなく、よびやすい名まえをつけてやろうと思うあたり、「ぼく」の精神の見事なまでの傲慢さを感じる。マイホーム的発想が、コロボックルのイメージを限定してしまったのである。

最後に、ぼくは、南ドイツに伝わるコーボルトの話をしようと思う。

汎神論者ハイネは、キリスト教的一神論を反駁する際に、しばしばドイツの民衆に語り伝えられてきたコーボルトという小人の昔話をとりあげている。そこにとりあげられた話をみると、現実に伝承されてきた小人たちが、いかに森の木かげでドンジャラホイとおどっているかわいい小人さんとかけはなれていたかが、よくわかる。ハイネが「ドイツの妖精の性格の根本的な特徴は次の点にあるようだ。つまり、すべての気だかいものは取り払われてしまって、いやしい、おそろしいものがまじりこんでいるということである。それが一層ぶこつげにしたしげにわれわれに近づいてくるだけに、いっそうものすごい効果をあげるのである。家をさわがすコーボルトや小人の精ほど不気味なものはない。」(『ドイツ古典哲学の本質』)と前おきして語るコーボルトの話は、ぼくらの中にあるマイホーム的なコロボックル観の呪縛を完全に打ち破るだけの効果があると思う。

——〈ある下女がその家にいる、目には見えないコーボルトを長年のあいだやとっていた。そのコーボルトにかまどのそばにきまった場所を与えて、冬の夜ながをそのコーボルトと話しあってはすごしたものだ。さてあるときその下女は、「ハインツさん」とよんでいるそのコーボルトに、ほんとうはどんなようすをしているか、いちど姿を見せてくれとたのんだ。けれどもハインツさんはこのたのみをことわった。しかし、ついに承知して、「地下室へいって見ろ、そこでわしの姿がみえる」といった。下女は、そこであかりをつけて地下室へおりていった。その地下室のあいた樽の中に、死んだ赤ん坊が血みどろになってうかんでいた。その下女はだいぶむかし不義の子をうんで、こっそりころして、樽にかくしたことがあったのだ〉

＊

ぼくらは、コロボックルをコーボルトの彼方まで飛翔させなければならない。血と肉の臭いをこめて……。

（『季刊子どもの本棚』28号　一九七九年一〇月　特集　戦後の児童文学作品にみる子ども像）

Ⅲ

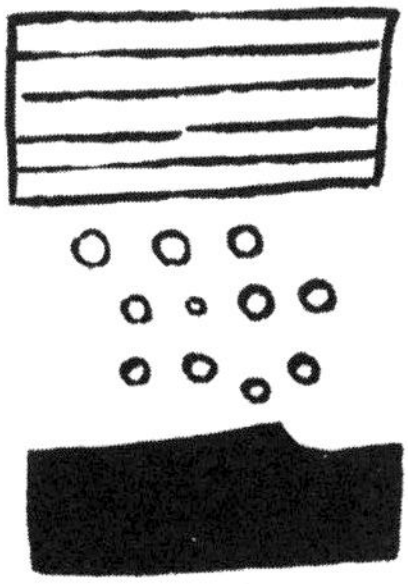

『龍の子太郎』の発想

1　《目玉》の発想。あるいは献身的発想の批判として

『龍の子太郎』についてどう思うか？　という質問をしたとき、「子どもを育てるのに目玉をなめるのは衛生上どうかと思います。」という冗談をいった友人がいました。これは、『龍の子太郎』の前半部分で、いわなを三匹食べたために龍になってしまった母親が、自分の両の眼をしゃぶらせて、我が子を育てる糧にさせたという場面についていったものです。太郎は龍のくれた「水晶のような玉」をなめながら無事に成長するわけですが、これについて、衛生上どうかなんていうのは、確かにいいかげんな冗談にすぎません。しかしこのときぼくの頭の中に、どうして《目玉》なんだろうか、という変な疑問が浮んだのです。この疑問は冗談ではありません。ほんと、まじめな話なのです。母親は、我が子を育てるためには二つの眼をつぶさなければならないのでしょうか。うろこ一枚ぐらいならまだしも、どうして《目玉》をやらなければならなかったのだろうか、と、ぼくは考えてしまったのです。（そういえば、龍の子太郎の両わきの下にはうろこの形をしたあざが左右に三枚ずつありましたから、うろこも六枚までは、やったのかも知れません。余談ですが、この《あざ》の存在、つまり龍との血縁関係の証明という

ことについても、ぼくは少し疑問をもっています。しかし、ここでは、しつこく《目玉》の方に執着したいと思います。）

とにもかくにも、《目玉》をやってしまったら、龍（＝母親）は間違いなく目が見えなくなってしまいます。そうなると、この母なる龍の《目こぼし》の場面は、文字通りの意味からいっても、母親の盲目的愛情の象徴になるのではないか、そして龍のとった行為も単なる子を思う母の自己犠牲＝献身にすぎなくなりはしないか、という疑問が、ぼくの頭の中に次から次へと浮んできてしまったのです。少し長い引用になりますが、この《目玉》の場面をみてもらいたいと思います。これは、ひとつめの水晶のような玉がなくなってしまい、とほうにくれた婆さまが、山の沼へでかけていったところの場面です。婆さまは、泣きわめく龍の子太郎をゆすりゆすり、沼にむかって呼びかけます。すると、水はざわざわと波だち、みるまにざぱっと分れて、一匹の龍が姿をあらわします。しかし、どうしたことか、その二つの目はとじられ、目が見えなくなっていたのです。龍はいいます。

「太郎がげんきにそだっているのは、なき声をきけばわかります。ほんとうにせわをかけてすみません。ここにもう一つ玉がありますから、これをしゃぶらせてそだててください。これがなくなるころには、もうちちばなれすることでしょう。どうかよろしくたのみます。」

りゅうはそういうと、すきとおる水晶のような玉を、手さぐりで龍の子太郎ににぎらせました。

龍の子太郎は、すぐぴったりとなきやんで、にこにこわらいました。

「でもたつよう、おまえ、その目はどうしてつぶれただ。もしやおまえ、この玉は……。」

ばあさまはさけびましたが、もうりゅうのすがたはなく、まぶしくてる日の中で、無心に玉をしゃぶってわらっている、龍の子太郎がいるばかりだったのです。

この『龍の子太郎』の《目玉》の場面について考えるのに先だって、ぼくは、ここで、アンデルセンの「あるおかあさんの話」について少しく考えてみたいと思います。なぜかというと、このアンデルセンの話にも、やっぱり、母親が我が子を助けるために、他人に《目玉》を与えてしまう場面がでてくるからです。「あるおかあさんの話」というのは、死神に我が子をつれていかれた母親が子どもの命を救おうとして、死神のあとを追いかけていく話です。途中で、母親に様々な難題がかけられ、すじが展開していくのですが、その中で、湖が母親に対して、真珠のように美しい両の眼を要求する場面があります。

「もしあんたが、ないて、その目をながし出してくれるなら、わしは、あんたを、むこう岸の大きな温室まではこんであげよう。死に神は、そこにすんでいて、花や木のせわをしているんだ。その花や木のひとつひとつが、人間の命なのだよ。」

「ええ、ええ、ぼうやのところへ行くためなら、どんなものだって、あげないものがありましょうか。」と、なみだでなきぬれたおかあさんはいいました。

そして、なおも、はげしくなきつづけたものですから、とうとう、両方の目は、湖の底にしずんで、二つの美しい真珠になりました。すると、湖は、おかあさんを、ちょうど、ぶらんこにでものせるように、高々と持ちあげました。そして、ただの一ゆれで、おかあさんは、むこう岸にとんでいきました。（『アンデルセン童話全集第三巻』講談社　一九六三年）

ところで、ぼくは、この話を、松谷みよ子とアンデルセンとの類似点をさがし出すためにとりあげたのではありません。むしろ、その反対です。確かに、アンデルセンの母親も（松谷みよ子の母親龍と同じように）湖に二つの目玉を与え、目が見えなくなります。そして、そうすることによって、湖の先の死神のところまでいきつくことができます。しかし、そのような献身的母性愛をもっている母親に対して、死神は子どもの命をかえしたでしょうか。答は「否」です。死神は子どもの命をかえさなかったのです。最後の場面で、死神が、我が子の命ごいをする母親の前にさし出したものは、子どもの命ならぬ、母親自身の《目玉》だったのです。死神は「さあ、ここにおまえの目がある。」といいます。――「さあ、とりもどすがよいぞ。前よりも、ずっと明るくなっている。」（傍点は引用者）

この「前よりも、ずっと明るくなっている」という死神の（そして、おそらくは作者アンデルセン自身の）言葉をきいて、ぼくは、すっかり感心してしまうのです。なぜなら、この死神の象徴的な言葉は、これ一言でもって、実際見事なまでに、母親の我が子に対する盲目的愛情（及びそれに基づく献身＝自己犠牲的行動）を批判しきっているからなのです。「あるおかあさんの話」という作品がストーリーを展開していく契機は、母親の我が子を思う愛情と行動ですが、アンデルセンは、その行動が盲目的でエゴイスティックなものへと走ることをはっきりと否定しています。つまり、この作品の場合、母親の《目こぼし》の献身＝自己犠牲的行動は、全く《美談》になっていないのです。日本人的感覚（？）でもっていえば、自己犠牲的行動が必ずしも報われるわけではないという意味から、この作品の結末は、かなり深刻なものになっているといえます。結局、アンデルセンは「前よりずっと明るくなった」眼でもって、我が子の運命を客観的にみる機会を、母親に対して与え、そこで、神を信じることによってのみ救われるという結論を導き出しています。この《神への依拠》という最後の結論はどうでもいいとして、アンデルセンが、母親の《目こぼし》の行為を、自己犠牲的な献身の《美談》に終らせなかった点は注目に値するといえます。

ぼくは、少しアンデルセンの《目玉》にかかずらいすぎたようです。そこで、今度は、『龍の子太郎』の《目玉》について考えることにします。結論から先にいうと、『龍の子太郎』にでてくる母なる龍の行為は、やっぱり《美談》になってしまっている、とぼくは思います。もちろん、赤ん坊が何も食べなくて、目玉なら食べるということが、前もってわかっているならば、もしかすれば、ぼくだって自分の目玉を与えるかも知れません。しかし、そんなタコが自分の足を食べて生きのびるみたいな《非生産的手段》は、それこそ他のあらゆる手段をとる可能性が抹殺されたとき、はじめて問題になってくるべきものだ、と、ぼくは思います。それも、目玉ひとつと命ひとつとの価値をテンビンにかけて、目玉よりも命の方をとるといった類の、およそ美談とはかけ離れたプラグマチスティックな生存の欲求みたいなものとして設定されるべきだと思います。(全くの余談になりますが、生存の欲求ということに関していえば、自分の目玉を赤ん坊に与えて湖の底深くに沈んでしまった母なる龍よりも、ぼくは、レプラにかかって全身が崩れて死んでも、なおかつ生きつづける墓場の鬼太郎のめだまおやじの方が好きです。なぜならば、ここには献身のドラマも自己犠牲の精神もないからです。ここにあるものは、抑圧され差別され死に絶えんとするお化け族の、たとえこの身が崩れ去っても、目玉だけになっても生きのびようとする怨念と生への執着だけです。赤ん坊のために、龍は目玉を失い、鬼太郎のおやじは反対に目玉だけになったという対照は、考えてみると、とても興味あることです。)

ところで、ぼくが《美談》だとか《献身的行為》だとかを好まない最大の理由は、そういった類の行為が他の行為より一段高いものだと考えられがちだからです。例えば、龍が目玉を与える行為でいえば、この場合、龍は他の方法をとれなかったのでしょうか。龍のことならば、沼のふちで通りがかりの旅人を相手になぞかけでもやって、食べものをかっさらってやるぐらいのことはできたと思うのに、この母なる龍はそんなスフィンクスまがいのことは一度もしません。また、龍になれば、体も大きくなるから、三びきどころか、ますますいわなを多く食べなければならなくなるんじゃないかと思うのに、それもしません。自分の子には自分の目玉を与え、自分自身はまるで食を絶った坊主が生きながら仏になるみたいに、じっと沼の底に身を横たえているだけです。これも、また、ぼくの友人がいったことですが、「はっきりいって、この龍には生産する気がないんだよ、全く。」と、いったところです。

ぼくが、この作品のもっている《目玉》の発想にひっかかるのは、これがまじめな話、献身と自己犠牲の《美談》になってしまっているからだけでなく、これが同時に、龍の《非生産的性格》をスポイルしてしまっているからなのです。《我が身をけずる》といえばカッコよくきこえますが、結局何もつくれなかっただけではないか、そして、この「何もつくれない」という状態・性格・立場をかくすために《目玉》の発想はあるのではないか、と、ぼくは思うのです。はっきりいって、これは、戦後の民主主義とも民話運動とも関係のない、戦前からあるいはそれ以前からずっと連綿と続いてきた日本人的錯覚（？）に裏うちされた献身と自己犠牲の美意識の世界ではないでしょうか。再びくりかえしますが、母なる龍が自らの《目玉》をくりぬいて我が子を育てるという《目こぼし》の場面で、自己犠牲と献身のドラマがイニシアチブをとるとき、意識的にも無意識的にも、この龍が自らの《目玉》をくりぬく以外に何も仕事をしていなかった、何も生産していなかったという面がぬけおちてしまうわけです。

ここに、なぜ龍は動かなかったのか、何かをつくろうとしなかったのか、という疑問が生まれます。

この答は一見とても簡単で、その実とても奥が深いです。まず、簡単に答をいってしまえば、龍が動かない理由は、動きたくても動けないからです。つまり、動こうとすれば、ただそれだけで色々な矛盾が生じてくるからです。例えば、ぼくが先にあげたようなことをやれば、まずスフィンクスみたいに旅人になぞかけをやれば、当然旅人との間に軋轢が生じてくるはずです。また、腹がへったからといって、いわなをとろうとすれば、童話的にいっても湖にすむ魚さんたちとの間に軋轢が生じてきますし、もっと生活的にいえば、山村の漁夫との間に、それこそ生活をかけた軋轢が生じてくるはずです。

龍は、ひと動きするたびに、それこそ嵐を呼び雷を鳴らし洪水をおこすのですから、他との軋轢なしには何もできない代物なのです。そして、問題なのは、こうした龍の、龍的存在というか、他との関係における矛盾、軋轢を全てスポイルしたものとして、《目玉》の発想とその献身的行動様式があるということです。《おきて》を破って三匹のいわなを食べたことによって龍に《変身》してしまった母親は、その《変身》したことによって生ずる他との軋轢と闘いながら、我が子を育て、自らも生き抜くべきであったのに、そこにまた、冒険小説としての児童文学の醍醐味もあったのに、《変身》は《献身》のドラマにとってかわられ、他との関係（これは当然生産とむすびついてくるはずだ）は、我が身を犠牲にしてまで子どもを育てるという《美談》のかげにぬりこめられてしまっているといえます。［そこで結論。――《変身》と《献身》とは、よむと「へ」と「ケ」だけの違いだが、中味は正反対なのだ。《変身》は抑圧された民のフィクショナルな願望（あるいは怨念）のイメージ＝精神の突破口であるのに対して、《献身》は支配するもののアクチュアルな願望のイメージ＝精神の桎梏化だ。そして、《目玉》の発想は、最も消極的な意味で、『龍の子太郎』という作品の性格を形成しているといえる。］

2 《いわな》の発想。あるいはGNP的発想の批判として

ぼくは、第一章で、母なる龍の《目こぼし》の行為に関連して、『龍の子太郎』という作品のもっている消極的側面について考えてきました。ところで、この母なる龍の消極的性格は、確かに紛れもない事実なのですが、この点をとりあげただけでは『龍の子太郎』の発想について考えたことにはなりません。なぜかというと、この作品は、母なる龍の消極的（静止的、非生産的）発想に対置して、龍の子太郎の積極的（成長的、生産的）発想がおかれているからです。そして、この作品全体の流れは、母なる龍の消極的発想の方でなく、龍の子太郎の成長物語としての積極的発想の方に基づいて展開しているからです。

この母と太郎との対比に関しては、亀村五郎が『子どもの本の事典』（第一法規）の中で次のようにいっています。――「母をたずねることで、太郎は、広い世間を知り、貧しさの実態と、豊かさの必要を知った。米づくりを主体とする当時のこの民話的物語の中に登場する太郎の前進的な行動と、新しい世の中を作ろうとする意欲を、読みとらせたい。」

「龍になった母親の話しは、まずしい当時の村人の考えをよく表わしている。そして、太郎の怒りは、母親の運命として考える考えと、対比させてみたい。」

実際、母なる龍があれだけ消極的な発想をもっていたというのに、この作品全体の評価をみると、ほとんど積極的で前向きだということになっています。例えば、市原陽子は、「民話の再創造と松谷文学」（『季刊子どもの本棚』第10号所収）の中で、「農民の生活を基調とし、農民の願いを前向きに反映させた『龍の子太郎』」といっています。また、関英雄は、「松谷みよ子論」（「日本児童文学」一九六九年八月号

所収）の中で、「貧しい農民のために鬼をたいじし、山をくずしてたたかう龍の子太郎の姿に象徴される解放的、外向的、英雄的な庶民像」といっています。このように極めて前向きな評価が作品全体に対してなされている理由は、ひとえに龍の子太郎の発想と行動とにかかっているといえます。

ほんとうのところ、この母なる龍の消極的発想は、作品内部においても、主人公である龍の子太郎の批判の的になっているのです。三びきのいわなを食べたから龍になっても仕方がないという母親に対して、いわなが一〇〇ぴきいればよかったんだと龍の子太郎は怒ります。作品内部における発想の分裂と葛藤は、作品のエネルギーを増幅し、この作品を山くずしのクライマックスまでもっていくことになります。再会した龍の子太郎と母なる龍は、お互いの発想をぶつけあいます。

「いわなはたった三びきしかなかったのだよ。それを、だれかがたべて、だれかはひもじいおもいをする、そんなことはゆるされない。くるしい山のくらしの中の、それはおきてなのだよ。」
「ちがう、ちがう。おらがいいたいのは、もしそのとき、いわなが百ぴきあったら、ってことなんだ。うんまい、米のにぎりめしが百あったら、ってことなんだ。」

ぼくは、母なる龍の消極的発想に対して、龍の子太郎の「いわなが百ぴきあったら……。」という発想を、ここで《いわな》の発想と呼ぶことにします。いうまでもなく、この発想は、《目玉》の発想が『龍の子太郎』という作品の消極的性格を形成していたのに対して、その積極的性格を形成しているものです。つまり、「いわなが百ぴきあったら……。」という提起に至って、ついに、母なる龍のもっていた《目玉》の発想とその献身的行動様式は、作品内部から、一応くずれ去るわけです。ここで、いま、歯切れ悪く「一応」という但し書きをつけた理由は、この龍の子太郎の《いわな百ぴき》の提起に対して、全く正反対といえる評価が、現在二つあるからです。その二つの評価というのは、一つは、古田足日が「現代児童文学史への視点」（講座＝日本児童文学＝⑤『現代児童文学史』所収）の中で行なっている評価で、もう一つは、勝原裕子が「松谷文学の思想性」（『季刊子どもの本棚』第10号所収）の中で行なっている評価です。あとで具体的に示しますが、この二つの評価の間の距離は、冗談ではなく、ロンドンとパリ（あるいは南極と北極）ほどに離れています。ですから、ぼくは、そろそろ母なる龍の発想からはなれて、今度は、この作品の主人公である龍の子太郎自身の発想の方にスポットをあてて、その相反する二つの評価の間隙を埋めていく作業にかかりたいと思います。

ここで、大切なことがひとつあります。それは、《目玉》の発想が最終的に作品内部においても否定されるべきものであった（と考えられる）のに対して、《いわな三びき》から《いわな百ぴき》への志向は、この作品のメイン・テーマであるゆたかな国づくりとも関連して、極めて重要な意味をもってきているということです。ですから、この部分に関する評価は、直接に作品全体の評価にかかわってくるものだといえます。《いわな百ぴき》に対する評価の分裂は、そのまま総体としての作品の評価の分裂につながってきます。

まえおきはこのくらいにして、《いわな百ぴき》に関する相反する二つの評価の中味を具体的にあげることにします。まず、古田足日の評価です。――「この時期（一九六〇年前後の現代児童文学の出発の時期――引用者註）生まれて、その後もっとも多数の読者を獲得したのは『龍の子太郎』である。なぜそうなったのか。その理由の一つとして、『龍の子太郎』が戦後民主主義をもっともよく代表する作品であったことがあげられるだろう。三びきのイワナではなく一〇〇ぴきのイワナを、という問題解決のあり方は、三つの保育所ではなくポストの数ほど保育所を、ということと照応する。その意味で『龍の子太郎』は戦後民主主義の公約数的な作品なのであった。」

この古田足日の評価は、なぜ『龍の子太郎』が多数の読者を獲得したのか？　という問題意識からのものですが、一応肯定的な把え方だといえます。それに対して、勝原裕子は《いわな百ぴき》の発想を次のように否定的に評価しています。――「太郎の母は、イワナを三匹食べたために龍になってしまう。太郎は、イワナが百匹いたら、広い土地があり、物が豊かであったなら、母も龍にならずにすんだと思い、湖を切り開く。物が豊かになって、人々は幸せになる。一見、とてもよい解決ができたようだが、本当にこれで、めでたしめでたしとなるのだろうか。何か矛盾が起った時、外に向って解決するのが、一番てっとり早い。しかし、それでは、真の解決にならない。国内での矛盾を外国を侵略する事によって解決しようとする思想とイワナが百匹いればよいという太郎の思想は、同一のものだ。たった三匹しかいないイワナをどうするのか、それを考えずに、もっとふやせばよいと考えるのは、安直すぎる。」

長い引用がつづいてしまいましたが、ようするに、《いわな百ぴき》を、古田は《ポストの数ほどの保育所》に、また勝原は《海外への侵略》になぞらえているといえます。これは、一見しただけで、あまりにもかけはなれた評価内容なので、少しくとまどうと思います。しかし、要は、いわなが百ぴきになったときに、龍が生まれるような状態が、まだまだ続いているのか、あるいは、まがりなりにも解決されているのか、ということだと思います。つまり、まだ、龍ができるか、できないか、という問題なんです。

そこで、ぼくなりにこの問題をいいかえてみます。ぼくは今、詰めてかからなければいけないものとして、①いわなが百ぴきになったら、やっぱり龍はいなくなるという考え方と、②いわなが百ぴきになったら、龍が三十三びきと余りいわな一ぴきになるという考え方の二つがあると考えています。変な言い方ですが、龍ができなければ〝めでたし、めでたし〟でおわりますし、龍ができれば、〝まだまだ話はつづく〟わけです。そして、実際の作品のラストは「ひろびろとした土地に、人々はあつまり、やがて、見わたすかぎりの田んぼに、こがねのいねがみのりました。そこで龍の子太郎とあやは、にぎやかなご婚礼の式をあげました。そして、ばあさまや、あやのじいさまや、村の人たちもよびあつめ、みんなたのしく、しあわせにくらしたということです。」と、なっていますから、はっきりと、めでたしめでたしの方をとっているわけです。

しかし、いわなが百ぴきになったとき、龍がいなくなるか、まだできるのかという問題と、この二つの把え方の間隙を詰めていく作業は、実をいうと、とてもむずかしくて大変なのです。ぼくの親しいところでも意見は完全に二つに分かれています。例えば、衛生上云々といったぼくの友人は「いわな三びきで龍一ぴきなんだから、いわなが百ぴきになれば当然龍は三十三びきになるんじゃないかな。日本じゅう龍だらけだ。」といって、「龍になれば、ますますいわなを食べたくなるんじゃないかな。」ともつけ加えました。また、ぼくの女房は、洗濯ものを干しながら、はなうたまじりで「そりゃあ、あんた、いわなが百ぴきになれば、龍ができる必要なんかもうないんじゃないの。どうして、そんなこと、きくの。」と、いったもんです。ぼく自身はといえば、実は、どちらとも断言できないで困っているのです。というより、この二つの把え方は、一見はなれていても、どこかでつながっているところがあるんじゃないか、なんて愚にも付かないことを考えているのです。

そして、この間隙を詰め、二つの把え方を繋げる材料として、ぼくは、これから、《おきて》と《とみ》という二つのファクターについて考えようと思っています。図式的にいえば、《おきて》としての三びきのいわなと、《とみ》としての百ぴきのいわなとの関係をみるわけです。

さて、最初に《いわな三びき》の状況があります。これは《おきて》にしばられた状況です。母なる龍の言葉をかりていえば、いわなを三びきたべたら龍になるという言い伝えは「くるしい山のくらしの中の、それはおきてなのだよ。」ということになります。そして、この《おきて》の発想に対して、龍の子太郎は「いわなが百ぴきあったら……」と反論するわけです。《目玉》の発想と《いわな》の発想とのぶつかりあい、《いわな三びき》と《いわな百ぴき》との格闘は、いやがおうでも作品の緊張を高め、ストーリーをクライマックスの山くずしの行為へとかりたてます。太郎はいいます。――「おらな、このみずうみの水を海へながして、そのあとに、ひろいひろい田んぼをつくりたい。」と。そして、二つの発想のぶつかり合いは、ついに眠れる龍の首をおこし、龍は太郎を背中にのせ、からだごと山にぶつけていきます。《いわな百ぴき》の発想の勝利です。

松谷みよ子の場合、いわなを三びき食べたら龍になるという《おきて》は、貧しさをあらわす暗喩になっています。ですから、それに対して、《とみ》としてのいわな百ぴきを対置することが意味をもってくるわけです。松谷は、広い土地という《とみ》をうむことで、貧しさの暗喩としての《おきて》を廃絶できると考えたわけです。龍の子太郎は、母なる龍の背にまたがって、山をくずし、広い土地をうみ、新しい豊かな国を建設するわけです。《とみ》の増大です。

しかし、ここには《おきて》から《とみ》への安易なよっかかりがある、と、ぼくは思います。というより、《おきて》の解決をスポイルしたまま《とみ》による解決に突っ走ってしまったように思えます。実際のところ、仮りに広い土地が生まれたとしても、いわなが百ぴきになったとしても、《おきて》の発想とそれを支えている生活様態自体に変化がないとすれば、龍はいくらだってでてくるはずです。

総体としての《とみ》の増大が、必ずしも個々の人間の生活を保障するわけではないという視座を、ぼくらは獲得し、保持しつづけねばなりません。『龍の子太郎』ではその視座が欠落しています。《いわな百ぴき》を《ポストの数ほどの保育所》と肯定的に把えていた古田足日も、龍の子太郎がつくった新しい豊かな国については「龍の子太郎が湖を田に変える時、すでに搾取者はいないが、権力はそう簡単に引き下がるものではない。」と疑問をなげかけています。つまるところ、総体としての《とみ》が、同時に個々人の《とみ》でもあるという考え方はGNP的な発想に他なりません。そして、GNPが今までにぼくらの生活を保障してくれたことはただの一度だってありません。

現実に《おきて》を廃絶できるか否かは、総体としての——GNP的な——《とみ》の増大ではなく、ひとえに作品内部における登場人物たちの発想の転換にかかってくるはずです。ですから、問題は、山くずしの結果としての《とみ》の創出の方ではなくて、むしろ山くずしの過程における登場人物たちの行動の契機の方にあるわけです。要は、山くずしの過程で、母なる龍と龍の子太郎とが、《目玉》の発想だとか《おきて》の発想だとかに代表される献身的自己犠牲的な考え方を根本から廃絶し得たか否かというところにあるわけです。そして、この答は、残念ながら、「否」です。

なぜかというと、全体としては《前向き・開放的・外向的》といわれている『龍の子太郎』の中で、個々の登場人物が行動する際の契機になっている発想のディテールは、実は全く正反対の、献身と自己犠牲の範ちゅうにあるからです。冗談ではありません。この作品のメイン・テーマ（新しい国・建設の理念）とはうらはらに、この作品のディテールは、完全に献身と自己犠牲の美学に色どられているのです。例をあげます、まず、龍の子太郎が、山をくずしたいと母なる龍に告げるとき、最初にいった言葉は次のようなものです。——「おらのしたいこと、おかあさんにはなしてもいいか、おら、もしそれが

できたら、おらのいのちなんか、どうでもいいとおもっている。」（傍点は引用者）

また、母なる龍が、山くずしの国土建設の行動に立ちあがる契機は、次のように連綿とかたられています。――「このひろびろとしたみずうみは、おかあさんのりゅうが生きていくうえに、なくてはならないみずうみでした。もといたぬまがせまくなってから、ここにすみつくまで、おかあさんのりゅうは、どれほどくるしい旅をつづけたことでしょう。ここをはなれて、わたしは生きていけるだろうか、おかあさんのりゅうはそう思いました。しかし、たとえわたしはそのためにどうなっても……。おかあさんのりゅうは、じっとかんがえつづけました。わたしはそれでいい、この子のねがいに力をかしてやろう。じぶんのことしかかんがえることができなくてりゅうとなったわたしの、それは、たった一つのつぐないなのだ……。」（傍点は引用者）

新しい豊かな国・建設の理念に基づいた《解放的》といえる行動にたちあがった個々の登場人物たちの契機が、実は全く非解放的な自己犠牲の発想に基づいていたという事実・ギャップは注目に値することです。湖をなくすということは、龍の住居をなくすことに他なりません。それなのに、当の龍は体を山にぶつけ血をながして協力するのです。もっとひどいことに、龍の子太郎は、これができたら自分は死んでもかまわないと自己犠牲的な発言をするだけで、龍の立場上のジレンマについては全く無頓着なのです。別に尊属殺人のことをいっているのではありませんが、《子どもは母親を殺せるのか？》という疑問が、ぼくの頭の中にはあるのです。これは、《母親は我が子を育てるためには二つの眼をつぶさなければならないのか？》という《目玉》に関する疑問と共に大きくぼくの心を支配しています。湖がなくなったら、母なる龍は死ななければならない、その生存にかかわる矛盾・ジレンマが、意外と簡単に無頓着に乗り越えられて、《国づくり》の行動へとかりたてられている点に、ぼくはひっかかるのです。これでは、まるで、目的が成就したら、母が龍から人間へと再び《変身》できることがあらかじめ約束されているような印象を受けます。実際、山くずしの行動に対して、あやが「でも……、おかあさんはどうするの。」と反対したとき、龍の子太郎は「だいじょうぶさ、おかあさんだってもうにんげんになればいいんだ、おらがそうしてみせる。」と、言い切っています。

ここには、全体として、よりよい方向にむかっていさえすれば、個々のディテールには頓着しないという甘さがあります、《おきて》は《とみ》の獲得によって廃絶されるにちがいないという期待と信奉があります。そして、この甘さ・期待・信奉を含めて『龍の子太郎』は戦後民主主義の公約数的な作品だったといえるのではないでしょうか。［そこで、結論。――《変身》と《献身》とは、よむと「へ」と「ケ」だけのちがいだが、《献身》的努力は必ずしも《変身》を保障するものではない。それと同じようにGNP的な《とみ》の増大は必ずしも個々ディテールの《おきて》を廃絶するわけではない。その意味で、『龍の子太郎』の積極的性格を形成している《いわな》の発想も、単純には解放的と言い切れない。したがって、無搾取、無権力の松谷的ユートピアに、龍が再び生まれる危険性は、それこそいつでもあるといわなければならない。］

3 《民話》の発想。あるいはモザイク的民話観の批判として

ぼくは、1で『龍の子太郎』の消極的性格としての《目玉》の発想を、また、2では、その積極的性格としての《いわな》の発想を検討してきました。そして、《目玉》の発想ではその献身的性格の弱さを、《いわな》の発想ではそのGNP的性格ゆえにディテールがやはり献身的性格をもってきてしまってい

るという甘さを批判してきました。そして、このぼくの把え方は、今まで『龍の子太郎』に冠せられてきた《前進的・外向的・解放的》という評価とは正反対なものになってしまったように思います。これは、『龍の子太郎』が解放への志向をもっていなかったということではありません。解放的なものを目指しながら、しかし現実はその志向とはうらはらに献身＝非解放的なものを内包し、しかもそれが優位にたってしまったということを、ぼくはいいたいのです。

ところで、ぼくは1と2では『龍の子太郎』の民話的性格についての検討を意識的におさえてやってきました。その理由は、まずもって、この作品を六〇年代初頭の現代児童文学の出発点の時期に生まれたひとつの《創作》として、松谷みよ子自身のものとして、その思想的営為を検討してみたかったからです。しかし、松谷みよ子にとって、《民話》がどのような意味をもっていたかということを考えると、松谷自身「この作品は祖先と子どもとの合作である」といい「信州へ民話の採集に出たことは、いうならばわたしの一生をかえた。」（「作品覚書」、『松谷みよ子全集5』講談社　一九七一年一〇月）とまでいっています。また、西郷竹彦も「現代日本児童文学作品論」（「日本児童文学」一九七三年八月臨時増刊）の中で「『龍の子太郎』は信州の小泉小太郎の伝説を縦糸として、それに日本の各地に伝わる多くの昔話や伝説のいわば断片を横糸として織りあげたみごとな綿織にたとえられよう。」といって『龍の子太郎』の《民話的性格》を指摘しています。それらのことを考えると、『龍の子太郎』の発想について検討する際、《民話》は見逃すことができないぐらい重要な位置を占めているということができます。

そこで、ぼくは、今度は『龍の子太郎』における《民話》の発想にスポットをあててみることにします。まず、最初から結論めいた言い方をしてしまいますと、ぼくは、『龍の子太郎』における《民話》の発想は、民間伝承の担い手たちのそれとは、どこかで切れている（つまり、異質な）ものではないかと考えています。その理由は、ぼくが今まで検討してきた母なる龍の《目こぼし》の行為や、龍と龍の子による《国づくり》の行為や、それからいわな三びき食べたら龍になるという《変身》のプロットの、作品内における性格に基づいています。それらの性格について、ぼくは《献身》的あるいは《おきて》的だといいました。そして、周知のように、これらのモチーフは全て《民話》にあるわけです。具体的にいえば、《目こぼし》の行為は異類（主に蛇、蛙）との婚姻譚その他でよくみられるプロットです。また、《国づくり》の行為は作者自身が色々なところで述べているように信州の小泉小太郎・泉小太郎・泉小次郎の話をモチーフにして初めてでてきたものです。いわな三びきによる《変身》も秋田の八郎伝説からとったものです。そして、これらモチーフになった民間伝承は、本来的には、《献身》あるいは《おきて》的な発想も性格も内包していなかった、と、ぼくは思うのです。ぼくが最初に『龍の子太郎』における《民話》の発想は民間伝承の担い手たちのそれとはどこかで切れているといった理由はここにあります。

以上、まず《民話》の発想を大袈裟にぶった切ってしまいました。そこで、これから、このぶった切りを証明するために、『龍の子太郎』における《民話》の発想と、民間伝承の担い手たちのそれとが、どこでどう切れているのか、もう少し具体的に検討していくことにします。まず《目こぼし》の行為についてですが、天沢退二郎が『木かげの家の小人たち』の「おとおばさま」について論じたなかで「《盲》という不具性は、古来、伝説の世界では聖なるものの普遍的指標なのであって云々」といっているように、民間伝承における《目こぼし》は、よくあるエピソードでありながら、実は極めて特異な位置を占めているものなのです。

例えば、柳田國男が『一目小僧その他』の中で《目こぼし》伝説は〝いけにえ〟の風習の名ごりではないかという仮説を提出しているほどに、伝承の中の《目玉》は深い意味をもっているのです。〃いけにえ〃というのは、これも例をあげると、上野瞭が『目こぼし歌こぼし』でかいていたゴクモン＝「こぼしさま」のようなものです。ゴクモンは片目をつぶされ、しかも逃げられないように片足もつぶされます。しかし、そのことによって、彼は一眼一足の神＝「こぼしさま」になるのです。不具性は神の特異なしるしなのです。来たるべき祭の日に人柱の〃いけにえ〃になるまで、彼は「神」です。

そこで、《目こぼし》の風習について考えてみます。ゴクモンのように《目玉》がつぶされ、片足をうばわれて、神なる人柱になる風習があったとします。この場合、ゴクモンの《目こぼし》の行為は、決して《献身》とか《自己犠牲》とか呼べる性格のものではないと思います。《献身》が上層文化的な発想であるのに対して、この風習は、もっとずっとおぞましい下層文化的な発想に基づいているといえます。それが、この〃いけにえ〃の風習自体がなくなり、目をつぶすという記憶やそれが聖なるものだという感覚だけが残ると、当然《目こぼし》の行為にはそれぞれの時代相応の《説明》が案出せられてくると思うのです。そして、この説明は、必ずしも下層文化的な発想に基づいたものばかりではない、というよりかなりの程度上層文化的な発想に侵蝕されてきていると思うのです。柳田國男は《風習→説明》の流れについて次のようにいっています。――「甲地から乙地へ移し、または模倣した証跡がなくして、同じ例（この場合『目こぼし』伝説）が方々にあれば風習と見るより外はない。風習は中絶して少しく年を経れば動機が不明になる。原因が不明で事柄のみの記憶が残れば、時代相応、智力相応の説明が案出せられるのは当然である。」

ところで、ぼくは、民間伝承の担い手の発想と、『龍の子太郎』の《民話》の発想との差異を、この《目こぼし》伝説における失われた風習と後代との差異のようなものとして考えています。つまり、失われた風習には《献身》の発想も何もありませんが、後代の説明には、そういった上層文化的発想の類も含まれてくると思うのです。特に古寺大社の《縁起譚》には大義名分＝「ゆらい」としての上層文化的発想が色濃く残ってくると思うのです。そして、松谷が「喰っちゃあ寝の小太郎はやっぱり大事業をなしとげたのだ。」（「『龍の子太郎』が生まれるまで」、『季刊子どもの本棚』第二号所収）とその発見を喜んだ泉小次郎の《国づくり》のはなしも、実は《縁起譚》の色彩が強い伝説だったといえます。松谷自身の言葉でもってその縁起を語ってもらえば「松本平の泉小次郎は東筑摩郡中山村大字和泉で生まれ、父は鉢伏山の神だというし、また、安曇平泉八郎の子、小太郎が鉢伏権現のおつげにより犀の背に乗って海に出、山を切り拓いて海水を流し、安曇平を拓いた」というものです。

非生産的な性格でありながら超人的な存在である龍と、やはり超人的な「百人力」の力をさずかった龍の子が《血縁のつながり》をもって土地をきりひらいて農民に与えたと考えると、ぼくには『龍の子太郎』という話が何だか善行していく君主のはなしと同じように思えてくるのです。実際、小太郎は朝廷に仕えて信濃国司となったという伝承も残っているくらいです。伝承は、確かにそれ自体は下層的文化態であり、常民と呼ばれる層に担われてきたものですが、それはスタティックなものでなく、不断に上層文化的発想からの侵犯を受けつつ流れてきたものだと思います。いうなれば、上層的発想の下圧作用と下層的発想の上圧作用との間隙に育ってきたものだといえます。

そして、これは、ぼくの推論としての結論なのですが、『龍の子太郎』が獲得し引用した《民話》は、伝承の中の特に上層的発想に基づいていたものだったのではないか、ということです。もちろん、松谷みよ子が志向していたものとはうらはらに、結果としてそうなってしまったいうことです。結局、モザイクのように集積した《民話》が、単に素材として以上の意味をもつことができずに、全体として上層文化的発想である《献身》の美学の中にとどまってしまったといえるのではないでしょうか。

（『日本児童文学』一九七四年一〇月号　特集　現代児童文学の出発点）

《語りつぐ》ということ
――『おかあさんの木』について――

民話は民衆の生きた言葉で、ひびき豊かに語りつがれ、民族の不屈のたましいを伝え、今また私たちに新しい創造の道を拓かせてくれる――と、よくいわれています。しかし、同じ語りつぎでも、戦争の（というより太平洋戦争の、それも後半に限られた）語りつぎになると、その話の中で民衆が闊歩することは極めて稀になります。そこに居るのは、おおむね、ひとりの心やさしい被害者にすぎません。彼は、戦争の中で、思い悩み、泣き叫び、あるいはじっと耐え、ときには死にます。

例えば、ぼくが、まだ生まれていなかったむかし、「むすこたちをうばわれた、おかあさんのかなしみが、日本じゅうにあふれていた」と『おかあさんの木』は語りはじめられています。そして、このひと言でもって、ぼくは、この語りつぎが、また被害者によって語られる戦争体験記であることに気がついてしまうのです。

戦争の語りつぎというのが、よくあります。それも、被害者意識から、こういうひどい目に会いました、こういうひどい目に会うから戦争はよくないです、と連綿とやられるわけです。変ないい方ですが、そこには、いつも民衆とか庶民とかいうものは戦争の中で被害者だという発想があるといえます。

そして、戦争に関して、そんなに被害者意識をもった人間が多かったのか、ぼくは疑問に思うのです。《今》でも中高年齢層の労働者の中に、兵隊はよかったなァみたいな話にされ方があると思うのです。《今》でさえ、こんな言い方がされているのですから、ぼくは、果たして当時の民衆が、例えばゾウを殺すときなどに《動物たちは殺しあいをしないのに、人間だけが殺しあいをする。戦争はいけない。》みたいに考えたかどうか摩訶不思議なわけです。果たして、お役所のえらい人だけが「われわれは、動物たちの死にむくいるためにも、このせんそうを、さいごまで勝ちぬくかくごであります。」などという「きまりもんく」を思っていたのかどうか、ぼくにはわかりません。もちろん、戦争中でも、動物を殺すことに対する即自的な同情心は、それこそ夢にまでみるくらいあったと思います。しかし、この動物の死に対する同情心が、そのまま聖戦に対する批判（反戦的言辞）に結びついてくるかというと、ぼくは、おそらくそうではないし、なかったと思うのです。

むしろ、この種の同情心は、この『おかあさんの木』という語りつぎの中では「きまりもんく」として片づけられている《動物たちのためにも戦争に勝たなければ……》という論理にすすんだと思うのです。そして、その方が、ずっと自然な発想ではなかったかと思うのです。

こんないい方をしていますが、ぼくは、別に「きまりもんく」を認めているわけではありません。ただ、まえの世にむすびついたものであるなら、いつの世でも、この即自的な《かわいそう》と「きまりもんく」の論理とは共存できるということをいいたいのです。つまり、《語りつぐ》場合、ぼくらは、戦争中のロジックに「きまりもんく」などというレッテルをはりつけて、語りつぐ自分が戦争と無縁であったような語り方をしてはいけないと思うのです。そうでないと、戦争を知らないぼくは、例えばキリの葉が一枚おちては我が子の安否をきづかったり、ゾウが死ぬのになみだをながしたりしているのに、どうして、こんなにいい人ばかりだったのに戦争なんかしたのだろうかと考えてしまいます。

ほんとうに語りつがなければならないのは、そういったやさしい人たちが戦争をやったということだと思うのです。それも無理矢理やらされたとか、仕方なくやったとか、まきこまれたとかいうのでなく《○○のためにも勝ちぬかなければならない》というふうに徹底的にとことんやってしまったと思うのです。

今、ぼくは、南京虐殺だとか沖縄での日本兵の虐殺行為だとかを考えています。この場合、これは、とても被害者的発想だけでは考えられなくなると思うのです。そこで、ぼくは、南京虐殺などについては語りつげないものかと、ひょいと思うのです。それも、いわゆるやさしい兵士だとか子どもだとかの目からみたものでなく、ひとりの加害者である兵士が「おれは南京で虐殺をやった云々」と語る形のものがないものかと思うのです。そういった作品の方が有効じゃないかなどと考えるわけです。

ところで、被害者意識からの語りつぎを裏がえすと、確かに加害者の眼からの語りつぎということもでてくることはでてきますし、これは、きっと微に入り細に入り、彼自身の功名心と重なって非常にリアルになってくるとは思うのですが、結局、彼自身の体験の本質にはふれられないと思ってしまうのです。なんというか、桃太郎が鬼退治を語るみたいになりそうな気がするのです。その場合、桃太郎が「だから鬼退治はいけないんですよ。」なんていういい方はあまりうまくないなあと思ったりするのです。きっと、桃太郎に話させた場合、話はディテールに及び、それこそスキなく効果的な話し方になるけれど、結局いかにして鬼ヶ島の門をあけさせたかとか、鬼の切り方みたいな話になってしまいそうな気がするのです。

だから、被害者からの語りつぎに疑問をもったからといって、ストレートに裏がえして加害者として云々なんていってもむずかしくなってしまうと思うのです。

そこで、少し観点を変えてみることにします。今まで、被害者的な語りつぎというのがあって、それに対して、加害者としての語りつぎの方が有効じゃないかみたいに話してきましたけれど、ざっくばらんにぶちまけてしまうなら、ほんとうに語りついでいる人間たちが被害者だったのか、ほんとうに戦争をいやだなんて考えていたのか、それが疑問なのです。

例えば、桃太郎が鬼ヶ島征伐について語るとすれば、これは加害者の語りで、その反対に鬼が語れば、被害者の語りです。ところで、民話的に、民族の問題として、これを考えるとするなら、太平洋戦争の場合、中国人や朝鮮人は鬼だといえますが、日本人は鬼ではないはずです。いうなれば、日本人は、桃太郎でないまでも、イヌやサルやキジになるべき位置にいました。それが、桃太郎にキビ団子をもらって鬼ヶ島へでかける部分については何も語らず、鬼退治をしたときに少しけがをしたとか、分け前をもらえなかったとかいったところで、これだけでは、けものか鳥かわからないコウモリみたいなもので、決して被害者でもなんでもない、実にいいかげんなものではないかと思うのです。いいかげんでないものがひとつあるとしたら、それは、被害者的に語られるやさしい人々と南京虐殺をやった人々が同一の人間だという、それこそあたり前の事実だけです。

ところで、ぼくは、現代における民話とか再話とか、あるいは創作民話の是非という形で『おかあさんの木』について語るつもりでいました。しかし、今まで、それらに関係した言葉は、ほとんど直接には語らないできてしまいました。その理由は、『おかあさんの木』が、作者自身、あとがきの中で述べているように、決して民話ではなく、作者自身の作品にすぎなかったからです。そして、それが民話的といわれるのは、ただ、戦争を《語りつぐ》ところにのみ根拠がある、とぼくが考えたからです。

つまり、昔話に原話があって、それを再話化する作業があるように、『おかあさんの木』にも、原話とその再話化（語りつぎ）という作業構造があるように、ぼくは思います。そして、ぼくは、この作業の方法と発想とにスポットをあてる必要があると思います。

よく、民話を再話するという《文学的》作業は、原話を裏切る作業だといわれています。そして、この意見に、ぼくは全く同感なのです。民俗学的資料あつめならともかく、現在、その語りを読ませることによって伝えようというとき、その作業は、たえず原話を裏切りつづけることによって成り立つのではないか、と思うからです。

そこで、戦争について《語りつぐ》場合にも、現在それを伝えるにあたっては、原話をたえず裏切りつづけるような作業になってくると思うのです。

しかし、この場合、原話である戦中の民衆の意識や論理を「きまりもんく」というレッテルをはる形で裏切って、やさしい人の反戦的言辞でもって再話再構成していく作業を、ぼくは、民話のプロイズボール（勝って気ままなつくりかえ）でなく、アブラボートカ（仕上げ）であると、認められないでいるのです。

ぼくは、今、戦争を《語りつぐ》ということについて、もう一度、語りつぐ主体の側からのとらえ直しが必要ではないかと思っています。《語りつぐ》ことそれ自体は、何のなぐさめにもならない、それが、ひとつの大きな黒い流れに抗し得るだけの限りないいかりやかなしみやいきどおりによって裏うちされたとき、それは、はじめて現代の民話として、ぼくらの胸のうちにきざみこまれていくと思います。

（『日本児童文学』一九七二年八月号　特集　現代の民話）

いぬいとみこ作『木かげの家の小人たち』『くらやみの谷の小人たち』の連作について。あるいは外界と自我との落差を処理する際に生じる「〇〇のがわについてかく」発想の批判として

　ぼくは、これから『くらやみの谷の小人たち』の中で、外界と自我との落差が、どのようなかたちで処理されているのかを見ていこうと思う。しかし、この作品は『木かげの家の小人たち』からの連作で、これ一つだけでは成立根拠が薄弱すぎる。だから、ぼくは、まず『木かげの家』から考えてみる。そして、このふたつの連作を通して、外界と自我との間にどのような落差があらわれているか、また、落差がどのように処理されていっているのかを見ようと思う。

　まず、ぼくが何の前おきもなしに使い出した《外界》と《自我》の中味をはっきりさせておこう。『木かげの家』に即して具体的にいう。この作品の場合、いぬいとみこの《外界》は「暗い戦争の日々」（『木かげの家』あとがき）に集約される負の状況だ。これは、作品内ではゆりの父の達夫が「非国民」として警察につれてゆかれ、またゆりがミルクを手に入れることができなくなって四人の小人の命があやぶまれたときとしてあらわされている。もっと児童文学的にいうならば「過去の軍国主義的な昔話」（同じく、あとがき）によって代表される世界が、いぬいとみこの訣すべき負の《外界》だといえる。

この負の外界に対して、《自我》は佐藤さとる的にいうなら『だれも知らない小さな国』にあたる。外界から隔絶された抒情的世界だ。いぬいとみこは『木かげの家』の冒頭で次のように語っている。

——「人はそれぞれこの地上のどこかに《だれもゆけない土地》をもっています。その人自身のいちばんたいせつな、愛するものの住んでいる《ふしぎな土地》を。」

この《ふしぎな土地》がいぬいとみこの《自我》だ。『木かげの家』という作品の、情況に対する存在根拠も、唯一、外界から隔絶された抒情的自我の優位性にあった。いぬいとみこ自身の言葉でもっていうなら「暗い戦争の日々、敵国の妖精たちを愛することに後めたさを感じながらも、どうしてもその小さい人びとを大切に思わないわけにゆきませんでした。」（あとがき）ということになる。

ぼくは、この言葉の中で「後めたさを感じながらも」という部分にひっかかる。なぜなら、この「後めたさ」の感覚が、いぬいとみこにとって外界と自我との《落差》の実感に違いないからだ。この「後めたさ」は、作品内では、信というキャラクターによる責めのかたちであらわされている。典型的な「皇国少年」＝信は、イギリスの小人のせわをする妹ゆりを責める。信はいう。——「非常時にそんなことしてちゃいけないんだよ！　うちではヤミの牛乳とってるんだろう？　戦地じゃ、病気の兵隊さんにのませる牛乳だって十分でないっていうのに！」（p.29）

ゆりは信のこの言葉をきいてびっくりする。この驚きは、信とゆりとの間に、ある種の落差が生じたことの確認でもある。だから、これは、いぬいとみこの「後めたさ」に通じる感覚でもある。しかし、結局、この作品の中で、信というキャラクターは外界の脅威の象徴でしかなかった。信の存在意味は、物語の前半で、ゆりが外界と自分との間にズレができたことを認識するためにのみあった。この作品の力動は小人を大切に思うゆりの行為の方におかれる。そして、ゆりがミルクをやりつづける姿をおう。

病いに倒れ、ついにミルクを運ぶことができなくなるまで、ゆりの自我は転向することなく(!)戦争という外界に関与することなく《だれもゆけない土地》に居つづけるのだ。したがって、『木かげの家』では《落差》の処理は問題でない。問題は、負の契機である外界から自らの抒情的世界を隔絶し、守るところにあるのだ。《落差》は歴然としてそこにあり、その《落差》は、言いかえれば、自分は戦争という外界に直接関与せずに隔絶した抒情をもちつづけたという自己の存在証明でもあった。

しかし、関与しないことによって、戦争という外界は、まるでしっぺ返しでもするみたいに『木かげの家』の住人におそいかかり、それに対して、住人たちは、外界に対して何か積極的な働きかけをするわけでもなく、ただ耐え忍ぶのみなのだ。もう幾度となくいわれつづけてきたように、人間からミルクをもらわなければ生きていけないという小人の依存性と受動性は、そっくりそのまま『木かげの家』の住人たちにもあてはまっている。

情況論的にいうならば、外界から隔絶された抒情が、それのみで意味をもち得たのは、戦後もせいぜい昭和三〇年代前半――つまり安保以前まで――である。その中で、『木かげの家』という作品は、ひとりひとりの人間がそれぞれの《だれもゆけない土地》を大切にしてさえいれば、また、そういう心をもち続けていさえすれば、世の中の平和は守れるし約束されるという民主主義の神話がまだ生きていた時代の記念すべき作品だといえる。その意味で、いぬいとみこが自作「ツグミ」について次のように語っているのは極めて興味深い。――「それ(「ツグミ」――細谷注)は、まだ戦後の民主主義を、みなが一致して守ろうとすれば守れるのだと単純に信じていた私の一種のなつかしい記念碑的な作品でもあった。」

(『日本児童文学』一九六五年一二月号)

「ツグミ」という作品は、ツグミを狩猟の対象にしようとした法案改定を愛鳥家たちが阻止する話だ。愛鳥家たちは勝利する。外界はどうであろうともツグミという小鳥を愛する心を持ちさえすれば、世の中は平和でありつづけるという外界から隔絶された抒情世界の優位性が、ここにもあった。これは、また、戦争は「この国を戦争にひきこんだほんのひとにぎりの人たちばかり」（『木かげの家』p.133）のせいでおこったものだから、ひとりひとりが《だれもゆけない土地》を守りさえすれば《幸福》はやってくるし《平和》は維持できるという『木かげの家』の甘えでもあった。

ぼくは、あくまでも、いぬいとみこの「後めたさ」という言葉にコミットするのだが、そのわけは、この「後めたさ」という感覚が、確かに、いぬいとみこにとっての外界と自我との《落差》の実感に違いなかったからだ。しかし、「皇国少年」信の存在意味が作品の前半で終ってしまい、『木かげの家』という作品がいかに《落差》を守りつづけたかという点に焦点がしぼられていくとき、そこには外界と自我との落差を処理する際に必然的におこってくるはずの他者との絶えざる緊張の処理のプロセスはなくなってしまう。そして、プロセスなしの《落差》処理は、結局のところ、この《落差》を常套的な日本的知識人の《抵抗》の神話にむすびつけてしまうのだ。ようするに、外界と自我との落差を「後めたさ」という曖昧な実感でしか受けとめられなかったところに『木かげの家』及びそれを支えた時代層の甘さがあった、と、ぼくは思う。

ところで、ぼくは、すこし『木かげの家』にかかずりあいすぎたので、ここで話を『くらやみの谷』の方へ進めながら考えていくことにする。そうすると、この「後めたさ」の感覚が、そっくりそのまま『くらやみの谷』の方にも持ち越されているのがわかる。戦後、信は「少年時代に小人たちに対してしたじぶんの心ないしうち」を知り「せめてものつぐないをする気もち」（p.164）になる。信は空色のコップをアマネジャキのほこらに持っていくのだ。そして、結果的に、そのつぐないの行為は、コップが三人の小人を野ネズミの攻撃から守り、同時にくらやみの谷への出入り口を呈示するに及んで、重要な役割を果すのである。

しかし、この戦中のゆりと戦後の信とに共通する「後めたさ」「つぐない」の感覚は、あまりにも非主体的でありすぎる、と、ぼくは思う。もっとはっきりいうと、ゆりが戦中に小人たちを守った行為も、信が戦後にコップをほこらにもっていったつぐないの行為も、つまるところ、戦中・戦後を通して日本的知識人たちが行なってきた《抵抗》と《反省》の図式に乗りすぎている。

再び情況論的にいうならば、『木かげの家』と同質の作品である「ツグミ」に対して（つまり民主主義の神話に対して）あれだけの批判的評価をいぬいとみこはなしえたのだから、『くらやみの谷』の中にはその後十数年に及ぶ「情況の試練のあと」（天沢退二郎）があらわれてくるはずである。にもかかわらず、『くらやみの谷』の信の行為が相変らず「つぐない」的発想に終始していることに、ぼくは大きな疑問をもつ。しかし、ここでは、この疑問の追及は一時保留しておこう。ここでは、『木かげの家』から『くらやみの谷』へと続く連作の「情況の試練のあと」にスポットをあてることによって、落差の処理の仕方の相違をみようと思う。そして、ぼくは、その違いを「ツグミ」的世界に対置する意味で「うみねこ」的世界の発見と呼ぼうと思う。

外界から隔絶された抒情的世界は、外界を喪失すると同時に「外部」との架橋を強いられることになる。なぜなら、外界喪失は間違いなく一つの危機だからだ。それは、隔絶された抒情的世界が、まだ負の外界に対して優位性を保っているうちはよいが、ひとたび、その優位性がくずれ去るや否や「外部」への架橋が強いられることになる。『木かげの家』の《だれもゆけない土地》は、戦後民主主義の神話的な甘さの上にかろうじてその優位性を保っていたといえる。しかし、戦後の全ての政治過程は、その甘さを裏切りつづけ、《だれもゆけない土地》は喪失した外界を求めつづけることになる。「外部」との架橋を強いられることになるのだ。

こうして、架橋としての『うみねこの空』ができる。『うみねこの空』自体については、ここでは考えないことにする。ここでは、もっぱら『うみねこ』以後を問題にする。重要なことは、長谷川潮のいうように「作品を作り上げてゆく過程が、作者の成長の過程だったということだ。」いぬいとみこは、この作品をつくる過程で「ある現実――いままでの私になかった日本の――」(『日本児童文学』一九六五年一二月)をみつけている。つまり、彼女は、ここで、『だれもゆけない土地』から橋をわたすべき正の外界を手に入れたのだ。これが、「うみねこ」的世界の発見だ。いぬいとみこはいう。――「日本の国土は本来明るく美しい。それを暗くしているものとたたかっている人たちのがわについて、現代の中の明るさをさがしていくのが、日本の作家にのこされているみちだ。」(傍点細谷)

つまるところ、いぬいとみこは、二〇年に及ぶ戦後の情況の試練の結果、「暗い戦争の日々」という負の外界以外に、今までの自分になかったもう一つの外界をみつけたことになる。そして、彼女はその新しい外界に橋をわたした。彼女はその正なる外界のがわについて書くことを宣言するのだ。「うみねこ」的世界への完全な依拠だ。

もちろんのことだが、ぼくは、この「〇〇のがわについてかく」という発想を否定する。なぜなら、ぼくらは「〇〇のがわにつく」までもなく、既に常に《ここ》に《居る》のだし、これでは、まるっきり外界と自我との落差の処理になっていないからだ。「〇〇のがわについてかく」とき、自我は外界との絶えざる緊張関係の処理というプロセスをなくし、一つの外界へ全面的に依拠することになる。なぜなら、もうそこには落差がないからだ。したがって、ここが一番重要なところなのだが、ファンタジーであるところの自我も実は外界と全く同じ秩序・掟によって動くことになるのだ。「うみねこ」的世界の獲得以後、いぬいとみこの外界は「暗い戦争の日々」に象徴される負の外界と「今までの私になかった」正の外界の二つに分れることになる。そして、この外界における正と負の二元的対立は、そのままストレートに「うみねこ」以後のいぬいとみこのファンタジー世界の基本的構成要素なのだ。『みどりの川のぎんしょきしょき』における魔女おばさんと黒めがねの魔女との闘い、そして『くらやみの谷』における地震《ない》の滝の大ガニと斑尾《まだらお》山の大ガマとの闘いが、それである。つまるところ、ファンタジーにおけるアリス的要素の完全な喪失とナルニア的秩序への傾斜が、『くらやみの谷』のファンタジーを特徴づけているのだ。

さらに進めていえば、《だれもゆけない土地》がもっていた甘さも、そっくりそのまま正なる外界へ依拠することによって、何のまさつも生じないが故に、かえって無傷のまま生き残ってしまっているのだ。『くらやみの谷』の中で信がもっていた甘さも、実は、これだ。また小人たちの行動がどのように積極的にみえても、結局、物語の最後で突然でてきた大ガニと大ガマとの闘いの結果に全面的に依拠せざるを得なかったのも、みんな「○○のがわについてかく」発想のなせる業だ。小人たちの積極性も、実は定められた外界へ向けられた橋をわたるだけの《見せかけの積極性》にすぎなかった。小人たちの闘いをいつのまにか大ガマと大ガニとの闘いにすりかえていく《大きな力》の作用が、この作品にはあるのだ。

ぼくは定められた紙数を完全にオーバーしてしまいそうだ。だから『くらやみの谷』の個々の分析はできそうもない。そこで最後に一言いっておこう。ぼくがファンタジーと現実との関係をあらわす言葉でとてつもなく好きなのは、ハドソンの『夢を追う子』の中にあるこのパラドックス・ユーモアだ。

――「この夢は、あんまり奇妙だったので、私は、こう考えたのを覚えてるんですよ。もし、この夢のようなことが将来おきるんでなけりゃ、夢なんて、なんのいみもないものだ、とね。」

そして、このパラドックス・ユーモアを『くらやみの谷』になぞらえていうなら、ぼくは、物語の途中から全く何のあいさつもなしにあらわれてきた大ガニの勝利に自分の全てをあずけてしまうような闘いの夢が、もし本当におこったとしたら、それこそまっぴらごめんでござんす。


（『日本児童文学』一九七三年一一月号）

もんく・たらたら。あるいは、いぬいとみこ論序説

(1) なぜ「もんく・たらたら」なのか?

なぜ、「もんく・たらたら」なのかというと、それは、ぼくがいぬいとみこのファンだからです。そして、ファンというのは信者とは違います。信者が作者(=神)を信じて疑わないのに対して、ファンは作者(=人間)にいっぱい不満をもっています。そんな点からいうと、ぼくに限らず、いぬいとみこには、とてもファンが多いのではないかと思います。もちろん、実際にしらべたわけではありませんから、真偽のほどはわかりません。(信者が多いという点では、サン=テグジュペリの『星の王子さま』、新美南吉、斎藤隆介あたりではないかと思うのですが、いかがでしょうか?——これは全くの余談。閑話。)

とにかく、ファンという代物は、こわいもの知らずで、読んでいて気に入らないことがあると「どうしてこうしたんだろう。さもなきゃ、ああしなかったんだろう。」とか考えて、そのうちに「ちくしょう、いぬいとみこなら、ここんとこ、こんなふうにごまかさないでやれたはずなのに。ちくしょうめ、この辺、まるで、やっつけ仕事だなあ。」なんていうふうに作者を畜生にまで貶めて、勝手に落胆したり、憤慨したりするのです。

『みどりの川のぎんしょきしょき』を読んでは、魔女おばさんと黒めがねの魔女の設定が図式的ではないか、解決が安易ではないかと思いつつ、それでも最後まで読んで落胆し、『くらやみの谷の小人たち』を読んでは、いぬいとみこのファンタジーがどんどんアリス的世界から遠ざかり、ナルニア的二元対立の様相を濃くしているのをみて悲しんでいるのです。だから、文句がいっぱいでてきて、本をよみながら、たらたらと牛のヨダレみたいなモノが、口のはたから流れてくるのです。牛のヨダレみたいなものじゃあ、空色のコップに入れる牛乳のたしにもなりません。だから、ますます「もんく・たらたら」なのです。とにかく、いぬいとみこという作家の作品は凸凹が激しいので、ファンは彼女の作品が出てくるたんびに一喜一憂をしなくちゃならないんです。そして、いぬいとみこの作品には必ずウラがあるにきまっているから、「今度の作品のウラにはどんな意味がかくされているだろうか?」なんていう探偵小説まがいの興味をもって、新しい作品にとびつくのです。そして、その「裏の意味」を勝手に解釈しつつ、あるときは落涙し、あるときは落胆するのです。ですから、小沢正が、いぬいとみこの作品について、次のように「裏の意味」のことを言っていると、ぼくは、すぐに「そうだ! そうだ!」と共感してしまうのです。

以下、小沢正のながいながい引用。――「いぬいさんの童話作品では、動物と人間が口をききあうということがありません。ですから、いぬいさんの作品の中で動物と人間とが口をききあうということになれば、それははなはだたいへんなことなのです。動物と人間との対話という何気ない事象の背後に、おそろしく重要な意味がひそんでいるにちがいないのです。俗な言葉でいえば、いぬいさんの作品には『裏がある』ということになります。意識的に、あるいは無意識的にいぬいさん自身が作品の背後にしのびこませたと思われる、その『裏の意味』をさぐりだし掘りおこすというような行為が、どういうわ

けか、ぼくにはたまらなく愉快でならないのです。」（『日本児童文学』一九六九年八月号）

(2) なぜ「いぬいとみこ論序説」なのか

ところで、なぜ、この文が「いぬいとみこ論序説」なのかというと、それは、ぼくが、まだ「いぬいとみこ論」をかかないから、序説なのです。どうしてかかないのかという理由は、とても形而下的で、かんたんです。それは、女房と餓鬼とぼくと三人で、このところズーッと風邪をひいてぶったおれているからです。つまり、物理的にかけないから、こんど、いぬいとみこ論をかくときに、どうやってかくか、ということについてかこうと思っているのです。ですから、これからやる作業にきちんとした題をつけるとしたら「こんどいぬいとみこ論をかくときのたしにするための問題（ひらたくいえばもんく）をできるだけいっぱい（ひらたくいえばたらたら）羅列すること」というふうになります。それをちぢめると「もんく・たらたら。あるいはいぬいとみこ論序説」になります。

(3) 問題の羅列

そこで、まず、第一の問題。これは、今掲げたばかりの小沢正のながいながい引用から見つけることができます。つまり、「いぬいとみこの作品では、どうしてかんたんに人間と動物とで口をきけないのか？」という問題です。これは、実をいうと、いぬいとみこの童話観自体にかかわる事柄なので、この問題を考えるだけでも、ずいぶん色々な問題が派生してくるはずです。

まず、いぬいとみこ自身のことばでもって、彼女の動物物語における《約束》を語ってもらいます。「なぜ動物を主人公にした作品をかくか」という小論の中で、いぬいとみこは次のようにいっています。――「『生態をしらべてその基礎の上にかく』そして『人間と動物とは口をきかせずにしかも心は通じ合わせる』という約束のもとに動物ファンタジーを書く」（『日本児童文学』一九六九年二月号）と。

つまり、いぬいとみこという作家は、①イソップの寓話にみられるような人間の擬動物化としての動物や②ファーブル、シートン、ビアンキのノンフィクション作品にみられるような実在の動物をかきません。（例をあげるついでに、①と②の系列で、ぼくが好きな作品をあげると、ぼくは、人間を擬動物化したものでは『目をさませトラゴロウ』が好きです。また、ノンフィクションでは、小さすぎてすみませんが『ファーブル』の玉ころがしやかりうどバチが好きです。）そして、いぬいとみこにとって問題なのは現実と空想との間だといえます。動物は人間と口をきけないという現実認識（というか事実認識）の上に立って、その心を通じ合わせるというフィクション（空想）を構築しようというところにいぬいとみこの動物物語は成立するわけです。ここに、なぜ、いぬいとみこの作品では人間と動物とが口をきかないのか、という問いに対する表面上の答は出たといえます。

しかし、それでは、なぜ、いぬいとみこが「生態をしらべる」ことに固執するのかとか「心を通じ合わせる」ことに焦点をしぼるのかと考えていくと、まだまだ、問題はひろがります。これは、「いぬいとみこの動物における《毛皮性》の問題」として考えられます。例えば、『白クマそらをとぶ』を評して、いぬいとみこは次のように語っています。――「あの白クマの毛皮の手ざわりがモッちゃん（主人公）を通して幼ない読者に伝わっているなら、それと異質な、水爆実験の非人道性も、幼ない心に入っていくにちがいない。」（『日本児童文学』一九六九年二月号）これは、いぬいとみこの動物の直接的自然性

(毛皮性)に対する依拠が、ある場面で、彼女の社会的現実認識とつながりをもってくることを示しています。そして、この二つは、いぬいとみこ自身がいっているように「異質な」ものです。したがって、一方が他方とつながりをもつ際には色々と紆余曲折があるはずです。この紆余曲折がファンタジーを産み出す作品行為の原酵母だともいえます。そこで、《毛皮性》の問題は「《毛皮性》と《水爆実験》との間としてのファンタジーの問題」としても語れます。これは、また、いぬいとみこという作家の精神形成過程を問題にすれば「《ツグミ》と《ウミネコ》との間で」という問題設定もできます。戦後民主主義的な甘さを信じていた「ツグミ」と、ある時点でそれをふっきっていた『うみねこの空』との比較は、いぬいとみこという作家の発想をさぐるという意味では無視できない重さをもっています。

これらの問題をもっと大づかみにすると、「いぬいとみこにおける《空想》と《現実》」という問題がでてきます。いぬいとみこは、『いやいやえん』のことを「具体的な事実と飛躍的な空想との自然の融合」(『日本児童文学』一九五九年七月号)といっていますが、これは、先に述べた動物ファンタジーにおける二つの《約束》とも対応してきますし、いぬいとみこ自身の童話観を述べたものとも受けとることができます。つまり、そこには、具体的な事実を基礎においた《リアルな空想》という童話観があるわけです。そして、「なぜ、いぬいとみこは空想の中にリアリティを求めるのか?」という問題として考えてみると、いぬいとみこのリアリティの概念の中には、本来相入れない二つの性格があることがわかります。それは、①描写における技術主義と②現実認識における社会主義リアリズムの二つです。そして本来相入れない二つの概念が、なぜ、いぬいとみこのファンタジーの中では等閑視されているのかを考えていくことも大切です。

ここで、問題をいっぺんに関係ないところへもっていきます。それは、「いぬいとみこにおける《日本》と《西欧》」という問題です。いぬいとみこの作品には、『木かげの家の小人たち』のアマネジャキや『みどりの川のぎんしょきしょき』のあずきとぎのように意識的に民間伝承の中からとってきたキャラクターがいます。また、一方では、上野瞭から「『木かげの家の小人たち』は、いささか国籍不明だったちびちび人とは違って、イギリス産と明示される。」（『戦後児童文学論』）といわれるように、《西欧》への依拠があります。いぬいとみこの《西欧》への依拠は、〝彼女が子どもだったころ〟の「国民童話」に対する反撥の結果としてあります。いぬいとみこ自身のことばでいえば「暗い戦争の日々、敵国の妖精たちを愛することに後めたさを感じながらも、どうしてもその小さい人びとを大切に思わないわけにゆきませんでした。」（『木かげの家の小人たち』「あとがき」）という精神の体験があるわけです。そして、《日本》への志向は、時間的に〝私が子どもだったころ〟の戦時中とは一定のへだたりをもった時期の（つまり、戦後の）精神の回帰としてあるわけです。この辺の問題意識は「賢治童話からなにを受けつぐか」に詳しいです。以下、若干長くなりますが、引用します。

「他の分野と同様に、その近代化が海外文化の性急な移入ということで始められた日本の児童文学が、その近代化の過程で二度にわたって、過去をすてたとき（一度は大正期に近代的な自我の確立のため、二度めは戦後に、過去の軍国主義的な昔話との訣別のため）、日本の児童文学は『わらべ唄→むかし話→空想童話の成立』という国民的な基盤にひろがり得る文学の根と、明らかに切れてしまった。」（『日本児童文学』一九六八年二月号）

どうも頭がボーッとして「もんく・たらたら」もいわないで、ただの問題の羅列に終ってしまいそうで残念です。そこで、ほんとうの「もんく・たらたら」は《本論》をかくときにいっぱい入れることを肝に銘じて、最後の問題をあげようと思います。それは「作家・編集者・子ども図書館（ムーシカ文庫）の主宰者としてのいぬいとみこ」です。怪人二十面相ほどではありませんが、いぬいとみこのもっているいくつかの顔とそれぞれの関係を考えるのも、おもしろいと思います。

以上で、問題の羅列に終止符をうとうと思います。あとは、本論を乞う！　御期待！

（『児童文学評論』八号　一九七四年五月号　特集　いぬいとみこ論）

ヒーロー論

ぼくはこれから〝ヒーロー〟について考えるわけですが、まず最初から、しつこく、「ところで、ヒーローって何だろうか？」というところから考えていこうと思います。それから、もうひとつしつこく、「どうして今ごろヒーローなんてものについて考えなきゃならないんだろうか？」ということについても考えておこうと思います。

実際のところ、今、ぼくがあげた二つの疑問は、どちらもしつこく考えなければ、簡単に素通りできるし、あっさり答が出せるようなものです。あるいは、もうとっくに答が出てしまっているようなもので、今さらとりたてていうほどのこともないのかもしれません。

＊

例えば、「ヒーローって何だろう？」という疑問に対しては、「ヒーローちゅうのは英雄のことじゃんか。」と、いささかトートロジイめいた、しらっぱくれた答を出しても、間違いとはいえません。（もちろん、あまりおもしろい答ではありませんけれど……）。

そして、この答に満足しないやからには、「そうだなァ。荒唐無稽なストーリーの中で、波瀾万丈の活躍をする超人的な主人公のことだ。例えば、鞍馬天狗とか怪傑黒頭巾とか、『亜細亜の曙』の本郷義昭だとか、黄金バットとか赤胴鈴之助とか月光仮面とか。ピンポンパンの紙芝居なら刑事ジャガーみたいな正義の味方、真実の友がヒーローだ。」と、答えておけばいいでしょう。

しかし、これも、実をいうと英雄の形容をしつこくやって、具体例をいっぱいあげたにすぎません。ヒーローの本質あるいは属性については、ほとんど語っているとはいえません。それじゃあ、ヒーローの本質とか属性とかいうやつは、一体どんなもんだい、と、しつこくせまられると、そのことについて考えるのが、この「ヒーロー論」なる文章全体の中身であり、目的でもあるわけですから、答に困ってしまうし、大変なことです。だいたい、ヒーローという存在は、人間でありながら、人間でない、超人＝スーパー・マンみたいなものですから、他人の批判や攻撃にもビクともしません。どんな危機も不合理も、実にたくみにかわして、つじつまを合わせ、うまく事をなしとげてしまいます。だから、そんなやつの正体をつきとめ、分析し、あるいは批判して、「ヒーローとは○○だ。」と言い切るのは、これは容易なことではないのです。

＊

ですから、ヒーローの正体さぐりは、ひとまず横においておき、まずは、からめ手から攻めることにします。つまり、「どうして今ごろヒーローについて考えなければならないのか?」という二番目の方の疑問（つまり、ヒーロー論の根拠）について考えることにします。そして、この問題設定は《日本の児童文学にはヒーローと呼び得るような、鮮やかなキャラクターが存在しなかった。今こそ、児童文学は新しいヒーローをつくりださなければいけない》という主張をうけて、そのもうひとつ先を考えようとして出てきたものだといえます。わかりやすくいえば、今さっきあげたヒーローの具体例は、全て、少年倶楽部・紙芝居・テレビ・マンガなどの大衆メディアからとったもので、これらは、みな、いわゆる児童文学のワクからはみ出した存在だったものです。つまり、日本の児童文学は、ヒーロー不在の児童文学だったわけで、ここに、今こそヒーローについて考えなければいけない、という主張の根拠もあるわけです。

＊

俗っぽく、機械的にいうならば、〝芸術的〟児童文学は今まで全くヒーローらしきキャラクターを創出できませんでした。それにひきかえ〝大衆的〟児童文学（あるいは児童文化）といわれる側には鞍馬天狗、明智小五郎等々のヒーローたちが割拠していました。しかも、もっと始末の悪いことには、（明智小五郎などは今でもときどき、「わかったかね。明智くん。ワッハッハッハァ。」なんていうふうにテレビにも顔を出していますが）、ほとんど四十年から五十年近くもむかしに活躍して、今では亡霊みたいに思われていたヒーローたちが、文庫本になってぞくぞくと出てきて、これがよく売れているらしいのです。それも、むかしをなつかしむ大人たちだけならまだガマンできるけど、中学生ぐらいの子どもがよんでいて、「はじめて、このようなおもしろい物語にであった。」という感想を、出版社に送ったりしているらしいのです。ぼくは、実際に、どれくらいの子どもたちが、どのような読み方をしているか、全く知りませんが、ともかく、そういった状況に対する一種の危機意識のようなものが一方にあって、それで、ますます「児童文学に新しきヒーローよ、出でよ！」という主張がひきたってくるし、現在、ヒーローについて考える根拠もあるわけです。

＊

ぼくは、今、団地の五階に住んでいます。だからいうわけじゃありませんが、今の児童文学の主人公というのは、何となくコソコソしていて、団地サイズになっちゃっているような気がします。確実にそういえるかどうかは、わからないのですが、団地なんかで生活していると、それに見合った人間像しか思い浮ばなくなるように思えます。つまり、想像力自体が団地サイズ化してくるわけです。へたをすると、「2DK児童文学」とか「団地児童文学」なんていうジャンルができるのではないでしょうか。そんな中では、たとえば、作中の主人公が大冒険をしたところで、たいした冒険でなくなってしまいます。せいぜい塾からのがれるとか、そのために家出をするとか、あるいは偽装の誘拐をしてみるとかになってしまいます。（ぼくは、今、朝日新聞の、井上ひさしが、連載しているものについていっているのですが、べつにそんな限定をする必要がないくらいに、家出話とか団地を舞台にした作品は現在の日本の児童文学に多くみられます）。しつこくいえば、団地サイズの想像力からは、団地サイズの主人公と団地サイズのストーリーしか生まれてこないわけで、この辺に（むかしから）今もってひきずりつづけている〝弱さ〟が、日本の児童文学にはあるわけです。

＊

しかし、この種の、いわゆる芸術的児童文学の〝弱さ〟についての指摘をしたところで、それだけでは、もう十五年以上もむかしの、一九五九年に、佐藤忠男が「少年の理想主義について」で行なった問題提起から、一歩も先に出ていません。佐藤忠男は、その中で、今まで〝軍国主義的イデオロギー〟ゆえに全否定されていた『少年倶楽部』の諸作品を再評価して、坪田譲治の「善太と汽車」を「どこまでいっても、全くどうでもいい情景のデテイルだけがつながってくるばかり。子どもたちが主体的にかかわりあってゆける観念はついに一つも出てこない。」と、批判しました。

佐藤忠男は、『少年倶楽部』の最も熱心な部分が、実はその後、岩波文庫の読者になったという観点から、今までの〝軍国主義イデオロギー〟批判による『少年倶楽部』作品の全否定が、必ずしも作品の全体をとらえきっていないことを指摘したといえます。これは、要するに、子どもの想像力の問題であって、『少年倶楽部』の作品群には、軍国主義イデオロギーの意図をはみ出た《何か》があって、その《何か》を究明すべきだといったところに、佐藤忠男の『少年倶楽部』再評価の根拠があった、と、ぼくは考えています。

そして、この《何か》の中には、当然、作品に登場してくるキャラクターの積極的なイメージ（〝英雄〟的イメージとでもいおうか）も含まれているわけで、ここにもまた、ヒーローについて考えねばならぬ根拠があるわけです。佐藤忠男はいいます。——「我々は、洗練された老人趣味のデテイルをもつ、善意の児童文学が、子どもたちに喜ばれていないことを嘆く前に、日本にはかつて、一篇の『ハックルベリー・フィンの冒険』も『十五少年漂流記』も『クオレ』も『飛ぶ教室』も創作されなかったことこそを究明すべきだろう。」と。

＊

佐藤忠男は究明すべき問題を提起しました。しかし、その後、この先がはっきり究明されて、解決の出口がみつかったかというと、必ずしもまだはっきりしていません。ただ、これと同様の問題については、よく語られています。たとえば、安藤美紀夫は、『だれも知らない小さな国』を評して、次のようにいっています。――「問題は、結局のところ、『だれも知らない小さな国』も『木かげの家の小人たち』も、一人のエミールも一人のナンシー・ブラケットも生まなかったということにある。」（日本児童文学臨時増刊『現代日本児童文学作品論』一九七三年八月）また、上野瞭は、こうした問題提起をうけて、逆説的に切りかえしています。――「『トム・ソーヤ』は生まれなかったとしても、『少年倶楽部』からは、『トム・ソーヤ』にかわる『海洋冒険物語』や『吼える密林』が生まれたのである。こうした物語は、少なくとも子どもを『いい子』の枠組みに押しこめるものではなかった。物語のおもしろさをそなえていることによって、おもしろさを忘れたまじめ主義の児童観よりも、子どもに近い距離を保っていた」（『現代の児童文学』一九七二年六月）

もちろん、これに対しては、『吼える密林』が果してトム・ソーヤにかわるものといえるかという反論もありました。しかし、それはとりあえず横においておき、（トム・ソーヤやエーミールやハックや、あるいは『吼える密林』の私やフランクの冒険をヒロイックと呼んでいいのかどうか、わかりませんが）、ともかく、生き生きした鮮やかなイメージをもつキャラクター＝ヒーロー不在の状況に、日本の児童文学というものが、むかしも、そして今もあいかわらずあるわけで、そういう一種の危機意識を背景にして、ぼくらは、今、ヒーローという存在について考えようとしているわけです。

＊

ですから、ぼくらが、今、ここで考えようとしている〝ヒーロー〟というものは、決してヒーロー一般ではなくて、直接には『少年倶楽部』の作品群にあらわれた英雄たちが頭からはなれないでいるわけで、その場合、いわゆる叙事詩にあらわれた英雄たちとは全く関係ないことになります。

しかし、何も最初から、テキの土俵にのぼって考えることもないし、言葉の意味をはっきりさせておくためにも、とりあえず、〝ヒーロー〟の語源から考え、神話・叙事詩の時代のヒーローについてみていくことにします。まず、ヒーローの語源ですが、実はヒーロー＝ヘロス（Heros）という言葉の原意は明らかではない、と、平凡社の世界大百科事典にはかいてあります。でも、ここでやめてしまうと味もそっけもないので、もう少しつづけると、ヘロスというのは「古代ギリシアの信仰で、もと人間であり、死後神霊として尊信され、その墓所とされる場所に祭られた存在」とあります。ひらたくいえば、人間でありながら、主君にもなれるし、死後あがめられたりもする特権階級＝貴族のことなのです。これが、後の世に〝英雄〟の意になったのは、ひとえに叙事詩に登場する英雄たちの努力によるものです。

ここで、重要なことが二つあります。一つは、ヒーロー＝英雄が全く想像力（信仰・意識）そのものの産物であるということ、もう一つは、この英雄が、呪術的政治形態から古代統一国家形成への転換期にあらわれた過渡的な存在だということです。階級は成立したが、まだそれが全社会を掌握していなかった時代。支配階級は彼らの権力の外部にあった独立自営農民たちを支配すべく、拡大し、発展していきます。この支配・発展する行動の記録が叙事詩で、その人格化されたものが、英雄的登場人物、つまりヒーローなのです。

＊

叙事詩の中にでてくるヒーローたちは、必ずといっていいほど、《鬼》あるいはそれに類したものと遭遇しています。そして、ヒーローたちは、《鬼》を打ち破ることによって、はじめて自分の正当な地位を獲得しています。たとえば、少し例が悪いかもしれませんが、桃太郎は鬼が島へいって宝物をとってくることによって、はじめて一人前の成人になれるわけですし、一寸法師も鬼を退治すること抜きには、打出の小槌を手に入れることも、大きくなることもできなかったでしょう。この場合、《鬼》とは、ヒーローたちに征服された先住民族（あるいは他の小国家）の想像的産物に他なりません。《英雄と鬼との遭遇》ということでは、本田和子が「辺境への旅立ち」の中で、おもしろい指摘をしています。

――「スサノオはタカマのハラを追われ、出雲の肥の河上という辺境をさすらう身となる。その旅の途上でヤマタのオロチと闘い、英雄神としてのイメージを完成するのは周知のとおりである。伝統的な旅の物語においては、しばしば行く手に異形のものが立ち現われる。伝承の世界の英雄たちは、いずれもこれら怪物との戦いを経験せねばならない。桃太郎も、一寸法師も、あるいは巨人退治のジャックも、すべて例外ではなかった。ヤマトタケルもまた、猛将クマソタケルに、危険な闘いを挑んでいる。彼の場合は、それに討ち勝つことにより、成人の資格、すなわち、ヤマトオグナと呼ばれて髪も未だ額に結っていた童形の己れを捨てて、ヤマトタケルと名乗る新しい自己を獲得したのである。」（『日本児童文学』一九七六年三月号）

ヤマトタケルの場合には、クマソから名前をもらっているので、これは、あきらかに自分より優位にあった《鬼》をたおしたことになります。

＊

こう考えてくると、ヒーローというやつは、征服する貴族階級の人格化に他ならず、そこには、当然のことながら、今考えるような意味での「正義の味方」だとか「真実の友」だとかいうような発想＝

夾雑物ははいってきません。考えようによっては、無味乾燥なものになってしまいます。しかし、「正義」だとか「真実」だとかいう意味あいがヒーローに付加されたのは、ずうっとずうっと後の世のことであって、それこそ、きちんとした形で味つけされたのは「近代」にはいってからのことではなかろうか、と、ぼくは考えています。もっとも、これは、ぼくが、あてずっぽうに推量して、そう思い込んでいる仮説にすぎません。それでも、石川謙の『日本近世教育史』（甲子社書房　一九三五年一月）の、次のような指摘をみると、近代以前のヒーローは、単純に「強きもの、勝てるもの」であって、特別に忠孝や正義といった付加物はついていなかったと考えてもいいような気がします。――「寛文（一六六一～一六七三）・延宝（一六七三～一六八一　西暦はともに引用者）頃の歴史観は少くとも庶民教育の範囲に於いては、極めて単純であつた。強きもの、勝てるものへの讃美の記録であつた。唯々それだけであつた。だからこそ卑怯を真から蔑んだ。強きを誉めちぎつた。『曽我状』の誉めそやされたのも、五郎十郎が孝行であつたと言ふよりも二人が勇壮であつたからである。」

＊

また、話を元に戻しますが、ぼくは、叙事詩の時代のヒーローは征服する貴族階級の人格化だといいました。これは、実は、わざとこんな言い方をしたのですけれど、極めて形而下的なものの言い方であって、ヒーローというイメージを創り出し、それを担った人間たちの発想（想像力の問題）については全く触れていません。しかし、ヒーローの実体が貴族特権階級だったことをもって、まさに想像力のたまものであるヒーローまでをも切り捨ててしまおうとしたら、それは、そのバック・ボーンが軍国主義的イデオロギーであったことをもって、『少年倶楽部』の作品を全否定してしまうのと同じくらい（あるいはそれ以上に）ダメで危険な方法です。要は、想像力の問題なのですから。

古代の民は、他の国家を征服すると、そのたたりをおそれ、怨霊を鎮めるために、先住の被征服者たちを、今度は神として祭ったとききます。つまり、被征服者は、ときには異形のモンスターであり、ときには神＝怨霊であったわけで、ぼくらが問題にすべきなのは、こうした幻想的ともいえるイメージをつくり出した発想の根源だとか、そういうところにできたフィクションの深層構造なのだといえます。そういうものに目をむけることによって、はじめて、ぼくらは、千年も二千年もむかしのヒーローたちから、それこそ時を越えて〝何か〟を獲得し、援用できるのです。ここにまた、想像力の産物である文学行為のおもしろさがあるのだともいえます。

＊

ところで、ぼくは、最初に、今の日本の児童文学の主人公たちはコセコセしていて、ちっともヒーローと呼べるようなやつはいないといいましたが、語源論的に考えると、『龍の子太郎』という作品は、小泉小太郎の伝説をベースに、主人公の太郎は、人間でありながら、龍の子であり、旅に出て《鬼》と遭遇し、最後に母なる龍と協力して《国》をつくる等々、典型的にヒーローとしての属性を兼ね備えているといえます。しかし、この作品の発想及びイメージについていえば、被征服者をあるときは異形のモンスターに、またあるときには神＝怨霊にみたてる、叙事詩時代の人間たちがもっていた幻想的ともいえる想像力・発想と切り結ぶものにはなっていません。

むしろ、太郎の「おらのいのちなんか、どうでもいいとおもっている」という発言や、母龍の「ここをはなれて、わたしは生きていけるだろうか、おかあさんのりゅうはそう思いました。しかし、たとえわたしはそのためにどうなっても……」という思いのなかに、ぼくは、叙事詩時代の発想とは無縁な、付加された「近代」のヒーローのイメージをみてしまうのです。山くずしの行動に対して、あやが「でも……、おかあさんはどうするの。」と反対したとき、太郎は「だいじょうぶさ、おかあさんだって、もうにんげんになればいいんだ、おらがそうしてみせる。もし、どうしてもりゅうでいたいっていうんなら、おら、またべつにでっかいぬまをほる。」（傍点は細谷）と、いっています。

ぼくは、太郎のこの言葉の中に、ヒーローのひとつのありようをみる思いがします。《献身》的努力が必ずしも《変身》を保障するわけではないのに、もうすでに保障されているように、「おかあさんだって、もうにんげんになればいいんだ。」と言い切る太郎は、国づくりという大義のために、母龍の生死への思いという小事を切り捨てています。松田司郎の「「龍の子太郎」から「龍の子三太郎」」にしたがっていえば、ヒーロー太郎は「広いアガペの愛のためにせまいエロースの愛をふり捨てて」いるわけです。（『児童文学評論』第九号　一九七四年所収）

しかも、切り捨てておきながら、それでもなお、用意周到に、太郎は「もし、りゅうでいたいなら、べつにぬまをつくる。」と、付け加えているのです。現実に、母が龍のままでいたら、ヒーロー太郎は、母龍とともにさすらいの旅にでなければならず、その方がこの作品のロマンはずっと高くなっていたにちがいないし、今よりもずっと叙事詩時代の発想にもコミットできたでしょう。しかし、『龍の子太郎』の場合、その物語の構造の上で、すでに母が龍でいつづける可能性はなく、人間になることが約束されている以上、この太郎の発言の後半部分（傍点部分）は、作品構造上、現実には、ありえないつけたりで、あえていえば、小事を切り捨てたことをさとられないようにと、とってつけたカムフラージュにすぎません。

小事を切り捨てて、大義に走りながら、切り捨てたはずの小事も、はなからちゃんとなるように約束されていたのです。母龍は、もうまちがいなく人間に変身するのです。そのことによって、太郎の「おかあさんだってにんげんになればいいんだ」といった、本当ならば大問題になるところだった言葉は、かえって「真実」の言葉となって、ヒーロー太郎と母なる龍は、大義と小事とを同時に完結させるわけです。

このように、大義のために小事を捨て、(もちろん。捨て去る際は断腸の思いで捨てるわけで、それによってヒーローの株はますますあがるわけなんですが)、その上に、実は、その小事も、作品構成上ちゃんとなるようにあらかじめ約束されており、それ故にこそ、ヒーローはその小事を捨てたことを責められることもなく、ときには捨てたという事実すらさとられることもなく、逆にますます株があがるといった、文章でかくとまわりくどくなりますが、作品を読んでいくと、実に簡単、明瞭なトリックが、ヒーローが行動の選択をする場合にはあるのです。そして、こうした約束＝トリックの上にのっかって、ヒーローは心おきなく、大義に生きることができるのです。

＊

さて、ぼくは少ししつこいくらいに、『龍の子太郎』の発言の中のつけたりといってよい後半部分に固執してきました。そして、そこから、大義に生きるが故に小事を切り捨てるヒーローの姿と、切り捨てられたはずの小事が最初から作品構成上うまくいくようになっているというトリックをみつけました。そして、このヒーローの行動選択の基準とその実体とについて、これほどまでしつこくとやかく言った理由は、『少年倶楽部』のヒーローたちが、実は、同じようなやり方でもって、行動の選択を行なっているからなのです。

たとえば、山中峯太郎の「万国の王城」という作品があります。これは『少年倶楽部』ではなく『少女倶楽部』に連載されていたものです。プロットは、蒙古の正統をひく青年＝竜彦と美しい日本の少女＝北条美佐子とが、単身、祖国を再興するために、蒙古の大平原へと旅だち、沙漠に埋もれた宮殿で、悪漢＝活仏《ゲゲン》と闘う話です。この中で、最後の土壇場になって、悪漢活仏が、竜彦に対して、母の命と王の印である玉璽との交換をせまる場面があります。かなり長い引用になりますが、ここには、大義＝祖国独立のために、小事＝母の命をすてる日本型ヒーローの姿が鮮やかに描き出されています。


（玉璽を活仏の魔の手に渡して、再び奪いかえせるか。——玉璽を失うことは、祖国の独立を、思いきることではないか）

竜彦は、苦しみ喘ぐように眼を見ひらいた。その瞳は血ばしって、

（僕は蒙古に生まれた。しかし、日本に育てられた。日本人ならば、親をすてても、祖国のためにつくすであろう。最高の道徳は、身をささげて国に報いる、このほかにはないのだ！　僕は王子タタール、同時に北条竜彦だ！　母をすてても、祖国の独立に進む。これこそ日本男子の道ではないか！）

赤ん坊の時から日本に育てられた、竜彦の胸には、日本人の血が育てられていたのだ。

「行こう、白樺の森へ！　伝国の玉璽は、反逆の活仏へ渡すべきではない。」

凛として、しかも苦しく言いつつ、竜彦は、玉座の前を歩きだした。皆が灯を高く上げた。

「王子！」

と、サンタ少年が叫びだした。

「お母さまを、どうなさるのですか、活仏は王子のお母さまを、殺しはしませんか。」

皆が、これを訊こうとして、竜彦の青ざめている顔を見た。

竜彦の顔に、見る見る血の色が上ってきた。

「母上は……、僕の母上ならば、蒙古独立の犠牲に、悦んでなられるであろう。」


竜彦は、まさに断腸の思いで、小事＝母を捨て、大義＝国家をとったわけですが、重要なことは、大義をとったことによって、母がこの後に殺されるというようなストーリー展開には絶対にならないというところにあります。活仏に限らず、ヒーローと闘う悪漢は、日頃は実に正確無比なワナをしかけてくるくせに、肝心なときには、いつもドジをして、一発のピストルの弾も命中しないし、とらわれ人も危機一髪で助けられてしまうのです。

＊

同様の選択は、高垣眸の『豹《ジャガー》の眼』にもみられます。この作品と『万国の王城』とは実によく似ています。このプロットは大インカ帝国の王統をひく杜夫《モリー》が、怪老張爺、ほろびた清朝の皇族の王、その娘の錦華などと共に、悪漢豹《ジャガー》とその一味を相手に闘う話です。

さて、話は大詰め、錦華は死笑狂病の毒液の注射をうけて、笑いつづけ、解毒液がなければあと一日の命。そんなとき、王《ワン》の家来ライアンは豹《ジャガー》をとらえます。しかし、とらえられた豹は、逆に、王に対して、取り引きを要求します。――「解毒液に対して『王位の指輪』だ。もうひとつ、おれの自由に対して、モリーと張爺とのふたりの命を約束しようじゃないか。」と。これに対して、王は、いいます。

「ライアン、こやつを死刑にしよう」

「はッ」

忠実なライアンはその命令を聞いて、愕然として色を失った。インディアンたちもびっくりした。王が豹との取引を拒絶したのだ。豹の解放をこばんで、錦華をはじめ杜夫と張爺との三人の命を犠牲にしようとするのだ。これが躊躇しないでいられようか。

英雄の判断は、このように小事を切り捨てて、大義を選ぶからこそ大英断なのであり、それは、ともすれば常人の眼には驚愕すべきものとしてうつります。しかし、すでにいったように、これは全てトリックなのです。そして、高垣眸の場合、このトリックは、山中峯太郎ほどにナショナルなものに依拠してはいません。今あげた二つの文章をよみくらべてみてもある程度わかりますが、高垣の場合、もっと娯楽本位にスパスパとやっています。この、王の驚くべき選択も、とらえた豹が実はにせの豹＝影法師《シャドー》のショーキーだったということによって、簡単につじつまがあわされてしまいます。

＊

むかし、カムイ伝の中で、カムイが処刑されて首がとんだとき、読者はカムイが一体どのようにして、この危難をのがれるかに、心あせりつつ、次の号をよんだものです。そして、そこにカムイのふたごの兄があらわれて、弟カムイの骨をひろったとき、そのつじつまあわせのまずさに対して、ゴウゴウと非難の声がおきたものです。そういえば、同じ白土三平がつくったヒーロー＝影丸の場合も、テロリスト無風の手によって、首が宙にまいますが、このときは、影丸が実はひとりではなく集団として機能していることが、むしろ、読者に新しい人間像を示したものとなり、特別の非難の声はおこりませんでした。

なぜ、白土三平の描くヒーローは、そのつじつまあわせの方法がまずいと非難をうけ、『少年倶楽部』のヒーローたちは、荒唐無稽な飛躍をしても非難をうけず、むしろ、その選択の大胆さゆえにより多くの共感をうけるのでしょうか。これは、ひとつには、単純に技術的な拙巧の問題もありますが、それ以上に、白土三平のヒーローと『少年倶楽部』のヒーローたちとでは価値判断の基準がちがっていたからに他なりません。つまり、『少年倶楽部』のヒーローたちが全て、そのバック・ボーンに「日本」という言葉に集約される価値基準をもっていたからに他なりません。

＊

ヒーローたちにとって、どんな危機的場面も問題の解決を困難にするようなものはありません。「日本」自身を評価の基準にし「日本」自身をもって危機を乗り超えさえすればよく、解決は至極簡単です。この場合、「日本」の中身を合理的に説明する必要はありません。ただ、「日本」の名をもってすればいいわけです。水戸黄門が葵の印籠を呈示するときに、「これはかくかくしかじかの理由でもって今みせているのだ」と説明したという話はきいたことがありません。

戸坂潤の『日本イデオロギー論』にしたがっていえば、「元来日本精神なるものは、或いは『日本』なるもの自身さえが、日本主義にとっては説明されるべき対象ではなくて、却って夫によって何かを相当勝手に説明する為の方法乃至原理に他ならない」のです。この方法乃至原理の活用の具体例として、ぼくは、ここに、『亜細亜の曙』の本郷義昭の行動をいくつかみることにします。本郷義昭については、尾崎秀樹が「未成と本郷義昭」(『児童文学への招待』南北社　一九六五年所収)の中で「アジアに曙の来ることを願い、報国の念に燃え立つ熱血児本郷義昭は、明晳な頭脳と強靭な肉体、不屈の意志の持主で、少年のロマンチシズムをゆすぶる典型的なスーパーマンだ。」といっていますが、このヒーローが危難をのがれるときの方法ないし原理は、実に興味があるものになっています。

たとえば、つかれはてたときの描写は、こうなっています。――「飢えに飢えてつかれたけれども、報国の熱情に猛然と身ぶるいしたわが剣侠児、両腕をふって胸から腹へ両足へもみにもみ、全身をゆり動かして強く足ぶみし、気力を取りかえすと、そのままはての知れない原野の中へ堂々と進んでいった。」

また、飢えているときは、こうやって難をのがれています。――「しろありが、ウジウジムズムズと動いているのだ。本郷は腕を組むとほほえんだ。〝熱帯のしろあり！　お前たちが、日本人のおれをすくってくれるのか！〟土人はこのしろありを、『米』といって大事にする。白くて食えるからだ。味がうまいか、まずいか、本郷は、この土人の『米』の話は知っていても、食ったことは一度もない。いま、思いがけなくしろありの塔へはいって、いままで三日食わず、飢えに飢えている自分は、しろありにすくわれるのだ。」(傍点は、どちらも細谷)

＊

本郷義昭が危難をのがれる方法ないし原理は、二つの意味で、ぼくにとって興味あるものになっています。その一つは、危難をのがれる方法が、ヒーローだからといって別段むずかしいやり方をしているわけではないということです。報国の熱情に身ぶるいし、「日本人のおれ」だから、危機をのがれることができるのです。再び戸坂潤の言葉をひいていえば、「日本主義は何等の内容もないと考えられると同時に、それと反対にどんな内容でも勝手にそれに押し込むこともできる」わけです。『少年倶楽部』の作品の荒唐無稽さは、実に、この日本主義が基本的にもっている〝いいかげんさ〟の想像的産物だといえます。

ここから、ぼくの興味の二つめとして、読者の問題がでてきます。日本主義は、作者にとっては、荒唐無稽、波欄万丈のすじだてと、飛躍をものともしないヒーローを産み出す因となりました。これと同じように、読者は、同じ、〝日本人であるがゆえに〟、これらヒーローたちが危機をのがれる方法ないし原理を共有し得るわけです。そして、読者は、どんな内容でも勝手に押し込むことができるという日本主義の性格を、最大限に活用し、ヒーローを自らの内部にそのイマジネーションにおいて同一化するわけです。

＊

かつて、巌谷小波が、その作品に教訓的趣向をもっていたとき、登場する主人公たちの冒険的行動は失敗ばかりしていました。たとえば、「カバン旅行」の安太郎は福島中佐のシベリア横断の真似をして、夢の中でカバンに乗って旅行を企てますが失敗します。また、「瓢箪船」の頑次も、千島へ行った郡司大尉の真似をして、足に瓢箪をくっつけて隅田川を下りますが、調子にのりすぎて、水の中へドブン！あいにく足に瓢箪がついているから、からだは水中で真逆様、ただ泡ばかりブクブクといった始末です。これらの主人公たちは、みんな、小波の諷諭的寓意におさえつけられ、とてもヒーローとよべるような行動はとれていません。そして、自らを、これら主人公たちと同一化して作品を享受することができなかった読者は〝カバン旅行の挫折と瓢簞船の失敗には落胆した〟という批判的感想を寄せています。

それからおよそ五年のちの明治三十一年に、小波は「メルヘンに就いて」の中で、明治二十九年六月以後の作品では無意味主義を執っている、と、宣言しています。実をいうと、明治二十九年六月以後の作品にあらわれた主人公たちも、さほど英雄的ではないのですが、この「教訓主義」から「無意味主義」への《変化》に、ヒーローの条件と読者が自らの内部で作品を享受し得る条件とをみることができるような気がするのです。

＊

作品の表面から、教訓的趣向がとりはらわれたとき、主人公は簡単に失敗させられなくなりました。冒険的行動もとれるようになりました。

たとえば、明治二十六年にかかれた「奴凧の幽霊」と明治三十二年にかかれた長篇の「猪熊入道」とを較べてみると、この変化ははっきりします。「奴凧の幽霊」の場合、腕白盛りの太郎吉は、母親にかってもらった奴凧を木にひっかけてしまい、ついでに、石をぶつけてこわしてしまいます。そこへきた母親にねだって、また新しい凧をかってもらうのですが、夜、奴凧の幽霊の夢をみて、それをやっつけてしまうと、実は新しい奴凧がズタズタになっていたという話で、ここには冒険的要素もないし、太郎吉はヒーローとは無関係です。これに対して、「猪熊入道」の亥太郎は木にひっかかっていた紙鳶を助け、そのことによって、紙鳶から脱け出した大入道と月の世界まで冒険に行くことになります。途中で、怪力の山の神におそわれたりして、ストーリーの展開もおもしろくなっています。ここでいえることは、作品の表面に教訓的趣向を用いた場合には、登場人物はその教訓にしばられて、ストーリーも発展しなかったのに対して、「無意味主義」と小波が呼んでいる作品の場合には、実は無意味なのではなくて、「教訓」というよりはもっと大きな、ニッポン・イデオロギーといったらいいような精神が、アプリオリに登場人物の中に内在化していて、その内在化された精神を原動力にして、冒険的行動をとり、ストーリーも発展していったのだと考えられます。

＊

『少年倶楽部』の日本主義について考えながら、ぼくは、突然、巌谷小波のお伽噺の「教訓主義」から「無意味主義」への変化に話をもっていってしまいました。これは、ぼく自身の内部では、佐藤忠男の次のような『少年倶楽部』評価とダブっています。――「(今までの作品は)忠にせよ、孝にせよ、そういう概念がはじめから与えられていて、その範囲内で、登場する少年少女の行動を規制されてしまっている。(それに対して)「海国少年、亡父の面影」は、熊男君が自分自身の判断で軍曹に抗議するというダイナミズムでその型を破っている。」

そこで、再び話を『少年倶楽部』にひきもどして、ぼくら内部の問題としてこれを考え、ここから《何か》を獲得し、援用できるとしたら、せまい教訓の型を破ったこのダイナミズムではなかったか、と結論しておわりにしたいと思います。要は、少年読者の想像力の問題であり、これが野間清治の日本イデオロギーの意図をはみだしてしまった、その《何か》について考えることなのですから……。

（『日本児童文学』一九七六年六月号　特集　再び「新しいロマンの創造」）

アンチ・ヒーロー論

「あの子、太ったかしら、やせたかしら……。」
「もし、やせても、すぐ太ると思うわ。だって大好物のおはぎをこんなに作ってきたんですもの。」

——ちばてつや『紫電改のタカ』——

なぜ、ヒーローたちのイメージは、ときとして《母》たちのイメージと重なってやってくるのだろうか。かつて一九六〇年から六二年ごろにかけておこった〈戦記マンガ〉ブームの最後をかざり、その総決算とでも呼ぶにふさわしい位置を占めた傑作『紫電改のタカ』（一九六三年六月三〇日号から一九六五年一月一七日号まで『週刊少年マガジン』誌に連載）のラスト・シーンでも、滝の《母》は、まちがいなくキチンとやってきている。《母》は、城太郎のおさななじみの信子といっしょに「おはぎ」をもってやってくる。汽車の中で、息子が太ったかやせたかを心配し、信子は「おはぎ」の包みをかかえながら、それを軽くうちけす。そして、二人は笑う。——「ふふふふふ……」「ほほほほほ……」と。マンガのふき出しの笑いを、こんな形で引用すると、まるで無機物のような擬音の連続だけになってしまって味気ない。しかし、このときの、この二人の笑いは、ほんとうに明るい。（そして、この爽やかさは、おそらくマンガという表現ゆえのものであり、ちばてつやというマンガ家の《ホームドラマ》的資質に拠っているのだと、ぼくは思っている。この《ホームドラマ》性については、また後で述べる。）

さて、母と信子が面会にくるその朝、滝城太郎は特攻隊員として、はてしない大空に飛びたっていく。楽しそうに話しながら、大分の駅におりたつ母と信子。そこに、二度と帰ることのない旅へと飛びたっていく「黒い紫電改」の姿が対置される。この『紫電改のタカ』のラストシーンは鮮烈である。

ヒーローたちは、まるで大むかしからきめられてでもいるみたいに、いつも《最後のどたん場》というところに立たされる。そして、いつも《母》をとるか、目的を遂行しつづけるかという二者択一をせまられる。例えば、母なる龍の背にのった龍の子太郎が山をくずし、国をつくるときもそうだったし、山中峯太郎の『万国の王城』の主人公＝竜彦もそうだった。蒙古の正統の血をひく王子タタール＝竜彦は、祖国再興のために、悪漢活仏《ゲゲン》と闘い、やはり《最後のどたん場》に立たされる。活仏は母の命と王の印の玉璽との交換をせまるのだ。竜彦は（玉璽を活仏の魔の手に渡して、再び奪いかえせるか。——玉璽を失うことは、祖国の独立を思いきることではないか）と、苦しみあえぐ。そして、こう結論する。——（僕は、蒙古に生まれた。しかし、日本に育てられた。日本人ならば、親をすてても、祖国のためにつくすであろう。最高の道徳は、身をささげて国に報いる。このほかにはないのだ！　僕は王子タタール、同時に北条竜彦だ！　母をすてても、祖国の独立に進む。これこそ日本男子の道ではないか！）と。

最初にもいったように、ヒーローたちのイメージは、なぜか《母》たちのイメージとダブってやってくる。そして、彼らは一様に、一度は《母》を切る。しかし、切られた母たちがその後のストーリー展開の中で現実に死にみまわれることは稀である。ここに、ヒーローたちの二者択一のトリックがあるといってよい。いってみれば、ヒーローとは、このような選択を不断に（それもトリックとさとられぬような巧みさで）やりつづけている人物像なのかもしれない。

蛇足になるが、このトリックは『龍の子太郎』でも同じだ。山をくずし、国をつくるとき、あやは「でも……おかあさんはどうするの。」とききき、太郎は、こう答えている。――「だいじょうぶさ、おかあさんだって、もうにんげんになればいいんだ。おらがそうしてみせる。もし、どうしても、りゅうでいたいっていうんなら、おら、またべつにでっかいぬまをほる。」と。

太郎は国づくりという大義をとり、母なる龍は自らの体を山にぶつけて血をながす。ここでも、小事はぷっつりと切れている。しかし、太郎が《母》のために、もうひとつの「でっかいぬま」をほる必要はない。当然のことながら、母なる龍はにんげんになる。物語は大団円だ。山中峯太郎は、小事から大義へのバネとして《日本、あるいは日本人》をつかい、松谷みよ子は《農民の幸せ、あるいは貧しさからの解放》とでも呼ぶべきものをつかった。しかし、このヒーローたちのレトリック＝トリックは同じものだ。

話を『紫電改のタカ』に戻そう。「母を捨て、信子を捨て、先生になるゆめも捨てて――」、「祖国日本」のために特攻という名の「死刑」を選択したという点で、滝城太郎は、北条竜彦や龍の子太郎と同じところに立っているようにみえる。しかし、滝は、実はこの二人のヒーローたちとは全く別のところに立っているのではないかと、ぼくは今、考えている。そして、その理由は、ヒーローたちがたち切ったそれぞれの《母》たちのイメージのちがいにある。

『紫電改のタカ』の《母》のイメージは、『万国の王城』や『龍の子太郎』の《母》のイメージとは、あきらかに異質なものだ。それは、おそらく、ちばてつやというマンガ家のマンガ表現をもって初めて可能だったのだと思うが、『紫電改のタカ』の《母》には《家庭》がある。それに対して、最初から結論めいた言い方をするなら、『万国の王城』や『龍の子太郎』の《母》たちには《家庭》がない。こんな言い方で何となくわかってほしいのだが、『龍の子太郎』という話は、母をたずねる冒険談であって、ホームドラマでは断じてない。『万国の王城』にしても、同様ホームドラマではない。ホームドラマではないのに、《最後のどたん場》でひきあいに出され、選択肢の一方のはしにおかれる《母》たちのイメージの何と浅薄なことか。いうなれば、この母たちは《家庭《ホーム》》を構成できるような《ドラマ》性をもっていないのだ。そして、こうした中身のない名ばかりの《母》たちを選択肢の一方に見事においてしまうところに、このヒーローのトリックの巧みさがあるのだ。（つまり、このとき、読者は《母》のディテール抜きで《母》のシチュエーションのまえに立たされることになるのだ。佐藤忠男は「少年の理想主義について」の中で『少年倶楽部』の作品を「物語の細部においては荒唐無稽であっても、全体のシチュエーションとしては、あるいはあり得ることであろうという相当な現実性を感じさせるものであった。」と評しているが、この指摘は、ディテール抜きのシチュエーション呈示という『少年倶楽部』の文体の本髄を見事にとらえているといってよい。）

山中峯太郎がつくり出してきたヒーローたちも、みな例外なくこの文体の中で息づいていたといえる。建川少尉以下五名の挺身斥候隊が敵中深く潜入する『敵中横断三百里』がいかに〈戦場事実物語〉と銘うたれていようと、ぼくは、ここに登場する人物たちの《家庭》にまで及んだドラマあるいは事実性をみることはできない。ぼくが今、そこにみるのは、一個の〈日本〉兵というシチュエーションのみである。ぼくにとって、このヒーロー像はすでに死んでいる。

話を、またまた『紫電改のタカ』に戻そう。ぼくは、冒頭で『紫電改のタカ』のことを、〈戦記マンガ〉の総決算であり、傑作であるといった。が、その理由は、このマンガが《ホームドラマ》的性格を完全にではないが、かろうじて保っていることによる。確かに、紫電や紫電改を自由にあやつり、「逆タカおとし」などの奇襲戦法を用いるときの滝城太郎はヒーローと呼ぶにふさわしい。ライバルや友人たちの中にあっても、滝の行動は特別に印象的で、はみだしており、典型的に《ヒーロー》である。にもかかわらず、ぼくが、このヒーローにただの人間としての《家庭《ホーム》》を感じるのは、いつも「おはぎ」をはこびつづける《母》と、滝を「親不孝者！」とよぶおさななじみの信子のイメージが重なってくるからである。以前、ぼくらが毎月末の土曜日にやっている児童文学評論研究会の席で、宮川健郎が、このせっせと「おはぎ」をはこびつづける《母》を称して、〈にせの「フロンティア」＝軍隊へ息子を旅立たせようとする日本の「近代」に対して《先祖伝来の田畑》に生きる母の思いをよびたてる〉といったことがある。全くのところ、この《母》には、ヒーロー＝滝を何の変哲もない日常の家庭生活に引き戻そうとする磁力がある。『紫電改のタカ』が典型的な〈戦記マンガ〉であると同時に、もうひとつの足を《ホームドラマ》につっこんでいるというわけはここにある。（というより、これはホームドラマであることによって、戦記マンガとしても確かなものになったといえる。そして、これは、おもしろいことに《敵》の描き方をみるとよくわかる。）

《敵》たちは、ジョージにしろ、モスキトンにしろ、初めはものすごく強い。いわばヒーロー的存在として滝と対峙する。しかし、ジョージは少年撃墜王としてではなく、兄おもいの一個の弟として殺されていく。そして、その兄トマスも死んでいく。「悪魔のような敵の撃墜王モスキトン」も、実は真珠湾攻撃で八人の家族を失った二人の兄弟＝ただの人間にすぎないことがわかって、滝の眼の前で死んでいく。そこには、ひとつの《家庭》とその家庭がある日突然にこわされていく《ドラマ》がある。これは、滝にしても同じだ。モスキトンの死に直面した滝は、敗戦を直感し、戦争が終ったら学校の先生になるという。——「考えてみれば、戦死したおやじも学校の先生だった。つまり、おれは二代目の先生だ。おふくろも信ちゃんもきっとよろこんでくれるにちがいない。」

ここにいる滝は、もはやヒーローではない。そして、特攻隊員として飛びたつときの滝も、もう「逆タカおとし」のヒーローではない。それは「自分の死が祖国日本を救うことになるのだということばを信じようと努力しながら……」（傍点は細谷）飛んでいくただの少年飛行兵なのであって、そこには悲壮な大義名分などはない。北条竜彦と龍の子太郎が《母》を捨て、大義につくことによって、初めてヒーローたり得たとするならば、滝城太郎は特攻として大空へ飛びたつとき、すでにヒーローでなく、《母》も意識的には全く捨てていないことがわかる。彼は、いうなれば、アンチ・ヒーローとして飛翔していったのではなかろうか……。ちばてつやのマンガ表現は、そういったのびやかさを内包していたのである。

＊

《ホームドラマ》の人物たちはヒーローとは無縁である。彼らは一見作品化するに値しない日常茶飯事の中で生きている。そして実は戦後戦争児童文学の多くは、こういう《庶民》について語ってきたのだともいえる。同様に戦後戦争マンガのヒーローたちも、その英雄的行動を抜きとってしまえば、一介の飛行機のりや潜水艦の水兵にすぎなくなる。にもかかわらず、ぼくがこれらの作品のほとんどに不満や不安を覚えるのは、その登場人物である《庶民》たちに《家庭》を構成するほどのドラマ性もないままに、ただ唐突に被害者的体験の吐露や熱血敢闘譜の呈示に終ってしまっているものが多いからだ。

そんな中で、山上たつひこの『光る風』（一九七〇年四月～一一月『週刊少年マガジン』に連載）は典型的で、情容赦もない《ホームドラマ》になっていて、おもしろい。山上たつひこは〈過去・現在・未来〉の政治的歴史的事実や事件に酷似した擬似事件をさしはさみ、入れかえながら、ひとつの典型的な閉塞状況をつくっていく。この実験的手法もさることながら、この作品は「ご先祖代々軍人の家系である六高寺家」の崩壊を描くドラマになっているという点で、注目に値する。その崩壊は見事ですらある。かつてのエリート軍人、長男の光高は、まるで江戸川乱歩の「芋虫」のようになって、自殺する。家父の吉次郎は息子を貶めた米軍の高官を斬殺し、警官にかこまれた家に火をつけて切腹する。母親の文江も、軍人の妻として死ぬことを拒み、吉次郎をなじるが、斬られてはてる。そして、主人公である次男の六高寺弦も、擬似関東大震災で失った愛人＝ゆきの頭蓋骨をだきしめながら、路傍で野たれ死にしていく。弦の体の上を風が光ってとおりすぎていくラストは、ひとつの《ホームドラマ》の終わりを容赦なく告げている——。

山上たつひこは、戦争を完全に、ぼくらの内なる日常の中にもちこんでしまったといってよいだろう。ここでは、もはやヒーローは存在しない。同じ山上たつひこの『喜劇新思想大系』をみてみよう。これは〈戦記もの〉ではないが、それでもときどき戦争が顔を出している。「ゼンマイ仕掛のまくわうり」では、主人公の逆向春助くんは、二階から「だだだだだだ——！」と小便する。そして、できた穴からアメリカ軍の不発弾をほりだす。アパートの住人たちは、それをまるでみこしでもかつぐみたいにワッセワッセとかついでまわる。春助くんにとって、戦争はもう小便やみこしと同じくらい近いものになっているのかもしれない。また「軍旗はためく柳の下に」では、ひげもじゃの上官のユーレイと、彼に敵前逃亡の汚名をきせられて銃殺されたユーレイとがいいあらそう。おばけやしき＝春助くんの家の庭で、お互いに「死ね、死ね——ッ」とののしりあって、からみあっている二つの火の玉は妙にわびしい。

とにもかくにも、戦争をすっぽりとぼくらの日常の中にのみこんでしまった山上たつひこが、今度は典型的なアンチ・ヒーローとでもいうべき「こまわりくん」というキャラクターをつくり出したことは、その限りではまことに恭悦至極という他はないだろう。ぼくは、もう一度『光る風』から『がきデカ』へという道程をふりかえってみようと思う。

（『日本児童文学』一九七八年一二月号　特集　マンガと児童文学）

作家は子どもの日常生活をどのように把え、描いているか

1　日常生活の規定。その二重の意味について。

ぼくは、これから「子どもの日常生活を描いた作品の構想力」という問題について考えるわけだが、それに先だって、少し《日常生活》の規定をしておこうと思う。

といっても、ぼくは、ここで《日常生活》そのもののきちんとした規定をするつもりはない。《日常生活》は広辞苑的な言い方をすれば「ありふれた平凡な」生活であり、無理に定義づけようと思えば、必ずしもできないものではない。しかし、そういった《日常生活》そのものの規定は、いくらしたところで、結局《日常生活》の全体ではなく、その《一局面》しかあらわせないだろうという思いがぼくの中にはある。

例えば、その平凡な生活の部分（メシを食ったり、洗濯をしたり、ボロをつくろったり等々）を際限なくあげつらねることによって《日常生活とは生理的、社会的に否応なしに引きずっている基本的な活動の総体だ》と規定したり、芸術家、研究家などの高次な創造的研究的生活と区別したり、あるいはまた、家出や戦争などの非日常的生活状態と対置して規定したりすることは、確かに可能だし、無意味な

ことではない。しかし、創造的（あるいは非日常的）生活と呼ばれているものも、つまるところ日常生活から出発し、その中で息をしているのにちがいないし、考えようによっては、それらもやっぱり日常生活の一つの《ケース》にすぎないのではないかと思えてくる。また、生活の平凡な部分の集積という作業は、確かにリアルで克明にはちがいないが、そこにあらわされた《総体》も、定義づけられた瞬間から、プレパラートに固定された生活の《一局面》でしかなくなってしまうにちがいない。つまり、それほどまでに、《日常生活》という概念は、ありきたりなものでありながら、ひとたび規定しようと試みると、実に曖昧で、範囲も不定で、極端にいえば、そういったものが実際にあるのかどうかすらわからなくなってしまうような代物なのである。

　だから、ぼくは、ここで少し角度をかえてみる。それは一見変な言い方になるが、ふだん考える対象になどなりそうもない空気みたいな《日常生活》を、なぜ、どんなときに、考える対象におくかということだ。いいかえると、《ぼくらが日常生活を考える対象におくとき、これはどんな意味をもってくるのか》という形でなら、問題を立てることができると思う。そして、結論的にいうと、ぼくらは、ぼくらの日常生活に対して何らかの不便さ（抵抗感）を感じたときに、これについて考えるのではないか。それは台所のふきんの置き場についてかもしれないし、場合によっては時の政治体制に対する抵抗にまでつながるかもしれない。が、ようするに、それらについて《考える》とき、それまで空気みたいだった日常生活の《サイクル》が切れる。その後、場合によっては、ふきんの置き場は変わる。あるいは、変らない。政治体制などの場合には簡単には変らないだろうが、それに対する抵抗感が持続すれば、その後の日常生活の方は変質するにちがいない。

　つまり、ぼくらが《日常生活》を考察の対象とするとき、それは常にその日常生活を変えようという企てを伴なうものだということができる。また一方、このような変革の企てを含めて、全ての創造的（?）活動が行なわれている《場》は、やっぱり日常生活においてであり、そこを出発点にしているということも忘れるわけにはいかない。ぼくは、これを《日常生活の二重の意味》と考えている。そして、ここでは《二重の意味》をあげるにとどめて、先の問題（作家が作品を構想する際の日常生活の意味、作家とそれとの関係）にすすみたいと思う。

2　作家と日常生活との関係。その四つの場合について。

さて、作家は、その作品を構想するにあたって、果して日常生活（とりわけ子どもの日常生活）というファクターを考慮に入れるのだろうか？　入れないのだろうか？　もし入れるとしたら、それはどのような形をとるのだろうか？　問題は、まず、このように立てられると思う。つまり、作家と日常生活との関係（その把え方）が問題になるわけで、ぼくは、今、この関係を変革の企ての有無、その質という点にスポットをあてて考えようとしているわけである。そして、ぼくは、作家と日常生活（とりわけ子どもの）との関係は、大きく次の四つの場合に分けられると考えている。

①作品を構想するにあたって、子どもの日常生活というファクターを全く考慮に入れない場合。
②子どもの日常生活を描くが、その日常生活を変えようという企てがみられない場合。
③子どもの日常生活を描きながら、その日常生活を変えようという企てがみられる場合。
④子どもの日常生活の〝不安〟な部分を描く場合（日常生活に対する抵抗感はみられるが、ストレー

トに変革の企てが試みられない場合)。

以下、この四つの場合について、もう少し詳しく説明していこうと思う。まず①の場合だが、日常生活をとるに足らないものと考え、より高次な創造的活動にのみ価値を見い出すという把え方があるとすれば、作品を創造するという高次な活動の過程において、《日常生活》という概念はマイナスにこそなれ、作品構想上の主要なファクターにはならないはずである。例えば、小川未明は「少年主人公の文学」の中で、なぜ「少年」を主人公にした作品が多いのか? という問題にふれて、次のように語っている。――「『少年』というものは、何を見るにつけても、すべてを実感的に見ている。新しい事実を経験する度毎に非常に『怖れ!』と『全義的の真面目!』とをもってこれに対する。これに反して、年齢《とし》を取って大人となればおのずから習慣に慣れてきて、新しい事件に対してもさほど驚かないようになる。要するに吾人の日常生活はこの自然に慣れてしまうのである。」

未明の場合、「吾人の日常生活」は、作品創造の過程で、はっきりと切り捨てられている。《日常生活》は創造活動の対立概念であり、否定されるべきものだったといえる。(実はここで、ひとつややこしい問題が残ってしまう。それは、未明がおとなの日常生活については否定的に言及しているが、子どもについては全く否定的でないし、当然子どもの日常生活についても否定的ではないはずだということだ。ただ、未明の場合には、物質的な意味での《生活》を否定的媒介として把え、その作品創造の力は《精神》の方にあったので、子どもの日常生活も描く対象にならなかったのだと思う。しかし、おとなの日常生活に対する抵抗感から、その代償として子どもの日常生活の方に自らの作品的価値を見い出すということは当然あり得ることで、実は、ここから作家と日常生活との関係の②の場合がでてくるのである。）

3　関係の第二。千葉省三の虎ちゃんの《村》とリンドグレーンの《やかまし村》について。

②の場合は、子どもの日常生活を描くが、その日常生活を変えようという企てがみられないものだ。おとなの日常生活に対する抵抗感から、それに対置する意味で、子どもの日常生活が構想される場合、そこに描かれてくる生活は、必ずしも《日常生活》になるとは限らない。むしろ、その作家の考えている子どもらしさの具体的なあらわれである場合が多い。そこは、その作家の原点ともいえる《場所》で、その点から考えても、その生活の場を変えようという企てがおこりようはずもないわけである。ここでは、作家は、自らの原点ともいえる《場》に登場してくる子どもたちのそれこそ心理のひだまでも克明に描き切ることができる。これは強みだ。と同時に、トピックになるような（あるいは社会的な拡がりをもつような）事件はまずおこらない。これは弱みだ。だから、②の場合、作品が成立するためのキー・ポイントは、ひとえに、こうした平凡な生活の中から、おとなにとってはガラクタでありながら、子どもにとっては大切であるような価値をひっぱり出せているかどうかにかかっている。例えば、千葉省三の虎ちゃんにはじまる《村》やリンドグレーンの《やかまし村》にでてくる子どもたちには、それがあると思う。

省三に「みち」という作品がある。これは「いろんなみちがあった。大籔ぬけ道だの、小らんとずいどうだの、ションベン稲荷新道だの、ぴょんぴょん街道だの。みんな、おれたち、子どもなかまだけしか、しらない道だった。」という書き出しからもわかるように本当の道の話ではない。子どもたちが日常生活の中で使っている、ヤブの中をつっきったり、垣根の隙間をくぐったりして通る道の話だ。省三は子どもたちがこうした道を発見していく話を、どこにもトピックになるような描写もなく、それでいながら実に驚くほど生き生きと描いている。例えば、大籔ぬけ道の場合、最初にひとつの「きめ」が呈示されている。――「おれたち」は、この道の発見者である新屋の助治の名誉を重んじて「しばらくの間、この道をとおるには、かならず、助治にことわって、その許しをえなければならないことにしていた。もし、無断で通ったりしたら、仲間はずれにされても、しかたのないきめになっていた。」という。この「おれたち」の「きめ」は、子どもたちが彼ら同士の生活の中でつくっている真剣で、しかもたあいないロジック（＝とりきめ）をほうふつとさせる。

同様な描写が《やかまし村》にもある。やかまし村の三人の女の子は、男の子がつくった秘密の地図をみつけ出し、ほし草おき場につくった秘密のほらあなを発見してしまう。（「ことしこそは、ほし草おき場に、子どもをいれたくない。ほし草をふみあらされるのはごめんだぞ。」というおとうさんの切なる願いは、ことしも、かくも見事に裏切られてしまうのだ。）リーサが自分のへやをもらったときの喜び。オッレが犬のスヴィップを手に入れるまでの話。アンナとリーサとがおもしろいから家出しようと思って、ねぼうしないように足の指にひもをつけて窓からたらしておいた話（もちろん、アンナはねぼうして、リーサは兄のオッレにそのひもをひっぱられてギャアギャアわめき、家出どころじゃなくなるのだが）。これらは、実にたあいなくこまごましていて、しかもそのひとつひとつが子どもたちにとっては真剣な価値であり糧なのだ。千葉省三とリンドグレーンには、そういった価値をひっぱり出すことのできる作家の《眼》があるといってよい。

省三とリンドグレーンの類似点は、もうひとつある。それは、子どもたちがこれほどまでも生き生きと動きまわっている《場》が不変なことだ。『童話文学』の随筆から省三の童話観をみると、省三は、第一に童心の上に何か新しい発見をすること、第二に仮にファンタジックな登場人物であっても、そのものの生活とつながっていること、といっている。省三の作品創造のメルクマールが童心の上の新しいもの＝「生活」の発見にあったことがわかる。しかし、省三のばあい、この「生活」はあくまでも童心の上にあるもの、つまり童心につぎ木した生活だった。童心のイメージ（おとな対子どもの構図）はアプリオリにあったといえる。そのため、一時期、省三の作品は、子どもの日常生活を生き生きと描いた作品と、作者の童心を描いた作品とに、その傾向が分裂していたし、子どもの日常生活を描いた作品群も、次第に《眼》が作者の思い出語り、写生といったスタティックなものに変わっていった。

省三と同じように、リンドグレーンの作品群も大きく二つに分けることができる。小野寺百合子は『わたしたちの島で』の「あとがき」の中で、これを「どこのだれでもが経験するような、ごくあたりまえの生活や人間同志の関係を、ていねいに描き出し、そこで起こるいかにもありそうな事件をくりひろげていくというタイプ」と「実にたくみな導きかたで、読者を現実の世界から空想の世界へ連れていくタイプ」とに分けている。また、《やかまし村》に住む子どもたちは、実に子どもらしく、明るく、行動的であるにもかかわらず、彼らの生活している《やかまし村》という《場》そのものは不変だ。というより、《場》に対する問題意識自体が、この作家にはないのである。いみじくも、大塚勇三が『やかまし村の子どもたち』のうしろについている作品解説の中で「まったく、やかまし村は、いつでもたのしいことがつづくのです。」といっているように……。

いうなれば、リンドグレーンの描いた《やかまし村》の子どもたちは「生きた具体的な普遍」というものになる。そして、これがリンドグレーンの子どもたちをして、全世界の子どもたちにむかえられるようにした最大の理由であると思う。また、省三の場合には、「おれ」の視点から描いたときにだけ、「私」という思い出語りの視点から自由になったのに対して、リンドグレーンは初めから現在進行形の《眼》をもっていた。ここにも、全世界の子どもたちにむかえられた強さがあったといえる。

4　関係の第三。古田足日の《モグラ原っぱ》とエリック・アレンの《かぎっ子たちの公園》について。

次に③の場合。子どもの日常生活を描きながら、その日常生活を変えようという企てがみられるものについて考えよう。これは、作家が自らの日常生活の中でもった抵抗感を、作中の子どもの日常生活にスライドさせる方法といえる。だから、原則的にいえば、おとなの日常生活と子どもの日常生活との間に区別はない。ただ、子どもたちはおとなたちの価値をガラクタ視するし、おとなたちは子どもたちの価値をガラクタ視するから、《変革の企て》は、おとなたちの中にいるときよりも、子どもたちの中にいるときの方が、よりラディカルに、典型的に展開することが多い。これは強みにも弱みにもなるものだ。ここに分類される作品の場合、日常生活を変えようという企て（＝欲求）と、この欲求を満足させようというプロセスが問題になり、日常生活は何らかの形で社会的な拡がりをもたざるを得なくなる。だから、この種の作品が成立するためのキー・ポイントは、ひとえに、このプロセスの描き方の成否にかかっているといえる。ぼくは、この《変革の企て》のプロセスの描き方の問題を、古田足日の《モグラ原っぱ》とエリック・アレンの《かぎっ子たちの公園》という二つの《場》における子どもの行動にスポットをあてながら考えてみようと思う。（『モグラ原っぱのなかまたち』は十編の話で構成されているが、ここでは特に〈さいごの話〉に限定して考える。）

まず最初に、どちらもおとなたちからの攻撃で始まる。『モグラ原っぱのなかまたち』の〈さいごの話〉の場合は「モグラ原っぱ、さようなら」というタイトルからもわかるように、おとなたちが《モグラ原っぱ》をつぶそうとするところから始まる。——「ある日、あきらがモグラ原っぱにやってくると、ダンプカーが、ど、どうっと、土を原っぱの上に落としていました。あきらはむねがどきんとして、おもわずあたりを見まわしました。くるところをまちがえて、モグラ原っぱではないところにきてしまったのかな、と思ったからです。」

エリック・アレンの『かぎっ子たちの公園』も、同様に、子どもたちが大事にしていた「遊び場のあの木」をこわして、かわりにコンクリートの機関車をつくろうとするおとなの善意から始まる。——「ばかにするにもほどがある。なんという計画だ。今あるコンクリートの船だってだれもつかう子なんかいないのに。そのうえに、コンクリートの機関車だって？　あほらしい。が、やがてゴグルズはふと、もうひとつのことが気になってきいた。『あの、まさか、それ、ここにつくるというんじゃないでしょう？　この白線でかこったところになんて……。』『いいや、ここなんだ。』男はいった。『まさにここなんだよ。』『でも、そうしたら、木はどうなるの。』ゴグルズがきいた。『だめだよ。ここじゃむりだよ。木があるんだもん。』『いや、そのことなら、だいじょうぶ。この木はもうじきかたづけちまうからな。』男はそういうと、木をひとけりした。『こんなものは、わけなくたきぎになっちまわあ。』『だめだよ、ぜったいだめだよ。ぼくたちの木なんだ。のこぎりでひいちゃうなんて、だめだよ。ぼくたち、ここで遊んでるんだもん。』」

エリック・アレンの、この《木》と《コンクリートの機関車》の対比は、おとなにとってのガラクタが子どもにとって宝物であり、子どもにとってのガラクタがおとなにとって宝物であるという構図を実に鮮やかにあらわしている。そして、ここで心にとめておいてほしいのは〝モグラ原っぱがほしい〟とか〝秘密の私的な遊び場としての木を確保したい〟とかいう欲望の呈示自体は別にアクチュアルなものではないということだ。だから、仮にどこからも攻撃がかからなければ平穏無事に終っているような質のものだ。まず、このことを銘記しておく必要がある。

しかし、当然のことだが、この種の作品の場合、主要な問題はここにはない。むしろ、攻撃をかけられた以後の欲望の推移にある。そして、この欲望の推移に関していえば、子どもたちのとる行動、方法は、極めてアクチュアルなものである。《モグラ原っぱ》の子どもたちは、まず最も信頼できるおとなである洋子先生に相談し、次に市役所にいき、最後に全てがダメだとわかったときに、《モグラ原っぱ》の木の上ですわり込むという実力行使に訴える。《かぎっ子たちの公園》の場合も、まず抗議集会をひらき（残念ながら、雨でサエなかったが……）、次に役所へ行く（残念ながら、エティは区会に手紙をかこうといい、フロギーは大ロンドン市会に行くべきだといい、ゴグルズは国会議事堂へ行くべきだと固執して、おのおの別のところへ行くことになるのだが……）。そして、最後には、どちらも、その主張を支持するおとなを得て、市長や国会議員を動かし、非常にアクチュアルな形で――本当に、肝心の子どもたちがシラケてしまうぐらいにアクチュアルな形で――「解決」するのである。

問題は、方法としてのアクチュアルさ（これは、役所へかけあいにいったり、すわり込んだり、ストライキをうったりという闘いの形であらわされている）と、その力動の契機の非アクチュアルさ（これは〝遊び場がほしい〟とか〝私的な場所としての木がほしい〟とかいう欲望の形であらわされている）とが、おのおのの作家の中で、どのような形で消化されているかということにあると思う。ぼくは、かつて、個人誌『どうわＮｏｔｅ』の中で、『海賊島探検株式会社』にふれて、「古田作品には方法としてのアクチュアルさとその力動の契機としての非アクチュアルさという二重性がある。」「古田作品における子どもの行動は極めて時局的であるが、その行動をおこす契機は、子どもは本来的にエネルギーをもっているという非時局的な発想にある。だから、問題解決のための方法が《状況》に立ち向うものというより、むしろ、問題解決学的な《アイデア》みたいに思えてしまうのだ。」といったことがある。

《モグラ原っぱ》の場合、新しくできた公園をみて、〝これが山か！　これが森か！　市長のウソつき〟と、どなるあきらと、〝ないよりはましよ。わたしたちがああしなかったら、もっと小さい遊び場しかできなかった〟というひろ子を対比し、なおゆきとかずおは、だまって「両方ともほんとうだ。」と思う中で終っている。また、『かぎっ子たちの公園』の最後は次のようになっている。プライベートな自分たちの木を確保するために闘い、それが残ったときには国会議員までしゃしゃり出た公けの木になっている。そのシラケ（？）の中で、フロギーとゴグルズは、また、木に腰をおろす。――「やがて、フロギーは例の〝ビルのこしかけ〟まで登っていった。風がテムズのにおいを運んできていた。ふたりはどちらも口をきかなかった。めいめい、かってなことを考えながら、それぞれの場所にすわっているだけで満足だった。しばらくして、フロギーが口を開いた。『おい、覚えているかい？　ビルとエティがさ……。』彼は、自分の考えたことが我ながらおかしくなって、ふきだした。『うん、覚えてるよ。』ゴグルズがいった。『覚えてるとも……。』」

ともかく、子どもの日常生活を描きながら、その変革の企てを伴なう作品の場合、欲望の呈示からその推移、そして結果に対する欲望の充足と変質の過程を描き切れるかどうかが、最大の課題になっているといえる。

5　関係の第四。パトリシア・ライトソンの《レース場》について。

最後に④の場合、子どもの日常生活の〝不安〟な部分を描くものについて考えてみる。この場合、作家は、日常生活を描くとき、その日常性に満足しているわけではない。したがって、これを変えようという企ても、当然問題になってくるはずである。が、その欲求の質によっては、企てがストレートに社会的に拡がりを得ることができない場合もある。また、意識的にそういった方法をとらずに、日常生活の裏面の〝不安〟なファクターを描こうとする場合もある。だから、この種の作品に登場してくる子どもたちは安閑としてはいられない。ときには命にかかわるほどに必死の努力をしなければならないこともある。しかし、社会的には、作品の初めと終りで何の変化もない、つまりハタ目には日常生活そのものという作品構成になってくる。例えば、『アーノルドのはげしい夏』の場合、主人公のアーノルドは、アーノルドと名のる不敵な闖入者の出現によって、それこそ〝自己の存在証明《アイデンティティ》〟をかけて闘わなければならなかった。作者のタウンゼンドは、「『アーノルドのはげしい夏』は何についての作品というべきなのですか。」という『子どもの館』のインタビューに答えて次のようにいっている。――「最初私は〝自己の存在証明《アイデンティティ》〟の問題について書こうと考えた。青春期の大きな問題は〝自分は《アイデンティティ》どうしたら自分でありうるか〟という問題とどうとりくむかということでしょう。青春期の本当の問題はセックスでも、麻薬でも、現われては消えるはやりの問題でもなく、〝自分は誰なのか〟〝自分は何のためにここにいるか〟〝自分はいったい何になり、何をするのか〟ということです。」

同じインタビューの中で、タウンゼンドが「『アーノルドのはげしい夏』は、何かに対して反対しているわけではないですよ。」といっていることからもわかるように、この種の作品の最大の弱み（？）は、対社会的な意味における方向性をみい出すことがむずかしいところにある。アーノルドの必死の努力にもかかわらず、作品の初めも、終りも、「海、砂、岩、空……。」である。アーノルドの日常生活の風景に変化はない。

しかし、同時に、ここに分類される作品は、作家が自らの個性＝独創に基づいた新しい主題を作品化できるという強みをもっている。というより、新しい主題と、それを作品化し得る素材と方法とが保障されない限り、④の場合、作品は成立し得ないのである。『アーノルドのはげしい夏』における「自己の存在証明」というテーマもそうだが、そのタウンゼンドをして「真に独創的なプロットをもつ」といわしめた、パトリシア・ライトソンの『ぼくはレース場の持主だ！』は「現実とはどれほど現実的でありうるのか？」という問題をテーマに、子どもの日常生活のイメージを大きく飛躍させ、新しい視座を獲得しているといえる。

知恵おくれの少年アンディは、仲良しの四人の友だちがやる遊び——何か持主のはっきりしないもの（おおむね公共物）をみつけて、その持主であることを宣言して、空想上の持主になるという遊び——がよくわからない。しかし、あるとき崖の上からみた《レース場》の光景に魅せられ、屑屋のおじさんの「三ドルでうってやる。」という冗談を真に受け、本当に三ドルわたして《レース場》をかってしまう。アンディにとって、友だちが空想の上でやっていた持主遊びは現実のものとなる。

ぼくは、日常生活の規定の際、極端にいえば日常生活というのは現にこうしてありながら、実際にあるのかどうかすらわからなくなってしまうような代物だ、といったが、全く、空想と現実との区別ができないアンディが「ぼくはレース場の持主だ！」と宣言したその瞬間から、アンディとその四人の友だちにとっての《日常生活》は、まさにこのような姿に変わってしまうのだ。ジョーは「ほんとじゃないもののなかに包みこまれたまま、生きていけるわけはない。」と主張して、アンディに本当の持主でないことを気づかせようとあせる。これに対して、マイクは、世間のおとなたちが本当の持主としてあつかっている限りアンディは本当の持主なんだといって、ジョーと衝突する。――「おまえには脳みそのかけらもないのかよ、ジョー・ムーニィ？　おまえの方はなんでもわかってて、かわいそうなアンディは、ただの気違いだってわけかい？　自分の見方にしがみついてばっかりいないで、ほかの見方もしてみたらどうなんだい？　アンディ・ホデルはビーチャム公園をもってることが、おまえにはわからないのか？」

パトリシア・ライトソンは《アンディがレース場の持主だと思い込む》というユニークな問題を、子どもたちの中に投げ込み、子どもたちの日常を、全く新しい視座から描くことに成功している。猪熊葉子の言葉をかりていえば「普通の光ではみることのできない子どもの新たな姿を照し出してみせた」といえる。

結論的にいうなら、作家が、子どもの日常生活を描く作品の構想をする場合、その《日常生活》の把え方は、④の場合の作品の出現でもって、大きくひろがったといえる。子どもの日常生活は一見何の変哲もなく、そこにありながら、しかし実はそのあることすらわからなくなるぐらい変化に富んでいる。家出しても、そこに必ず保護者的人物があらわれたり、ファンタジー世界の法則がいつのまにか日常生活の法則と区別がつかなくなってしまっている昨今、ぼくらは、もう一度、ぼくらの足もとの《日常生活》をふりかえり、その意外に多様な姿に驚くべきではないだろうか。

ギヨーム・アポリネールは『新精神《エスプリ・ヌーヴォー》と詩人たち』の中で、詩人たちの想像力の奔放さと日刊新聞の多様性とを比較して「インスピレーションの領域における詩人の自由奔放性は、日刊新聞のそれにもひけをとらない。日刊新聞は、一日の紙面で、きわめて多種多様な素材を扱い、きわめて遠隔の国々にまで取材している。それなのになぜ、詩人はすくなくとも同じ程度の自由奔放性を持たないのか」といっている。ぼくは、このアポリネールの言い方をみならって、この拙文の結語にしたい。――子どもの日常生活は、一日二十四時間の中で、きわめて多種多様な素材を、我々に提供している。それなのになぜ、日本の児童文学者たちはすくなくとも同じ程度の自由奔放性を持たないのか、と。

（『日本児童文学』一九七六年一二月号　特集　構想力と作品世界）

ピッピ・ナガクツシタにとって《休暇》とは何か？

1　ピッピの《休暇》に関する意見。あるいは、その「不公平だ」という反語的レトリックからわかること。

ぼくは、これから、リンドグレーンの作品を材料にしながら、《休暇物語》というものについて考えていくつもりである。そして、できたら、《休暇》の発想を媒介項にしながら、リンドグレーンの作品の《おもしろさ》の秘密（というか根っこみたいなもの）をさがし出せたら、と思っている。

まず、最初に、ピッピ・ナガクツシタの《休暇》に関する意見からみていくことにしよう。さて、世界一つよい女の子、ごたごた荘のぬし、もの発見家、ピッピロッタ・タベルシナジナ・カーテンアケタ・ヤマノハッカ・エフライムノムスメ・ナガクツシタ、かつては海の脅威であり、いまは黒人の王なる船長エフライム・ナガクツシタの娘の物語＝『長くつ下のピッピ』という作品は、公平に考えれば、《休暇物語》ではない。なぜなら、ピッピ自身のことばをかりていっても、全く不公平なことに、（ピッピは学校なんてところに行ったことがないものだから）クリスマス休みももらえやしないからだ。実際、ピッピは、この不公平を、断乎として、なげき、ふんがいしている。まずは、ピッピの《休暇》に関する主張に耳を傾けてみよう。

「まったく、不公平だわ！こんなの、がまんできやしない！」

「なにががまんできないの？」と、トミーがききました。

「あと四カ月たつとクリスマスがきて、あんたたちは、クリスマス休みをもらうんだわ。ところが、わたしは、なにがもらえるの？」

ピッピは、ゆううつな声でいいました。

「クリスマス休みは、もらえやしない。ほんのちょっぴりのクリスマス休みだって、もらえないわ。」と、ピッピは、なげきました。「なんとかしなきゃいけないわ。わたし、あしたから、学校にいくわ！」


こうして、ピッピは《休暇》をとるために、わざわざ《学校》に行くことになる。しかし、この《休暇》に関するレトリックは、あからさまに《反語》である。考えようによっては、全く相矛盾するへんてこな論理である。ピッピは、学校を休むために、学校に行こうとしているのだから、全くおかしな話なのである。

ところで、ぼくらは、この一見へんてこで馬鹿げた、ピッピの《休暇》に関する反語的レトリックから、二つの、それこそまじめな事実に気づかされる。（その二つというのは、どちらもあまりにあたりまえの事実なので、ふだん、ぼくらが深く考えようともしないし、わざわざとりあげるのも変なぐらいのものなのだが）ひとつは、そもそも《学校》というものがなかったら、《休暇》なんぞもありはしなかったという事実であり、これは《休暇》の概念が、まずもって近代義務教育制度の確立とともに成立したということを示している。また、もうひとつは、現実の子どもたちは（ピッピ・ナガクツシタとは反対に）みんな毎日あくせくと学校というタテモノにかよって、その空間内に一定時間のあいだ閉じ込められている存在だという形而下的な事実である。

この二つの事実を確認した上で、あらためて、ピッピの「あしたから学校にいくわ！」ということばの真の意味について考えてみると、ピッピにとっての《学校》が、ふつうのあくせくと毎日学校にかよっている子どもたちにとっての《学校》とは全然ちがうものだということがよくわかる。つまり、現実の子どもたちにとっては《桎梏》である学校が、ピッピにとっては《遊び》であり《冒険》なのだ。ピッピにとって、学校に行くということは、サーカスに行くとか、船に乗るとか、南の島へ行くとか、おまわりさんと鬼ごっこするとかいうのと同じたぐいの遊び＝冒険のための素材（道具だて）にすぎないのであって、だらだらした《日常》では断じてないということだ。

実際、ピッピが学校に行ったのは、キメラレタ時刻ではなく、自分のすきなおそい時刻に（つまり、遅刻して）、それも馬なんぞにのっかって、手前勝手に、たった一日だけ行ったにすぎない。しかも、ピッピが学校に行って、やったことといったら、（まるで、サーカスに行って、団長をこまらせたのと同じように）とても親切で気だてのいい女の先生をこまらせたにすぎないのだ。おまけに、帰るときに、次のような《うそ》をいって、わらい声をひびかせながら、すごいいきおいで、馬をはしらせ、校門をぬけていくのである。――「ありがたいことに、わたしは、アルゼンチンの学校をしってるのよ。」ピッピは、えばっていって、子どもたちをみおろしました。「みんな、あそこにいってみるといいんだわ。あそこではね、クリスマス休みがおわって三日すると、復活祭休みがはじまってね、それから、復活祭休みがおわって三日すると、夏休みになるの。夏休みのおわるのは十一月の一日。それからが、もちろん長くてらくじゃないの。なにしろ、十一月十日でないと、クリスマス休みがこないんだもの。でも、このくらいはがまんしなくちゃならないわ。なぜって、とにかく授業はないんだもの。アルゼンチンでは、勉強は、ぜったいに禁止されてるの。」

この《アルゼンチンの学校》は《桎梏》としての学校に閉じ込められている現実の子どもたちにとっては、いわば《ゆめの世界《ファンタジー》》である。そして、ピッピは、まさに、こうした《ゆめ》の体現者なのである。実際、教育が権利としての意味を失い、むしろ義務そのものに変質してしまい、現実の学校がそもそも理想郷などと呼べるものではなく、むしろ牢獄と呼ぶにふさわしい代物であると気づいた瞬間から、子どもたちにとって《ゆめ》および《休暇》の発想が意味をもってくるのだ。ピッピが《ゆめ》の体現者として、〝学校がいつも休みだったらいいなあ。勉強なんかなくなったらいいなあ〟という子どもたちの《ゆめ》を《アルゼンチンの学校》という形で呈示し、高らかと笑いながら去っていく、『長くつ下のピッピ』という作品の、この場面ほどに、児童文学における《休暇》の発想が、実は《ゆめ》の発想と同じ根っこから出てきていることを示しているものはない。この辺のところに、リンドグレーンの作品の《おもしろさ》の根っこもあるように思う。結論的に最初にいったことに戻ると、やっぱり、狭義の意味では、『長くつ下のピッピ』という作品は《休暇物語》ではない。むしろ、ピッピ・ナガクツシタは、その片足を、ファンタジー世界につっこんでいるといった方が正解のようだ。

2　トミーとアンニカの《学校》に関する意見。あるいは、その「たのしい」という反語的レトリックからわかること。

ここで、ぼくらは、《休暇物語》というものの位置（その定義・意味・歴史）を正確に定めるためにも、児童文学における《ゆめ》と《休暇》との類縁関係・成因等について考える必要にせまられたといえる。しかし、大上段からこの問題にぶつかっても、一般論に流れてしまいそうなので、トミーとアンニカという、ごたごた荘のとなりにすんでいる「気だてがよくて、しつけもよく、いうことをよくきく子」の《学校観》を問題にするところからはじめようと思う。

まず、ピッピがどうして学校なんかに行く気になったのだろうか、ということだが、実は、このピッピの学校行きは、トミーとアンニカの《工夫》によっておこされたものなのだ。ふたりは〝ピッピといっしょに学校にいけたら、とてもおもしろい〟と考えて、「工夫をこらして」ピッピに話しかけるのだ。以下、ふたりの「工夫」＝説得のことばをひろいあつめてみよう。――「ほんとに、学校がどんなにたのしいか、あなたにわかったらねえ。」「もし学校にいけなくなったら、わたし、気がへんになっちゃうわ。」「学校にはね、そうむちゃくちゃにながくいなくてもいいんだ。」「二時でおわっちゃうよ。」「そうよ。それに、クリスマス休みも、復活祭休みも、夏休みもあるわ。」

このアンニカとトミーの説得は「あくせくして学校にでかけるとき、いつでも、トミーとアンニカは、あこがれるような目つきで、ごたごた荘をながめました。ふたりは、学校よりも、ピッピのところにいって、いっしょにあそびたくてたまりませんでした。」（傍点は筆者）という作者リンドグレーンの説明をきくまでもなく、あきらかに《反語》である。ピッピにいったことばを裏がえしていえば、トミーとアンニカにとっての《学校》とは、さしずめ、ほんとうにどんなにつまらないかわからないぐらいひどいところで、もし学校にいかなくてもよくなったら、うれしくて気がふれちゃうし、休暇にならない限りは絶対に二時まではいなくてはならない牢屋みたいなところだといえる。

さて、牢屋だというのはいいすぎかもしれないが、ともかく、トミーとアンニカが《学校》をきゅうくつで、たいくつなものだと考えていることだけは、まちがいのない事実である。しかし、今までの児童文学に登場してきた子どもたちが、みんな学校を牢屋みたいに考えてきたかというと、必ずしもそうではない。というより、統計をとったわけではないが、むしろ学校での生活を楽しいとまではいかなくても意義あるものとしてとなえているマジメな作品の方が圧倒的に多いのではないかと思う。例えば、エドアルド・ペティシカの「ビルリバンががっこうへいくよ！」（『日本児童文学』一九六八年一一月号）という作品は、子どもの学校へいきたいという気持ちだけでストーリーが展開している。――ビルリバンはもうすぐ入学する男の子で、九月一日の入学の朝を待ち切れず、ママに「いつ、あしたになるの？」と、しつこくききすぎて、「うるさいわね。そんなにあしたがまちどおしいんなら、ベッドへいっておやすみ！　はやくねれば、それだけはやくあしたになるよ」といわれる。そうして、あかるいけど、することもないので、はやくねる。ところが、目をさましたら、もうあかるくなっていたので、あわてて学校へ行ったら、なぜかまだ八月三十一日だった。実は、ひるねから目がさめて、まだあかるかっただけだったという話だ。

ところで、トミーとアンニカの学校観が牢屋だとすれば、ビルリバンの学校は未知の天国ではなかろうか。大事なことは、牢屋であろうが、天国であろうが、現実に、学校が子どもたちをひとつ屋根の下に、昼のほとんどの時間を拘束しているという事実にある。いみじくも、エドアルド・ペティシカが、作品の最後で、「みなさんも、あした、ねぼうしないように！」と呼びかけたように、学校が拘束している《時間》は、近代以後「児童文学」という名で呼ばれるようになったもの全てにわたって、大きなカゲをおとしているといえる。それは、一見、学校とは無縁なようにみえる《ファンタジー世界》についてもいえるのだ。小沢正は「ファンタジーの死滅」（『日本児童文学』一九六六年五月号）の中で次のようにいっている。――「子どもが悪漢を追いかける必要に迫られたとしても、学校の授業が終るまで待たなければならないし、あえて追いかけようとすれば、勿論、授業をサボらなければならない。そして、授業をサボらずに悪漢を追いかけたければ、彼はその追跡を、学校を休んでも罪にならない、またはそもそも学校などの存在しない《ファンタジー世界》の中で行なわなければならないだろう。」

結論として、小沢正は、「現実には悪漢を追い得ない子どもの状況が、それらのファンタジーを生み出す。（中略）そして、おとなたちはそれらのファンタジーによって、悪漢を追い得ない現実的な状況から、子どもたちの目を閉ざしている。」とまで言い切っている。ぼく自身はといえば、ファンタジーには、子どもの想像力を拡大するという積極的機能と、やはり小沢正のいうように、現況認識をスポイルさせるという消極的機能と、二つながらもちあわせている、と考えている。また、これにつけ加えて、《休暇》という時期も、小沢正のいう「学校を休んでも罪にならない、またはそもそも学校などの存在しない」状態にはいる、と、ぼくは考えている。だから、ファンタジーにおける二つの機能と同じように、《休暇の発想》にも、正負二つの機能と性格があると思う。それは、消極的には、やはり、「そもそも冒険なんか不可能だ」という現状ぬきにストーリーをすすめることができるために、現状とのぬきさしならない葛藤をスポイルしてしまいかねない点であり、積極的には、スケジュール的なしくまれた日常からはずされた場で、子どもが新しい体験と発見をすることが可能になるという点である。

成長の《節》を描くところに、児童文学のひとつの大きな価値があるとするなら、休暇は、そのような《節》をもたらす好機であり、《休暇物語》は、登場人物の、そのような成長（あるいは非成長？）の《節》を描き切ることによって、はじめてその有効性を獲得することができるといえる。そして、もう少し厳しく限定していえば、（物理的な時間の意味において）作中人物の行動の背景が休暇中であり、休暇中だから初めておこり得るようなできごとによって、ストーリーが展開し、また、そのことによって、作中人物が自らの人生の中にその時期を何らかの形で《節》として残すような作品を、ぼくは《休暇物語》と呼びたい。

こう考えてくると、ぼくが今までみてきた『長くつ下のピッピ』にでてくるピッピロッタ・ナガクッシタという人物は、あまりにもトロル的であり、成長の《節》もなにもあったものではない。確かに、年がら年じゅう休暇中だが、そのからだの半分は、《ファンタジー世界》の方に埋っているといってよい。だから、ぼくは、リンドグレーンの《休暇物語》について考えるといったとき、ほんとうは『やかまし村の子どもたち』と『わたしたちの島で』について考えるべきだったかもしれない。実際、「やかまし村」で描かれている子どもたちの生活場面は、ほとんど《休暇中》だし、『わたしたちの島で』の構造は、休暇がひとつの最も充実した生活であるような人生の描き方をしている点で、真正な意味で《休暇物語》だと言い切ることができる。しかし、ぼくは、この稿では、意識的に『長くつ下のピッピ』のみをとりあげ、《ファンタジー》と《休暇物語》との競合部分にスポットをあててみた。その方が、かえって、《休暇物語》の位置を正確に把むことができるし、リンドグレーンの作品の（正負ないまぜにした意味での）おもしろさの根っこを見つけることができると考えたからである。

しかし、リンドグレーンの作品評価についていえば、具体的には何もできず、目的はほとんど果せなかった。月並な言い方だが、リンドグレーンの《休暇物語》についての考察は、今、ここから、改めてやり始めなければならないと言い残して、筆を擱く。

（『日本児童文学』一九七七年六月号　特集　休暇物語の発想）

食物のある風景

——アリス・トム＝ソーヤー・ハイジ・宝島——

たべもの1・カキとキノコとマーマレード

カキが私にとって文学的なのは、ルイス・キャロルの『カガミの国』のカキの子供たちが、大工と海象にだまされて連れだされ、靴や舟や封蠟や、キャベツや王様の話をきかされたのち、両者にたべられてしまう奇妙な詩を思いだすからである。

（春山行夫『食卓のフォークロア』）

「パンをひとかたまり」と、セイウチはいう。それから、「そのほかに酢と胡椒がいる。どうでもそれはほしいんじゃ——。」といって、大工といっしょにカキをみんな食ってしまう。海からあがってきたばかりの新鮮な生ガキだったから、さぞおいしかったにちがいない。しかし、アリスは、おいしいかまずいか、全く問題にしない。この詩をきいたあとで、アリスがやったことといったら、ティードルダムとティードルディという、いつもあべこべをいい合う、ふたごの兄弟とのなぞなぞ話だけである。いわく――セイウチが一番好きか、大工が一番好きか、それとも「いいわ！　ふたりはどっちも、とてもとてもいやな人たちなんだわ――」と。

　この、アリスのカキに対する処置は、春山行夫がいみじくもいったように《食物》というよりは、むしろ「文学的」と呼ぶにふさわしい。そして、この場合「文学的」というのは、食物という素材がもとの《食べるもの》という意味を失って、完全にキャロルのレトリックの《小道具》になりきっているということの意味に他ならない。そう考えると、アリスがイモムシと出会ったときに、飲み食いする度に大きくなったり小さくなったりする気苦労から解放されて、「片っかわは大きくなる、もう片っかわは小さくなる」というキノコを発見できたことは、けだし恭悦至極というべきだろう。このキノコは、食べるという属性を完全に失って、大きくなったり小さくなったりの《小道具》になり切っている。

　キャロルは、食物から《食べるもの》という本来の属性を喪失させ、完全に作中のレトリックの《小道具》にまで貶《おと》しめた。そして、こういった《小道具》のもつ奇妙な実在感（とそれをひっくりかえすようなイメージの飛躍）が『アリス』という作品の魅力のかなりの部分を占めていると思う。例えば、アリスがうさぎ穴から落下するシーンの描写をみるといい。アリスは棚からオレンジ・マーマレードのつぼをとって、それがからだとがっかりして、また棚にもどす。もちろん、おっこちながら、もっと下の棚へ。このつぼを得た落下の描写が、『アリス』をして、ファンタジーの元祖たらしめているのだと、ぼくは考えている。

たべもの２・ジャムと塩づけ肉と川魚

「そうら！　その戸棚が怪しいと思ったんだよ。そこで何をしていたの？」
「何も。」
「なんにもだって！　お前の手を御覧。口を御覧。それは何です？」
「僕あ知りませんよ、伯母さん。」
「よろしい、あたしには分っているよ。ジャムですとも。」

（トウェーン『トム・ソーヤーの冒険』）

トウェーンは、トムの手や口をつまみ食いのジャムだらけにすることによって、その悪たれぶりを印象づけた。しかし、この場合、ジャムは食物というよりは、むしろ悪たれトムのイメージを強烈につくるための《化粧品》だったといった方が正解だろう。（ぼくらは別にジャムそのものをイメージするわけではない。ジャムを媒介にしてトムをイメージするのである。ジャムだらけの化粧をしたトムの顔を頭に浮べるのである。）

『トム・ソーヤー』という作品のねうちは、一言でいえば、《悪たれ》と《ガラクタ》のねうちである。トウェーンは、ジャムだらけのトムというひとりの悪たれを創造することによって、その視座から、良識的な大人たちにとってはとるに足らないガラクタ（例えば、弾き玉、青いガラスびんのかけら、しんちゅうの扉のとって、みかんの皮四片等々）に新しい価値を付与した。

ところで、これら《ガラクタ》のねうちと比べると、『トム・ソーヤー』にでてくる食物は（ジャムがすでに食物というよりは化粧品であったように）正直にいうとカゲがうすい。『宝島』のラム酒とか『ハイジ』のミルクやチーズに匹敵するほどの食物はあらわれていない。そんな『トム・ソーヤー』の中で、食物が重要な意味をもってくる状況がひとつだけつくられている。それは、トムとジョーとハックの家出である。

家出するにあたって、トムたちはそれぞれ食糧をもってくると約束するが、ここでも、トウェーンは「できるだけ秘密な神秘的な方法——盗賊にふさわしいような——で盗んでくること」という条件をつけさせ、食物自体のイメージに、彼の新しい価値観を付与することを忘れてはいない。こうして、トムは塩づけ肉を盗ってくるわけだが、肉自体のイメージよりも、《スペイン・アメリカ切っての拗ね者》が神秘的に盗ること、また肉といっしょに崖をころがって引掻き傷をつくることの方に重きがあるのはいうまでもない。

結語的にいうと、トウェーンは食物を描きながら、実は別のものを描いた。家出先のジャクソン島で、朝食にベーコンと釣ったばかりの川魚を食べる場面の描写をみると、そのことがよくわかる。

——「彼らは魚をベーコンと一緒に揚げて見て驚いた。というのは、これまでにこんなにおいしい魚はなかったように思われたからである。川魚が火にかけられるのは、獲られたあと早ければ早いほどおいしいということを彼らは知らなかったのだ。それに彼らは戸外の睡眠、戸外の運動、水浴、とそれに餓えという重大な要素がどんなにおいしいソースの役目をするかということも、ほとんど考えてみなかったのだ。」

トウェーンが描いたものは、ガラクタ同然のものに新しいねうちを発見しては、一喜一憂していく子どもたちの新鮮な心の世界である。その意味からすると、現在では、トムという人間像は《悪たれ》というよりは、すでに典型的な——古典的な——《子どもの価値》そのものになっている……。

たべもの3・ミルクとチーズと白パン

「どうだい、おまえはわしといっしょにミルクが飲んでいられるかい?」　（スピリ『ハイジ』）

ハイジが、フランクフルトからアルプスにかえってきたときに、アルムおやじが言った言葉は印象的である。おじいさんは、ハイジがあこがれ夢遊病にまでなったアルプスでの生活の全てを《ミルク》というただのひとことでもって言い切っている。このミルクの味と比べると、ロッテンマイアーが「おさらからとりわけるのには、こういうふうにやるのよ。」「食卓ではセバスチァンに話しかけてはいけません。」という、フランクフルトでの食事などは本当に無味乾燥でつまらないものになってしまう。クララが食欲をなくし、病弱になるのも無理はない。

安藤美紀夫は『世界児童文学ノート』の中で、クララを「悪しき文明の犠牲者」、ロッテンマイアーを「悪しき文明を代表する者」、ペーターを「〈自然〉を代表する者」と位置づけているが、スピリは、これら登場人物たちの立場や性格づけを、食物を通して、描き語っているといってもいいすぎではない。そのくらいに『ハイジ』という作品は食物に満ちみちている。

例えば、アルムおやじとハイジとの最初の心のつながりも食事を通して描かれている。ハイジは戸だなとテーブルとの間をいったりきたりして、パンやさらやナイフをそろえる。おじいさんは、それをみながら「けっこう、けっこう。だが、まだなにかたりないぞ。」という。ぼくらは、このやりとりから、くるくるとよく動きまわる女の子と、一見気むずかしそうだが、けっこうやさしいおじいさんの像をイメージすることができる。

また、ハイジとペーターとの立場や性格のちがいも、ハイジのお弁当のパンとチーズの大きさに目をまるくする山羊飼いのペーターと、牧場で花や鳥や空気によろこんで飛んだり跳ねたりしているハイジとの対比として描かれている。ペーターはお弁当の袋を風にとばされないようにくぼみにおき、そのときハイジは隣に花をいっぱいつんだエプロンをおくといったぐあいだ。そして、ハイジがパンをちぎって、その半分に大きなチーズをのせて、「これ食べてよ。あたしもうたくさん。」と、さし出したときの、ペーターの驚きぶりは全くたいしたものだ。――ペーターはびっくりして、ハイジの顔をみつめ、自分は一度だって人に物をやったことがないから、本気とは思えず、ハイジがペーターのひざの上にパンをおいて、やっと本気だとわかって、ほんとうにありがとうとうなずいて、食べる。しかし、そのときハイジの興味は完全に山羊たちの方にある。

こうして、スピリは、食物を媒介にしながら、登場人物の個性と立場をうかびあがらせていっているのである。特に、子猫をつれてきたために、ロッテンマイアーから、地下室へとじこめるといわれたときのハイジの《地下室のイメージ》は、ミルクとチーズという食物がハイジの精神そのものの象徴であることを鮮やかに語ってくれている。――「ハイジはじっと聞いていました。そしてへんな罰だと思いました。こわい地下室なんて知りませんでした。アルムの小屋のとなりのへやをおじいさんは地下室と呼んでいました。そこにはいつもできたてのチーズや、新しいミルクがおいてあって、気持ちのいい、たのしい場所でした。ねずみも、いやな虫もいませんでした。」

たべもの4・ラム、ラム、そしてラム!

「死びとの箱にゃあ、十五人――
　ヨイコラサア、それから、ラムが一びんだ!」
（スティーヴンスン『宝島』）

ラムに象徴される海賊のイメージときたら、たいしたものだ。スティーヴンスンは、全くラムだけでもって、海賊の描写をすましてしまっている。どこまでいっても、ラム、ラム、ラム! そして、これは見事に図に当っている。ラム酒を飲むとよく発作をおこしていばりちらす《船長》ときくと、ぼくらは、別にコマゴマとした心理描写などなくても、ただラムと発作ときいただけで、なんとなく海賊ビリーの前歴から現在の孤独にいたるまでの（なんというか海賊のスゴさとモロさというような）過程をわかったような気分になってしまうのである。そして、ビリー・ボーンズの名言――「おれはラムで命をつないできたんだぜ。おれにとっちゃ、ラムは何よりの好物だ。だいじな女房だ。」

スティーヴンスンは、海賊とラムのイメージをはっきりと印象づけるために、海賊でない登場人物には一切ラムを飲ませていない。例えば、地主さんとリヴジー先生が出航前にお祝いで飲むのは「一本のビール」だし、シルヴァの正体がわかったとき、その対策のために船室で飲むのは「ぶどう酒」だ。（話は変わるが、ジム・ホーキンズが「りんご樽」の中できいたシルヴァの話も、樽の中は空っぽでりんごはひとつも食べられなかったけれど、やっぱり「児童文学と食物」の考察対象にはいるだろう。シルヴァが「おめえ、いい子だから、ちょっととびあがって、おれにりんごを一つ、取ってくれ。のどをしめすんだ。」といったときの緊張感は、やっぱりのどがかわく。食物がからんでいるからだろうか。食物のうらみはおそろしい。——閑話。）

さて、多少の例外はあるが、《敵》はラムを飲み、《味方》はビールかぶどう酒かコニャックを飲んでいるわけである。ところが、おもしろいことに、海賊イズレール・ハンズが自ら（ラムではなく！）ぶどう酒を要求する場面がある。同志うちでケガをしている間に、ジム・ホーキンズに船をとられてしまったハンズは、（このときはブランデーを飲んでいたのだが）「おめえ、ぶどう酒を一本持ってきてくんねえか。」といって、ジムを船室にやって、そのスキに短剣をかくし持つ。ところが、ジムの方も、この要求の不自然さに、ぬすみ見して、それを知ってしまう。それから、船の上で、ジムとハンズの追いつ追われつの死闘が始まり、ついにはジムがマストの上から二丁のピストルでハンズを撃ち殺してしまうわけだが、ハンズの敗因も、つまるところ、ラムではなくぶどう酒を要求した不自然さにあるのではあるまいか。と、これは冗談だが、それくらいに、（個性豊かな、ジキルとハイドみたいなシルヴァを唯一の例外として）海賊たちはみな、ラムにひたりきっていて、それこそ十把一絡で、内面描写も何もあったものではない。しかし、それでいながら、ぼくらは『宝島』という作品の海賊たちとラムの強烈な印象だけは、それこそ死んでも忘れないだろう。

「七十五人で船出をしたが、
生き残ったはただひとり。
残りのやつらは酒と悪魔がやっつけた。」

キャロルは、食物を自分のレトリックの小道具にし、トウェーンは食物を子どもの価値観とでも呼ぶべきイメージでもって語った。また、スピリは日常の食事の場面をふんだんに描きながら、登場人物たちの立場と性格づけを行なった。その点、スティーヴンスンの海賊たちは完全にラムにのまれてしまっていて、個性もあやういくらいだ。しかし、この徹底した外面描写が逆に海賊とラムのイメージを読み手の頭の中にたたきこんだといってよい。

こう考えてくると、それぞれの作家が描いてきたものが食物でなく、実はその人物たちであったことがよくわかる。それぞれの食物は、それぞれの方法にしたがって、リアルで個性的な人物を創造するための、それこそ糧だったのである。だから、これは単に食物のある風景にすぎず、ここから児童文学の近代は始まったのである。

（『日本児童文学』一九七八年一〇月号　特集　ジンクスは生きているか――たべものの場合）

トラゴロウの《不安》
児童文学の中の子どもと現実の子ども

〈児童文学の中の子どもと現実の子ども〉という問題のたて方のカゲには、どうも〈作品の中の子どもがどこまで現実の子どもにせまっているか〉という見方があるような気がしてならない。つまり、作品に描かれている内容を現実との距離で評価する方法だ。いわく、この作品の子どもたちは、より現実的であるとか、この子どもの描き方は現実から遊離しているとか。そして、この場合、《現実》の中身は、それぞれの評者によって、好きなようにおきかえることもできる。例えば、ひとりの読者、あるいはアンケート上の数字に換算された読者も、容易に《現実》になり得るし、ひとりの子どもの生活、あるいは日記・感想文・ルポルタージュ・事件、場合によっては一般的な政治状況も《現実》にちがいない。しかも、そのような《現実》にスポットをあてるとき、評者の眼は、必ず、現在の児童文学がそのような《現実》とどのように対峙しているかという点におかれざるを得ない。

しかし、児童文学に限らず、文学などというものは、もともとひとりの（あるいはときたま複数の）作者が頭の中でつくり出した虚構にすぎない。だから、これを、第一義的に《現実》との距離ではかる評価基準がたてられたとしたら、それは、やはりおかしいものだ。同様に、現実の子どもたちの状況を、個別に実感的に（あるいは一般的に）あげつらねたところで、これは、どんなにやっても作品の中の子どもたちと切りむすぶことにはならないと思う。要は、《現実》のとらえ方とそのあらわし方の問題であり、具体的な作品にあらわれた《現実》の諸相をみていくしかないのだが、ぼくは、自分自身の現在の実感めいたものからのがれるためにも、まず《ファンタジー》から考えてみようと思う。

＊

児童文学の中の《現実》を考えるにあたって、まるでそれとは正反対のような《ファンタジー》について考えるというのは、どういうことか。これは、ファンタジーという現実が、いつ、どのように発生し、子どもたちにとって支配的なものになったのか、と言いかえれば、別に何の変哲もない、あたりまえの問題設定になる。そして、この問いに対する実に明快な答えを出したのが『子どもと文学』である。いわく、――「ファンタジーを生むためには、子どもは、小型のおとなではないという発見が必要でした。」「それは、近代児童文学にとっては、大いに慶賀すべき瞬間でした。近代でなければ成就されなかった一つの文学の分野、意識的につくりあげる架空な世界、ファンタジーが、ここに確立したからです。」と。

ここには、《近代＝子どもの発見＝ファンタジーの確立》という図式であらわすことのできる、ひとつのファンタジー的現実がある。これは、肯定的にいえば《子ども》に象徴される新しい価値観の発見であり、人間の想像力を拡大するものであったといえる。しかし、否定的にいえば、子どもたちは、発見された《子ども》の中に閉じ込められてしまったともいうことができる。そして、小沢正が『目をさませトラゴロウ』の中で打ち破ろうとしたのも、この否定的《現実》だったにちがいない。小沢正は、

「ファンタジーの死滅」(『日本児童文学』一九六六年五月号)の中で、次のようにいっている。――「今やぼくたちにとって、子どもたちの目を、悪漢を追い得ないこの現実的な状況に向って開かせるべきときが来ているように思われる。そのためには、この世に〈空とぶジュウタン〉などがないことを、トラがバターに変ることなどはあり得ないことを証明しなければならない」と。

小沢正は、現にこれらのファンタジーが子どもをとりまき、子どもも実際にそれらのファンタジーをみている以上、ファンタジー自体に自らのファンタジー性を告白させなければいけないという。こうして、「一つが二つ」にふえる機械が発明されることになる。きつねはひげをぴこぴこ動かしながら、じまんそうに言う。――「これは、一つのものを二つにふやす機械だよ。ぼくがながいあいだけんきゅうして、やっとはつめいしたんだ。」と。

この、大きなハンドルと小さなベルと、めもりがたくさんついた「たる」は、作中の動物たちにとっては、確かに目の前の《現実》にちがいない。現に、さるはりんごを二つにしてもらうし、うさぎもにんじんを二つにしてもらう。しかし、トラゴロウは何ももっていなかったから、自分を二つにするといい、結局、機械はこわれてしまう。小沢正は、これを、機械自らによるファンタジー性の告白といっている。――「だが、〈一つのものを二つにする機械〉はリンゴやニンジンを着実にふやし続けている限り、自らのファンタジー性を告白することはなかったのではないだろうか。それは、ふやすべき肉マンジュウを持っていないトラに対して、そしてまた、そのようなトラを存在せしめている世界に対して、初めて、ファンタジーとしての自らの姿を証かしたのだ。」と。

この「トラゴロウ」に関する作者自身の深読みは見事という他はない。そこには、児童文学者たちの多くが、この作品を肯定的に評価するのに、二の足を踏んだ《不安》がある。(例えば、この作品を評して、久保喬は「破壊したものの代わりになる建設的なモラルが十分に示されていない」といい、西本鶏介は「子どもとの教育ではない同化までも拒否する独断」といっている。（共に『日本児童文学』一九六六年四月号から引用）。

＊

ところで、おもしろいことに、このトラゴロウというキャラクターについては、『アッちゃん』の作者、岡部冬彦が正反対の評価をしている。岡部冬彦によれば、トラゴロウは「よく子供向けのものに登場して来る、おなじみの型の主人公」であり、『目をさませトラゴロウ』も「なにも新しい人間像みたいなものを創作しないで、類型的な主人公を登場させた」作品ということになる。（『現代日本児童文学作品論』、『日本児童文学』臨時増刊号　一九七三年八月号）

トラゴロウは《異端》と《類型》という二つの評価のあいだをさまよっている。これは、言いかえれば、児童文学の分野においては、革命的といってもよい位置を占めた異端児＝トラゴロウも、より大きな世の中に、ひとつの商品として流れ出ていった瞬間に、それはもう容易に《類型》にまで貶《おとし》められてしまうものだといえるのかもしれない。

しかし、トラゴロウのおはなしは《類型》だけでは終わらない。岡部冬彦が見落とし、児童文学者たちが首をかしげた《何か》が、そこにはある。トラゴロウは自分が何も持っていないという事実に気づいたとき、自らを二つに分けてしまう。ぼくは、これを《不安》と呼ぶ。そして、トラゴロウの《不安》は、読者である子どもたちの《不安》でもあるのだ。子どもたちは、一つのものを二つにする機械をほしいという。しかし、自分自身を二つにすることに関しては、とたんに臆病になるのだ。小学一年生の子どもの作文を少しみてみよう。

ひとつのものがふたつにふえるきかいがほしいとおもいます。そうすれば、じぶんのすきなものをふたつにふやすことができるからです。でも、そのきかいは、おはなしの中にでてくるきかいだから、ほしくてもありません。じぶんをふたりにしたりしたら、どんなことがおこるかわかりません。だから、じぶんをふたりにふやしたいなんておもいません。ほかのひとたちは、じぶんをふたりにしたいとおもっているひともいるかもしれません。トラゴロウはじぶんを2ひきにしてしまいました。トラゴロウが2ひきになってしまったから、じぶんとじぶんがけんかをしてしまいました。ひとつのものをふたつにするきかいは、きつねがはつめいしたのでした。きつねはいそいで2つのものを1つにするきかいをつくって、トラゴロウをそのきかいの中へいれました。それで、トラゴロウがいっぴきになりました。（傍点は細谷）

わたしはひとつのものをふたつにするきかいがほしいとおもいました。わたしをひとつからふたつにしたら、いっしょにあそべるからいいです。わたしがふたりになったら、みんながおどろくし、びっくりするし、どっちがほんものかわからなくてびっくりするから、おもしろいとおもいます。でも、みんなを《ママ》びっくりするとかわいそうだから、こんどは、ふたつのものをひとつにするきかいがほしいとおもいます。みんながびっくりしないからです。

トラゴロウはじぶんをふたりにしてけんかをするから、もっといいことをかんがえればよかったのに。なにかをもっていたらよかったのに。それをふたつにすればよかったのに。じぶんをふたつにして、けんかをずっとしていなきゃならなかったのです。でも、きつねがふたつのものをひとつにするきかいをつくってくれたから、もとにもどれたのです。（傍点は細谷）

＊

こうみてくると、岡部冬彦と児童文学者たちとの間で、捉え方が分裂していたトラゴロウ像のイメージも、だんだんとはっきりしてくる。ここに描かれているトラの子は、やはり岡部冬彦のいうように、どこにでもころがっているただのトラの子にすぎないのだ。他の登場人物たちも、みなそれらしい類型的な動物たちにすぎないのだ。いうなれば、そういった類型的魅力でもって、読者をとりこにしているところに、この作品のひとつのワナがあるといってよい。そして、一見何の変哲もないトラの子の〝発想〟と〝行動〟とが、読み手である子どもたちの価値観と微妙にズレてきていることも確かだ。これらは、例えば、自分自身をいとも簡単に二つに分けてしまう発想や、キバがそろったとたんにブタもニワトリも何もかも食べてしまうという行動に対して、多くの読み手が違和感を示していることからもうかがえる。そして、これは、最も意識的にいえば、小沢正が読み手たちに課したふたつ目のワナでもあるのだ。

　ともかく、トラゴロウの魅力を表面的な部分だけでとらえて《類型的》と言い切ってしまったり、破壊的行動のみで創造的な部分がないと断じたりするのが早計であることだけは確かだ。こうした表面的な想像力を排して、もっと奥にひそんでいる人間の内部の想像力を、ぼくらは発掘していかなければいけないし、トラゴロウの存在意義も、実際そこにある。ぼくはやっぱりトラゴロウの不安なファンにちがいない……。

（『日本児童文学』一九七九年九月号　特集　生き悩む子どもたち――国際児童年によせて――）

ワルのぽけっとは夕焼けの匂いがする

――灰谷健次郎にとって「非行」とは何か――

1　ぽけっとのイメージ

ぽけっとは獲物でいっぱいだった。

直径五センチもあるラムネの玉、ゴム製のヘビ、三色ボールペン、板チョコ、香水入りのケシゴム、銀紙でつつんだキャンデー、木ゴマ、ＡＢＣのゴム印……。

灰谷健次郎の『ワルのぽけっと』（理論社　一九七九年一一月）は、こうはじまっている。〈ぽんぽんにふくらんでいる〈ぽけっと〉の中身は全て万引きによる〈獲物〉である。万引きは『広辞苑』（第二版）によれば〈買物をするふりをして、店頭の商品をかすめとること〉とある。私所有制を旨とする今の世の中で、これは典型的な「非行」である。六年主任のゲジゲジこと横田先生の言葉をかりていえば〈小学生とは思えん悪いことをする。万引きだなんて、じつに不名誉な……。〉ということになる。確かに、万引きの獲物でぽんぽんにふくらんだ〈ぽけっと〉では、お世辞にもいいといえるものではなかろう。万引きしての帰り道、〈歌、うとうて帰ろか〉というセイゾウに、〈あほ〉といって反対するトメコの気もちもよくわかる。トメコはいう。――〈なんぼアカンタレがつかまらなかったからいうて、歌、うとて帰るほど、うちらええこととしてえへんねんで〉と。

ところで、ぽんぽんにふくらんだ〈ぽけっと〉という場面で、ぼくは不覚にも、これと全く関係のない二つの作品のことを頭に浮べてしまった。ひとつは、マーク・トウェーンの『トム・ソーヤーの冒険』(一八七六年)で、もうひとつは、小川未明の「ナンデモ　ハイリマス」(『コドモノクニ』東京社　一九三二年一月)だ。最初から話が横道にそれてしまいそうだが、まずそのことから考えてみる。

『トム・ソーヤーの冒険』で、ぼくの頭に浮んだのは、トムの塀ぬりの場面だ。トムは本当はいやでいやで仕方がない塀ぬりの仕事をさも楽しそうにやって、友達に塀ぬりという「遊び」をやらせてしまう。友達はトムに塀ぬりをやらせてくれとたのみ、トムはその代価として、いろいろな〈獲物〉を手に入れる。りんご、紙鳶、鼠の死骸、その他――〈十二個の弾き玉、口琴の一部分、透して見るための青い硝子壜の破片、糸巻の大砲、どんな物も開けることの出来ない鍵、白墨の一片、水壜の硝子の口栓……〉(石田英二訳、岩波文庫　一九四六年五月)

マーク・トウェーンの列挙はまだまだつづくが、これらの〈獲物〉でいっぱいになったトムの〈ぽけっと〉はきっとぽんぽんにふくらんでいたにちがいない。そして、同じ〈ぽんぽん〉でも、トムの〈獲物〉とセイゾウの〈獲物〉とでは、明らかに異質なものだ。トムの獲物は、大人にとってのガラクタで子どもにとっての価値そのものとして提出されている。これに対して、セイゾウたちのぽけっとのふくらみは明らかに「犯罪」によるものだ。トムが手に入れたものは社会的に無価値である。例えば〈どんな物も開けることの出来ない鍵〉なんて、何の役にもたたない。役にたたないからこそ、子ども特有の価値として際立ってくるのだ。トムの〈獲物〉について、鳥越信は「幼児の心、幼児のことば」（『言語生活』一九六二年五月、『資料・戦後児童文学論集』第二巻、偕成社　一九八〇年五月所収）の中で、こういう。――〈ここでも、これを単なるガラクタと考えるか、貴重な財産と考えるかで、子どもとおとなの分かれ道のあることが示されている〉と。

これに対して、セイゾウたちが手に入れた〈獲物〉はガラクタではない。はっきりとお金によっておきかえられる「商品」そのものである。だからこそ、セイゾウは〈お金を持って買いにいくのをまってたら、わいら、ほかのやつに、チョコレートやボールペンをとられてしまうやないか。〉といい、ゲジゲジも〈悪いこと〉と強調するのだ。

マーク・トウェーンの描く〈ぼけっと〉の中身が「子どもの価値観」であふれていたとするなら、灰谷健次郎の描くワルの〈ぼけっと〉は子どもの「不幸」の象徴である。灰谷は「教育の中の絶望と希望」（『世界』一九八一年三月、『島へゆく』理論社　一九八一年六月所収）の中で〈自立的に生きるという意味において、こんにちほど子どもたちが不幸な状況に置かれている時代もめずらしい〉といっている。『ワルのぼけっと』の子どもたちも例外ではない。

アカンタレは六年生だが、体の成長も知恵の発達も少しおくれている。ソーメンの父親は公害病患者だったが、その認定を受ける前に死んだ。何の補償も受けられない。ツーツーレロレロとあーしんどは、自分たちの父親が競馬や競輪のかけごとにこっていて、いつになっても〈バーンと楽になんかならないものだということ〉を知っている。灰谷はつづけていう。――〈セイゾウの家もオタやんの家もダボの家もにたようなものだった〉と。灰谷の描く子どものイメージは〈きく耳を持たぬというおとなたちに囲まれて暮している子どもたちの絶望〉（灰谷、前掲）にちがいない。

小川未明の「ナンデモ　ハイリマス」は〈正チャンハ、カアイラシイ子供デス〉とはじまる。だから、着物もかわいいし、そのポケットもかわいらしい。――〈コノポケットニハ、ナンデモ　ハイリマス。ミルクキャラメルモ、ビスケットモ、アル時ハ、キレイナ石ンコロモ、木ノ下デ拾ッタ、マッカナ葉モ、ドングリノ実モ……〉

同じ〈ぽけっと〉のふくらみなのに、未明はここに子どもの「かわいらしさ」を、灰谷は「不幸」を象徴した。いぬいとみこは、未明のこの作品を〈子どもはじぶんたちを「かわいらしい」と思っているでしょうか。〉〈子どものお話を書くとしたら、主人公の子どもが、ポケットにはなんでもはいります、という「発見」をしたところから、何か事件がはじまるべきなのです。〉（『子どもと文学』中央公論社一九六〇年四月）と批判し、『ながいながいペンギンの話』（宝文館　一九五七年三月）をかいた。いぬいとみこのペンギンの子らは氷山にのって流されてしまう。しかし、これは「非行」ではなく「冒険」であった。いぬいのペンギンにも、子どもの「不幸」はない。灰谷は、今日の子どもの「不幸」と「非行」について次のようにいう。

救いがないという言葉は、こんにちの子どもたちのために用意されたような言葉である。自らの尊厳がおかされるとき、人間は抵抗する権利を有する。子どもとて例外ではない。もともと保障されなくてはならないはずの抵抗精神が、ひとたび非行というレッテルをはられると、反社会的行為として糾弾され、生きようとする意志を、再起不能にいたるまで痛めつけるという、むごい仕打ちにあわなくてはならないのがこんにちの子どもだ。（前掲書）

万引きの〈獲物〉でぽんぽんにふくらんだセイゾウたち八人の〈ワルのぽけっと〉は、糾弾されても、なお生きようとする意志のあらわれであろうか。ワルのイメージを追おうと思う。

2　ワルのイメージ

セイゾウは、〈獲物〉の中から〈直径五センチもあるラムネの玉〉を透かしてみる。くんくんとにおいをかぐ。〈夕焼けの匂いや〉と、セイゾウはいう。


ラムネの玉の中には赤いガラスが少し流しこまれてあった。

「ほんまや。夕焼けみたいや」

ダボはびっくりしていった。

「みてみィ。うそやないやろ」

ダボはラムネの玉を鼻先に持っていった。

「へえー。これが夕焼けの匂いか」

「そや。ええ匂いやろ」

セイゾウもダボも満足した。


灰谷健次郎が描くところの〈ワル〉が本当に〈ワル〉であったことは、ただの一度だってない。影丸譲也（原作・真樹日佐夫）描くところの『ワル』（『週刊少年マガジン』講談社　一九七〇年一月〜一九七三年一月連載）が、これでもかこれでもかといわんばかりに残忍にふるまい、人間のやさしさを裏切りつづけることによって、その〈ワル〉のイメージを際立たせていたのに対して、灰谷の〈ワル〉は、いつだってかたくななまでに他を排斥し、とじこもり、自己のうちなる「やさしさ」を純粋化するのだ。「万引き」という非行行為の中にストレートに〈夕焼けの匂い〉をさしはさむ灰谷は、そうすることによって逆にゲジゲジをはじめとする教師たち＝大人たちを糾弾するのだ。非行は〈抵抗精神〉によって裏うちされる。

例えば——一年生が大切に育てている草花の鉢を足げにした行為は〈アカンタレが、あやまって鉢につまづいたんや。アカンタレひとり叱られるのはかわいそうやから、ついでにわいらも鉢、こわしてやっただけや〉ということになる。小づかいをまきあげた行為も〈あのガキは家から金を持ち出して、ひとにおごってやっては友だちを自分のけらいのようにしとるけったくその悪いやつやさかいに、わいらが天罰をくわえてやったんや〉ということになる。

灰谷の〈ワル〉のイメージは、だれも知らないが、やさしい心に満ちている。それを理解できるのは、ただ〈夕焼けの匂い〉をかぐことのできる人たちだけだ。そして、そのことがわかったときに初めて、アカンタレの〈あああ〉というおしゃべりも〈美しい音楽〉のようにきこえるにちがいない。

＊

灰谷健次郎の『ワルのぽけっと』は〈夕焼けの匂い〉がする。灰谷は、子どもの「非行」＝万引きの中に〈夕焼けの匂い〉をさしはさむ。そうすることによって、逆に子どもたちを抑圧する大人たち（と、大人たちがつくったこの社会）を告発する。これは、非行少年＝ワルという制度化された子ども像の中では、確かに新しい（そして画期的な）発見だったにちがいない。

セイゾウたちがうえき鉢をこわしたり、金をまきあげたりする「非行」も実は「やさしさ」ゆえのものであることがわかり、その「やさしさ」がわかれば、わかるほど、教師たちのなじり声が不毛にきこえてくる。セイゾウたち〈ワル〉のことをわかるのは、椛島先生ただひとりだ。椛島先生は泣き、そして泣く。


椛島先生は必死でなにかに耐えているようだった。肩が小きざみにふるえていた。

（先生泣いてる）

みんなはどきっとした。背中に寒いものが走った。


〈どうしよう〉と、セイゾウは思う。みんな、心の中で〈悲鳴〉をあげる。そのとき、とつぜん、アカンタレはしゃべる。――〈あああああん　あーあん　ああああぁん　あーあー〉と。こうして、椛島先生と八人の〈ワル〉たちの心は見事に共鳴する。しかし――、あえて「しかし」と、ぼくはいわざるを得ない。椛島先生と「共鳴」したあと、この〈ワル〉たちはどうなるのか。

もし、もう一度アカンタレが鉢をこわしたら、この〈ワル〉たちは、また一年生が大切に育てた鉢を全部こわし尽すだろうか。また、お金をせびり、店頭の商品をかすめとりはしないのだろうか。灰谷健次郎の〈ワル〉をみていると、ぼくは、つくってもつくっても、またくずされる「砂の器」を思い出してしまう。「砂の器」が形をなしているのは、それが涙のしめり気でかたまっているときだけにすぎない。涙がかれれば、「砂の器」もまた、くずれ去る。灰谷健次郎は、またひとり、新たな「子ども」という名の鋳型をつくったのかも知れない。

（『子どもの本棚』臨時増刊36号　一九八一年一〇月　特集　子どもの〝非行〟と文化）

#『もぐりの公紋さ』論

公紋さは、茶わんをおいてじっと目をつむった。やがて、目をあくと静かな声で、

「わしが、はじめて名古屋の鎮台に、兵隊にとられたのは、明治九年の冬、つまり西南戦争の前年のことじゃった……。」

と、長い長い、むかしの話をはじめた。

公紋さは、茶わん酒を飲みながら、語りはじめる。そのまえには、和市と三吉がいる。公紋さの小屋は障子も板戸もない。土間と板の間だけの小さな家だ。その中で公紋さは語る。ふたりは、次々と聞かされる話にたまげて、もちをにぎったままだ。ぽかんと口をあけている。あるいは、きらきらと目をかがやかせる。

「語り」の文体というものがある。岸武雄の『もぐりの公紋さ』（童心社　一九七〇年三月）をよみながら、ぼくは、ふとそんなことを考えた。はっきりとした語り手がいる。また、それをしっかりと受けとめる聞き手もいる。そういう文体があるのではないか。『もぐりの公紋さ』の場合、公紋さが語り手で、和市と三吉が聞き手である。

昔話とか伝説とかよばれている口承の文芸を文章にあらわしていくと、おそらく「語り」の文体めいたものになるにちがいない。しかし、今、ぼくがここで「語り」の文体とよんでいるものは、それとはちがう。口承のことばは文体ではなく「語り」そのものだ。そのことばの群れを忠実に文章におきかえていったとしても、語り手と聞き手は、ともにその文章の外にはみでてしまうにちがいない。「むかし、むかし……。」と語りはじめるとき、その話者は確かにいる。が、その話の中身には「私」も「ぼく」もない。口承の文芸は、そのような匿名性の中で語りつがれてきたものだ。

これに対して、ぼくが「語り」の文体とよんでいるものは、明確な話者をその文体の中にもっているものだ。これは「語り」という点では口承のことばの流れをくんでいるが、その文体の中にははっきりとした「私」をもっている点では、近代以後の産物にちがいない。

『もぐりの公紋さ』は、〈ふしぎな公紋さ〉が小学五年の和市と三吉に自分の半生を物語るかたちですすめられる。話をする〈わし〉は確かに公紋さで、その話し相手はまちがいなく和市と三吉だ。ぼくら読者は、その語りの場に、なぜか「よむ」というかたちで居合わせた通りすがりの者にすぎない。たまたま居合わせたというと、何となくいいかげんなもののようにきこえるかもしれぬ。が、実際はそうではない。語り、語られる関係がしっかりしている文章、つまり「語り」の文体でかかれた文章を「よむ」という作業は、おそらく読者自らが「語られる」という身の処し方をせずには不可能なことだ。語る主体がはっきりしているならば、語られる主体もまた明らかでなければなるまい。

本を手にとり、それをよむという行為は、子どもらの日常生活の中では、通りすがりのような一瞬ではないかと、ぼくは思う。「本はなくても子は育つ。」という言い方がある。また「ないよりはあった方がいい。」という言い方もある。どちらも子どもの生活の中で読書するという行為が通りすがりの一瞬であることを語っている。

　してみると、児童文学者という存在は、子どもらの通りすがりの一瞬にワナをしかけている狩人ということになるのかもしれない。ワナをしかけたつもりでもエサがまずすぎて食ってくれないこともあろう。しかけたワナがひ弱すぎて簡単にはずされてしまうこともあろう。また、甘いエサばかりをまいて、ワナにかけたつもりで安穏としている狩人もいるかもしれぬ。

　岸武雄の場合、「語り」がワナにちがいない。公紋さが語る。和市と三吉がそれを聞く。たまたま「よむ」というかたちでそこに居合わせたぼくら読者は和市と三吉と共に公紋さに「語られる」存在として、話の中にひきずりこまれるのだ。

　『もぐりの公紋さ』は、ちょっとかわったしくみの作品だと、ぼくは思っている。その大部分が公紋さの「語り」で構成されていながら、物語のはじめでは、のちに聞き手となる和市と三吉のふたりの方に視座がおかれている。ふたりは〈ふしぎな公紋さ〉のあとを忍術つかいのようにつける。あとをつけながら、ふたりの会話によって、公紋さは〈よそからのわたり者〉で〈毎日まむしを食っとる〉（傍点、原文）といううわさのある人物であることが読者に説明されていく。いうなれば、公紋さは「ふしぎな異邦人」ということになる。その異邦人が、はいるとたたりがあるといわれている〈がまがふち〉にもぐる。そして、ぬしのように大きなコイをとる。そのありさまを、和市と三吉は好奇心からあとをつけ、のぞきみるわけだ。

　「ふしぎな異邦人」との出会いや別れをモチーフにした児童文学作品は数多くある。宮澤賢治の「風の又三郎」の三郎もそうだ。千葉省三の「虎ちゃんの日記」（『童話』一九二五年九月～一〇月）に出てくる新屋敷の敬ちゃんもそうだ。タウンゼンドの『アーノルドのはげしい夏』（一九六九年、岩波書店一九七二年一一月）に出てくる侵入者＝アーノルド・ヘイスウェイトにしても同じだ。みな、それぞれ幼い子の日常にふとあらわれては消えていった不思議な異邦人たちにちがいない。ぼくは、この型の作品群をストレンジャー・タイプの児童文学とよんでいる。そして、『もぐりの公紋さ』のはじまりもこのタイプのものだ。

岸武雄自身、「もぐりの公紋さ」について「あとがき」で次のようにいっている。

「もぐりの公紋さ」とよばれる人物は、わたしの小さいころ、実際に村にいました。よそからのわたり者で、村外れの掘立小屋に住み、川にもぐって魚をとって暮らしていました。服装・表情・ことばなど、どことなく異質なものがあり、村人から疎外されているのが、子どもごころにも深く印象づけられました。あの公紋さは、どういう過去をもっているだろうと、ひそかに思ってみたこともありました。

子どもごころに深く印象づけられた「もぐりの公紋さ」のイメージを、岸武雄は、和市と三吉というふたりの子どもの眼を通して迫っていく。そして、ふたりは、ぬしのコイをみようと公紋さの小屋の中にしのびこむわけだ。

ところで、物語はここで一変する。――公紋さが小屋にもどってくる。和市と三吉は、あわてて逃げ出す。が、着物の背中をわしづかみにされて動けない。気持ちが落ち着いてみると、公紋さは意外とやさしい。そうこうしているうちに、子どもらは公紋さの〈長い長い、むかしの話〉を聞くことになる。「ふしぎな異邦人」であったはずの公紋さが、今度は語り手として自らの半生を語っていくわけだ。こうして、ふしぎな公紋さは、どこにでもいるあたりまえの公紋さとして再び和市と三吉のまえに立ちあらわれてくる。

公紋さは、作品の中で、二つの違った性格をもっている。ひとつは「異邦人」であり、もうひとつは「語り手」である。どちらがより重要かと問われれば、作品の大部分を占めている「語り手」としての位置をあげるしかあるまい。しかし、なぜ岸武雄は冒頭に「異邦人」としての公紋さを登場させたのか。そのイメージは、また際立って印象的である。片目をクマにばりかかれ（ひっかかれ）、顔にみみずのような傷あとを残している異邦人を、岸武雄は自らの幼時の記憶と共に描かずにはいられなかったのであろう。

ところで、岸武雄は、その公紋さに関する幼時の記憶をセンチメンタルな抒情の中におしとどめておきはしなかった。「語り手」として復権した公紋さは、もはやエトランゼではない。ただの〈百姓〉である。二百七十円の金がなくて、兵役にとられ、輜重輸卒として西南戦争にひっぱり出されたただの「人」である。

岸武雄が描いているただの人たちのことを「庶民」といいかえてもいいのだろうが、ぼく自身がどうも「庶民」という言葉を使うことにちゅうちょしてしまっている。庶民は確かに偉いさんにしいたげられてきた存在にちがいないが、自分らでもかなりひどいことをしてきたはずだ。例えば、南京の大虐殺ひとつをとってみても、これは偉い人の命令だったなどといってすまされるものではなかろう。それでも、世間にはまだ庶民信仰のようなものが流布している。これはつぶさなければいけないと、ぼくは思っている。庶民の被害性と共に加害性の方もきちんと見つめねばならぬということだ。

岸武雄が「語り」の文体でものをかくのは、ただの人たちにむかってかいているからにちがいない。

その意味で、岸武雄という作家は「庶民」を信じているといってよい。和市も三吉も、そして一見ふしぎな人物にみえた公紋さも実はただの人である。

しかし、岸武雄は、その視座をただの人のところにすえながら、なおかつただの人間たちのもっている弱さやあわれさをごまかさない。逆に、実にあっさりと、あっけらかんといってのけている。そこがおもしろいと、ぼくは思う。例えば、隊長が歩兵をいばり、歩兵が輸卒をいばり、輸卒が羅卒をいばりちらす。この差別の構造を描きながら、岸武雄の眼は少しもじめじめしない。むしろ、歯切れよく、力強くさえ感じられる。これも語る主体が明確な文体のせいだろう。公紋さは、次のように語っている。

人間というものはな、自分がたわけにされると、たわけにしたものには、ようはむかわず、自分より下の弱いものを見つけて、いばり散らし、自分をなぐさめる――考えてみりゃ、あわれなことよ、なあ。

ちょっと余談になるが、ぼくらが毎月末の土曜日にやっている児童文学評論研究会で、宮川健郎が、竹山道雄の『ビルマの竪琴』(『赤とんぼ』一九四七年三月～一九四八年二月)について、おもしろい発言をした。宮川は『ビルマの竪琴』には語っている「私」がないという。作品のはじまりは〈この隊にいた一人の兵隊さんが、次のような話をしてくれました。〉となってはいるが、〈われわれは――〉という構文ばかりが頻出し、語っている「私」は不在である。そして、宮川は〈語っている主体の曖昧さが語られている内容の責任も曖昧にしてしまった。にもかかわらず昭和二十年代に受け手がこれをもてはやし、問題にしてしまった。この期待の地平こそが問題ではないのか。〉と結論づけた。

語る主体が曖昧ならば、内容もまた曖昧にならざるを得ない。語られる主体についても同様のことがいえる。その意味からいっても、岸武雄の「語り」の文体は、明確に「語られる主体」としての読者をも意識した文体だといってよい。

岸武雄という作家を、ぼくは現代の語り部だと考えている。『炭焼きの辰』（偕成社　一九七一年一一月）でも、辰じいが彦太郎とミヤに語るという形をがんこにくずしていない。明治・大正・昭和の三つの時代を生きぬいてきた炭焼きの辰五郎は、おわり近くになって、次のように語っている。

おら、この年になると、そんなに金もほしゅうない。どえらいべんりな家に住みたいとも思わん。ただ、きれいな空気とつめたい水、それにあったかい人の心と平和な世の中、それさえあればじゅうぶんなのじゃ。

岸武雄は、この辰のことばを〈今日における庶民の願い〉といっている。確かにそうだ。が、ここでふと疑問がはしる。それさえあれば——どころではない。もし、それが〈庶民の願い〉だとしたら、これほど大それた願いはないではないか。そして、岸武雄という作家は、今のところ、ぼくのこんな危惧などものともせずに、その大それた冒険に立ちむかっているようである。最近作『フララ、フララ！』（小学館　一九八一年八月）も、小学五年生の山下ハルの手記という形で、また新しい「語り」の文体に立ちむかっているのである。

（『日本児童文学』一九八二年一〇月号　特集　郷土文学・作家と作品）

贋金づくりへの誘《いざな》い

――『ぼくら三人にせ金づくり』の魅力――

赤木由子の文体は攻撃的である。子どもたちの日常について、語りながら、なおかつ攻撃的である。『ぼくら三人にせ金づくり』（小峰書店　一九八四年）を今、あらためて読み直して、そう思った。

日常について語る文体は、たいていの場合、ごくふつうのことばで、ふつうに語られるものだ。既知のイメージの中で、既知のできごとについて語られるものだ。だから、そう攻撃的になろうはずもない。それなのに、赤木由子の文体は攻撃的なのである。子どもたちの日常について語りながら、なおかつ、その攻撃性を保持している。

『ぼくら三人にせ金づくり』は、九月にはいったばかりの〈卯の花団地〉の三階の、むしあつい部屋の中から、はじまっている。が、例えば、次のような会話の中にも、ぼくは、赤木由子という作家の攻撃性をみてしまうのだ。

「おまえんち、クーラー、どうしちゃったんだよ」

のっぽで、とんがり頭のさとるが、首すじを、だらだら流れる汗を手でふきながら、口をとがらせた。

「しょうがないよ。引っ越してきたばかりだもん。荷物だってかたづいてないんだもん。」

答えているのは、頭でっかちで、おっとりやのまさきである。二人は、今、小学校の三年生だ。幼稚園にかよっていたころからの仲よしだというのに、この会話のみじめさと攻撃的口調はどうだろう。さとるは、汗をだらだらと流しながら、クーラーがないことを非難し、まさきは、しょうがないよと、言い訳する。〈にせ金づくり〉の三人組の最初の二人は、まずこのような攻撃的会話の中で紹介されている。三人目の〈ネズミのたもつ〉の紹介のされ方は、もっとひどい。さとるは〈あいつとなんか、ぜったい遊ぶなよ。あいつは最低のばかだから、ばかがうつっちゃうぞ。〉といい、まさきは〈ばかって、うつるのかね。〉と問いかえす。〈ネズミ〉というあだ名もさることながら、ばかがうつるかどうかという会話の中で、はじめて登場してくる三人目のたもつは、みじめである。

ぼくは今、不用意に「みじめ」ということばを使ってしまった。が、実をいうと、たもつ自身は少しもみじめではない。また、赤木の文体も、攻撃的ではあるが、みじめではない。むしろカラッと晴れている。

考えてみれば、子どもたちの日常が、いつも平穏無事なわけではない。宿題をやれ、ゲームをやるな、あいつと遊ぶな、手伝いをしろと、口やかましくいわれ続けている。立場が対等ならば、抗いようもあろうが、相手が大人であっては、ほとんど抵抗のしようもない。それでも、子ども同士の力関係のありようとくらべれば、まだ大人からの命令は、頭の上をとおりすぎていく嵐のようなものかもしれない。

赤木由子の攻撃性は、子どもたちの日常が平穏無事でないことを告げている。誤解をおそれずにいえば、子どもたちの日常を平穏なままではすませないものに対する怒りと憤りが、赤木の攻撃的文体の基底をなしている。そして、そのことは当の子ども自身が一番よく知っていることなのだ。子どもは、ほとんど本能的にそのことを感じとる。身構え、へつらい、おびえ、またあるときは無頓着に、子どもたちは生きている。『ぼくら三人にせ金づくり』の攻撃的文体は、このような子どもたちの、いわば「平穏でない日常」としっかりとむすびついているのだ。『ぼくら三人にせ金づくり』というタイトル名から浮かぶ爽やかな期待感とは裏腹に、三人組は、まずは、みっともなく登場する。このみっともなさが、ぼくは好きだ。

＊

マヨネーズでこすると、ふるぼけた十円玉が、新ピカの十円玉になる。ソースでこすっても、そうなる。実は、みがき粉でこすってもピカピカになるのだが、なぜか、ぼくらの頭の中から「みがき粉」だけはぬけていた。ぼくらは、垢でよごれきった十円玉がみるみるうちにピカピカの赤銅色に変わるのをながめながら、まるで新しい自分たちだけの「秘密」を手に入れたような気分にひたっていた。それは、ぼくらだけに通用するぼくらだけの十円玉だった。

ぼく自身は、その十円玉を二十円ととりかえてやろうとか、その技術を十円で教えてやろうというふうには考えなかった。が、いま思い出してみても、あの十円玉がただの十円の価値しかなかったとは、とても思えない。子どもはおおむね既知の領域で遊びながら、ときとしてとんでもない未知と出くわすものだ。古ぼけた十円玉がみるみるうちに新しく光かがやくとき、その十円玉はもう十円以上の価値をもっているものだ。子どもの日常は、ほとんど既知のイメージの連続でありながら、ときとしてハッとするような未知のイメージをかいま見させてくれる。

机においたコップに、さとるは、薬ビンから、すきとおった液体をついだ。

「おまえら。ここに、十円玉をいれろよ。」

「はいよ。」

チョポン、チョポンと、十円玉が十三個、液体のそこにしずんだ。

「もしかして、とけちゃうんじゃないの。とけたら、べんしょうしてもらうからね。」

まさきとたもつは心配になって、ガラスのコップに目を近づけた。

コップの中の液体はショウサンギン溶液である。コップからとりだした十円玉は、ぜんぶ銀色にかわる。三人は、十円の投資で、にせ金の百円玉をつくったわけである。ぼくが、おもしろいなと思うのは、しっかりと十円の投資をするところと、そのにせ金を本当に使ってしまうところだ。目がしょぼついている栗田の店のおじいさんに、ぎんぎらのにせ金をつかませて、おまけにおつりの十円玉までせしめてくる。三人は、腹いっぱいにお菓子を食べる。これは見事な犯罪である。

犯罪に「見事な」などという形容詞をつけると、どこかの偉い人のお叱りをうけるかもしれない。曰く、悪い子たちをほめるとは何ごとか、あるいはまた、いたいけな少年たちを犯罪的行為にかりたてる世の中のみだれが問題なのです、と。このような大人たちは、自らの子ども時代をわすれている。

別に大人たちに敵対しているわけではない。でも、子どもたちは、その心の中に、また実際に遊ぶ空間の中にも、しぐさの中にも、大人たちへの「秘密」をもっているものだ。とるにたらない「秘密」もあれば、法にふれる場合もあろう。しかし、そのような「秘密」に出会い、いくつもの「秘密」をかかえこみながら、子どもたちは成長していくのだ。ある日、むかし「秘密」にしていたこと自体が馬鹿らしくなるようなこともあるだろう。いつまでも心の奥底にしまいこんである「秘密」もあるだろう。それらひとつひとつの「秘密」との出会い方、また去り方こそが問題なのである。さとる、まさき、たもつのにせ金づくり三人組のとった行動も、そのような子どもの「秘密」の空間に属するものなのである。

もう一度いうが、子どもたちの日常は、いつも平穏無事なわけではない。彼等は、きのうと同じようにきょうをむかえながら、その目はいつも新しい出来事への期待と緊張にみちている。だから、にせ金づくりもやるし、それで、先生にこっぴどく叱られたあとでも、また、こりずに西部劇の砂金さがしの真似をして、公園の砂場の砂を水びたしにしてしまったりするのだ。三人は、意気揚々と砂場へと向かう。

気をとりなおした三人は、

「えっさか、ほいさ。それいけ砂金の川へ。西部の男の意気高し。」

と、でたらめの歌をうたって、ウサギ団地へむかった。

遊園地につくと、たもつは、家から、シャベルやバケツ、目のこまかいザルをはこんできた。

「西部劇でやってたけど、砂場に水をどんどんいれて、目のこまかいザルで、砂をゆすればいいんだよ。そうしたら、ぴかっとひかる、金のつぶがみつかるはずだよ。」

三人の試みが失敗に終わったのは、いうまでもないことだ。それでもめげずに、今度は、さとるがお母さんからせっかんにあったときに、どうやって助けだすかを考えたりする。ベランダから旗をふる。白なら無事で、赤だと危険。ある朝、まさきとたもつが、さとるの家のベランダをみてみると、さとるが赤と白の旗をいっしょにふっている。変だと思ったら、どろぼうにはいられていたという。子どもたちが考えた、旗ふりのアイデアが役にたったかどうかは、かなりあやしいものだが、子どもというものが、こんなことを何度も繰り返しながら、大きくなっていくことだけは間違いのないことだ。

ぼくは、赤木の攻撃的文体の中に子どものエネルギーをみる。欲をいえば、道路工事をしているおじさんが〈おじさんのからだそのものが、金を生みだすんだ。つまり、おじさんは黄金の男さ。〉といったとき、そこで満足したり、感心したりすることなく、あくまでも新しい《にせ金づくり》と錬金術をめざしてほしかったということだ。ぼくらが、マヨネーズで十円玉をピカピカにして、まるで新しい「秘密」を手に入れたみたいな気分にひたったように、子どもたちは今も《にせ金づくり》に憧れている。

(『日本児童文学』一九八七年五月号 特集 今、何が読まれているか)

怪人二十面相と現代児童文学

――「おまかせ探偵局」と「怪人二十面相」における《時計塔》のイメージの差異を追って――

「たいへん、たいへん、たいへん、たいへん……どぅわ――っ！！」
夏草のおいしげるきゅうな山道をのぼりきるすんぜん、小柄な少女は絶叫して腰をぬかした。道の上にへたりこみ、とびだしそうにまるい目で、右斜面にひろがる雑木林を歩いてくる人物を見つめている。

薫くみこの「おまかせ探偵局」シリーズ第六弾『身がわりロマンチック』（ポプラ社　一九八七年一一月）は、このようにはじまっている。「たいへんだ、たいへんだ」とさけんで腰をぬかしているのは、チロこと山岸ナツミ。O型の獅子座、好きなものはアイスクリーム、いまほしいものは背だよ背！　という女の子である。

もうひとり、雑木林を歩いてきて、いまチロに見つめられている人物の方は、この「おまかせ探偵局」シリーズの主人公、チーコこと早乙女千里。O型の牡羊座、好きな食べ物はハンバーガー、とくいな科目はなんたって体育だねという女の子である。

おまかせ探偵局のメンバーは、この他に三人いる。バンビこと百目トシコは、A型の天秤座。プリンが好きで、知能指数百四十五、弱点は、体力に運動神経という女の子。ヒメコこと立木姫子は、B型の射手座。勉強はふつうで、ふつうでないのは美しさという女の子。ドンちゃんこと細井百合子は、AB型の魚座、得意な科目は音楽に給食。食べてもふとらないおかしがあったらいいのにねえという女の子。以上、二たす三は五人が「おまかせ探偵局」のフルメンバーである。

このメンバーの紹介文は、六冊のシリーズ全部の冒頭に似顔絵のイラストといっしょに載っている。食いしん坊のドンちゃんは不二家のペコちゃんのように舌なめずりをした顔だ。天才バンビはまるぶちめがねをかけている。主人公のチーコはいかにもスポーツ万能という顔だちでウインクしている。美人のヒメコは鏡をもち、ちびのチロはふくれっつらに野球帽。メンバーのひとりひとりが典型的な個性をもって紹介されている。

ぼくは今、不用意に「典型的な個性」といってしまったが、こういう言い方はあるのだろうか。これは有体にいえば、チビ、デブ、あるいは頭はいいけど運動音痴、頭よりはスポーツがいい、とにかく美人といった、子どもをグループで描くときのよくある類型的で典型的なパターンを踏襲しているにすぎないものだ。

誤解されるとこまるので先に断っておくが、ぼくは別に類型的で典型的な人物の描き方を悪いと思っているわけではない。子どもたちをグループで描き分けるとき、その子らを極端なほどに、典型的、類型的に描くことで、かえって全体の中でのその子の個性を際立たせることができるというのは、よくあることだ。良質の子ども向け「大衆小説」はいつもこうした手際の良さをもっていたものだ。

薫くみこの「おまかせ探偵局」のシリーズも、このような手際のよさとしたたかさをもちあわせているといってもいい。最初に典型的に紹介されてしまった以上、彼女たちが恐れるものはもう何もないのだ。どのような事件がおころうと、彼女たちは自分に与えられた「典型的な個性」でもって反応すればそれでいい。ときに驚き、ときに喜び、物語は進んでいく。良質の「大衆小説」はいつもこうした安定した世界をもっているものだ。

ところで、登場人物の紹介の仕方にからんで、「おまかせ探偵局」のメンバーが今までの「大衆小説」の主人公たちと際立った違いをみせているのは、彼女たちが何はなくともまず《血液型》と生まれ月の《星座》のふたつでもって紹介されている点にある。

例えば、チーコこと早乙女千里は、〈O型の牡羊座〉とある。ちなみに、ぼくの娘のもっている『ひみつの血液型占い』と『幸せをよぶ愛の星占い』という本によると、O型の一般的な性格は〈負けずぎらいの全力投球型〉で、牡羊座の性格と運勢は〈勇気と情熱をもった理想家〉とある。さらにしつこく「O型人間の星座別の性格は」という章を見ると、O型の牡羊座は〈竹をわったような、さっぱりした性格。気が強くてケンカっ早いけど、インケンじゃないので仲なおりも早いわ〉とある。あながちチーコに当てはまらないこともない。

ついでに、チロこと山岸ナツミの〈O型の獅子座〉も見てみよう。やはり『ひみつの血液型占い』によると〈親分はだ、あねごはだの人が多く、おおらかな性格。度胸と実行力があり、リーダーとして、みんなをまとめていける人です〉とある。こっちの方は、小柄で、あわてん坊で、いつも「たいへんだぁ！」を連発しているチロには、当てはまりそうもない。

ところで、チロが「たいへん、たいへん、たいへん……どぅわ――つ！！！」と叫びながら、登場しても、ぼくらは驚くことはない。チロは、いつもそのように登場し、物語のはじまりもいつもそのようになっているからだ。いくつかその例をあげてみよう。

「たいへん、たいへん、大変だあ！！」

チロは子犬を思わせるまるい鼻にごま粒のような汗をふきだして、イソギク邸にとびこんできた。長いすにひっくりかえって昼寝をしていたチーコは、とつぜんの大声に思わずとび起き、となりのバンビはびっくりしたひょうしに、大テーブルにつみあげられていた宿題のドリルもろともいすからころげ落ちた。（『人魚の身の上相談』一九八五年二月）

「たいへん、たいへん、たいへんら――！」

風邪ぎみのチロが鼻をつまらせ、ドタバタと六年三組の教室にとびこんできた。

「また」

教室のあちらこちらからおなじことばが発射され、チロこと山岸ナツミは百三十二センチ、二十キロの小さなからだをさらにちぢめて、こくんとうなずいた。（『幽霊はデートがおすき』一九八六年二月）

このように『銭形平次』のガラッ八の八五郎を思わせるチロの「たいへんだ！」で、いつも「おまかせ探偵局」ははじまっている。いつも同じはじまりは、いつも同じおわりを予感する。作者薫くみこは「おまかせ探偵局」の中に「サザエさん」のように変わることのない（としをとらない！）安定した世界を作り出し、その中でのちょっとした冒険の物語を描こうとしているにちがいない。（余談になるが、薫くみこは「十二歳」シリーズの方では一回限りの「十二歳」というときを生きる少女たちの世界を描いている。こっちの方は、もちろんとしをとるのだ！）

話を冒頭の『身がわりロマンチック』に戻そう。「おまかせ探偵局」シリーズの最新刊であるこの物語は、やはりチロの「たいへんだ！」ではじまっているのだが、今回の「たいへんだ！」は、チーコにそっくりの本条千秋なる人物の出現に由来している。あらすじをいうと、チーコがその千秋の身がわりになって、神津浦大付属校という名の全寮制の中学校の男子寮で二日間をすごすというものだが、そんな筋だてより、身がわりになったチーコがバレそうになるドタバタとハラハラ、キャアキャアとドキドキが、この物語の最大の魅力になっているといっていい。

その中で、ちょっと目を惹くのは、『乙女はせつないバレンタイン』（一九八五年六月）で風の又三郎ならぬ〈風の又五郎〉を登場させた薫くみこが、ここでは江戸川乱歩の《時計塔》をもってきている点である。

チーコが、神津浦大付属校の裏手で、はじめて《時計塔》を見つけたときの様子を、薫くみこは次のように書いている。

「………」

チーコはゴクリとつばをのみこむと、ゆっくりそれを見あげていった。

イソギク邸とはまるでちがうが、これも一種の洋館というのだろう。ひろい三階建ての土蔵造りで、今は見るかげもなくよごれたグレーに変色している。さらにひびわれたところからは、草まではえ、そうとうな古さをものがたっている。そして三階の屋根の上には、例の大きな白い文字盤がでんとのっかり、チーコをギョロリと見おろしているのだ。

イソギク邸というのは「おまかせ探偵局」のメンバーの《ひみつのかくれ家》のことである。が、それは横へ置いておき、ついでといっては何だが、ポプラ社版『少年探偵　江戸川乱歩全集』四十五巻目にあたる『時計塔の秘密』から、やはり《時計塔》がはじめて出てくる場面を引用してみよう。全四十六巻のうち、乱歩自身の手によるオリジナル作品は前半の半分ほどであるというが、それでもここに出てくる《時計塔》のイメージは何となく乱歩の世界を彷彿とさせてくれていて、ぼくなどには心地よい。

「これが時計屋敷か」

光雄はおもわず足をとめて、その建物をふりあおいだ。

なんというふしぎな建物であろう！

白い空と山と森を背景にして、ヒョイと地面からとびだしたおばけのように、古めかしい時計塔がそびえているのだ。まるで、ぶきみなゆめのなかのけしきのようであった。

それはむかしのオランダ屋敷とでもいうような広い三階建の西洋館で、外側は一面の白壁なのだが、それが年代をへてねずみ色になり、ところどころはげおちて、そのわれ目からは、わがもの顔に草がおいしげっていた。

乱歩は〈その大きな白い文字盤は、ひとつ目の巨人のように、ギョロリとこちらをにらみつけていた。〉といって、この時計屋敷についての描写をむすんでいる。そして、薫くみこはこの〈白い文字盤〉について、こういっている。――〈チーコが見たものは、巨大な目玉……。いや、と思ったものは、大きな白い文字盤だった。〉と。

薫くみこが乱歩の《時計塔》を援用しているのだから、このふたつの塔のイメージが似かよってくるのは、むしろ当然のことだ。が、ぼくがおもしろいと思うのは、塔のディテールについての描写が類似してくればくるほど（例えば、外側の白壁はよごれてねずみ色になるとか、われ目から草がはえているとか、白い文字盤が巨大な目玉のように見えるとか……いろいろ似ている部分が出てきているにもかかわらず）時計塔全体のかもしだすイメージの方は、むしろ際立った異相をもって、ぼくに迫ってくるということだ。

そっくり同じ《時計塔》を描きながら、この差異はいったいどこからくるのだろうか。ぼくは、それは、それぞれの塔の置かれた背景の差異にあると考えている。乱歩の時計屋敷は〈白い空と山と森を背景にして、ヒョイと地面からとびだしたおばけのように〉そびえていた。ひとりの少年が、さびしい荒れ地の中の一本道を進んでいくと、もう目の前に忽然と時計屋敷はあらわれるのだ。この少年と、山と、森と、白い空のイメージは、確かに、ぼくらの時代のひとつの風景だったといっていい。

「怪人二十面相」シリーズも、四十五冊目にまでなると、もう怪人二十面相も出て来ない。作品の舞台も、二十面相がよく出没した東京は銀座や麻布から遠く離れ、九州は長崎県の山につつまれた片田舎ということになっている。が、その時計塔の、森の中に忽然と古めかしい洋館があらわれるという出現の仕方だけは、やはり「二十面相もの」だなと、ぼくにはなつかしく思える。

思うに、江戸川乱歩の「怪人二十面相」のシリーズには、原風景、あるいは原イメージと呼んでいいひとつの風景群、イメージ群がある。そこに怪人二十面相の魅力と、そして秘密もあるのである。

ディテールにおいて酷似しているにもかかわらず、乱歩と薫くみこの描く《ふたつの塔》が全くちがったものとして、ぼくの心に映ってくるのは、ふたりの原風景・原イメージ群の違いからきているものにちがいない。いくら広いとはいってもひとつの学校の敷地内にある《時計塔》は、幽霊塔というよりは、やはり〈市の重要文化財〉にしてもらうのがふさわしいものだろう。

こう考えてくると、コンクリート・ジャングルの今の世の中には、もはや乱歩の時代の（というより、戦後まもないころから昭和三十年代の、ぼく自身の子ども時代の）風景はもはやないのかもしれない。「おまかせ探偵局」の女の子たちの活躍ぶりを見ていると、とくにその思いが強くなる。

こんな言い方をすると、ぼくはまるで懐古趣味のへんなおじさんになってしまいそうだ。ぼくは、「おまかせ探偵局」のメンバーを嫌っているわけではない。彼女たちは彼女たちで、せいいっぱい「いま」の風景と空気を満喫しているにちがいない。そして、ぼく自身も「いま」の風景の中を生きているのだから……。

＊

怪人二十面相について語るつもりが、ずいぶんと「おまかせ探偵局」につきあってきてしまった。それはそれで仕方のないことだ。「おまかせ探偵局」には、怪人二十面相が巣くつにしていた〈戸山ヶ原〉もないし、両側につらなる長いコンクリートの塀や生け垣もない。また、忽然とあらわれる煉瓦作りの不思議な洋館もない。しかし、彼女たちは逆に「二十面相」が持っていなかったいくつものものを身につけているといっていい。

彼女たちは、星占いや血液型占いに熱中し、バレンタインデーに胸をときめかす。ぼくが、かつて「BDバッチ」や「少年探偵団手帳」に夢中になったように、ぼくの娘たちも『ひみつの血液型占い』や『幸せをよぶ愛の星占い』を楽しんでいるのかもしれない。薫くみこの「おまかせ探偵局」のメンバーたちが、彼女たちの風景をしっかりとつかみとってくれていることを、ぼくは祈ろう。

＊

ぼくは「怪人二十面相」の原風景あるいは原イメージ群について考えていく必要があると考えている。中井英夫は、少年たちの原っぱ体験との関わりで「怪人二十面相」について論じている。これは「二十面相」の秘密をさぐる上で重要な手掛かりになるはずだ。中井は「江戸川乱歩解説――孤独すぎる怪人」（『日本児童文学大系』第二十九巻、ほるぷ出版　一九七七年十一月所収）の中で、次のようにいっている。

少年ものの冒頭にきまって現われるさびしい原っぱ、そこを過ぎると長いコンクリート塀がつらなり、やがて奇妙な赤煉瓦の建物が眼にはいってくる、あのいつものパターン、これは都会に住む少年の怯えの原風景だ（p.416）

念を押すのは他でもない、男の子にとっては当り前なこの原っぱ志向というものが、少年探偵シリーズでは実に綿々と、これでもかとばかり続くからで、そこにも乱歩の漆黒の夢のひとつが隠されている。荒地野菊や風草やかもじ草がほしいままに生い繁った原っぱは、東京に限らずどこの都会でもごくふつうに見られ、そこは自由な遊び場であるとともに空想の生え伸びる大事な空間でも

あった。（p.418）

ぼくは、子どものころ、よく山中峯太郎訳のホームズと、南洋一郎訳のルパンと江戸川乱歩の「怪人二十面相」のシリーズを読んだ。ぼくに限らず、子どもはだれでも、これらの中の幾冊かは手に取り、むさぼり読んだ経験をもっていた。ぼくらは、それらのシリーズのどの本のうしろにもついている広告を見て、すでに読んだものにしるしをつけ、また本のタイトルやほんのちょっとした紹介文をたよりにして次の本に向かっていったものだった。これらの本たちは、なぜ、ぼくらをこれほどまでにとりこにしたのだろうか。ぼくらは、なぜこれらの本を幾度となく手に取ったのか。その魔力といってもいい魅力の秘密はどこにあったのだろうか。中井の、原っぱ体験とそれにともなう原風景に関する指摘は、ぼくの胸におちるものだ。

子どものころのぼくは、ルパンとホームズと二十面相とを特別に区別して読むというほどの立派な子ども読者ではなかった。いまあらためて考えてみると、ルパンとホームズはさておき二十面相のシリーズの場合、最初に興味をもったのは、まず本のタイトルであったように思う。青銅の魔人、透明怪人、怪奇四十面相、電人M、宇宙怪人、夜光人間、空飛ぶ二十面相と続くそのタイトル群は、もうそれだけでひとつの異世界をつくっていた。ぼくは、それらのタイトルの群れの中で、すでに読んだものに○をつけたり、つぎに読みたいものに☆じるしをつけたりして、ひとり悦に入ったものだった。

図書館から借りた本にそのようなしるしをつけるのは悪いことだと、そのころのぼくは考えなかったのだろうか。ぼくの他にも、幾人かの読み手たちの自分だけに通じるマークがそこにはしるされていた。ぼくは負けじとしるしをつけ、すでにあるしるしに対して、（なんだ。こいつは、こんなやつにしるしをつけて、たいしたことないな）と勝手に自分を上においたり、（うむ、こいつも、この本はおもしろかったのか。やっぱりな）とか不思議に感心したりしたものだった。

ところで、タイトルに興味をもったということを、もう少しつきつめて考えれば、そのタイトルのうしろがわに、そのタイトルをつくりだした原風景と原イメージがあるのが見えてくるといえないだろうか。ぼくらは、やはり乱歩の原風景に、自分自身を重ね合わせ、「二十面相」を読んでいたにちがいない。

その意味からも、怪人二十面相は、二十の顔だけでなく、二重の顔を持っていることがわかる。二重の顔をもった二十面相が、二重の風景の中を歩いている。ぼくらは、二十面相のその二重性に、胸ときめかせ、一喜一憂するのだ。二十面相に出会うとき、ぼくらの原っぱのみすぼらしい隠れ家はとつぜんに二十面相の不思議なアジトに変身するのだ。『鉄塔王国の恐怖』を読んで、二十面相が巨大なカブトムシの妖虫となって出現したとき、ぼくはそれからしばらくの間、つかまえたカブトムシを二十面相に見立てて遊んだものだった。これは東映の映画にもなった。小型車を改造したカブトムシの上で二十面相は声をたてて笑っていた。そのときの明智探偵や小林少年の顔はもはや浮かぶべくもないが、加藤嘉が演じていた二十面相の顔と巨大なカブトムシの不気味さはいまでもおぼえている。

怪人二十面相が単に変相の名人というだけであったなら、ぼくらは二十面相という人物に対して、いったいどれほどの魅力を感じたであろうか。

戦後二十年代から三十年代にかけての「怪人二十面相」の活躍は、変相というよりは、つねに新しい《異形のもの》としての登場にあった。ぼくらが本のタイトルに惹かれたのは、そこに二十面相の新しい異形を予感したからにちがいない。青銅の魔人、透明怪人、宇宙怪人、電人Mなどなど……、ぼくらはそこに「怪人二十面相」の新たなる挑戦を夢みていた。

江戸川乱歩の子ども向け作品群（つまり「怪人二十面相」シリーズのことなのだが）に出てくる異形のものは、かならずといっていいほど東京の銀座、麻布、そして都内とはいえまだうらさびしい林にかこまれた小高い丘の上の某所に出没している。乱歩が次から次へとつくりだしていった異形のものの「典型的な個性」を、ぼくらはその確かな風景の中でむさぼり読んでいったのにちがいない。

ぼくは、前橋という地方都市の真ん中で生まれ育ったが、それでも利根川の川原で遊び、原っぱや町はずれの林で虫とりをしたり、木のぼりをする毎日をもっていた。木のてっぺんまでのぼりつめると、ビルの屋上から軽気球にのって宙をまう二十面相がうらやましかった。

シリーズの戦後第一作である『青銅の魔人』をみてみよう。青銅の魔人も、まず最初に姿をあらわすのは、〈銀座通りに近い橋のたもとの交番〉であり、〈銀座通りの白宝堂という有名な時計店〉である。寝しずまった大通りを警官と時計店の店員が靴音をこだまさせて、怪人を追う。「オイッ、待てッ。」と叫ぶ警官の声にふりむいた青銅の魔人は、やはり乱歩一流の「典型的な個性」で満ちているものだ。

月の光りが、怪人物の顔をまともに照らしました。

オオ、その顔。警官も店員たちも、その顔を一生忘れることはできないでしょう。

人間の顔ではない。青黒い金属のお面です。鉄のように黒くはない。銅像とそっくりの色なのです。青銅色というのでしょうか。

三角型をした大きな鼻、三日月型に笑っている口、目の玉はなくて、ただまっ黒な穴のように見える両眼、三千年前のエジプトの古墳からでも掘りだして来たような、世にも気味のわるいお面です。

青銅の魔人が、最後には明智探偵や小林少年にやられることはわかっている。ただ、ぼくらはぼくらの見なれた風景とそこに突然にあらわれる夢のような怪異に浸っていたのだ。青銅の魔人は時計をぬすむ。なぜ、二十面相は時計と仏像が好きなのだろう。それはさておき、『青銅の魔人』の中にも〈奇妙な時計塔〉が出てくるから、見てみよう。

東京都内ではありますが、多摩川の上流のさびしい畑の中に、林にかこまれた、ちょっとした丘があって、その上に奇妙な時計塔がそびえています。その家は明治時代のすえごろ、ある有名な時計商の主人が建てたもので、建物全体が古風な赤煉瓦でできていて、時計塔も煉瓦で組みあげ、その上にとんがり帽子のような屋根がのっているのです。

もうこのくらいで充分だろう。ぼくは、最近このような風景が失われ、「怪人二十面相」のシリーズも子どもたちにあまり読まれなくなってきているというわさをきく。でも、世の中そんなに捨てたもんじゃない。「おまかせ探偵局」のチーコたちだって、時計塔の中の迷路の冒険を楽しんでいたではないか。どうにも説明できない〈おかしな事件〉を専門に解決してくれるウルフ探偵だって、ずっこけ探偵団だって、オリオン少年探偵団だっているではないか。

それと、つい先だってまでテレビでやっていた「おもいっきり探偵団」の摩天郎のイメージときたら、これはどう見てもまちがいなく怪人二十面相だ。摩天郎は、おそらく多摩川の川べり近くの上空だと思うのだが、気球に乗って空を飛んでいた。毎回番組の終わりにテーマミュージックに合わせて空を飛んでいたのだから、これは摩天郎の基本的なイメージにちがいない。

「怪人二十面相」はまだ生きている。ただ、ぼくらはその変相の巧みさを見破ることができないでいるだけなのだ。そっと息をひそめて「怪人二十面相」と出会おうではないか。

（『日本児童文学』一九八八年九月号　特集『少年小説』と現代児童文学）

ちえ子は逢魔が時をいつ歩むのか

――『ふたつの家のちえ子』論。あるいは《家》のイメージについて――

まず、プロットからはじめよう。『ふたつの家のちえ子』（評論社　一九八六年五月）の〈ふたつの家〉とは、主人公の少女、ちえ子が暮らすふたつの家のことである。全二十章からなるこの物語の前半十章は、祖父母の家で暮らすちえ子。後半十章は〈山の上の家〉で母親と四人のきょうだいたちと暮らすちえ子が描かれている。

祖父母の家で暮らすちえ子は、保育園に通うこともできない〈泣き虫〉である。祖母と一緒に保育園の「遠足」のあとを見え隠れしながらついていって、ふたりで昼のお弁当を食べてきたりする甘えん坊。祖父といっしょに釣りに行って、水遊びをしたり草いちごを食べたりもする。祖父の死で、舞台は〈山の上の家〉に移る。そこでのちえ子は小学一年生で、妹のさち子の保育園のむかえもする頑張り屋である。物語は、肺病で入院していた父親がもうすぐ退院して、祖母の家の近くにみんなで住むことになりそうな大歳の暮れで終わっている。

＊

『ふたつの家のちえ子』の冒頭は秀逸である。

ちえ子は、ともだちのじゅん子とはるえといっしょに〈天気うらない〉をしている。夕暮れ時である。薄紫色に暮れる春の空に、小さな運動靴がいくつもほうりあげられる。

「はれ！」

「あしたもはれ！」

「あたしもはれ！」

ちえ子たちの大きな声が村の四つ辻にひびく。この「あしたもはれ」「あたしもはれ」というさり気ない言葉の倒錯が逢魔が時の到来を告げているようだ。遠い山が黒い影になる。どこからか甘い木蓮の匂いも漂ってくる。一番星がきらっと光る。

三人の幼子は無心で遊んでいる。が、ときは容赦なく三人を包み込む。黄昏時の夕闇が幼子たちをおそうのだ。母親たちが、暗やみの魔物に我が子を取られまいと、しっかりと呼び戻すのはこのときだ。逢魔が時のつな引きの始まりだ。そのときの様子を、今村葦子は次のように描いている。

ちえ子たちはなかよしでした。いつもいっしょに遊びました。でも一日のうちで、みんなが、とくべつになかよくなって、はなればなれになるのがいやになるのは、いつもきまって夕方でした。ですから、三人がいつまでも夢中になって遊んでいるようなときには、子どもたちのおかあさんがむかえにきました。

母親たちの呼ぶ声がする。すると、じゅん子が「あっ、かあさんだ！」と言う。「かあさんだ！」とはるえも叫ぶ。じゅん子とはるえは帰っていく。ちえ子はひとり残される。じゅん子とはるえが母親と共に去り、残されたちえ子は、一瞬逢魔が時の静けさの中にいる。この一瞬の揺らぎが、ぼくは好きだ。しかし、ちえ子の不安はほんのひとときだけで終わる。ちえ子の〈家〉の前にはいつもちえ子をやさしくむかえてくれる祖母がいる。ちえ子がひとりで帰っていくと、おばあさんが目を細くして待っている。

＊

不思議な魅力を備えた黄昏時の冒頭から、ぼくらはちえ子の祖父母と共に暮らす〈家〉の中に入っていくことになる。《家》とは外敵、物の怪から自分と自分の家族を守る空間のことである。家の中で、祖母の膝の上で、ちえ子はほっと安心する。

しかし、それと同時に、家はもう一つの顔をもっている。家そのものが一つの魔物を住まわせているものなのだ。宮澤賢治の描いた「ざしき童子」、アイヌ民話のコロボックル、ハイネが『ドイツ古典哲学の本質』の中で紹介したコーボルト。彼等はみな家に住む魔物たちだ。家は、そこに住み、生きてきた人たちと時間を共有し、その時間を自らのうちに閉じ込め、塗り込めてきているにちがいない。語り切れない時間の重みがときにざしき童子となりコーボルトとなって遊ぶのだ。だから、家は魔物からおのれを守る空間であると同時に自らのうちに一匹の魔物を住まわせているものなのだ。とくに生を受けてからのときが幾許もない幼児たちにとって、家はまだ測り知れない未知の部分を内包した不思議な空間に違いない。

しかし、冒頭の妖しい気分とは裏腹に、ぼくらの物の怪は、ちえ子の《家》の中へ入るにしたがって後退し、遠退いていくことになる。ちえ子が、じゅん子やはるえと〈天気うらない〉をして遊ぶことはもう二度とない。確かにいつもいっしょに遊んではいるのだろう。が、そのことが作中におもてだって現れることはない。次の章では、ちえ子が泣き虫で保育園に行けない子であることが明らかにされる。いつもいっしょに遊んでいるはずのじゅん子やはるえの像は確実に後退し、《家》の中へ、温かな空気の中へと、ちえ子はもぐり込み、安息のときをすごすのだ。ちえ子は、もう二度と逢魔が時を歩まない。

冒頭の夕暮れ時は、両親はいないが祖父母のもとでしあわせに暮らしているちえ子の像を、ほんのりと明らかにし、ぼくらを作品の内へと包み込んでくれている。が、この冒頭は、良くも悪くもこの物語全体を象徴しているものだといっていい。

今村は〈いつものように〉天気うらないをしているという。〈いつもきまって〉夕方だという。〈いつでも〉おばあさんが目をまるくして待っているという。昨日と同じように今日という日をむかえ、きっと明日もまた来るだろうという平穏な循環の中で、ちえ子は暮らしていくのだ。《いつも同じ》という時間の連なりは、《家》という存在が抱え込んでいる時間の重さと悠久さを思わせる。その重さが、一方でざしき童子を遊ばせるのだ。が、ちえ子が、その物の怪と出会う一瞬を、ぼくはこれ以降この物語から読むことができなかった。ちえ子は《家》のもたらす平穏な循環運動の中で、ときにとっぷりと浸かり込み、ときに懸命にがんばりぬく少女を演じているにすぎないのだ。

《成長》とは、昨日と同じように今日をむかえながら、ときとして襲い来る一瞬の揺らぎではないのか。幼児にとって、その揺らぎは、もしかしたら天動説から地動説への転換ほどの飛躍を伴っているものなのではないのか。その揺らぎのひとつひとつを、ぼくらは生のエポックとして今ここにいるわけだ。この生のエポックをエピソードというならば、ちえ子のふたつの家の物語が、いくつかのエピソードの積み重ねというかたちをとっているのは至当なことだ。というより、ほとんどの《思い出を語る文学》がエピソードという名の生のエポックのごった煮にちがいないのだ。
ちえ子のごった煮は、ふたつの鍋の中で、よく煮えている。しかし、その鍋から吹きこぼれることはない。これは、鍋の中がすでにごった煮ではないということなのかもしれない。祖父母に守り通されたちえ子は無菌培養の植物の苗を見るようだ。無ウイルスの成長点移植をされたフラスコ苗が、絹ごしの湯どうふ鍋の中でおどっている危うさなのだ。（全くの余談に走るが、ぼくはやっぱり絹ごしの豆腐よりも、木綿ごしの豆腐を入れたごった煮の方がいい。じゃが芋ならメークインより男爵が馴染んでいる。）

*

『ふたつの家のちえ子』は、幼児という存在の危うさについて語っている。ちえ子の《目》に寄り添って語りながら、ときとしてその目を祖母あるいは他のもの、ときに語り手そのものに移してしまうのは、やはり、語り切ることができない幼児という《目》の危うさを示しているとはいえまいか。釣りに行く祖父とちえ子のふたりの後ろ姿を、今村は一瞬祖母の《目》から映してしまう。この視座の揺れは、ちえ子＝幼児という存在の危うい揺れでもあるのだ。釣りに出掛けていく祖父とちえ子の、麦藁帽子の後ろ姿を見送りながら、おばあさんは、そっと笑う。

「なんと、なんと、ふぞろいなきのこがふたつ、手をつないで行くわ」

ちえ子の《目》から突然に祖母の《目》からの描写に移る。これほどの明確な揺れは、ひとつの長い物語の中にも、そうはないものだ。それでも、〈山の上の家〉に移ってからは、登場人物が増えたためか、安心したようにきょうだいたちの目に寄り添って描く場面が多くなる。姉のすみ江がメガネをかけはじめたエピソードも、突然に語り始められるすみ江の《目》の位置に、やや戸惑いを禁じ得ない。しかし、その《視座》の不確かさが、そのままちえ子という生の危うさでもあるのだろう。

＊

『ふたつの家のちえ子』は、平和な作品である。そして、ぼくは平和は大好きである。宇宙的規模で考えたら塵芥の一粒にもならない自分の人生を平和に送ることができたら、もうそれ以上何もいうことはないと、本気で思っている。平和とは何か。昨日と同じように今日という日を迎え、明日もまた来るであろう日々のことである。『ふたつの家のちえ子』は、無菌培養のフラスコ苗のような危うさをもってはいるが、それでもそのフラスコは壊れない。平和な作品である。

＊

神沢利子の『くまの子ウーフ』は、一瞬地獄を垣間見させる作品である。昨日と同じように今日があるとは限らない。いまここにこうしている自分が一瞬の後には無に帰するかもしれない。そんな《淵》=人生の危うさを覗かせてくれる作品である。「ウーフは、おしっこでできてるか?.?.」「くま一ぴきぶんは、ねずみ百ぴきぶんか」と、神沢はおのれのうちに問いかける。『ふたつの家のちえ子』には、それがない。

＊

田中惣五郎は、かつて、『児童虐待物語』の冒頭「児童の発見」の章を〈三重の桎梏〉という言葉で語りはじめた。（雑誌『児童』創刊号　一九三四年六月所収）

田中は、資本主義の時代になって初めて「児童が一個の人として出現した」といい、「同時に虐待三重奏も生れ出る」ことになったと語っている。近代資本主義社会の成立をもって「児童の発見」とする捉え方は、今ではむしろ常識的にすぎるものだ。しかし、それを《虐待三重奏》というひとつのパラドックスのうちで捉えた田中の視座の確かさは、五十余年を過ぎたいま見ても目をみはるものがある。長くなるが、『児童虐待物語』の冒頭部分を引用しよう。

児童の虐待史は、人間虐待史の重要なる一項目である。無能力者として家に従属し、無教育者として学校に束縛され、しかも、社会からは、人類の一員として、集団生活の一員として、直接間接に逃れ難い重圧を受けてゐるのである。だから、これを虐待といふ面から観察する時、そこには、三重の繰り返しが存在するわけである。

婦人は、社会と家庭との二重の桎梏に悩まされて居るといはれる。だが、児童は、この点から謂へば、教育を加えた三重の桎梏に悩むといえよう。だから、大部分の児童にとつては、その少年時代は、決して華やかなお伽の国ではなくて、荊棘の道を跣行する冷厳な現実生活である筈である。たゞ批判力の乏しい少年時代は、彼等の生活万般を単純化し、夢幻化することによつて、夢の国を創作するに過ぎないのである。

なぜ、こんなところで『児童虐待物語』の冒頭部分を長々と引いてしまったのか。それは、ぼくが、『ふたつの家のちえ子』を読んでいて、不覚にもこの冒頭の言葉を思い出してしまったからだ。児童は《家・学校・社会》という三重の桎梏に悩んでいると、田中はいった。が、翻って、この作品のちえ子はどうなのか。ふたつの《家》の場合はどうなのか。

作品冒頭の夕暮れ時。ちえ子は二人の友達と遊んでいる。二人の友達には母親がいる。ちえ子にはいない。ふっと、寂しさがよぎる。いつも繰り返されるこの夕暮れ時は、ちえ子に社会の桎梏を垣間見させてくれそうだという予感を覚える。が、この期待は、描写が、ちえ子の《家》に入るにしたがって、無残にもはぐらかされ、消えていく。この無残さは何だろう。田中の『児童虐待物語』になぞらえていえば、ちえ子の幼年時代は決して華やかなお伽の国ではないはずなのに、描かれていくエピソードの群れたちは、みな懐かしさというオブラートに包まれて、霧の向こうに消えていくのだ。ぼくがこの作品を読んで思い浮かべることができるちえ子のイメージは、全てが淡い霧につつまれた真ん中にスポットが当たり、そこでちえ子が遊んでいる図である。見えるのはそこだけで、周辺はおぼろげに霞んでいる。

例えば、ちえ子が石けんの泡を手ですくって投げ上げる場面を見るといい。いつもはシャボン玉よりおもしろいこの遊びも、風がない日、泡は足元の草の上に落ち、ただ消えていく。でも、ちえ子は平気だ。そのあとに続くセンテンスが、ちえ子の《家》の平穏さを語ってくれる。

「きょうは風がないで」なぐさめるように、おばあさんが言いました。
でもちえ子は平気だったのです。おじいさんもいるし、おばあさんもいるし、それにとってもいいお天気なのです。庭のあちこちには、春の花がいっぱい咲いていました。

ぼくらの脳裏に浮かぶのは、庭先で石けんの泡を飛ばしているちえ子とそれを見守る祖母の姿だ。その庭はパステル色に輝いている。が、そのパステル色の光景の、ひとつ外側はもう淡い霧につつまれていて、何も見えない。そして、これがちえ子の《家》のイメージなのだ。

ぼくが残念なのは、冒頭で一度やわらかくも逢魔が時を予感させてくれたこの作者が、そののちにすっかり安定した、二度と変わることのない懐かしい（！）幼年時代を書いてしまっていることだ。幼年への想いを美しくも淡いものとして閉じ込めておくのは、この作者の勝手なのだろうが、それが「だいじなこと」で「ほんとうのこと」だなどと思われてはかなわない。

＊

かつて、萩原朔太郎は「幼年思慕篇」という但し書きを付した「蛙の死」という詩の中で、蛙を殺し血だらけの真っ赤な手をあげる子どもたちを書いた。〈蛙が殺された／子供がまるくなつて手をあげた／みんないつしよに／かわゆらしい／血だらけの手をあげた〉とはじまるこの詩ほど幼児という存在の残酷性を見事にあらわしているものを、ぼくは知らない。そういえば、北原白秋にも留守番をしながら母親を待つ子どもが金魚を一匹ずつ、突き殺し、締め殺し、捻じ殺していく「金魚」という童謡があった。また、チューリッヒ・ダダの旗手トリスタン・ツァラは、少年時代を海より重いものだといい〈荒れ果てた庭〉になぞらえた。ツァラは語る。

通りすぎることも帰ることもできぬ
お前の過去のなかに
荒れ果てた庭がつくられる

（「狼が水を飲む所」から）

ツァラの〈庭〉と比べて、ちえ子がしゃぼんの泡をすくっては飛ばしている〈庭〉は何と調和に充ちた世界なのだろう。

翻って、ぼくは、ぼく自身の幼年はどのように思慕されるのだろうか。通りすぎることも帰ることもできないぼく自身の過去の中の〈庭〉は一体どんなものだったのだろう。「蛙の死」を読むと、ぼくは自分が子どもだった頃、蛙の皮を剥いだり、麦藁のストローで蛙を風船のようにふくらまして泳がせていた自分を思い出す。

ぼくは、先行する偉人たちの感性を、もう少しの間、見習って行こうと思っている。いくら凡人のぼくでも、幼子は幼子らしく、母親は母親らしく、父親は父親らしく、祖父母は祖父母らしく……、らしく描かれた《家》の思い出からは、さよならしたいと思っている昨今だから。

今村葦子のちえ子が再び逢魔が時を歩きはじめるのを、ぼくは今、楽しみに待っている。

（『日本児童文学』一九八九年三月号　特集　論戦・話題作をめぐって）

二つの風景・二つの家
――ぼくにとっての戦後児童文学五十年――

戦後児童文学の五十年を思想史的な観点からみると、敗戦直後の「責任」に始まり、「変革」「自衛」「共生」という言葉に象徴される思想の流れが頭に浮かぶ。

戦後五十年の児童文学の歩みの中で節目と言えるときは二回あったと、ぼくは考えている。一度目は、一九五九年のいわゆる童話伝統批判のとき、そして二度目は一九八〇年である。

それぞれの節目には、それにふさわしい作品があるものだ。というよりも、それらの作品の出現によって、人々が時代の大きな変換に否応なく気づかされ、あるいは衝き動かされていったと言った方がより正確なのであろう。ぼくにとって、その作品とは、敗戦後三年目に発表された坪田譲治の「サバクの虹」（『少国民世界』一九四七年一月号所収）を含めると、佐藤さとるの『だれも知らない小さな国』（講談社　一九五九年三月）、那須正幹の『ぼくらは海へ』（偕成社　一九八〇年二月）の三冊である。最初にあげた思想史的な流れに沿って言えば、「責任」の時代を「サバクの虹」が象徴し、「変革」の時代を『だれも知らない小さな国』が、「自衛」の時代を『ぼくらは海へ』が象徴しているということになる。いまはどういう時代かというと、「自衛」から「共生」の可能性を探っている時代ということになる。

児童文学の現代は一九五九年の童話伝統批判に始まり、一九八〇年にもう一つの大きな節目を持つことになる。那須の『ぼくらは海へ』はそのことを象徴的に示している作品だと、ぼくは考えている。

一九八〇年二月、ぼくは『ぼくらは海へ』を読んでいる。自転車で塾に通う少年たちが埋め立て地の〈アパラチア山脈〉を過ぎ、プレハブ小屋の隠れ家に入っていくところを読みながら、ぼくは、佐藤さとるの『だれも知らない小さな国』を思い浮かべていた。まだ少年の頃のせいたかさんが迷路のような小川をさかのぼって、三角平地にたどりついたときのことと、そこに建てられた家のことを思い浮かべていた。

ぼくは大雑把に「変革」から「自衛」へという言葉を使ったが、ぼくにとっての戦後五十年は、個別的には、この二つの作品の二つの風景と二つの家のイメージの類似と差異とが重なってくる。ここが、ぼくの出発点であり同時に現在であるような二重映しの風景の中で、ぼくはぼく自身にとっての一九五九年と八〇年の意味を考える。

土砂の山はそばにちかづくと、意外なほど大きく見えた。せいぜい四、五メートルの高さなのだけれど、急傾斜の地はだには雨にけずられた深いすじがきざみこまれていて、なんとなくけわしい山岳地帯をながめているような気分にさせられる。誠史たちは、この山やまをアパラチア山脈とよんでいた。

那須正幹の『ぼくらは海へ』は、塾通いの少年たちが立入禁止の埋め立て地を自転車で走っていく場面から始まっている。埋め立て地にある土砂の山を、少年たちは〈アパラチア山脈〉と呼ぶ。

単なる土砂の山に対するアパラチア山脈という命名は、彼らが、そこに自分たちだけの地図、自分たちだけの世界を形成していることを示している。汚い土砂の山々を〈アパラチア山脈〉と名付けた瞬間から、彼らは、日常から自由になる。佐藤さとるの『だれも知らない小さな国』の中の〈コロボックル小国〉のように、立入禁止の埋め立て地は、彼らだけの地図に変容する。

ヒマラヤでもアルプスでもなく、また、ロッキーでもアンデスでもなく〈アパラチア山脈〉と名付けたところが、作者那須正幹の卓見ということになるのだろう。この物語に登場する小学生たちの、おそらくだれ一人として、カナダ・アメリカ東部にある全長二六〇〇キロメートルからなるこの山脈を実際に眼にした者などいないはずである。塾通いの仲間が受験勉強で身に付けた正真正銘の地図上の「知識」からの命名にちがいない。それでも、アパラチアという「あ音」の連続のこの言葉は、歯切れよく、意味もなくぼくら読者の意識を高揚させる。全体に負の形容詞句の連続で説明されていく埋め立て地のイメージの中で、この「アパラチア」という見立ての言葉の音だけが、不思議に明るく、ぼくら読む者の意識を昂ぶらせ、彼らの〈隠れ家〉へと誘うのである。

アパラチア山脈の峰と峰のあいだは、せまい谷が迷路のように枝わかれしていたが、そのなかのなん本かを、うまくたどっていけば、自転車にのったまま山脈のむこうにでることができた。

アパラチア山脈を越えると小さなプレハブ小屋の前に出る。その小屋までの道のりを、那須は〈迷路〉と呼んでいる。『だれも知らない小さな国』の「ぼく」がもちの木を探して藪をかき分けてやっと小山が隠していた三角平地に顔を出したときのように、あるいは小川をたどって「段々岩」のところから三角平地に入ってきたように、この作品も、秘密の場所へ至る「通路」を持っている。「通路」の存在は、一方で、小屋の秘密性、排他性をあらわすことにもなる。少年たちは「埋め立て地」の凹凸にアパラチア山脈と名付けることによってその空間と時間を一時的にせよ共有することになる。アパラチア山脈という言葉の持っているア音の連続する明るさと、そんな単なる地図上の受験知識の産物だけで命名する無味乾燥さを、二つながら抱えつつ、この物語の舞台である秘密の小屋とその周辺の風景はあらわれてくることになる。

さいごのひときわ高い赤土の山のふもとをまわりこむと、小さなプレハブ小屋のまえに出る。小屋は三方を土の山にかこまれて、いまにもおしつぶされそうになりながら、なんとかたっていた。小屋のまえは、せまい空き地になっていて、そのむこう、ひくいコンクリートの岸ぺきのかなたに、とろんとしずまった海があった。

秘密の場所は、なぜか似たイメージでもってあらわれる。他との隔絶が必要なためだろうか。この小屋は、三方を山で囲まれ、残りの一方に海を配している。海は、コンクリートの岸ぺきを間におくことによって、かえって小屋の安全性を保証しているようである。それでも、那須は、〈とろんとしずまった〉無気力で汚い海しか描かない。

『だれも知らない小さな国』の三角平地も、東西北の三方を崖と小山に囲まれている。そして、発見した当時は杉林だった南側だけが、伐採によって切り開かれ、明るくなっている。その「明るい平地」のイメージは、南に海を配し、他の三方を土砂の山に囲まれている小さなプレハブ小屋のありようと酷似しているとは言えまいか。全体としての配置の類似と、そこに置かれている一つ一つのものの持っているイメージの明と暗という相違を考察するとき、ぼくらは、同じ「子どもたちの隠れ家」でありながら、そこに描かれた二つの風景、二つの家の違いの大きさに愕然とすることになるだろう。（機械的に言えば、『だれも知らない小さな国』には戦後理念＝誰にも侵されることのない個人の尊厳というものの持っている明るさがあり、『ぼくらは海へ』には今にも押しつぶされそうな個人のかかえ込まされている状況の重さと暗さがあるということになる。景観の酷似と、その明暗の落差の大きさに、ぼくは読みながら、失ったものの大きさと、八〇年代というときの始まりを感じていたと言っていい。）

『迷路』と「隠れ家」の関係について、もう少ししつこく言うならば、これらは何も『だれも知らない小さな国』や『ぼくらは海へ』の専売特許ではない。今から九〇年も前に書かれたモルナールの『パール街の少年たち』（一九〇六年、学習研究社　一九六九年一一月）の「原っぱ」にも、じつをいうと「迷路」があり、同じ風景がある。作者は原っぱを「一方にはいまにもたおれそうな板べいがあり、あとの三方には高い家の壁がどこまでものびている。そんなありふれた原っぱなのだ。」と説明している。秘密の空間は、やはり周りを囲まれた、日常世間とは隔絶された方舟のような空間が好みらしい。

『だれも知らない小さな国』の「ぼく」には仲間はいない。それでも、彼は、たとえ晴れていても長靴で出掛けていき、小川を一人さかのぼるという迷路通過のためのしきたりを怠ることはない。ひるがえって、『ぼくらは海へ』の誠史たちは果たして「仲間」なのだろうか。また、どのようなしきたりをもって、あのアパラチア山脈の迷路を越えているのだろうか。

話を『だれも知らない小さな国』に戻そう。ぼくは最初に、「変革」の時代を象徴する作品として『だれも知らない小さな国』があるといった。これはこの作品がもっともよく変革の思想を体現しているという意味ではない。むしろ逆である。この作品ほど「変革の思想」から遠かったものはないといっていい。変革への意思という点では、早大童話会の「少年文学宣言」、山中恒の『赤毛のポチ』、古田足日の『ぬすまれた町』『宿題ひきうけ株式会社』といった作品をあげた方が妥当であろう。それでもなお、ぼくがこの時代の象徴として『だれも知らない小さな国』という作品を描くのは、この作品の基底に《峠の向こうへの期待感》が明瞭に流れているからである。この《期待感》は、戦後民主主義の中から生まれた熱っぽい理想主義の一つの息吹である。その点で、この作品は「変革」の時代の思想と共通の理念の上に立っていたのである。

佐藤のコロボックル・ワールドを、戦後価値の具現化と捉え、正面きって評価したのは、上野瞭の『戦後児童文学論』（理論社　一九六七年二月）が最初だったような気がする。いま考えると、これは佐藤のもの以上に、上野の批評の言葉が戦後価値を体現していたようにも思う。その意味でも、上野の『だれも知らない小さな国』評価は見事であり、一つの節目を示していたのではなかったか。上野は言う。――〈これは、コロボックルという日本土着の小人の物語であると共に、コロボックルに仮託され、象徴された戦後理念の消化物語であり、自律的価値として確立する一つのプロセスの提示なのである。〉と。

おおむねのところで納得しながらも、この上野の卓見に、ぼくは一つの異論を持っている。それは、主人公の「ぼく」が戦後になって、二十年ぶりに小山に行き、コロボックルと出会う場面の評価である。上野は次のように言う。――〈この発端は、感動的である。二十年の歳月、戦争という非情な破壊行為の介在にもかかわらず、人間の中に、それを生き抜いたところの価値の内在することを告げる。〉と。

上野は、敗戦後の小山との再会を「戦争という非情な破壊行為の介在にもかかわらず生き抜いた価値の内在である」と、ほとんど無条件に評価しているのだが、ぼくが『だれも知らない小さな国』という作品の中で一番気になっているところも、じつはそこなのである。上野は、戦前から戦後にかけての外圧にもかかわらず、「変わらずに生き抜いた価値」と言ったが、三角平地自体は戦前と戦後では、南側の杉林が全て伐採されるという大きな変容をきたしている。主人公の「ぼく」はこの〈湿気のあるところ〉から〈明るい平地〉への変貌に、ほんの少しの間、戸惑いを覚えるが、すぐにまた気に入ってしまう。——〈明るい平地は、はじめ思ったより、だんだん気にいってきた。ぼくは、むかしのように、いずみのわきにこしをおろした〉

ぼくは、『だれも知らない小さな国』の「ぼく」には、《喪失の体験》とでも呼ぶべきものが喪失していると思う。

ふたたび『パール街の少年たち』を引き合いに出してしまうのだが、この作品のラストは、団長のボカニャーノシュが、ネメチェクニエルネーの死とともに、原っぱに五階建てのビルが建てられるということを知って、愕然として去っていく場面である。ボカは、まるで永久に祖国を去るような気持ちで、原っぱからはなれていく。ボカは、死んだネメチェクは〈自分の命をかけた祖国がうばわれたことをしらないですんだのだ〉ということを、大きな悲しみの中の〈小さななぐさめ〉だと思いつつ、去っていくのである。

このとき、少年ボカは大きな〈喪失の体験〉を経て、子ども時間から大人の時間への第一歩を踏み出したのだといっていいだろう。自分たちが命をかけて争奪戦を展開した「原っぱ」はいま五階建てのアパートになろうとしている。

いまはもう、パール街の原っぱにも、おおぜいの人のすむ五階建てのビルがたっている。そして、そのビルの住人たちはだれひとり、このちっぽけな土地が、あわれなブダペストの少年たちの思い出の場所であったことなど知らないにちがいない。

古田足日の『モグラ原っぱのなかまたち』（あかね書房　一九六八年一二月）のラストにも同様の《喪失の体験》がある。この物語の「さいごの話」は、やはり「原っぱ」が市営の住宅に変わってしまうというものだ。ダンプカーが土を運び、ブルドーザーは木を押しつぶしていく。あきらとかずおは木の上にのぼって、「工事をやめてくださあい。市長さんと話たあい」と叫ぶ。物語のラストはそれから一年後。モグラ原っぱも、フクロウ森も、いまはもうない。小さい団地のはずれに「モグラ公園」という札の立った遊び場がある。あきらは「これが山か！　これが森か！　フクロウもいないし、カブトムシもいないじゃないか！　市長のうそつき。」と、どなる。古田の市営団地の下には、フクロウ森とモグラ原っぱが埋まっている。ブダペストのパール街の五階建てのビルの下には、ボカやネメチェクが命をかけて争奪戦を展開した原っぱがある。また、国松俊英が描いたかもめ団地の向こう側の埋め立て地の下には、かつてリョウたちが野球をし、鰈とりや浅蜊とりをした遠浅の海岸が埋まっている。ぼくらは、いくつもの原風景と原体験をその中に封じ込めつつ、いま巨大なビルの町をつくっている。《喪失の体験》を抜きに、ぼくらは、ぼくら自身の生について語ることなどできはしない。

ひるがえって、佐藤の「三角平地」はどうなのだろうか。南側の杉林の喪失によって、この平地は〈湿気のある場所〉から〈明るい平地〉へとその相貌を変えている。この変貌を、「ぼく」は素直に受け入れて、明るいコロボックル小国の建設に向かうことになるのだが、考えてみれば、この杉林の喪失による三角平地の変貌は大きな喪失のプロセスではないだろうか。『だれも知らない小さな国』の少年は、その喪失のプロセスを余所で暮らし、すでに変貌が完了した「その場所」に、青年になってからあらわれ、ほとんど抵抗らしきものも示さずに受容し「国」を完成させていくのである。

パール街のビル、もぐら原っぱの市営団地、国松のかもめ団地が、過去を自らの下層に塗り込め、閉じ込めた上に築かれたものであるとするならば、佐藤のコロボックル小国には、そのような意味での《喪失の体験》と下層に塗り込めた過去はない。

コロボックル小国の物語は、《喪失の体験》を喪失した物語なのではないかと、ぼくは考える。坪田譲治の「サバクの虹」を引き合いに出していうならば、佐藤の作り出したコロボックル小国には「サバク」がない。いや、『だれも知らない小さな国』だけでなく、いったいどれほどの作品が、戦後五十年の間に喪失とサバクとを描き得たのだろうか。

一九六〇年六月一八日の夜、日米安保条約自然成立のとき、古田足日は、国会のそばで夜を明かし、翌朝そっと周囲の風景が「サバクの虹」と重なって見えたという。「「サバクの虹」論」(『坪田譲治童話全集別巻　坪田譲治童話研究』岩崎書店　一九七一年三月）の中で、古田は次のように言っている。

一九七〇年六月十七日。十年前、ぼくは「サバクの虹」をぼくの内と外に見た。そして、きょうまた、「サバクの虹」のイメージが心の中にひろがる。
いや、この二つの「サバクの虹」はおなじではない。十年前、「サバクの虹」は明瞭であった。今日、ぼくはスモッグの中に立って「サバクの虹」を見ているようだ。

那須のつくった埋め立て地と海のイメージは、汚く、無気力で、とろんとしている。これも一つのサバクにちがいない。が、そのサバクのような埋め立て地に「隠れ家」をつくらざるを得なかった少年たちの、埋め立て地の外にある家は、それ以上にサバクであるにちがいない。サバクに住めない以上、少年たちは虹を夢見て海へ出るしか道はない。『ぼくらは海へ』のラストは二人の少年による出航である。

ぼくは今、『ぼくらは海へ』について考えながら、もう一方で「ズッコケ三人組」のシリーズのことを頭に思い浮かべている。「ズッコケ三人組シリーズ」には、『ぼくらは海へ』に見られるような負の形容詞句の連続はない。しかし、那須は、典型的な人物設定とそのおもしろおかしい行動をさらに典型的に描くという《技》を駆使して、ズッコケを書き、それと同様に『ぼくらは海へ』という作品をも書こうとしてたのではなかったのか。

ぼくは、那須正幹におけるズッコケシリーズの「明るさ」と『ぼくらは海へ』の「暗さ」の間を探ってみたい衝動にかられている。「ズッコケ三人組シリーズ」と『ぼくらは海へ』とをひっくるめて捉えることのできるしなやかさを、ぼくらは獲得する必要がある。

一九八〇年一二月。ぼくは『あやうしズッコケ探険隊』の冒頭の漂流場面を読みながら、『ぼくらは海へ』のラストを思い浮かべていた。『ぼくらは海へ』のラストは印象的だった。海へ出た二人が帰らぬ以上、この二人の旅立ちが死出の旅であるのはまちがいのないところである。しかし、よく読むと、那須正幹は、この二人の舟つくりの行為を描きながら、ここに「死のイメージ」がまとわりつくことを周到に排除しているように、ぼくには見える。これは、ぼくにはそう読めたというしかないのだが、出航の準備に食料をそろえたり、旗をつくったりする二人の姿は、この作品の冒頭の暗さと比べたら、異様なほどに明るいものである。冒頭での負の形容詞句の多用とは反対に、ここでは明るさを誘う言葉が多用される。

話を先へ進めよう。どう考えても、死出の旅路にちがいないラストシーンで、逆に正の形容詞句を多用する那須正幹という作家の感性に、ぼくは、不思議な興奮を覚えていた。そして、その興奮の答えが解ったのは、同じ年の一二月に出版された『あやうしズッコケ探険隊』(ポプラ社 一九八〇年一二月)を読んだときである。この作品の冒頭は、ハチベエ、ハカセ、モーちゃんの三人組の漂流の場面である。


東の方向にかすかに見えていた陸地が水平線のもやの中にしずむと、見わたすかぎり空と海だけになった。船は大きなうねりにのって南西にむけて流れていく。


この本を読んだとき、これは『ぼくらは海へ』の「つづきの話」にちがいないと、ぼくは思った。そして、そう思ったのは、ぼくだけではないはずだ。この二つの本を読んだ読者は、おそらくみな、二つの作品の設定の類似性(一方の終わりからもう一方が始まっているということ)に気づくはずである。

那須正幹は『ぼくらは海へ』のラストを書きながら、もう一方で、ズッコケシリーズ第四作の漂流談を考えていたにちがいない。ぼくは、『あやうしズッコケ探険隊』を読みながら、『ぼくらは海へ』のラストシーンの「奇妙な明るさ」のことを考えていた。それは、那須が、二つの作品でもって一つのことを語ろうとしていたのではなかったのかということである。

『ぼくらは海へ』という作品は、一言でいえば、今の子どもたちの《出口なし》の状況を描いたものである。冒頭の負の形容詞句の連続から、ぼくらはもう、否応なくべっとりと重く息苦しい状況の中に置かれることになる。その少年たちがそれぞれの努力でもって危機的状況を打開し、明るい未来を予感するという道を、那須正幹は選んでいない。『ぼくらは海へ』のラストは、しっかりと『あやうしズッコケ探険隊』の冒険へと連動しているのである。「奇妙な明るさ」は、この作品では果たせない冒険の夢を、ズッコケ三人組の方でやるから楽しみに待っていろという作者のサインだったのにちがいない。

一九八〇年代を今ふりかえって、改めてぼくが思うことは、一つの言葉が一つの事柄（あるいは真実）をあらわすと信じられた時代が完全に終わったということである。那須の『ぼくらは海へ』とそれに続く『あやうしズッコケ探険隊』の刊行は、ぼくにとって、その端緒であり予兆であった。那須は、ここで二つの作品でもって一つのことを語ろうとしている。これは『ぼくらは海へ』という作品がこれ一つでは未完成な作品だということではない。ラストの「奇妙な明るさ」がそれを予感させ、また『あやうしズッコケ探険隊』の冒険がシーホース三世号のその後の冒険を連想させるということである。そのとき、ぼくらは「一つの言葉は一つの真実をあらわすものだ」という言葉の呪縛から解放され、より自由な読みを獲得することになる。こうして、一九八〇年以降のイメージの冒険は、重層な読みを可能にするしなやかさの獲得から始まることになる。「自衛」とは心の内と外にサバクを見たときから始まる。

さて、戦後児童文学の五十年を語るについて、あまりにも偏り個別に語り過ぎてきてしまったようである。語り切れぬものの大きさに改めて畏れおののきつつ、筆を擱く。

（『日本児童文学』一九九五年一二月号　特集　検証・戦後児童文学の50年）

『八郎』の「したらば、まんつ」について

＊したらば、まんつ（語り）

斎藤隆介の代表作『八郎』の、作者自身による語りを直接に聞いたことがあるだろうか。「したらば、まんつ」ということばを活字の字面ではなく作者自身の語る「音」で直接に聞いたことがあるだろうか。『八郎』という物語のクライマックスは、言うまでもなく大男の八郎が山を海へ投げ込み自分自身も海へと入っていく場面にちがいない。「おらさみィ、おらさみィ」と山は言う。その山を投げ込まれた海はガンガンに怒る。ムクムクモクモクと押し寄せてくる。それを見て、村人はオンオン騒ぐ。わらしコはワイワイと泣く。そのわらしコの頭をひと撫でしてから、八郎は海へ入る。

海の中に入っていくとき、八郎は後ろを振り向きチラと笑って、「したらば、まんつ」と言う。この「したらば、まんつ」という一言が、作品としての『八郎』をかろうじて支えていると、ぼくは考えている。《大きくなって大きくなって世のため人のために我が身を犠牲にしてがんばった大男の美談》という構図を、この「したらば、まんつ」という一言がほんの少しだけれども外してくれているからだ。

それにしても、この「したらば、まんつ」の語りを、初めてじかに斎藤隆介の口から聞いたときのことを、ぼくは今でも忘れられない。ぼくはそのとき体中に電気が走り胸が熱くなった。それは明らかに活

字のことばから受けた印象とは異質のものであったからだ。その異質さにぼくは愕然とし胸が高鳴っていた。

「したらば、まんつ」ということばを、ぼくは、大男が世のため人のために我が身を犠牲にする美談を、かろうじてずらしている重要なことばだと考えている、と言った。そうは言っても、活字面で読んでいった場合、この「したらば、まんつ」も、八郎が海へ入っていく前の景気付けのことばという印象は拭えない。斎藤隆介ファンの読み手ならば、なおさらのことだ。勢いをつけて弾みをつけて、力強く「したらば、まんつ」と読むにちがいない。まさに「用意、ドンッ！」に相当することばになってくる。

斎藤隆介の「したらば、まんつ」はちがっていた。ぶっきらぼうに、つぶやくように、ぼそっと、どちらかというとふてくされているかのような弱さで、「したらば、まんつ」と言う。それは活字面の物語の流れからは明らかに異質な「したらば、まんつ」との出会いだった。

それにしても「語りのことば」のその語られ方を活字面のことばで語ろうとするのはむずかしいことだ。ぼくは、斎藤隆介の「したらば、まんつ」のつぶやくようなその語りを聞いたとき、活字で語られる美談の八郎の生き方のほかに、もう一つの八郎の生き方を垣間見たような気がした。その複数の（複線のというべきか）生き方の発見に、ぼくは心が躍ったにちがいない。

上野瞭は「「走る」ということ＝斎藤隆介論」（『ネバーランドの発想』すばる書房　一九七四年七月所収）の中で「三コ」の走り方を批判して次のように言っている。

わたしは、「三コ」の疾走をけなす気は毛頭ありません。しかし、「三コ」の疾走を、唯一の走法として位置づけることにはどうしても賛成できないのです。それはふつうの人間の「走り方」を矮小化し、時には、否定することになるからです。つまり、美化された「献身」は、それ以外の生き方・走り方を「美しくないもの」として押しのけるといえばいいか。人間のあり方に、無意識のうちに格差をつけるからです。

上野瞭の言い方にならっていえば、活字の『八郎』は美しい物語だ。大男が大きく大きくなって村人や男わらしのために我が命を投げうった、美しいまでに単線的な生き方として読み解きやすい物語だ。必然、読み手は力強く美しいものとして「したらば、まんつ」ということばを朗読することになる。しかし、当の斎藤隆介はこのことばを美しさカッコよさとは別物のように、ぶっきらぼうにつぶやく。その落差がおもしろい。その落差が二つの生き方を示している。

*したらば、まんつ（授業）

無残な「したらば、まんつ」の例をあげようか。ぼくは東京都の端にある江戸川区のそのまた一番東にある、つまり東京で一番東にあって、小林純一が作詞した校歌でも「大東京で真っ先に朝日をむかえるこのあたり……」とカッコよく歌われている小学校に勤めていたのだが、その隣の学校で東京都の国語の研究員というのをやっていた教師が『八郎』の研究授業をやった。ものぐさであまりよその学校まで授業など見に行かないぼくも、隣の学校だったのと『八郎』の授業だったので、つい見に行ってしまった。

授業は、八郎が海へ入って行くクライマックスの場面である。その教師はそこに出てくる八郎の四つの台詞を抜き書きして、子どもたちにどのことばが一番好きかとたずねた。その四つのことばをその授業のときのようにあげるとこうなる。
A「泣ぐなわらしコ。おめえの泣ぐの見ればおらも泣ぎたぐなる。しんぺえすんな、見てれ!」
B「ウォーイ、さみさみ言ってた山コ、おらもおめえのとなりサ行ぐからな!」
C「したらば、まんつ」
D「分かったァ! おらがなして今までおっきくおっきくおっきくなりたかったか! おらはこうしておっきくおっきくおっきくなって、こうしてみんなのためになりたかったなだ、んでねがわらしコ!」
「八郎がいった言葉が四つ出てくるけど、どの言葉が一番好きですか」と、その教師はたずねた。ぼくは、そのとき(これは「したらば、まんつ」ということばを際立たせるためのひとつの策略にちがいない)と勝手に思い込んでちょっと期待しドキドキしていた。実際、字面を読んでいっただけでは、なかなか「したらば、まんつ」ということばに辿り着いたり、立ち止まったりすることはできない。だからといって、教師の側から、クラスの子どもたちに向かって「『八郎』という作品はこの「したらば、まんつ」ということばでもって、かろうじて成り立っているんだよ。そのくらいにこのことばは大事なことばなんだよ」と言ってみたところで性もない。この教師が八郎の四つのことばをピックアップしたとき、ぼくはこれを「したらば、まんつ」に気づかせる伏線だと考えて、ひとりで勝手に緊張した。
「Aが好きな人はいますか」「Bが好きな人は……」ときいていったところ、子ども達の大部分はDのことばを選んだ。これは予想通りのことだ。子ども達は習性として最も徳目的なものを選ぶものだ。《大きくなりたかったのは、こうしてみんなのためになりたかったからだ》というDのことばは、まさに選ぶにぴったりの徳目にちがいないのだ。しかし、子ども達をここに安住させておいてはいけない。ここにCの「したらば、まんつ」をぶつけるのだ。子ども達の、徳目に安住した読みに揺れを起こさせるのだ。まさに教師の教師冥利につきる腕の見せ所だ。

ぼくは勝手にぼくの架空の授業をでっちあげ一瞬酔っていたのかも知れない。実際の授業の歩みは無残な方向に進んでいた。ひとりだけ「したらば、まんつ」ということばを好きだという子がいた。その子は自分ひとりしかそのことばを好きでないという結果に戸惑い不安を覚えていたようだ。教師はやさしくたずねた。「○○君、Cでいいかい。Dに変えるかい」と。

その男の子は黙ってうなずき、黒板に書かれたDのことばを好きな子の得票にもう一票が加えられた。あとの授業の流れはただその徳目を確認するだけの無残なものであった。

＊とまどい

上野瞭が「三コ」の走り方に対していだいた疑問と同質の戸惑いを、宮川健郎は「八郎」の海へ入っていく場面について語っている。「「叙事」の方へ――斎藤隆介に関する18章」(『日本児童文学』一九七九年二月号、『国語教育と現代児童文学のあいだ』日本書籍　一九九三年四月所収)の中で、宮川はその戸惑いを語る。

こうして死んでいく八郎に、人がその現実をこえるときの葛藤や逡巡の影はない。そのことに、ぼくは、とまどいさえおぼえる。

八郎や三コは、百姓たちのまずしく困難な現実から生れ出て、その現実を組織していく人間ではない。彼らは、あらかじめ、現実をこえうる巨人として設定されている。

ぼくも『八郎』や『三コ』という作品の献身の美学については、先にあげた上野や宮川と同じような疑問と戸惑いを持っている。ぼくらはだれもがただひとつの生しか生きることはできないが、その生のありようは、それこそ人の数だけ星の数ほどあるのであって、「八郎」型美談に拘束されるものではない。

活字面での『八郎』の朗読が美しくカッコいい美談の読みになりやすいのは、作品自体がそのような構造を持っているからで、これは読み手の責任ではない。と、思いつつも、ぼくはあの斎藤隆介本人の「したらば、まんつ」の語りに初めて出会ったときの衝撃に対抗できないでいる。語りの強さというのは、いったい何なのだろうか。何が語りを支えているのか。ぼくのほんとうの戸惑いは、むしろこちらにある。

＊したらば、まんつ（方言？）

「秋田の人は、どう言うのかね。これは、とくに暗いとか、つぶやいているとかいうわけじゃなくて、秋田の人は、もしかしたらこんな風に、したらば、まんつ、って言うのかもしれないよ」

こう言ったのはうちの女房だ。いっしょに先にあげた授業を見ていた女房に、ぼくは憤慨して「したらば、まんつ」の話をした。家に帰ってから、『八郎』のテープを聞かせた。（余談だが我が家には斎藤隆介が語っている『八郎』のカセットテープがある。つぶやくような「したらば、まんつ」に出会いたい人には送ってもいい、なんて話をしている場合ではない。先へ進もう。）

女房の言うことには、「この「したらば、まんつ」という言い方は、あんたが考えているほど思い入れたものではなくて、秋田の方言があんな風なイントネーションの語りになっているのではないか」ということであった。ぼくは即座に「知らない」と答えた。

ぼくが考えていたのは、その語りが活字の八郎とは別のひとつの生き方をあらわしているのではないかということであった。それが方言であれ、隆介節であれ、そこに複数の生き方が立ち現れてくる。そのことの意味について、ぼくはもう少しこだわってみたかったのだ。

ぼくはうちの女房に対して「それは方言ではないのではないか。斎藤隆介の思いがそういった語りになったのではないか」と答えた。ぼくはそのとき「花咲き山」のことを考えていた。やはり、本人の語りを聞いたときのことだ。あやが自分はがまんして妹のそよに赤い祭り着を買ってやれという場面がある。ある研究会の席でのことだ。斎藤隆介ファンの若い男の教師が「おっ母あ、おらはいらねえから、そよサ買ってやれ」という台詞をいかにも気持ち良く美しく歌い上げるように朗読したとき、斎藤隆介は「あやだって着物がほしくて、ほしくて、仕方がないんだ。それを年上だからといって、無理矢理にがまんさせられているんだ。だから、そんなにかっこうよく言えるもんじゃない」といった。それに続いた本人の語りは、怒ったような不貞腐れたような、本当はいやでいやで仕方がない風な語りであった。ラストの「あっ！　いま花咲き山で、おらの花が咲いてるな」という台詞も、ほとんど泣きそうな少女の耐え切れないところをかろうじて、そう思うことで支えている語りであった。活字面の美談は、そこでも見事なまでに変身させられていた。

そうはいっても、ぼくらはほとんど活字の形でしか、その物語を享受できない。そのとき、今はなき斎藤隆介の《語り》をどう語ればいいのだろうか。幽霊にでもなって語ればいいのだろうか。

＊幽霊

幽霊といえば、井上ひさしの戯曲『父と暮らせば』（『新潮』一九九四年一〇月号、同年紀伊國屋ホールで上演）も幽霊の語りだった。「おとったん、こわーいー！」「こっちじゃ、こっち。美津江、はよう押入へきんちゃい」という台詞で始まるこの芝居は、原爆で爆死した父親の幽霊（すまけい）とその娘（梅沢昌代）の二人芝居で、ずっと広島弁で語られていく。といっても、じつは劇を見ながらそれが広島弁なのかどうかも、ぼくには分からなかった。そのように配慮されているのかも知れないが、ぼくは言葉の上での抵抗は何ひとつ感じることもなく、その劇を見終わっていた。そういえば、先日クラスの子ども達が『八郎』のテープを聞いてから「おはなしの絵」を描いたときも、わざと一度しか聞かせず、何の説明もせず、もちろん絵本『八郎』など見せたりせずにやったのだけれど、三年生の三十五人の子ども達はそれぞれに、八郎の髪に群がる小鳥達や山を持ち上げる八郎や海と押し合う八郎を好きなように描いていた。子ども達は多少意味不明なことばがあっても、どこかでつじつまを合わせながら読んで分かっていっているものだ。語り方も分かり方も読み手の数だけあって、そのそれぞれが生きているということが納得できるような思想とそれを支え表現する言葉を獲得したいものだ。『八郎』の「したらば、まんつ」の語りは、ぼくにそのことを考える糸口を与えてくれた。井上ひさしの『父と暮らせば』の広島弁は、方言が特殊な言葉というよりはむしろ確かな生の表現であることを見せてくれた。幽霊が生を表現しているというのも変な話だが、そんな逆説だからこそおもしろいのにちがいない。最後にこの劇の方言指導にあたった大原穣子による「広島弁訳」の憲法第九条「戦争を絶対にせんいう誓い」の最初の方をあげて終わりにしたい。――「わたしらー　にほんこくみんは／りにかなうたことを　でゃーじにしてくらせる／よのなかをつくることを　こころからねがうとります。／ほいじゃけえ　そのために、せんそうをせんいう／三つのやくそくをきめたんです。」（『the 座』第31号　一九九五年十月所収）

（『日本児童文学』一九九六年五月号　特集〈風土〉と児童文学）

Ⅳ

私的な詩的な指摘
——「賢治から何を学ぶべきか?」について——

『校本・宮澤賢治全集』という目の玉がとびでてオケラになるほど（値段も質も）高い本が出たためだろう。現時点において賢治の童話文学から何を学ぶべきか（あるいは賢治の彼方へどのように越え進んでいくべきか）という問いかけが、また、おこってきているように思う。あえて《また》といったのは、賢治については、いつも、ある程度は語られているにちがいないし、その場合の語り口も、必ずといってよいほど「賢治から何を学ぶべきか（あるいは何を受けつぐべきか）」といった類の発想に犯されているにちがいないからだ。

ぼくの全く私的な感覚でもっていえば「○○から何を学ぶか」という発想は好きでない、というより、はっきり嫌いだ。むしろ、伊東守男が『ユリイカ』（一九七〇年VOL.2—8）でいっていたような「イーハトーヴは岩手県ではない」という発想の方が好きだ。なるほど、賢治は『注文の多い料理店』の広告文の中で次のようにいっている。——「イーハトヴは一つの地名である。強て、その地点を求むるならばそれは、大小クラウスたちの耕してゐた、野原や、少女アリスが辿った鏡の国と同じ世界の中、テパーンタール砂漠の遥かな北東、イヴン王国の遠い東と考へられる。実にこれは著者の心象中に、この様な状景をもって実在したドリームランドとしての日本岩手県である。」(傍点は原文のまま) しかし、伊東守男は「たかが作者の覚え書きぐらいで作者心中のドリームランドかなにかに堕せしめる訳にはゆかない。」と言い切る。――「ひとつの作品は無限の読み方を、つまり無限の作品を生むのだ。そんなねじ曲げと、作者の真意(それは永遠に、作者自身によっても確定不能だろうが)のあいだにはさまって作品が発する悲鳴こそ、文学を文学として基礎づけるものなのだ。」

逆説的にいえば、賢治から何を学ぶかという順応的発想よりも、この伊東守男の反撥的指摘の方が、賢治のいわゆる「推敲の現状を以てその時々の定稿となす」という作品行為に合致していて、かえって賢治の精神を受けついでいるような気がするからおもしろい。真正な意味で、「賢治から何を学ぶか?」という問いかけに対する答は、おそらく、このあたりにかくされているにちがいない。だから、ぼくも、全く私的な記憶から語りはじめよう。

＊

ぼく自身の全く私的な記憶をたどってみると、小さい頃のぼくは、どうひいき目にみても〝本好き〟の子どもではなかったようだ。『赤胴鈴之助』やら『まぼろし探偵』やら『矢車剣之助』やらをみながら、のんべんだらりと、あるいはひいこらと毎日をくらしていた。そんなぼくでも、小学校のとき読んだ本の中で確かな記憶を残しているものが二つだけある。一つは、三年か四年の頃よんだ賢治の『銀河鉄道の夜』であり、もう一つは、六年のとき近くの図書館にかよって読んだファーブルの『昆虫記』である。『昆虫記』の方は、毎日のように虫をおいかけ、はりつけにし、幼虫という名の青虫をみつけては捕獲していたぼくにとって、日常のつづきのようなものだった。実際、ぼくは「玉ころがし」に魅せられて、しばらくの間、糞や腐ったものによってくる虫を夢中になってあつめて、親にあきれられたものだった。かんづめの空かんを二つ重ねて、地下二階に蛙や蛇や雀の死がいを入れておくと、地下一階にシデムシやら何やらがはいっていたものだ。

これに反して、『銀河鉄道の夜』の方は、ぼくにとって、全く日常からかけはなれたような記憶のうちにある。一言でいえば、ぼくは異様な雰囲気の中でそれを読んだ。そして、今もって覚えているのは、その異様な感じだけである。中味については（一カ所を除けば）全然記憶に残っていない。おそらく、小学校三年ぐらいの、しかも、たいして〝本好き〟でなかったぼくには、賢治の自己犠牲死の形象化の決算ともいうべき『銀河鉄道の夜』の中味は難しすぎて全然理解できなかったのだろう。覚えているのは、やはり、全体を支配していた異様な暗い雰囲気と、その中でやけに蒼茫と白く輝く個々のイメージの光の不気味さだけだ。そのイメージも、具体的な形になると、一カ所を除くと、全く覚えていないのである。

ぼくが覚えているたった一カ所というのは、第八章「鳥を捕る人」の中で、鳥捕りが天の川の河原で鳥をつかまえる場面だ。——鳥捕りは両足をかっきり六十度にひらいて、おりてくる鳥の脚を片っ端から押えて、袋の中に入れる。鳥は袋の中でぺかぺか光ったりしながら、しまいに眼をつぶり、白くなる。つかまらない鳥も、足が砂につくや否や砂の中に扁べったく融けてしまう。押し葉みたいな鳥のイメージと、鳥捕りが《あっち》に行って鳥を捕ったり《こっち》にきてお菓子のような雁をジョバンニとカムパネルラに食べさせてくれる場面も、おもしろくて不思議に印象的だった。この鳥のモチーフに関しては、あとで、もう少しくわしく考えてみたい。とにかく、ぼくは、鳥捕りのイメージだけを、幼ない日の記憶のタンスのいちばん奥の方にしまいこんでいた。そして、それが、ぼくと『銀河鉄道の夜』との最初の出会いだった。

二度目の出会いは、高校二年のときだったが、これも、全く偶然に、何の内発的な感情もなしにやってきた。国語の時間だった。教師がクマのように黒板の前をいったりきたりしながらこういった。――「おまえら、童話童話なんちゅうてバカにしとるけど、宮澤賢治の『銀河鉄道の夜』ほどむずかしいものはないぞ。おまえらが、あと十年たってよんだって、二十年たってよんだって、ほんとんとこは、わからんぞ。ぜったい、わからん。」

そのとき、ぼくは、昔の異様な記憶の真意をさぐろうと思って、図書室の片すみで、この本をよんだ。でも、「むずかしい本だ。」という教師の言葉が、ぼくのさえない頭を幾度ともなくかすめて、実際のところ、幼ない日の記憶ほどの感動も、ぼくの胸には残らなかった。ただ、銀河鉄道の旅自体よりも、ジョバンニが黒い丘の上にのぼる場面と、反対にかけおりる場面とが、つまり夢でない黒い丘のイメージの方が、かえってぼくの記憶に残ってしまった。それが不思議だった。

残らなかったといえば――「カムパネルラ、また僕たち二人きりになったねえ、どこまでもどこまでも一緒に行こう。僕はもうあのさそりのやうにほんたうにみんなの幸のためならば僕のからだなんか百ぺん灼いてもかまはない。」というジョバンニの自己犠牲的名文句も、不遜なぼくには全く記憶に残らなかった。（実際、今になって考えると、この銀河鉄道車中でのジョバンニの自己犠牲的名句は、現実にはカムパネルラと別かれてしまったということ、また、ラストで百ぺんどころか一ぺんも灼かれることなく無事に――全く日常的に――母さんのところへ牛乳をもってかえるというくだりを考え合わせるならば、極めて重要な位相を占めてくるのだ。しかし、銀河鉄道車中での自己犠牲的会話は、ぼくには全くしっくりいかないのだ。）

しっくりいかないといえば、ぼくは『銀河鉄道の夜』をよんで、今まで、一度も、セロの声をきくこともなかったし、ブルカニロ博士に会うこともなかった。そして、今度なけなしの銭をはたいて買った「校本全集」をみたら、なぜか、セロの声もブルカニロ博士もほんとうに消えてしまっていた。消えてしまったブルカニロ博士のことを〝いま〟考えると、ぼくは一方で安心すると同時に、なぜかＳＦの可能性が消されてしまったようなさびしさをも覚える。

自己犠牲が実は主人公ジョバンニの自己犠牲ではなく、他者カムパネルラの自己犠牲であり、ジョバンニは銀河鉄道車中においてカムパネルラと決定的ともいえる別れをとおして、現実のカムパネルラの死に会い、自身は母のところへいそぐ、このストーリーの中で、ＳＦ的な実験はなぜ準備され、そして、なぜ消されていったのか。ぼくは、いつか、もう一度このＳＦ的な実験の現実と夢との間隙を旅しなければならない。

*

でも、いまは、もう少し各駅停車の汽車ぽっぽに乗った気分で、昔の記憶にかかずらってみよう。ぼくは、なぜ『銀河鉄道の夜』という作品の中で「鳥捕り」の場面ばかりが印象に残ったのだろうか。結論めいたいい方を先にしてしまうと、ぼくにとって、この「鳥捕り」の場面が一番おもしろかったからにちがいない。そこで、問題はこの《おもしろさ》だ。《おもしろい》という言い方には色々な意味あいが含まれてきて、焦点がぼけてきて、こまる。だから、少しく説明すると、ぼくは、いま、入沢康夫との「討議」の中で天沢退二郎がいった程度の意味あいで《おもしろい》という言葉を使っているのだ。

――入沢「作品を離れるようだけど、銀河の上を死者が鳥になって渡っていくというのは北欧の伝説にあるし、日本神話でもしばしば霊魂の運び手の役割になっている上、賢治も『白い鳥』でヤマトタケルの魂が鳥になったことを引いている。しかし、死者の魂が鳥になって飛んでいくというイメージが、今のこのシーン（「鳥捕り」の場面――引用者註）の背景にあるかどうかというと……。」／天沢「鳥を題材にした面白さの方が表面にでてしまっているから、ここでは、そういうモチーフが特に重要性をおびているとは感じられないですね。ただ、この童話全体を、鳥のモチーフに焦点をあてて見直すと、ここなんかはものすごく重要になってくる。」（傍点引用者）

死者の魂が鳥になって飛んでいくという点に限っていえば、この「鳥捕り」の場面よりも、第五章「天気輪の柱」でジョバンニが銀河鉄道にのりこむ直前に黒い丘の上でみた一ぴきの鳥の方が、死者のイメージにぴったりしている。「鳥が一疋、丘の上を鳴き続けながら通って行きました。」という部分は、正しくカムパネルラの死のアレゴリーであり、それ故にまた、夢であり死の世界である幻想第四次の銀河鉄道からの使者でもあるのだ。

しかし、天沢退二郎のいうように「鳥捕り」の場面はそのような高尚ななぞとき（アレゴリーさがし）をするには、あまりにも単純におもしろすぎるとはいえまいか。ぼくは、いま、雑誌『民間伝承』（一九五六年一〇月号）で、浅野晃がいっていたことを思い出している。浅野は、この「鳥捕り」の場面について、話の種は昔話の「雁取り爺」であると指摘している。ぼく自身は、このシーンの種が「雁取り爺」だと断言できるだけの確証をもっていない。（それだけに、このシーンは、いわゆる民話的発想から遠く離れたイメージをもっているのかもしれない）。しかし、両足をかっきり六十度にひらいて、一面のかいかいはばはこぐさの上に立って、まじめな顔をして両手をひろげて、舞いおりてくる鳥の黒い脚を押えて、袋の中に入れる「鳥捕り」の実演（ほんとにこの場面は実演としか呼びようがない）と、〝雁の眼《まなこ》さあぐはいれ、雁の眼さあぐはいれ〟といいながら、畑のそばの沼におりてくる雁の眼めがけてざるから灰をまいて、雁をころりころりとおとす雁取り爺さまのイメージとは、ぼくの脳みその中でぴったりと一致してしまうのだ。はっきりいって全く異質なイメージなのだから一致してしまうなんていう言い方をすると誤解されてしまうかもしれないけれど、こと《おもしろさ》という点に関していえば、どちらも実にありそうもなく荒唐無稽で、しかもはっきりしたイメージをもっているとはいえまいか。

柳田國男の『昔話と文学』によれば、「雁取り爺」は東北地方にひろく分布している昔話である。津軽や秋田、山形にもあるが、賢治の郷土である岩手県からたくさん採集されている。中味は「花咲か爺」とほとんど同じで、最後に灰をまいて花を咲かせるところが雁取りになっている程度の違いである。話の要素をあげると、だいたいこんな感じだ。——①いい爺とわるい爺とあった。②いい爺がイヌを手に入れる。③イヌが山で鹿をとる。④となりの爺がイヌをかりていく。⑤イヌが蜂の巣をみつけて殺される。⑥いい爺がイヌの死骸をもらってきて土にうめる。⑦うめたところから木がはえ宝がでる。⑧となりの爺が木をかりていく。⑨木がガラクタを出して燃やされる。⑩いい爺が燃えかすの灰をもらってくる。⑪灰をまいて雁をとる。⑫となりの爺が灰をかりていく。⑬灰がとなりの爺の眼にはいり、屋根からドシン。下で待っていた婆が雁と間違えて爺の首を鉞で……。

ところで、この、わるい爺の首がチョンでおわる「雁取り爺」と「鳥を捕る人」とを、ぼくは《おもしろさ》という一点でつなげたけれど、これは、別段つなげるほどのこともないかもしれない。なぜなら、「雁取り爺」の最も基本的な要素であるよい爺とわるい爺との葛藤が喪失して、雁取りが「鳥捕り」という商売にかわったその瞬間から、すでに、「雁取り爺」はそれ自体としての意味を抹殺され、賢治の幻想第四次の銀河鉄道の客の一人になり切っているからだ。つまり、それほどまでに見事に、賢治はこの昔話を自分の作品の中にとり込んだのだ。

「あなたはどこへ行くんです。」カムパネルラが、いきなり、喧嘩のやうにたづねましたので、ジョバンニは、思はずわらひました。すると、向ふの席に居た、尖った帽子をかぶり、大きな鍵を腰に下げた人も、ちらっとこっちを見てわらひましたので、カムパネルラも、つい顔を赤くして笑ひだしてしまひました。ところがその人は別に怒ったでもなく、頬をぴくぴくしながら返事しました。
「わっしはすぐそこで降ります。わっしは、鳥をつかまへる商売でね。」（傍点は引用者）

ぼくは、いま、「雁取り爺」と「鳥を捕る人」とを比較しながら、賢治がこの昔話を見事に自分の作品の中にとり込んだと口走ってしまったようだ。口走ってしまった以上、誤解を受けぬようにはっきりさせなければならないが、ぼくの言いたい真意は、賢治が昔話の息づかいを作品の中に生かしたなどということではない。むしろ、正反対である。読みくらべてみればわかるが、「鳥を捕る人」のシーンには「雁取り爺」の残滓もない。残っているものがあるとしたら、それは、鳥を捕るシーンの実にはっきりとした《おもしろさ》だけだ。

確かに、賢治の作品には「ざしき童子のはなし」のように「作者が座敷わらしの伝承に贅肉を加えず、作者の感覚でそれを浄化している」（続橋達雄「賢治童話と民話」、「日本児童文学」一九七四年五月号所収）と、昔話との距離の近さ加減・ありのままさが肯定的に評価されているものが多い。例えば、『子どもと文学』でも、賢治と昔話との関係を次のように肯定的に評価している。——「昔話の純朴でむだのない美しさは、うそっぱちの飾りだらけの文学のみにくさと対置されて、いつも彼の創作をみちびきました。花巻地方のある稗貫郡は、民話で名高い下閉伊郡や筑波郡にかこまれています。大正の半ばから昔話採集の先達となった遠野の佐々木喜善氏の諸著作や、柳田国男氏の『遠野物語』なども、雑誌に発表された折に若い賢治が眼や耳にしたことがあったのではないでしょうか。」

しかし、柳田國男の『遠野物語』等と賢治の作品とを並列的にあげて、もっぱら賢治と伝承文芸との距離の《近さ・親密さ》を評価する発想とは、もうそろそろさよならしなければいけない、と、ぼくは思っている。なぜなら、鶴見俊輔のいうように「柳田国男がその実証主義の傾斜の故に日本の現存価値を維持しようとする性格を持って」いたのに対して、賢治はそれとは「ちがった地点から、変革的に新しい限界芸術への道を志向し、一段と高い達成を示している」からだ。

文学は、常に自分の今いる日常的な状況そのものから創造されなければならないが、それは自分をとりまく日常へのめりこむことでも、日常的なものとの距離の《近さ》を目指すことでもない。要は、日常的状況をより深くより美しく、そしてよりおもしろい（ときにはこわい）ものに向って変革するという行為のうちにある。もう一度、鶴見俊輔のことばを借りていえば、「状況の内部のあらゆる事物が、新しい仕方でとらえられ価値づけられることをとおして、芸術の素材となる。宮澤賢治のもっともみがきあげられた作品も、日常的生活環境の中に深く根をもっている。」

深く根をもつということは、のめりこむことではない。ましてや、距離の《近さ》をほこることでもない。新しい仕方で把えなおし、価値づけることである。その意味で、座敷わらしの伝承に贅肉を加えていないと評価される「ざしき童子のはなし」よりも、「風の又三郎」のさいかちの木の下からきこえた「誰ともなく『雨はざっこざっこ雨三郎、風はどっこどっこ又三郎』と叫んだもの」（傍点は引用者）の方が、はるかに素材（ざしきわらしの伝承）それ自体としての意味を越えるものとなっている。そして、

「雁取り爺」から「鳥を捕る人」への飛翔は、ぼくらに、ぼくらが昔話と対峙した際の基本的な姿勢（そして方法）を与えてくれている。大島渚が「無理心中日本の夏」に参加する諸君に呼びかけたのと同じ言い方をするなら、我々の童話はつねに予感の童話だといえる。我々は過去及び現在から数々の素朴を発見するけれども、我々はそれを過去あるいは現在を説明するために使用するのではない。我々が過去及び現在から数々の素朴を発見するのは、それが我々のイメージを誘発する時に於てのみである。そのとき、もはや素材はそれ自体としての意味を越えるものとなる。そしてそれは我々のイメージ自体となり、童話を読む人々に或る未来への予感を与えるものとなる。このようにして、いま、我々は専ら予感の童話をつくろうとしているのであり、一切の童話を全て無意味だと考えている訳である。

「雁取り爺」から「鳥捕り」への飛翔も、飛翔と呼べばカッコいいが、飛んだ瞬間、二者の間には底知れぬ裂目があいているにちがいない。そして、この裂目をうめる作業の存在こそが、昔話と童話との差異を明らかにするものなのだ。「ざしき童子のはなし」にはこの裂目がない。「風の又三郎」における非人称の叫び声は確かにこの裂目から発せられている。しかし、ここでは、まだ伝承の座敷わらしの《怪》の方が優位にあるように、ぼくには思われる。ぼくは、やはり、賢治が、隣の爺との葛藤という昔話の最も基本的なモチーフを抹殺してまでも、商売人としての「鳥を捕る人」のイメージを創り出したことに執着したい。カムパネルラの「何処まで行くのか。」という質問にただ頬をぴくぴくさせながら「わっしはすぐそこで降ります。」としか答えられなかった鳥捕り。鳥をお菓子ではないかと疑われて鳥を捕る実演をしなければならなかった鳥捕り。ジョバンニの切符をみてびっくりする鳥捕り。そこには「雁取り爺」の面かげはない。全ては、ジョバンニに「もうこの人のほんたうの幸になるなら自分があの光る天の川の河原に立って百年つゞけて立って鳥をとってやってもいい。」と思わせるまでの幻想第四次での出来事なのである。ついでにいうなら、最後のジョバンニの自己犠牲的言辞などはどうでもいいのだ。要は、この場合、昔話の雁取り爺が『銀河鉄道の夜』という作品にとって、自らのイメージを誘い出し補完する《素材》でしかなかったということだ。

而して、ぼくらが賢治から学び得る最大のものは、賢治の作品を含めて、過去及び現在にまで至る全ての童話を、まずもって無意味だと考えることである。それらは、ぼくら自身のイメージを誘い出す場合に限って《素材》としての意味をみとめられはするが、この素材と自らの作品との間に必然的に生じてくるにちがいない裂目をうめる作業をスポイルしてまで「〇〇から何を学ぶべきか？」などという愚問を発してはならない。きょうも天の河原に立って鳥を捕っているにちがいない赤髯のせなかのかがんだ人のためにも……。

（『日本児童文学』一九七四年七月号　特集　宮沢賢治の再検討(3)）

『ねしょんべんものがたり』批判

――主に子どもの側からの問題提起として――

一般的に考えるなら、作品評価が多様に分かれている現象は、人のモノの考え方の多様さを物語るものですから、決して憂うべき性質のものではありません。むしろ、極めて好ましい現象だといえます。しかし、この評価の分かれ方が水掛論になるようなものだとしたら、これは論の発展を阻害し、かえって人の考え方までも固定化してしまうことになりかねません。そして、『ねしょんべんものがたり』という作品集に対する評価の分かれ方も、あまり接点がなく、多分に水掛論になりやすい危険性を含んできているといえます。

そこで、この作品集に対する評価の分かれ目はどうなっているのか、ぼくなりに具体的に分けてみることにします。まず、肯定的評価は《なんといったっておもしろい。子どもが圧倒的に喜んでいる》というもので、これは主に読み手である子どもたちとじかに接している読書運動家サイドからの評価だといえます。例えば、代田昇は「一九七二年の児童文学・創作児童文学」(『日本児童文学』一九七三年三月号)の中で、『ねしょんべんものがたり』をとりあげ、おもしろさの追求という観点から、課題図書以外にはベスト・セラーズはないという定説を破ってベスト・セラーズになっている点を考えるとき「あの種のものはげてものだからよろこばれるんだ」なんて無視していいかどうか考えてみてもらいたい、といっています。また、否定的評価は、《芸術性が欠如している。子どもに対する媚がある》というもので、これは主に書き手である作家サイドからの評価だといえます。斎藤隆介、久保喬などの作家は、この作品集の「文学性」に疑問を投げかけています。

ぼくは、これから『ねしょんべんものがたり』批判をするつもりでいますが、仮りに芸術性を云々する形でやったとしても、つまるところ〝それでも子どもは喜んでいるではないか〟という反批判にあって、水掛論になってしまうと思うのです。要は、子どもの喜びざまの問題だと思うのですが、ぼくは、論争が水掛論になることを避けるために、また、この分かれた間隙に何かタシになるものを詰め込むために、ぼくなりに子どもの側からの問題としてこの作品集の批判をしていくつもりでいます。

まず最初に、この作品集の《目的》をみることにします。椋鳩十は「まえがき」で、ねしょんべん体験という劣等感から「解放の一つの窓」をひらくところに、この作品集の目的があるといっています。ぼくは、この目的及び児童文学が種々雑多な形態を試行すること自体には賛成しています。しかし、この《目的》と作品の《中身》とは必ずしも一致していない、と、ぼくは考えます。つまり、この作品集は、真の意味で子どもの心の解放につながるものになっていない、と、ぼくは考えているわけで、ここに、目的とのズレを含めて、ぼくの『ねしょんべんものがたり』批判の原点があるといえます。以下、このズレについて少しく詳しく考えてみたいと思います。

まず、第一のズレです。これは、もしねしょんべん体験という劣等感からの解放が目的であったならば、作者自身の体験談に作品を厳選してほしかったということです。確かに大部分は自己の体験談ですが、中には《ぼくにはねしょんべんをした記憶がない。だから○○ちゃんのおねしょの話をする》といった論旨の作品もみられます。神経質なようですが、これでは語り手と読み手（＝子ども）との意識の共有が阻害され、真の意味での解放がひらかれるか疑問です。例えば、清水達也「ゆめのあとしまつ」は「ぼく、小学生のころ、ねしょうべんしたことあるのかなあ」と始まって、母にきいても「うちの子は、みんなしりくせよくて、おぼえてないよ」といわれ、結局ともだちのじゅんちゃんのねしょうべんについて話しています。また、生源寺美子「たった一どのおねしょのはなし」は「『ところがたったひとつ、わるいことは、おねしょをすることでした』と、いいたいのですが、その『おねしょ』も、一どもしたことがないのです」と始まって、つまるところわざとした「たった一どのおねしょの話」をしてお茶を濁しています。こんなしりくせよい人までが、なぜわざわざねしょんべんの体験談をかかなければならないのか疑問です。

次に、第二のズレについて考えます。第一のズレの指摘が若干神経質にすぎたのとくらべると、第二のズレはかなり重大なものです。これは、ねしょんべん体験という劣等感からの解放が目的であると銘うってあるわりには、あまりにもアプリオリにねしょんべん＝悪いものと規定している既成道徳的なかき方が多すぎるということです。例えば、前にあげた二つの作品をみても、しりくせ《よい》とか、たった一つ《わるいこと》はおねしょをすることだとかいう言葉が目につきます。その他、佐々木悦「こいのぼりのおまじない」では、じじさんが「ウソついたり、おねしょする子には、これをやるんだぞ！」といって赤いだんご＝すみの火をつけようとしますが、うそつきとねしょんべんは全く別ものではありませんか。こういった赤いだんごの呈示は、子どもの心に深く印象づけられるものだけに、それを負のバネにした解放への志向が作品自体にない限り、読み手（＝子ども）の発想はますます既成のねしょんべん観の泥沼にひきずりこまれてしまうにちがいありません。大川悦生「かみなりさまのふろおけ」も、源五郎が雲の上でかみなりさまの手伝いをやらされて雨をザアザアまくという民話をモチーフにしたところはこの作者の独自性を感じさせておもしろいのですが、いざ体験談にうつる段になると、「ところが、びょうきのときって、こころもよわくなっているのですね」と急にみじめったらしくなってしまいます。これでは、おねしょをする子は心の弱い子だといっているのと同じで、全然解放になんかなっていません。書き手の発想は、既成道徳観（ねしょんべん＝わるいこと）の泥沼にどっぷりとつかっています。（少し話がそれますが、かみなりさまに関連していうと、おねしょはかみなりさまのいたずらっ子が遊びにきて鹿の皮袋から雨をふらしていくのだという北村けんじ「白い三日月のつめ」の方が、ずっと解放への志向が感じられます。しかし、全体としては、狭い意味での体験談の枠にとらわれていて、こういった自由な想像力の飛翔はみられません。児童文学にとって最も大切な子どもの想像力は拡大するどころか、既成ねしょんべん観の中で、ずっと低空飛行をつづけているといえます。）

もちろん、子どもの想像力拡大の可能性が全くないわけではありません。今あげたかみなりさまのいたずらっこが遊びにくるというおばさんの話はひとつの《発見》です。しかし、これもおねしょをしなくなることによって「ぼくのおねしょは、とまってしまいました。かみなりさまのいたずらっ子にも、あいませんでした」という体験の最も狭い枠内で終息させられているのです。その他、例えば神沢利子「うみはだれのおねしょかな」の次のような部分は、やっぱり子どもの想像力拡大の可能性をもっていたと思うのです。――「ふとんのちずは、日にあたって、きえていったけれど、それは、せっかくわたしがみつけたうみ、ひとりでおよごうとしたうみが、きえていくようで、わたしは、ちょっぴりかなしかった」

ちょっぴりかなしいのは作者だけではありません。『ちびっこカムのぼうけん』・『銀のほのおの国』

の作者、神沢利子のねしょんべん物語は実にここからはじまらなければならなかったのです。読み手（＝子ども）がそれを見逃すはずがありません。かなしいのは子どもも同じです。小学三年生の女の子の感想を二つあげてみます。――「うみにいって、小さなしまでおよいで、それがゆめで、かわいそう、それが、ほんとうだったらいいのに。ゆめが、ほんとうだったらいいのに」／「いつも、だまされているトッコちゃん、ちょっとときのどくみたいでかわいそうだわよね。でもトッコちゃんがよるにおしっこをしてねないからいけないのよね。トッコちゃんは、ゆめで、はくちょうになったけれど、わたしは、ゆめでもぜんぜんないのよ。トッコちゃんて、うらやましいわね」

その他、「わたしのおよいだうみが、すこしきえてゆくのが、ちょっぴりかなしかったところが、おもしろかった」と、この作品の最も重要なポイントに触れている読み手（＝子ども）もいます。しかし、これらの可能性は、やはりトッコちゃんの最も狭い体験の枠内できえてしまっているのです。

以上の理由から、この作品集は、子どもの想像力の解放につながっていない、とぼくは考えます。それでも、まだ〝子どもは喜んでいる〟と反駁する人には、ぼくは次のように答えたいと思います。――「ぼくが今まで与えた実践の結果からいうと、子どもは全く喜んでいない」と。もう少し親切にいいかえれば「子どもが喜んでいるのは《ねしょんべん》という言葉・事物・事態に対してであって、一つ一つの作品の具体的な内容の展開には全く無関心なのだ」となります。それでもなお喜ぶような喜びざまは、本当にねしょんべん体験の劣等意識をもっているものの喜びざまではなくて、単に《ねしょんべん》という事象に興味をもっている人間が、作者のもっている既成ねしょんべん観にどっぷりとつかりながら喜んでいる、いわば加害者的優越感の喜びざまだといわなければなりません。

子どもは、うんち・おしっこ・くそ・しょんべん等々の排泄物に関する言葉を好むものです。そして、ぼくは、素材として《ねしょんべん》をあつかったことを非難するつもりは毛頭ありません。むしろ、その反対で、必要ならば、ねぐそでもおきぐそでもとりあげていいと思っています。ただ、この作品集のとりあげ方が、単に素材としてとりあげたというだけであって、排泄物に関する既成の道徳観念を打ち破るものになっていない、というよりスッポリうずまっている点が、非常に不満なのです。同様なことが、子どもの反応についてもいえます。問題なのは、子どもが喜ぶこと＝よいことと短絡させてしまう発想です。ぼくらが、ほんとうに問題にしなければいけないのはその喜びざまなのではないでしょうか。排泄物に関する素材をあつかって、子どもがそれを喜んだからといって、それがストレートに子どもの心の解放につながるわけではないことだけは肝に命じてほしいと思います。

最後に、《体制的なもの・支配的なものは常に現象的には最も多数の支持をうけていると見做されるものだ》という警句を、『ねしょんべんものがたり』という作品集に与えて、筆を擱きます。

（『日本児童文学』一九七四年一二月号　特集　作品評価のちがいを考える）

ナットクできないことはナットクできない

もう、八年もむかしのことだ。

「さあ、みんな、かぶになってみようか」

　ぼくは、一年四組の子どもたち三六人に向かって、こういった。子どもたちは、思い思いのかっこうで、それでもみんな机の下にもぐりはじめた。机の上が畑ならば、かぶは当然土の中＝机の下だ。そのときの子どもたちの動きを、ぼくは今でもはっきりと思い浮かべることができる。

　机の下で、まるくなり、じっと動かない子がいた。ぼくが話しかけたら、上目づかいに「かぶは話さない」といって、またまるくなった。机の上に足をドンと突き出していばっている子もいた。「なんで、こんなことをしているんだい」ときいたら、にこっとして「これは葉っぱだよ。葉っぱが土の上にずうんとのびてるんだ」と答えた。頭の上で手の平をチラチラとかざしながら、「葉っぱ、葉っぱ」と喜んでいる子もいた。その子らは確かに「かぶ」だった。

　そのとき、ぼくは「おおきなかぶ」の授業を徹底した動作化のつみかさねでやりぬこうと考えていた。だから、授業の最初から、子どもたちを「おじいさん」や「かぶ」にしてしまおうと考えていた。それは、ぼくにとっては、ちょっとした冒険だった（そして、教師ならだれでも知っていることだが、「おおきなかぶ」はそれが可能な教材であった）。

小学一年生は「字」をおぼえたばかりだ。読むことに対する抵抗も大きい。それらを少なくして、ストレートに物語の世界にひき入れるための方法として、ぼくは「動作化」を考えた。それも、徹底してやってみようと考えていた。そんな大それた思いがぼくの頭の中にあった。だから、ぼくは、まよわずにいった。——「さあ、みんな、かぶになってみようか」と。

子どもたちの動きは、ぼくの予想をはるかに越えていた。ぼくは、とまどった。じっとまるくなっている子、あるいは葉っぱになりきった足をなげだしている子らの姿は、見事に生きていた。教室は畑になり、そこには三六の「おおきな、おおきなかぶたち」があった。


自由民主党が「おおきなかぶ」の批判を行なった。教材としてふさわしくないという。それに応えて、小学国語教科書会社のしにせである光村図書出版が「おおきなかぶ」（および「かさこじぞう」）を教科書からなくすといった。不可解なことである。

むかし、作家の広津和郎は「ナットクできないことはナットクできない」といったという。ぼくは、広津和郎のこの言葉を、そっくりそのまま自由民主党と光村図書出版のえらい人たちにかえしてあげたい。

自由民主党の「おおきなかぶ」批判の全文を読んでほしい。

大きなかぶ
これは小学一年生用の教材である。どの教科書にもみな載っており、日本中の小学一年生は全員これを勉強させられるわけだが、これがなんとロシアの民話である。作者はソ連の民族学者アファナーシェフ。

「大きなかぶ」は彼の『ロシア民話集』の第一巻に出ている作品で、それを西郷竹彦氏が翻訳したものである。

物語は、「おじいさんがかぶをうえ、心をこめてそだてたらびっくりするほど大きくなり、ぬこうとしたがぬけない。そこで、おばあさん、孫、犬、猫、ねずみと次々に加勢し、やっとぬけた」といったストーリーだが、翻訳者・西郷氏や『はぐるま』の「指導の手引」によると、この作品で、「おじいさんの労働を前提に集団的労働を学ばせ、団結をこどもたち自身の問題として考えさせる」と解説している。「団結」や「集団的労働」を否定するつもりはさらさらないが、それを教えたければ日本の民話にも同じようなものがあるにもかかわらず、小学一年生から、なぜソ連の民話を学ばせなければならないのだろうか。

これは『いま、教科書は…教育正常化への提言』（一九八〇年一二月二五日　自由民主党広報委員会新聞局発行）という新書判の小冊子に出てくる「おおきなかぶ」に関する箇所の全文（一〇一～一〇二ページ）である。読んでわかるように「おおきなかぶ」という作品の具体的な内容（文章など）については全くふれられていない。あるのは「あらすじ」と他人の読みとり（『はぐるま』の「指導の手引」）の恣意的なひきうつしだけである。

作品に即して、どこがどう不満なのか、自分自身がこれをどう読んだのかという一番肝心なことがスッポリと抜け落ちている。つまり、無内容なのである。しかも、全くあきれてしまうことに、この中味のない短い文章の中にあきらかな事実の誤りが三つもあるのだ。

三つの事実誤認については後でくわしくいうつもりだ。が、現在の日本の政治をになっている政権政党である自由民主党が恥ずかしげもなくこんなまちがいだらけで無内容な文章を発表している。そのことを、ぼくは心底から残念に思う。小学一年の子どもたちが「うんとこしょ、どっこいしょ」とリズムにのってすらすらと読み、からだ全体で表現している「おおきなかぶ」という作品について、具体的に批判（あるいは理解）するだけの文化理論を自由民主党という政党がもちあわせていない。子どもが理解できていることを、大のおとなが理解できないでいる。政治のにない手がかならずしも文化のにない手にはなっていない。これは当然のことかも知れないが、その落差のあまりの大きさに、ぼくは改めて驚かざるを得ない。

党利党略ということでなく、政権政党が豊かな文化理論をもち、国民が柔軟性に富んだ質の高い文化を保持し、相互に批判しあっていくことは大切なことである。今回の自由民主党からの小学国語教科書批判が、そのような文化的側面を全く持ち合わせていなかったことを、ぼくは本当に残念に思っている。

ところで、この文章がでたのち、一九八一年五月に、光村図書出版が一九八三年の中間改訂で「おおきなかぶ」をなくすといいだしている。文化的には全く無価値な「おおきなかぶ」批判が政治的にはきわめて重い中味をもっていたということになる。いいかえれば、教科書の教材に対する内容的な批判ではなくて、現在政権をもっている政党からの全くの政治的な攻撃であるところに、今回の教科書批判の大きな特徴があるといえる。ぼくらが声を大にして反論しなければならない根拠も、またここにある。

誤りの第一。アファナーシェフは「ソ連の民族学者」ではない。「帝政ロシアの民族学者」である。

細かいことをいうようだが、文章そのものの価値を考えるなら、物事は正確にかかれなければいけない。

アレクサンドル・アファナーシェフは、一八二六年にモスクワのはるか南にあるヴォローネシ県の小さな町ボグチャールというところで生まれ、一八七一年に結核のために四五歳で没している。彼は外務省の文書館に就職し、一八五二年にロシア地理学協会民俗部門の会員となっている。そのとき、ロシア各地からこの協会に集まっていた民話の原稿を委託され、一八五五年から六三年にかけて『ロシア民話集』（全八巻）を編集刊行した。これにはおよそ六〇〇編の民話がおさめられていて、この業績のため、アファナーシェフは「ロシアのグリム」と呼ばれている。

もっとも、自民党にとっては、このような事実はどうでもいいのかもしれない。「ロシア」を「ソ連」とかいたのはアファナーシェフに対する《無知》からきたのだろうが、もしかしたら《故意》だったのかもしれない。なぜなら、自民党は「ソ連」という国家だけでなく、そこに住んでいる「ロシア」という民族とその文化までも否定しようとしているふしがみえるからだ。そうでなければ、「これがなんとロシアの民話である」などという言い方はでてこないにちがいない。

しかし、この発想はあまりに政治的（というより政敵罵倒型発言）でありすぎる。子どもの本の世界に関する限り、これは恐ろしいほどの時代おくれだ。今、幼い子どもたちの大部分はディック・ブルーナの『ちいさなうさこちゃん』を知っている。これはオランダの絵本だ。マーシャ・ブラウンの『三びきのやぎのがらがらどん』はノルウェイの民話、フェリクス・ホフマンが描く『ねむりひめ』はグリムが採集したドイツの民話、ペローの『長ぐつをはいたねこ』はフランスの民話だ。日本の子どもたちのほとんどが、これらの物語を知っている。

一九六二年に福音館書店から出版されて、もうすぐ二〇年になろうとしている絵本『おおきなかぶ』も、同じように幼い子どもたちに読まれつづけてきたものだ。ひとつのエピソードがある。ある小学校で入学式のとき、在校生を代表して二年生が「おおきなかぶ」の劇をやるという。みている一年生たちが、いつのまにか舞台の上の二年生といっしょになって、「うんとこしょ、どっこいしょ」といい出す。ときには、舞台の上までのぼっていって、いっしょにひっぱりだす子もいるという。その学校の教師たちは、新入生がいつ「うんとこしょ」と言い出すか、どんなふうに言い出すか、胸をドキドキさせながら待っているという。そして、一年生がいっしょになってかけ声をだしている姿をみながら、(今年の一年生は元気がいいな)とか(ちょっとおとなしそうだな)とか思うという。絵本『おおきなかぶ』は、こんな形でも伝えられてきている。

『おおきなかぶ』は教科書や『文学読本・はぐるま』に載る以前から子どもたちに読みつがれ、語りつがれてきた。というより、読みつがれてきたからこそ、目にとまって教科書に採られたという経過を知っていたら、この批判文の書き手も「なんとロシアの民話である」などという軽薄な言い方はできなかったにちがいない。文化のかけらもない人間は自らの政治的偏見だけで物事を処理しようとする(ぼくは今、文化という言葉を、人間あるいはその「心」と同義に使っている)。この論者が時代おくれの国粋主義者で空疎になるのは勝手だが、そのために子ども(およびすべてのおとなたち)の想像力が圧殺されてはたまらない。自民党も日本の政権政党であるならば、文化、教育に対してもっと「公正」な見方をしてほしいものだ。

『いま、教科書は…』の一三ページで自由民主党は次のようにいっているが、これは、このまま両刃の剣として自由民主党におかえししなければなるまい。

教科書を見つめる視点が政治的な一点にすえられ、内容の善悪が「保守」か「革新」かといったものさしで計られる限り、教科書でいちばん大切な側面、すなわち正確、系統、公正などといったものが軽視されるのは自然な成りゆきかもしれない。

正確、系統、公正などといったものを考えたら、自由民主党の「おおきなかぶ」批判の視点が政治的な一点にすえられ、内容の善悪など考えもせず、ただやみくもに「ロシア」だから悪いといったものさしでのみ計られていることがよくわかる。自民党も内容ぬきの美辞麗句はいわない方がいい。口先だけのきれいごとは内容がからんでくると、いかにもそらぞらしいし、これらの言葉はそのままブーメランのように自分たちのところにもかえってくるからだ。

誤りの第二。自民党の批判では、どの教科書にも西郷竹彦訳の「おおきなかぶ」が載っているかのようにかいてある。しかし、実はもうひとつ内田莉莎子訳がある。そのことに自民党の批判文の筆者は全く気づいていないのである。二つの訳のあいだにはかなりの違いがあるから、この筆者は教科書の《本文》をちゃんと読まずに「おおきなかぶ」批判をやったことがわかる。また、内田訳に対する《無知》は、そのまま二〇年近くのあいだ子どもたちに親しまれてきた内田訳の絵本『おおきなかぶ』の存在についての《無知》を意味している。知らないことは別に悪いことではない。しかし、内容も知らずに、ただ斬り捨てご免とやる方法が「正確」で「公正」なものとはとても思えない。

小学校の国語教科書をつくっている会社は全部で五社ある。そのうち、西郷訳は一社（光村図書）だけで、残りの四社（東京書籍、学校図書、教育出版、日本書籍）は内田訳を使っている。しかも、内田訳はアファナーシェフでなく、トルストイからの翻訳である。

＊

「おじいさんが　かぶを　うえました」

と、内田訳は始まる（絵本『おおきなかぶ』は、もちろんこう始まる）。東書と学図の教科書も、こう始まる）。

＊

「おじいさんが、かぶの　たねを　まきました」と、西郷訳は始まる（光村は西郷訳である。教出と日書は全体としては内田訳を使っているが、冒頭は「おじいさんが、かぶの　たねを　まきました」で始まっている）。

＊

この点について、教育出版『小学国語1年　教師用指導書』は、こう言う。——〈「うえる」は、「植物の根などを土の中に埋める」という意味が一般的であり、「木をうえる」「苗をうえる」というように用い、「たねをうえる」とはあまり用いない。（中略）「かぶはうえるのじゃない」という児童がいた場合、その児童を納得させることは、おそらく困難であろう。広義には「たねをうえる」でかまわないにもかかわらず、発達段階を考慮してあえて原文を改めたのである〉

絵本『おおきなかぶ』の原作が変えられていることの是非は、ここでは問うまい。教出の『指導書』

が同時に訳者、内田莉莎子の見解も載せているので、これもみてほしい。――〈まくとうえるとではまったく違います。まくというのは複数の種子をぱらぱらまくことでしょう。でもうえるは、一つずつ土の中に埋めこむことです。ぱらっと種子をまいて、どうしてとてつもなく大きなすてきなかぶが育つでしょうか？　おじいさんが愛情をこめて一つぶの種子をうえた、となぜ考えられないのでしょうか。原文は、おじいさんが一つのかぶをうえました、となっています〉（「自作を語る『おおきなかぶ』のこと」）。

長い引用がつづいたが、ぼくは、内田莉莎子のこの言葉に、一行一行の《日本語》をつくりあげていく翻訳という仕事のむずかしさと厳しさを感じる。翻訳は単なる言葉のおきかえではない。それこそ、命をけずるような《日本語》の創出作業にちがいない。だから、論ずるべきは、その訳出された《日本語》の内容そのものであって、決してその作品の国籍ではないはずである。内容ぬきで国籍の差異を難ずるような発想を、ぼくらは大きな犠牲をはらって、とうのむかしに捨てたはずである。

二つの訳の相違について、もう少し考えてみたい。

まず、「うんとこしょ、どっこいしょ」のかけ声のあとにくる接続詞の使い方である。内田訳は「ところが、かぶはぬけません」「それでも」「まだ　まだ」「まだ　まだ、まだ　まだ」「それでも」「やっと、かぶはぬけました」とつづく。西郷訳の方は「けれども」「それでも」「やっぱり」「まだまだ」「なかなか」「とうとう、かぶはぬけました」とつづく。

「おおきなかぶ」という作品の魅力は、一にくりかえしによってひろがっていくイメージとそのリズミカルな表現にある。だから、それぞれの場面をつないでいく「接続詞」も当然大きな位置を占めてくる。内田訳の接続詞は「まだ　まだ、まだ　まだ」と積み重ねていくように進む。そして、最後は「やっと」という短い音節の接続詞でもって、ぬく。ほっと息も抜けるような気がする。それに対して、西郷訳はそれを余分なことと考えているかのように、最後まで《四つの音節によって成り立っている言葉》をくずさない。

いずれを是とするかは、実際に音読して、作品のリズムやテンポにのってみることだ。文学の授業の場合、決して「1＋1＝2」のような模範解答を得ることが目的ではない。「おおきなかぶ」も、翻訳する人間の数だけ《日本語》もできるはずだ（もちろん、いいかげんなものをつくられたら困るが）。ぼくは、今度の自民党による教科書批判で作家たちの独自性、多様性がさらに狭められ、失われていくことを一番恐れている。（西郷訳と内田訳とで一番違っているところは、かぶをひっぱっているときの描き方が逆だということである。西郷訳は「かぶを　おじいさんが　ひっぱって、おじいさんを　おばあさんが　ひっぱって……」といく。内田訳は「ねずみが　ねこを　ひっぱって、ねこが　犬を　ひっぱって……」といく。）これについては全く触れなかったが、各自考えてもらいたい。ともかく、自由民主党の批判みたいに斬り捨てご免でやらなければ、《日本語》はぼくらの前に、いくらでも多様な問題を提出してくれるのである。）

誤りの第三。自由民主党は「日本の民話にも同じようなものがあるにもかかわらず、小学一年生から、なぜソ連の民話を学ばせなければならないのだろうか」といっている。しかし、実は「同じようなもの」などないのである。悪質な論法という他はない。

この『いま、教科書は……』という小冊子は『自由新報』の連載記事をまとめたもので、それには「日本の民話にも同じようなものが無数にあるではないか。にもかかわらず、小学一年生から、何故ソ連の民話を学ばせなければならないのか」（傍点は引用者、『自由新報』一九八〇・五・二〇号）とかかれている。

これについて、小牧暹は次のようにいう。――「はたして、日本の民話の中に無数にあるのでしょうか？　私は思い当らないのですが、無数にあるのなら具体的に教えてほしいと思います」と。（『どの子も伸びる』一九八一年一月一日）

そして、『自由新報』の筆者は、小冊子に転載する際、「同じようなもの」の具体例をはっきりと明示するどころか、逆に「無数にある」という文章を削除して、もっと曖昧にしてしまったのである。しかし、「同じようなもの」が具体的にでてこなければ、この文章は明らかに論理的に矛盾した文章である。『自由新報』の筆者は《再話》という作業をどのように考えて、この文章をかいたのだろうか。いうまでもなく、民話はむかしから人々に語りつがれてきた口承の文芸である。その口承の「コトバ」をひとつの日本語の「文章」として《再話》しない限り、今の子どもたちのまえに出すことはできない。《翻訳》も《再話》も多くの人たちが一生をかけてやっている仕事だ。単なる言葉のおきかえや、勝手気ままなうつしかえではないということを肝に銘じてほしい。

イタリア語の言葉遊びで「翻訳する　tradurre」ことは「裏切る　traduire」ことだという言い方があるという。ここには、翻訳（あるいは再話）という作業の厳しさが端的にあらわされていると思う。口承の言葉を日本語の文章として固定していく。また、横のものを縦にしていく翻訳という仕事は、ぎりぎりのところで絶えず原話を裏切りつづけるという葛藤なしには不可能なことだ。

「おおきなかぶ」の場合もそうだ。「苦しまぎれに出てきた」という《訳文》のかげにあるひとりの翻訳家の営為をこそ、ぼくらは読みとらねばならない。

また、西郷竹彦も《ことばがつくりだす時空》ということで、次のようにいっている。――〈ことばというものをいかに駆使してみてもついに対象を「完全」に説明、表現しつくせるものではありません。実体は無限の内容を有しているからです。わたしたちがことばで対象をとらえたと思ったとたん、対象はするりと身をかわして、ことばはせいぜい対象の尻尾か、後髪かを摑んでいるにすぎないということがあるようです〉（『西郷竹彦文芸教育著作集』第一七巻、一九七五年九月、明治図書）。

西郷竹彦は、この言葉というものがもっている宿命的な「あいまいさ」を逆手にとって、逆に独自なイメージを展開できるのではないかという。そして、その「仮説」を、「地蔵浄土」型の昔話を〈再話〉する中で実験しようとしている（参照——「だんごじぞう」、日本民話集『いっすんぼうし』講談社）。〈だんご〉は土間のすみっこの〈ねずみのあな〉の中におっこちてしまう。しかし、〈ねずみのあな〉という言葉は「現実の鼠の穴の直径」まではいい尽してはいない、と、西郷竹彦はいう。〈だんご〉という言葉もそうだ。まず〈だんご〉がある。それが話者の視点から〈だんごめ〉と語られ、おいかける爺の視点から〈だんごどん〉にかわり、擬人化された〈だんご〉のイメージでもって〈ころん、ころん〉と転がっていく。この動的なイメージが、それを追う爺の動的なイメージにつながり、そのまま〈あな〉の中へと導かれていくのである。イメージの連鎖は実際の〈ねずみのあな〉の直径を越えて、爺を《ことばがつくりだす時空》＝地下の地蔵浄土の世界へと旅立たせるのである。

話が横道にそれてしまったようでもある。が、〈翻訳〉あるいは〈再話〉という作業が、それほど安直なものでないことぐらいは、わかってもらえたと思う。これは、もうまちがいなく新しい日本語を創り出していく命がけの「業」と呼ぶほかはない。

『自由新報』の筆者も、今すぐ無数にある日本の民話のすべてを《再話》する作業にとりかかってもらいたい。冗談ではなく、それは血のにじむような一生の仕事になるだろうし、もしその作業をやりぬけば、日本の現在のみならず未来永劫にまでおよぶ子どもたちの日本語の領域を大きく広げることになるからだ。

ぼくは、今まで、自由民主党の「おおきなかぶ」批判に対する反論を行なってきた。それは「おおきなかぶ」が絶対的にすぐれた作品であり教材であるから擁護したというのとは違う。すでにみてきたように、訳者によって、また教科書によっても多くの違いがある。その違いに気づき、疑問があったら、どんどんと意見を出していくことは、むしろ大切なことだと思う。

教科書は神聖なものではない。人間の知恵の力でつくり出されたものである以上、これは、また人間の知恵の力によって変えることも可能なのである。しかし、過去から現在にまで至る人間たちの血のにじむような知恵のしぼり出しの作業を無視した政治権力の横暴によっては、絶対に変えられてはいけないものなのである。それが現在に生き、未来に向かうぼくら人間たちの責任でもある。

（『国語教科書攻撃と児童文学』青木書店　一九八一年九月）

「教材としての児童文学」について考えることがいかにつまらないかということについて

初めから結論めいた言い方になってしまって恐縮だが、ぼくは、「教材としての児童文学」なんてものはないと思っている。結果として、教師が教材として使っている児童文学作品は確かにあるにはちがいないのだが、そのことと、最初から教える材料として児童文学をかくということとは別のことなのだ。「教える材料としての児童文学」ほどつまらないものはない。ぼくは、そう思っている。

作家が作品をかくという行為には、どこかしら不健康な部分があるものだ。その不健康さ、毒、トゲ、傷などが、読む者にショックを与え、新しいイメージを誘発していく、その緊張関係が読書という行為なのではないだろうか。

1

宮澤賢治「風の又三郎」のさいかち淵の場面に、主格の不明な言葉がでてくる。そして、その正体不明さが、作品に実に不思議な雰囲気をかもしだしている。これを、ちょっとみてみよう。

三郎は嘉助たちと〈鬼っこ〉なんかをして遊んでいる。そのうち、ごろごろごろと雷が鳴り出す。みんなは、河原から着物をかかえて、ねむの木の下へ逃げ込む。三郎も何だか怖くなる。ただ一人いたさいかちの木の下からどぼんと水の中へはいる。みんなの方へ泳ぎだす。そのときのことだ。だれがいうともなく声がきこえ、三郎はがたがたとふるえる。その部分の書き方がおもしろい。

　するると誰ともなく、

「雨はざっこざっこ雨三郎
風はどっこどっこ又三郎。」と叫んだものがありました。

みんなもすぐ声をそろえて叫びました。

「雨はざっこざっこ雨三郎
風はどっこどっこ又三郎。」

三郎はまるであわてて、何かに足をひっぱられるやうに淵からとびあがって一目散にみんなのところに走ってきてがたがたふるえながら、

「いま叫んだのはおまへらかい。」とききました。


三郎は〈いま叫んだのはおまへらかい〉ときく。みんなは〈そでない。そでない。〉と答える。みんなも声をそろえて叫んでいるのだから、最初の〈雨はざっこざっこ雨三郎……〉の声がきこえなかったわけはない。それなのに、その正体不明さは、みんなには通じない。三郎だけのものなのだ。だれが発したかわからない言葉のまえで、三郎は、ただ一人、がくがくとふるえる。

ところで、この正体不明さに気がついたとき、この作品を読む者は、果たしてどのようにこのさいか

ち淵の《声》の部分を読み、また感じるのだろうか。もちろん、作中の〈みんな〉と同じように、この《声》の正体不明さに気づくことなく、読みすすむ者もいるだろう。それはそれでいい。読書というものは、概ねそういうものだ。いちいちつっかえていては身がもたない。ただ、たまたま、そこでつっかえてしまった場合を、今、考えているだけなのだ。

さて、三郎のおそれに気づき、それを共有することは、読む者にとっても決してゆかいなことではないはずだ。読む者の年齢が低ければ低いほど、発せられた《声》のもつ不健康さ、不思議さは大きく心に焼き付くにちがいない。そして、彼はその事実の大きさにがく然とし、やはり三郎と同じようにがたがたとふるえることになるだろう。

「風の又三郎」という作品には、この他にも随所に不健康と呼んでもさしつかえのないようなある種の異質なイメージがでてくる。極論すれば、この一種不健康なイメージの連続(というより重なり)が「風の又三郎」という作品をささえているといってもいい。

嘉助が道に迷った場面もそうだ。草の中を歩きながら、嘉助は(ああ、こいつは悪くなって来た。悪いことはこれから集《たか》ってやって来るのだ。)と考える。そして、予感のとおりに、嘉助の前に、突然〈聞いたこともない大きな谷〉があらわれる。谷のまえで、嘉助は、ただぼう然と立ちすくむ。この《大きな谷》のイメージなども、ずいぶんと不思議なものだ、と、ぼくは思う。

ぼくが「教材としての児童文学」を全くつまらないものだと考えているわけは、この「風の又三郎」に出てくる《声》や《谷》のような一種異質なイメージが、こと「教材として」という視点に立った瞬間から、きれいさっぱり消されてしまうことが多いからだ。

さいかち淵の《声》は、みんなに聞こえているのだけれども、実際には三郎にしか向けられていない。

しかも、その言葉の主体は、だれにもわからない。このような場合に、一体だれが、ペーパーテストで「さいかち淵の声はだれがいったのでしょうか?」という問題をつくれるだろうか。つくれるはずがないし、だいたいそんなことを考えること自体が無意味である。

宮澤賢治は、おそらく意識的に〈誰ともなく〉呼ばしたにちがいない。そして、その主格のなさが、作品にひとつの恐れを伴った雰囲気をかもしだしているのだ。これは、言うまでもなく主語の省略とはちがう。なぜならば、初めから存在しないからだ。その存在しない化生のものに三郎は、おののいたといってよい。

さて、さいかち淵の《声》を「教材」という観点から考えたら、一体どのようになるのだろうか。さっきも言ったように、この《声》の主はだれかなどという発問は全く無意味である。ぼくらがわかることは、ただ三郎が水にとびこみ、みんなの方へおよいでいくときに、だれかの《声》がしたということだけである。「何」がかいてあるかという観点からみた場合、おそらくこれ以上のことも以下のことも教えることはできまい。

もし、ぼくらに教えられることがあるとしたら、それは、主格が存在しない文章を、ここにこのようなかたちで配置した作家の《技》なのではないだろうか。そして、これは《技》と呼ぶには、あまりにも不健康で個人的な営為にちがいない。「教材としての児童文学」という観点から考えた場合、仮に《技》を教えることができたとしても、このような不健康さやおぞましさまでをも語ることができるとは、とても思えない。

2

これはもう以前に何度か言ったことがあることなのだが、児童文学には大きく分けて二つの型があると、ぼくは考えている。ひとつは読者の脳裏に異質なイメージを誘発することの多い作品で、もうひとつは異質なイメージをおこす余地の少ない作品である。

異質なイメージをおこす作品とおこさない作品というふうにスッパリと分けられればいいのだが、そう、うまくもいかない。歯切れは悪くなるが、比較的誘発するものと余地の少ないものといった方が正確なようだ。子どもが、どんな作品から、あるいはどんな言葉から、どのような異質なイメージをもつのかということは、実のところ全くむずかしいからだ。

さきにあげたさいかち淵の《声》の場面にしたところで、何の抵抗もなく読みすすもうが、恐れおののこうが、それは読者の勝手である。これは善悪ではない。ほとんど読み手個人の生活史にかかわっていることがらだからだ。

〈みんな〉の中のだれかが叫び、ただ自分がいったということをだまっているだけだ、と思う子もいるかもしれない。もしかしたら「ざしき童子」の話を知っていて、この《声》の主を「ざしき童子」だと考えて、読んでいく子もいるにちがいない。三郎といっしょになって、ふるえる子もいれば、何ということもなく通りすぎる者もいるはずだ。そして、それらはそれでいいのである。

子どもたちの読みは、ひとつひとつのディテールで区切ってみると、それこそ千差万別である。ときにはとんでもない間違った解釈もやりながら、全体としては、どうにかこうにか、かっこうをつけていっている。これが、子どもの読みだと思う。

子どもらは自分の生活史の中から、自分の手もちのイメージをくりだし、それを作品の中の言葉にぶつけ、おりあいをつけながら読んでいくものだ。さいかち淵の正体不明の《声》を、だれかのいたずらだと思いながら読んでも、「ざしき童子」だと思っても、あるいはまた、いつもテレビで見ている『宇宙刑事シャリバン』のマドーがシャリバンを〈幻夢界〉にひきずりこむときの《声》を一瞬連想しようが、それはそれで自由なのである。

3

古田足日が『平家物語』の冒頭の文章について、おもしろい発言をしている。まず、平家冒頭の文章をあげる。――〈祇園精舎の鐘の声、諸行無常の響あり。沙羅双樹の花の色、盛者必衰のことはりをあらわす。おごれる人も久しからず、只春の夜の夢のごとし。たけき者も遂にはほろびぬ。偏に風の前の塵に同じ〉

古田は、自分が小学四、五年のころに読んだ平家冒頭の「読み」のイメージについて次のようにいっている。

ぼくは次のようなイメージをおぼろげにつくり出していたように思う。

遠景に異国風の尖塔や円い塔のある建物の群れがあり、そこから鐘が鳴ると、さあっと風が吹いて、近景にある大きな葉をつけた二本の木の前の塵の――それはひからびた虎の死体だった――をあとかたもなく散らしていく。こういうイメージである。

この記憶が正確であるかどうかはわからない。しかし、それでも子どもが大人の文学を読む、幼い子が大きい子の文学を読む場合のありようとして一般化できるのではないか。(『季刊児童文学批この読みの中で、とくに〈虎〉のイメージに関わる部分がおもしろい。古田は〈たけ＝竹、祇園精舎のあるインドという連想から虎の死体を持ちこんだのだろう。〉といっている。この「読み」はペーパーテストなら、おそらくバツになるにちがいない。平家の語り部も、まさか虎のことを考えながら、琵琶を弾いたりはしなかっただろう。

小学四、五年の古田少年は、自分の今までの生活や経験の中から、思い浮かぶ限りの手もちのイメージをくりだして、『平家物語』を読んでいった。そのひとつの現れが《虎のイメージ》だったといってよい。

ひとつひとつのディテールで、あるものを「竹」と思おうが、「虎」と思おうが、また「ライオン」だと思ったとしても、それはそれで仕方がないのである。子どもの読みというものは、むしろ物語本来の意味からいうと異質なイメージでもって支えられているのではないかと、ぼくは思っている。

ぼくは、古田少年の《虎のイメージ》を異質なイメージと呼ぶ。そして、言うまでもなくこの《虎のイメージ》は間違ったイメージである。

子どもは自らの手もちのイメージをくりだしながら、作品を読んでいく。だから、ときとして、まるっきり誤ったイメージを思い浮かべたとしても、決しておかしくはない。間違いをくりかえしながら、全体としては、どうにか、こうにか、かっこうをつけていく。これが子どもの読みだと思う。そのとき、読書過程で生まれた異質なイメージを最終的に作品にそってまとめられていく正系のイメージとのダイナミズムがおもしろい。

小学四、五年のころの古田足日は、虎が塵になってとんでいくようなイメージを浮かべながらも、全体としては、合戦の中で現れては消えていく人々の物語として、平家を読み、ときには涙したのではないか。その際、間違ったイメージである《虎のイメージ》は無意味なものだったのか。ぼくは、そうは思わない。細かくみれば間違いともとれるイメージの集積が、全体としての読みをささえているのだし、さらに言えば、この《虎のイメージ》のような漠とした不思議さがあったからこそ、何十年もの後に、平家の「読み」について考えることになったのである。

すぐれた文学は、何層もの異質なイメージを内包している。「教材としての児童文学」について考えるときに、これらのイメージが、ひとつの「何か」を教えることに限定されることのないようにと願うのは、ぼくの偏見だろうか。

4

「図書新聞」第四三三号（一九八五年一月十九日）にのっていた高橋勉の「『ごんぎつね』を読む――〈影法師〉をめぐる大事な問い」を興味深く読み、また、ひっかかりもした。

高橋は「ごんぎつね」の中の〈かげぼうし〉という言葉に執着する。ごんが、兵十と加助の〈かげぼうし〉をふみふみ歩いていって、二人の会話をきく場面の、あの〈かげぼうし〉である。

高橋の問いかけは、四年生の研究授業をみたところからはじまる。ある子どもが「かげぼうしって、何ですか?」という質問をした。他の子どもたちも「どうして、影にぼうしをつけるのか?」「どうして、ぼうしなの?　三角帽子みたい」などと真剣に考えだす。

ついには、わからなくなってしまう。そのとき、授業者である教師が質問している子どもに言う。以下は、高橋自身の言葉でもって語ってもらおう。

「その質問は重要な事？　あああまり重要ではないね。後でもいいね」

質問に対する打ち切り宣言である。私は驚いてしまう。「かげぼうし」は本文の読みに「重要ではない」と切り捨てられていい語句なのだろうか。切り捨てた事によって読まなければいけない大事なものを読み落とす事にはならないだろうか。

高橋は、質問の打ち切り宣言をする教師を告発する。切り捨てたことによって大事なものを読み落としているという。

子どもの疑問に何ら答えることもなく、《重要》でないからといって、その場を逃れようとする教師は、ある意味では告発されても仕方がないのかもしれない。なぜなら、《重要》かそうでないか、《必要》かそうでないかは、教師ではなく、子どもが決めることだからだ。教師は自分が重要だと思うことを教えることはできても、読み手が疑問に思って考えていることやそのイメージを、不必要だと断じることはできないはずだ。もし、その教師が本当に「その質問は重要な事？　あまり重要ではないね。後でもいいね」と言ったとすれば、軽率か鈍感か、そのいずれかだといわれても仕方ないだろう。

ところで、ぼくは、この高橋の問いかけに全面的に賛成しているのかというと、そうではない。実はひっかかっていることの方が、ずっと多いのである。

次の日、高橋も同じところの授業をする。そして、高橋の学級でも全く同じように〈かげぼうし〉が問題になる。

しかし、高橋は、前日の教師のように「重要ではない」といって切り捨てるようなことはしない。その反対である。高橋は、子どもらに、問いかけつづける。――「みんなは、かげぼうしって、何だと思う?」「影が帽子をかぶれるのかな?」「影の頭の所をどうして『かげぼうし』って言うの? 影を頭の所とそうでない所とどうして区別するの? 区別する必要があるのかな?」と。

こうして高橋は、《影帽子》ではなく《影法師》だという《正解》にたどりつく。高橋は、子どもたちに向かって、いう。――「昔の人は影もまた《影法師》として、人間と同格のものと考えたのじゃないのかな? 『影法師』ということばを作り、影をもまた慈しむ心を昔の人は持っていたんじゃないんでしょうか」と。

高橋は、「ごんぎつね」を読むのならば、〈かげぼうし〉の言葉のもつ意味を切り捨ててしまうことなく、〈かげぼうし〉の意味の把えを含めて、人間の優しさや美しさを培い育ててほしいと思うと結論づけている。

高橋の、ただひとつの言葉に執着していく姿勢には、ぼくも共感する。共感しながらも、ぼくがひっかかるのは、高橋が〈かげぼうし〉を《影法師》に限定して、そこに人間の優しさや美しさをみている点だ。

なぜ、〈かげぼうし〉は《影帽子》であってはいけないのか、と、ぼくは考える。影が三角帽子をかぶっているなんて実に素敵ではないか。高橋は、《影法師→人間の優しさ》というイメージに執着することが、同時に一方で、三角帽子をかぶった影のイメージや、影の頭のところをふみふみ歩いていくごんの姿を喪失させていくことになるのだということに気づいていない。

高橋もまた、高橋が批判した教師と同じ錯覚におちいっていたとはいえまいか。高橋は〈かげぼうし〉の何たるかを教え、そこに人間の優しさをみた。しかし、ひるがえって考えると、影が帽子をかぶって、その帽子のところをふみながら歩いていくごんの姿を思い浮かべた子どもは、「ごんぎつね」という作品のもっている文学としての美しさを読みとれなかったということになるのだろうか。また、その子どもは、人間の優しさや美しさを獲得することはできないということになるのだろうか。ぼくは、そうは思わない。

すでに述べたように、読書の過程で生じてくる異質なイメージを、ぼくは、「読み」を支えていく上で大切なものだと考えている。教師が「何か」を教えるとき、一方でもうひとつの「何か」が失われる。これは善悪ではない。ある意味では仕方のないことだ。しかし、この二律背反に気づいた上で、その「何か」を教えるとすれば、少しは《影帽子》の復権にも役にたつのではなかろうか。

5

考えてみれば、ぼくらは、あまりにも長いあいだ「何か」について教えすぎ、教えつづけてきたように思う。

「ごんぎつね」が人間の優しさを培い育てる作品だとしたら、最後に兵十がごんをうちころす場面を、どう考えたらいいのだろうか。ぼくには、わからない。ぼくは、「ごんぎつね」という作品を、人間の優しさや美しさをあらわしているものだと言い切ることは、とてもできない。南吉自身の言葉を借りていえば、〈真の孤独感には、もはや感傷がともなわない。藁のように乾いている。感傷の涙のあるうちそれは真の孤独感ではないのである。而して感傷の全然ない孤独感は、この世における一つの地獄である。〉（一九三七年三月一日の「日記」から）ということになる。

「ごんぎつね」のラストシーンを〈一つの地獄〉だと考えれば、「風の又三郎」のさいかち淵の《声》も、嘉助が出会った《谷》も、平家冒頭の《虎》のイメージも、〈一つの地獄〉ではなかったのか。

ぼくは、この《地獄》のイメージを子どもたちに教えろというつもりはない。それもまた「何か」を教えるという罠におちいるにすぎないからだ。ただ、この文章の冒頭でもいったように、作家が作品をかくという行為には、どこかしら不健康な部分があるものだ。そのある種の不健康さが、読む者にショックを与え、新しい異質なイメージを誘発していくわけだ。

優れた文学は、必ず重層的な構造をもっている。それは、読み手の脳裏に多くの異質なイメージを誘発し、また、それらのイメージを内にとりこみながら進んでいくものだろう。その総体をつかめるような「教材観」が出てくるまで、ぼくは「教材としての児童文学」にノンを言い続けようと思う。

(『日本児童文学』一九八五年四月号　特集　教材の中の児童文学)

『ちびくろさんぼ』シンポジウム（アンケートに答えて）

ぼくはこのシンポジウムに参加しながら、ずっとある種のいらだちを感じていた。「ある種」というのは、ぼく自身も、なぜ何にいらだっているのか、はっきりとは掴めていないからだ。ぼくは、ぼく自身のいらだちの正体をはっきりさせるために、もう一度この問題について考えてみようと思う。

まず第一に『ちびくろさんぼ』という本が絶版になるということ。ぼくは、どのような理由を設けるにせよ、悪書と良書とを選別し、悪書とされた本を駆逐しようとする発想には与しない。悪書というレッテルを貼られるものは、おおむねその時代の支配的なイデオロギーにとっての悪書であり、危険思想であるからだ。まるで十字軍が錦の御旗を掲げて進むような悪書追放という発想は、ぼくは嫌いだ。だから、『ちびくろさんぼ』の一斉絶版問題は、ぼくにとっては「いらだち」というよりは、むしろ「怒り」に近いものだ。

では、なぜぼくは、いらだつのか。ぼくは、個人的には『ちびくろさんぼ』という作品には何の思い入れもない。だから、この本が本屋の書棚から一冊残らず消えてしまっても、何も感じない……というわけではない。『ちびくろさんぼ』という絵本は、戦後生まれの日本の子どもたちに、少なからず影響を与えてきた作品である。その影響と内容の全てが、果たして今ここで問題にされている黒人差別という正義の剣一本だけで、真っ向唐竹割りにきれるものだろうか。ぼくの疑問といらだちの根拠は、じつはここにある。

ぼくのななめ前に座っていた人が「その本で一人でも傷つく人がいたら、その本は絶版にするべきだ」と発言していた。冗談じゃない。これは誇張法のレトリックだとしても随分と危険なものだ。これでは「本なんか一冊も出せなくなる」という言い方や、「一人でも読みたいという人がいたら、その本は出版すべきだ」という言い方も可能になってしまう。ようは制度としての人権の問題と個々人のモラルの問題を混同している誤りにある。

が、制度については、いまは言うまい。『ちびくろさんぼ』の内容（あるいは読者である子どもたちへの影響）について、ぼくらはもっと語るべきだ。シンポジウムの当日、パネラーの一人、宮川健郎は『注文の多い料理店』や『エルマーのぼうけん』といった作品を引き合いに出しながら、「さんぼ」のおもしろさについて語っていた。宮川は「さんぼ」という作品は、子ども読者にとっては、繰り返しのストーリー展開のおもしろさに熱中して読ませるが、ここではテーマへの関心は完全に置き去りにされている。つまり作品像が二つに分裂していると語った。

宮川が「さんぼ」という作品の内容にもスポットを当てていきたいという意図はわかる。が、なぜ宮川は作品のすじとテーマとを二分して語ったのか。「さんぼ」に限らず文学作品は、そう単純に二分して語れるものではない。いや、むしろ「さんぼ」のおもしろさも「エルマー」のおもしろさも同じものだと考えたほうが、ずっと「さんぼ問題」がかかえこんでいるものの正体が、はっきり見えてきたのではなかったのか。

さんぼは散歩のとちゅうで次々にトラに出会う。赤い上着、青いズボン、むらさき色のくつ、みどりの傘、みんなとられながら、その危機を切り抜ける。エルマーはどうぶつ島で、色々な動物にやられそうになる。が、トラにはチューインガム、サイには角みがき用の歯ブラシ、ライオンにはたてがみを三つあみにするためのブラシとリボンというように次々に自分の持ち物をやり、危機を切り抜け、りゅうを助け出す。このストーリー展開の妙とパターンはさんぼもエルマーも同じものだ。そのとき、ぼくらはさんぼと同じようにエルマーもこの世から抹殺するのだろうか。

はなしを「さんぼ」に戻す。この物語の終わり近く、トラたちが木の回りをまわって、バターになるくだりは、やはり秀逸の部類に入るものだ。ぼくの勤め先での話をする。暴走族の兄ちゃんみたいな若い教師が、子ども相手に疲れ果て、「あーっ、思いっ切り、車ぶっとばしたいなーっ」といった。すぐ横にいた、やはり車好きの教師が、「夜中に、首都高の環状をグルグルぶっとばしてきたらどうだい。その内、バターになっちまうよ」といった。ぼくは、これを聞いたとき「さんぼ」の底力を見せられたような気がした。

黒人差別という正義の刃で、さんぼの本を切るということは、ぼくの勤め先の暴走族風（？）教師のある会話をも抹殺するということである。その権利はだれにもないと、ぼくは思う。

正義の剣は、抜かないですむなら抜かない方がいい。なぜなら、それは抜いた途端に全ての問題に決着をつけてしまうからだ。ウルトラマンたち正義のヒーローが、最後の最後まで自分の最強の武器を温存しているのは、それを使ったとたんに、全てが終わってしまうことを知っているからにちがいない。だから、ウルトラマンは三〇分番組の終わり五分前までスペシウム光線は使わない。さんぼにもスペシウム光線は似合わない。

（『『ちびくろ・さんぼ』はどこへいったの？』子どもの本と明日を考える会　一九九〇年二月）

いま、なぜ「ちびまる子ちゃん」なのか

——ぼくらが少し昔をふりかえるとき——

＊「ふきだし」と「はみだし」

はじめに、マンガの「ちびまる子ちゃん」から語ろう。

「このマンガは、ふきだしだけじゃなくて、はみだしのほうも読まなければならないから、時間が倍かかるのよね」と言ったのは、うちの女房だ。

説明するまでもないことだが、「ふきだし」というのは、マンガの登場人物のわきに円かなんかでかこまれて書かれている、劇でいえばせりふみたいな言葉のことだ。マンガも出始めの頃はさしえの多い絵物語のようなものだったから、ふきだしの全くないものもあった。が、最近のマンガはだいたいふきだし中心で物語が進んでいるといっていい。

ところが、「ちびまる子ちゃん」のマンガには、ふきだしの外側に、もうひとつ、作者さくらももこのものと思われる一種独特の語り口調の文章が置かれている。

ふきだしの外側にふつうの文章が書かれていること自体は、ほかのマンガにもよくあることだ。特別に変わったことではない。しかし、それらはおおむね、散文でいえば会話に対する「地の文」のような

役割を担っている。ときにストーリーを説明し、ときに情景を語っていく。これらはマンガの中の散文的パートを受け持っているものだといっていい。

「地の文」とは違う「はみだし」

しかし、「ちびまる子ちゃん」の場合は、そこがちょっとちがう。登場人物が語った「ふきだし」の言葉に、作者さくらももこは、いちいちいちゃもんをつけていく。これは、「地の文」というよりは、「ふきだし」からはみだしたもうひとつの語りというべきものになっている。全くのところ「はみだし」と呼ぶのが似つかわしい文章なのだ。

ただの地の文ならば読みとばすことも可能だろう。ぼくらは、そこに描かれた絵とふきだしのいくつかをたよりにマンガを見ていけばいい。

しかし、「ちびまる子ちゃん」の場合は、「ふきだし」のひとつひとつにいちゃもんをつけるように「はみだし」が置かれている。読者は「ふきだし」だけでなく、否応なく「はみだし」の語り口調にも付き合わされることになる。

二つの語りの相乗効果が魅力の一つ

ちなみに、ぼくは、「ちびまる子ちゃん」というマンガの魅力の第一は、この「ふきだし」と「はみだし」というふたつの語りの相乗効果にあると考えている。

くどくどいうより、そろそろ例をあげた方が良さそうだ。どれをとってもいいのだが、とりあえず「その17『まるちゃんきょうだいげんかをする』の巻」（集英社版リボンマスコットコミックス第三巻所収）を見てみよう。これは、まるちゃんが姉とよそからもらったノートをめぐって壮絶な（？）戦いをする話である。

ジャンケンに負けてノートは姉のものになる。まる子は腹いせでそのノートに「バカ」と落書をする。クリスマスの日、落書に気づかぬまま、姉はそのノートを自分にプレゼントしてくれるという風に話は進むのだが、マンガのあらすじ紹介ほど馬鹿らしいものはない。ここから、いくつか「ふきだし」と「はみだし」をピックアップしてみよう。

「ジャンケンできめりゃ、いいじゃないの、そんなもん」と、母親。（「ジャンケン」……このあんいな決定方法により、わたしは今までの人生で何回涙をのんだことであろう。——と、はみだし）

「いまにみてらっしゃい」と、ジャンケンに負けたまる子。（何をみせてくれるんだか。負け犬の捨てゼリフというのは不可解である。——と、はみだし）

「どうにかして、ギャフンといわせてやりたいね」と、まる子。（実際にひどいめにあわされても「ギャフン」などという人はいない。——と、はみだし）

こうして「ふきだし」と「はみだし」を交互に並列していくのも、マンガの場合、あらすじ紹介と同じくらいに芸のないことだと、書いていて、わかった。だから、ならべるのは、ここで止めにして、ぼくの言いたいことを書こう。

はずかしがり屋の手法

ぼくは「ふきだし」と「はみだし」のふたつの語りを並列していく「ちびまる子ちゃん」の手法を、はずがしがり屋の手法だと考えている。

ぼくもはずかしがり屋だからよくわかるのだが、はずかしがり屋というものは、なかなか自分の思ったことを言い切らない。言い切れない。もっと言えば、煮えきらない。どっちつかず、無責任ということになる。

さっきあげた「きょうだいげんかのまき」でいえば、ジャンケンに負けたまる子は「いまにみてらっしゃい」「どうにかして、ギャフンといわせてやりたいね」と「ふきだし」では大みえをきる。しかし、そう言いながら、すぐにもう一方で（みてらっしゃいといっても、何をみせてくれるのだろうか）とか（じっさいに「ギャフン」などという人はいない）という眼、あるいはギャグを自分から準備してしまう。これが、はずかしがり屋で、言い切らず、言い切れず、にえきれず、どっちつかずの無責任のまる子ちゃんの手法ということになる。（けなしていると誤解する人がいると困るので、念のために書くが「ほめているんだけど、わかりますか？」）

失語の時代の言葉を象徴

ここで、話はちょっと大風呂敷を広げることになるのだが、ぼくは戦後四十年を大きく、理想の時代（五十年代）、原理の時代（六十年代）、多様化の時代（七十年代）、拡散の時代（八十年代）の四つに分けて考えている（というより、ちょっと前に考えることにした）。

問題は八十年代である。何が拡散したのか。言葉の「意味するもの」の拡散である。その意味で、八十年代は失語の時代と呼んでもいい。ひとつの言葉がひとつの意味を持ち、ひとつの事柄をあらわしていると信じられていた時代が終わった。ぼくは九十年になった今、八十年代をふりかえり、そう実感している。

「今」は、ひとつの言葉で、ひとつの事柄（あるいは真実）を語る時代ではない。そう信じられていた時代は終わったのだ。今は、いくつもの言葉の重なりの中でひとつの事柄（あるいは真実）を語るか、あるいはいくつもの事柄の重なりの中からひとつの言葉を見つけ出す時代なのだ。誤解をおそれずに言えば、今、ギャグぬきに語れる真実はない。

九十年代は、いくつかの言葉の重なりの中から、ひとつの本物を見つけていく時代になるにちがいない。「ちびまる子ちゃん」の「ふきだし」と「はみだし」の二つの語り、二つの視座のあからさまな並列、そして異常なまでの「ちびまる子ちゃん」現象は、ぼくらの失語の時代の言葉のありようを正直に象徴しているといってもいいのではないか。

＊ナレーションの威力

次に、テレビの「ちびまる子ちゃん」について語ろう。

マンガでは「はみだし」に位置していた第二の語りが、テレビアニメでは男声のナレーションのかたちで出てきている。そのことについて書く。

ぼくがテレビアニメの「ちびまる子ちゃん」を見て、最初に（おや?）と思ったのは、その語りを聞いたときだ。これはある種「なつかしさ」を語るような語り口だなと、そのとき思った。なつかしさを内に秘めた（というよりは露骨に出していると言ったほうがいい）あの醒めたような無気力なような、どうでもいいような、やる気もおこらないような男声のナレーションを聞きながら、「これは一体何なんだ?」と思った。

「セピア色」なつかしさの上にたつ

ぼくはこのとき「ちびまる子ちゃんのセピア色」という言葉が浮かんだ。ちびまる子ちゃんは、あるなつかしさの上に立っているのではないか。この「なつかしさ」が、読者(あるいは視聴者)の胸をほのぼのとくすぐるのだ。

ナレーションの威力というものがある。マンガでは作者(さくらももこ)が語っていた「はみだし」部分を、アニメでは、大人の冴えない男声がやっている。男声にした理由は聞いていないから知らないが、おそらく大人の視聴者ねらいの「なつかしさ」であろう。これが、おばちゃん声のまる子と一種かけあい漫才風な妙味を出している(ぼけ役がまる子で、つっこみ役が男声のナレーションといったところか)。

おばちゃん声のまる子のオーディオもある種のなつかしさの中にいれば、ナレーターの男声も、NHKの朝ドラマ風に妙によその人っぽく無責任に語っていく。この男声のオーディオもいってみればなつかしさのかたまりだ。なつかしさのオーディオ効果の中で、ちびまる子ちゃんはおどっている。

オーディオ効果ということについていえば、あのナレーションを、大人になったさくらももこが語るのではなく、NHK風無気力無責任よそいき男声がやったのは、アニメ作品の幅を持たせることにもなり、成功であったといえよう。また、日曜日の夜の六時過ぎという時間帯の男性も含めた大人の視聴者を獲得しようという製作者側の意図も見事に的中したといえる。

しかし、オーディオ効果をそのような観点から見るのは、実は本質から外れていて、つまらないものだ。オーディオ効果というものは、例えば、男声のナレーションを古館伊知郎がやったらどうなるのか。まる子の声を大山のぶ代がやったらどうなるのかという形で考えればいい。

「おーーっっっとおーっ、つ、ついに出ました。丸尾くんの必殺技ぁーっ！　おきてやぶりの《ズバリそうでしょう！》がさくれつしました。かってこれほどまでに人間の心臓をつらぬきとおし、石に変えてしまうという技が存在したでしょうかぁ！　その昔、ギリシャ神話に出てくるメドゥサは自分を見る者をみな石に変えたといいますが、丸尾くんのこの技は、平和をむさぼる現代人への、ズバリ、メドゥサの逆襲といってもいいでしょう。……」というナレーションがついたら、アニメ「ちびまる子ちゃん」も別の道を歩んでいたにちがいない。（ぼくは冗談でこう書いているわけではない。「ちびまる子ちゃん」のその13にあたる「お父さんは心配症＋ちびまる子ちゃん」（コミック版第二巻所収）はさくらももこと岡田あーみんの合作のマンガで、ほとんど頭から血を流すほどのどたばたのノリになっている。）

＊「なつかしさ」について

ぼくは、ここまでずいぶんと「なつかしさ」という言葉を連発してきてしまった。だから、そろそろ「ちびまる子ちゃん」のセピア色＝なつかしさについて考えなければいけないと思っている。

子ども自身の「ふりかえりの視座」

ぼくはテレビアニメの男声のナレーションを聞いたときにある種の「なつかしさ」を感じたといった。これは、ぼく自身が感じたということもあるが、それ以上に、子ども自身がそういう「ふりかえりの視座」を持っているのではないかと、ぼくはそのとき考えた。

大人はとくに昔をふりかえり「古き良き時代」をなつかしむ。これを郷愁と呼ぶ場合もある。それぞれの記憶の中の風景や体験を、原風景・原体験という言葉で呼ぶこともある。しかし、そこにあるのは、おおむねその大人にしか通用しないスタティックな一本の物差しにすぎないものだ。

ぼくは以前「原風景、原体験の発達論」ということを考えたことがある。これは、一言でいってしまえば、「ふりかえりの視座」は大人の専売特許ではないということだ。子どもたちも、我が身をふりかえりつつ、身につまされ、ときに何かを失い、ときに何かを獲得しながら、生活しているにちがいない。その過程での風景や体験のいくつかは、彼らの記憶の底に深く沈み込み、あるいはしばしば思い出されるにちがいない。それらを原風景、原体験と呼ぶならば、子どもの心の中の原風景、原体験は日々変容し続けているにちがいない。ぼくは、これを「原風景、原体験の発達論」と呼んだ。

「ちびまる子ちゃん」は、子どもが「子ども」を見ていく物語である。大人たちがよく昔をふりかえるように、子どもがふりかえる物語である。

子ども自身による過去のふりかえり方には、大きく分けて二つの見方がある。ひとつは、松谷みよ子の『ちいさいモモちゃん』型のふりかえり方で、もうひとつが「ちびまる子ちゃん」型である。

前者は、いうなれば自分史のような歴史感覚の中でふりかえるものだ。その場合、仮にそれが個人的な体験であっても、普遍的な意味合いにまで高められる。浜野卓也は「モモちゃんがうまれたとき」を評して、〈この第一話を松谷に書かしたものは、授乳という母親のみのもつ、誇らかで、普遍的な体験であったのだ〉（「日本児童文学」別冊『日本児童文学100選』）といっている。子どもたちも、母親たちと同様にある普遍性と歴史性の中でふりかえるのだ。

セピア色したエピソード群

これに対して、「ちびまる子ちゃん」のふりかえり方には、一本の筋の通った歴史性などはない。そこにあるものは、セピア色をしたエピソードの群れたちだけである。

「ちびまる子ちゃん」のひとつの物語は、ひとつのエピソードへのあれやこれやの思いの積み重ねでもって構成されている。例えば、コミック版の第一巻からそれを抜くと、終業式の大荷物、学校帰りのおかしなおっちゃんの露店、夏休みのたまりすぎた宿題、遠足の準備の買い物、といった具合になる。

ぼくは「ちびまる子ちゃん」を読んだとき、これは「子どもにとってのエピソード群」ではないかと思った。このセピア色をしたエピソードの群れを仮に「原体験」というならば、「なつかしさ」が大人だけの専売特許でなく、当の子どもにとっても、問題であったことが「ちびまる子ちゃん」というマンガははっきりと証明してくれた。ぼくは、そう考えている。大人が古き良き時代を振り返るように、子どもたちもちょっとむかしをふりかえりながら、歩いているのだ。

ぼくは今「ちいさいモモちゃん」型のふりかえりよりも、「ちびまる子ちゃん」型ふりかえりの方に関心をもっている。浜野卓也が「普遍的な体験」と評したモモちゃんのふりかえり方は、やはりひとつの言葉でもって、ひとつの事柄について語っているものだ。それに比して「ちびまる子ちゃん」のふりかえり方には、複数の語りがあり、眼がある。

「しちごさん」「ふじさん」を人の名前かと思っていたと、ポッとつぶやく語り方。「夏休みの友」を、こんなものが友なものかと、ギャグでなげく語り方。この語り方のほうが「今」という時代を語れるように、ぼくは思う。子どもたちは、いまも、後ろを見ながら、未来を夢見ているにちがいない。

（『子どもの文化』一九九〇年一二月号　特集「ちびまる子ちゃん」とテレビ）

子どもの経済力を分析する

想像力と経済力

〈子どもの想像力は、結局のところ、その大部分がおとなの想像力の反映であろう。なぜなら、子どもがなにか空想の翼をひろげようとする場合、そのイメージを与えるのはおとなだからである〉といったのは、佐藤忠男だった。（「『赤い鳥』と日本の児童文化」、『権利としての教育』筑摩書房　一九六八年五月所収）

この佐藤忠男のことばになぞらえて言えば、「児童文学にとっての子どもの経済条件」という考えようによってはかなり陳腐なテーマともいえるこの文章の始まりは次のようになるにちがいない。

子どもの経済力というのは、結局のところ、その大部分がおとなの経済力の反映であろう。なぜなら、子どもがなにか買いたいという欲望の翼をひろげようとする場合、それを買うためのお金を与えるのはおとなだからである。昔話にしろ童話にしろ、マンガにしろ、テレビゲームにしろ、それを買うためのお金を出すのは、原則としておとなであり、子どもはおとなの出してくれたお金の中から、その許容範囲内で自分の気に入ったものを選ぶにすぎないからである。

佐藤は、さきの文章の最後を〈子どもの想像力を活発にするということは、おとなが想像力を活発に働かせるという以外のことではないのである〉とまとめた。だから、ぼくも、同じように、児童文学に対して子どもたちの経済条件を活性化させるということは、児童文学に対するおとなの経済条件を活性化させるということ以外ではないのであると結論づけようか。

ああ、書いていて、だんだんと面倒臭くなってきた。ようするに、子どもが「あのウルトラマンの人形、買いたいよう。ウォーリーさがしの絵本を買いたいよう」と言っても、おとなの方がその気になって、お金を出さなきゃなんにも買えないということだ。

言い換えるならば、おとながお金を出してもいいという気分になる「本」は何かということが「児童文学にとっての子どもの経済条件」ということになる。では、どんな「本」がおとなをそんな気分にさせるのか。答えは簡単である。ひとつは、その「本」が子どもにとって良い本であり、役に立つと思われるとき、もうひとつは、役には立たないかも知れないが、子どもがそれをみてよろこぶであろうと思われるとき。この二つである。

ぼくはいま、「良い本」とか「役に立つ」とか、子どもが「よろこぶ」だとかいうことばをかなり無造作に使っている。それは、どんな本が良い本で、役に立って、よろこぶのかという「本の内容」に関わることはこの際あまり関係ないからだ。本の内容ではなくて、おとながそう思い、金を出し、子どもがそれを手に入れるという構造が「児童文学における子どもの経済条件」を規定しているからである。

世の中に、課題図書、緑陰図書、推薦図書がはびこり、なくならないのは、それらの肩書きが「子どもに良い本であり役に立つであろうとおとなに思わせる」ためのものであることは、まちがいのないところだ。また、挿し絵がマンガそのもののような本がふえているのも、「子どもがよろこぶであろうとおとなに思わせる」ためのものにほかならない。

ここで、もう少ししつこく「子どもがよろこぶであろうとおとなに思わせる」ということについていうと、これには二つの場合が考えられる。ひとつは、おとなが「これは子どもがよろこびそうだ」と勝手に思うもので、これは「良い本」とか「役に立つ」とか思うのと、あまり大差がない。もうひとつは、子どもがだだをこね、泣いてせがみ、挙げ句の果ては店の前でひっくり返り、こんなに欲しがるのならば、きっと買ってあげたら「子どもがよろこぶであろう」とおとながあきらめて、思ってしまうものである。「子どもがよろこぶであろうとおとなに思わせるもの」の本命はもちろん、後者にある。「本」で子どもがだだをこねてまでおとなに買わせたがるのはマンガぐらいだという発想が、作り手の側にあって、「児童文学」と呼ばれるものをだんだんとマンガに近づかせていることもまちがいのないところだろう。（誤解されないために言っておくが、ぼくは別にマンガを悪いものだとも児童文学を良いものだとも思っていないし、その反対だとも思っていない。バーコードを使ってゲームをやれるようになった今の世の中、もはや全ての商品が「児童文化財」になってしまったといっても言い過ぎではないくらいだ。マンガか児童文学かと言い争っているひまがあったら、マンガよりどの商品よりも強い、最強のバーコードを付けて書店へ出し、バーコード・バトラーに確実に勝利することを考えたほうが、児童文学の売り上げを伸ばす早道かも知れない。と、話が横道へ逸れてしまったが、ぼくがここで言おうとしていたことは、「児童文学にとっての子どもの経済条件」というやつは、ひとえにその「本」の買い手であるところの、もっとかっこうよくいうと媒介者であるところのおとなの経済条件にゆだねられているということだ）。

子どもの想像力も経済力も、つまるところその大部分がおとなの想像力、経済力の反映にすぎないものだ。そう気づいたところから児童文学は始まり、子どもは自分の足で歩き始めるのかもしれない。

「十銭」

千葉省三に「十銭」（『童話』一九二一年・五月号、『千葉省三童話全集第一巻』岩崎書店　一九六七年十月）という幼年童話がある。

あらすじから話そう。主人公の圭ちゃんは六才になりたての（なにせ誕生日なのだからなりたてにちがいない）男の子。金物屋で見つけた赤い小さな斧を買いに、母親からもらった〈十銭〉を持って、家をとびだす。エプロンの中で十の銅貨が「十銭、十銭、みんなで十銭」と歌っている。と、途中にまんじゅうやがある。圭ちゃんは、つい一銭を出してまんじゅうを買ってしまう。銅貨たちは「一つへった、一つへった、お友だちがひとつへった」と歌う。そして、金物屋だ。

圭ちゃんはお店にはいって行きました。お店にはきのうとちがったおじさんがおりました。

「おじさん、九銭の斧はないの？」

と圭ちゃんがききました。

「おあいにくさま。みんな十銭です。それでもおやすいのですよ。」とおじさんは申しました。

圭ちゃんは返事もできずに外へ出る。店の前で泣いていると、向こうから一人のおばあさんがやってくる。話を聞いたおばあさんは、大工さんのところへ行って木っぱを拾ってくる用事を圭ちゃんに頼む。お駄賃は、もちろん一銭である。圭ちゃんのエプロンのかくしの中で銅貨がまた「十銭になった」と歌う。圭ちゃんは、こんどはまんじゅうやの声にもわきめもふらずに走りぬけ、無事に〈赤い斧〉を手に入れることになる。〈まったく、圭ちゃんの斧のように切れる斧は、日本中ないかも知れません。くぎもうちこめるし、板もけずれます。そして、たきぎをわることだってできるのです。ほんとに、おうちをつくることもできたかもしれませんが、そこまではわたしもよく聞かないでしまいました〉と、省三はこの話をむすんでいる。

ぼくがこの話に興味を持つのは、圭ちゃんという幼児が手にいれるものが〈斧〉という刃物である点と、金物屋が斧を決して九銭にまけたりせず、おばあさんも決して一銭のお金をただで恵んだりしていない点にある。

まず、〈一銭〉について、関英雄は全集の「解説」の中でこの幼年童話を次のように評している。

この小編で、省三は初めて、幼い子どもに特有の心の動きを、生きいきと描いてみせた。赤い斧の魅力、おまんじゅうのあまさ、歌う一銭銅貨、すべて生きた子どもの心を切りとってきたものだが、木っぱひろいの仕事をくれて、一銭の価値を教えたおばあさんの登場は心にくい。十銭は今の五十円にもあたるだろうか。

関英雄がこの文章を書いたのが今から二十五年ほどまえで、その頃ぼくは、まだ学生で五十円のラーメンを夏でも食べていた、冷やし中華は六十円で、ぼくはその十円惜しさにいつもラーメンを食べ、汁も全部すすっていた。その頃のぼくは汁もないのに十円高い冷やし中華というやつを羨望と理不尽のまなざしでながめていた。ある日、もう昼飯の大盛り焼きそばを食ってしまったあとで、ぼくが「ラーメンは汁があるから大変だけど、冷やし中華は汁がないから五杯ぐらい食べられる」と言ったら、ある女子学生がおどろいてほんとに食べたらお金を出してくれると言った。ぼくは、おどろいた女子学生におどろき、こういう会話は昼飯前にしたかったと思いつつ、ふだんは食べることのできない冷やし中華を五杯も食べることができた幸せを今でも覚えている。そのあと食べたカレーライス三杯も美味しかった。ぼくは昔はたしかに大食らいであったようだ。話が完全に横道に逸れている。ぼくは、十銭が五十円ぐらいで、それがラーメン一杯ぐらいだから、今なら十銭は数百円かぐらいで、まあカッターナイフ一本ぐらいの値段だろうかと言いたかっただけなのだ。

関英雄は〈一銭の価値を教えたおばあさんの登場は心にくい〉と言った。ぼくもそうだと思う。金物屋は九銭では斧を売らないし、おばあさんもタダで一銭のお金を恵んであげたりしない。圭ちゃんのまわりにいる人たちはみなやさしくていい人たちばかりなのだが、それでもお金を無造作に手渡すことはない。何の変哲もない幼年童話なのだけれど、この辺の描き方が小気味好く、印象深い。

ぼくは、子どもの経済力は、つまるところその大部分がおとなの経済力の反映にすぎないものだ、と言った。千葉省三という作家がそうした視点に立ち、そうした思惑をもってこの幼年童話を書いたとは思わないが、そう気づいたところから省三の「十銭」は始まり、圭ちゃんは自分の足で歩き始めているといってもいいのではないだろうか。

もうひとつ、ぼくが興味を惹くのは小さな〈赤い斧〉である。

結論から先にいうと「六才になったばかりの子どもに斧なんか持たせて平気なのだろうか?」という危惧が今なら起こるのではないだろうかということだ。今から七十年以上前に書かれた省三のこの作品には斧という刃物に対する抵抗感がまるでない。母親も金物屋のおじさんも通りがかりのおばあさんもみな一様にやさしく無頓着で、圭ちゃんは〈赤い斧〉という刃物を手にいれている。その無頓着さがおもしろい。

同じように現在、幼児が自分の欲しいものを手にいれるまでの心あたたまるほほえましい幼年童話が書かれるとして、その対象が〈斧〉のような刃物になることはありうるだろうか。あるとしても、それは作者がかなり意図的にそうする場合以外には考えられないようにぼくには思える。ここには、子どもと刃物との関係の変化（これは実際に変わったということとおとなの思い方の変化というふたつの面から考えられるだろう）が見て取れる。鉛筆削りもくるくるまわす便利なものになって久しい。最近は子どもたちが刃物を使えなくなったからといって、おとなが中心になってわざわざナイフで鉛筆の削り方を「指導」する世の中だ。「手先の器用さが左脳を刺激する」というキャッチフレーズもあるくらいだ。

七十年前に、圭ちゃんはいくつかの障害を乗り越えて、無事に〈赤い斧〉を手にいれることができた。もし六才になったばかりの圭ちゃんが七十年後の現在それを買いに行くとしたら（この場合、赤い斧でなくていい。赤いカッターナイフの方がいいかも知れない）、彼は以前受けた障害の上にさらにおとなの「幼児が刃物を持つことに対する危惧」という得体の知れない障害を相手にしなければならなくなるにちがいない。子どもの経済力は、おとなの経済力だけでなく、さらに厳しくおとなの想像力によっても規定されてくるのである。そのとき、圭ちゃんはどう自分の道を歩くのだろうか。道はとおい。

「道はとおい」

新冬二に「道はとおい」（『やっこだこ』四号　一九五八年十月、『ぼくたちは飛ぶ』太平出版社　一九七五年十一月所収）という短編がある。これは、三軒茶屋のおばさんの家から帰る途中、スリにさいふをすられた良一という少年が、ただ黙々と市川までの道をひとりで歩いていく話だ。

良一が「歩いて」帰ることになった直接のきっかけは、渋谷で入った交番のおまわりさんの応対の悪さにある。いばった口のきき方、嫌な感じの笑い方。良一は電車賃を借りることが言い出せずに、外へ出る。

それから、何人かのおとなに道をたずねながらのとおい帰路が始まるのだが、相手のおとながみな一様に「めんどくさそう」「なかなか返事をしない」「バカにされたよう」「すましていってしまった」というところが、おもしろい。結局は、御徒町のガード下で出会った男のひとが良一に〈市川ゆきの国電のキップ〉を手渡し、作品は終わるのだが、ここには、省三が「十銭」の中で描いた圭ちゃんと通りがかりのおばあさんのような信頼関係はない。

御徒町のガード下で、良一は錦糸町行きのバスを見つける。そのバスのいくほうへいけば、錦糸町に行ける。市川にも帰れる。おくれまいとかけだそうとしたそのとき、良一はうでをしっかりとつかまえられる。


茶色の上着のうでが、良一の全身をしばりつけるようだった。

「ほら、キップだ」

それは、市川ゆきのキップだった。

「いりません」と、良一はいった。

「じぶんひとりで、ブツブツいってるやつがあるか」

錦糸町ゆきのバスは、もう、みえなくなっていた。


良一は、バスの中に何か思いがけないものがのっていて、それを取り逃がしてしまったような気分になる。男の人の顔もとてもしずんでいるように見える。その人は「はやくかえるんだ」といい、良一は〈まだまだ市川まで歩いていきたかった〉と、思うところでこの作品は終わっている。
子どもの経済力は所詮おとなの反映にすぎないと気がついたとき、良一は、ただ黙々と歩きはじめる。良一にそういう道を選ばせた新冬二という作家の〈心意気〉が感じられ、すがすがしく、またダモクレスの刃を突き付けられたような気分にもさせられる作品である。この新冬二の気概が、のちに父親も母親もなく、家もなく金もない不思議な女の子の物語、『すてきなすてきなキー子』(太平出版社　一九六八年一二月)を産むことになる。すてきなすてきな〈キー子〉は、児童文学にありがちな物分かりのいいおとなや同伴者像を拒否して、きょうも半ぴらの千円札たった一枚をポケットに、ちょっぴり肩をいからせて、胸をはって、まっすぐにひとりで歩いているにちがいない。紙数もつきた。キーコの冒険についてはまた別の機会に語りたい。

(『日本児童文学』一九九二年一一月号　特集　児童文学の「経済学」)

斬

『ちょんまげ手まり歌』を読んだ時のおもしろさが忘れられなかった。あのおもしろさはいったい何だったのだろうか。

風のうわさによると、この本が出た当時、大人の批評家たちは「こんな本を子どもに読まれては困る」と感じていたらしかった。その思惑、わかりそうな感じがすると思ったものだ。


村瀬学の『児童文学はどこまで闇を描けるか』はこう始まっている。そして、ぼくは、この始まりに村瀬の批評の在り方を、その強さと弱さとを見てしまう。

まず、冒頭の一句について。『ちょんまげ手まり歌』（理論社　一九六八年一一月）の《おもしろさ》を第一義に取り上げて揺るぐことがない。このいさぎよい村瀬の論法が、ぼくは好きだ。

次に、〈風のうわさによると……〉と続く第二句について、これは、村瀬がこれから闘い、対峙し退治していかなければいけない敵を見くびり、揶揄している。与太話風に書く村瀬のこの論法が、ぼくは嫌いだ。

最初から結論めいた言い方をしてしまうと、村瀬の批評は、このいさぎよさと与太話との間で揺れ動くひとり往復書簡のようなものだ。いさぎよく図式的な与太話をするのが啓蒙というものなら、村瀬の語り口はもう立派な啓蒙思想家だ。

しかし、児童文学はどこまで《闇》を描けるかという魅惑的なタイトルに引き付けていうならば、村瀬のこの語り口は《闇》を描く語りではない。《闇》を描こうとする村瀬の情熱とは裏腹に、描けば描くほど、《闇》は光に照らされて明るく無味乾燥なものになっていく。これは、致命的だ。

ぼくが村瀬の「第二句」を嫌いだといったわけを言おう。村瀬はここで、風のうわさによると『ちょんまげ手まり歌』が出た当時、大人の批評家たちは「こんな本を子どもに読まれては困る」と感じていたらしかった、と書いている。村瀬はここで《大人の批評家たち》を嘲弄している。だが、果たしてそうだろうか。《大人の批評家たち》はみな村瀬が聞いた〈風のうわさ〉のように薄っぺらな笑われ者たちばかりだったのだろうか。ぼくは、そうは思わない。

この本の批評を『ちょんまげ手まり歌』が出た〈当時〉に限ってみても、村瀬の語り口からこぼれる〈大人の批評家たち〉が数多くいることに気づくはずである。まず、ぼくにとって一番印象深かった批評は三木卓のものだ。三木卓の「児童文学にあらわれた国家」(『思想の科学』一九七一年四月号)の中の『ちょんまげ手まり歌』評を見てみよう。三木卓は児童文学にあらわれた〈国家〉について語るこの文章のむすびとして、この作品をとりあげ次のように述べている。

今度読んだ作品の中でわたしが一番感銘をうけたのは『ちょんまげ手まり歌』である。これは時代小説の形をとってはいるが、血のにおいのする幻想文学であり、そうであるが故に、ここで展開されている逆ユートピアの世界は、おそらく、上野瞭の日本国家の本質への批判を示していると見てもいいのではあるまいか。

三木卓は、自らの満州国での体験をモチーフにした『ほろびた国の旅』（盛光社　一九六九年五月）という作品を持っている。屈折したポジションの中から今はもうない国家への旅路を描いたこの作家の評言の中に、ぼくは村瀬のいうような「こんな本を子どもに読まれては困るという思惑」を読み取ることはできない。

もうひとつ、しつこく例をあげよう。『日本児童文学』一九六九年六月号に、「新しい波とその萌芽」というタイトルの研究会報告が載っている。そこで〈当時〉新刊だった『ちょんまげ手まり歌』も課題作品として取り上げられ、論じられている。報告の筆名は大石真と西本鶏介の二人になっているが、書かれている意見はアルファベットのA、B、C……という按配で紹介されているので、そのいくつかを見てみよう。

A　大人が面白がるほどに、果たして子供がよろこぶかどうかは疑問だ。すぐ殺さないで六つまで生かしておくことに、より残酷さを感じる。第一書き方がストレートすぎるな。残酷さを誇張した書き方より、もっと比喩的に書く方が子供に与えやすい。

E　反体制思想云々というが、この作品の異色さは、表現にあるのであって、むしろ思想そのものは単純である。現実をうらがえして、逆説的に描いたところが効果的なのだ。物語の残酷さも、それは反道徳的ではなく、正しいモラルを書くためのもの。（中略）つまり逆光線をあてた特異な表現の作品である、と思う。言ってみれば、これは一種の異端の文学である。

Ｆ　私も逆説の文学だろうと思う。こういう世の仕組みを書くには、どうしても典型が必要。それが成功した場合は個性と呼ばれるが、そうでない時は類型といわれる。しかし作者はその典型を通じた普遍性を伝えたかったのではないか。ただし、この作品をストレートに子供に与えるという気にならないが。

紹介されている六つの意見のうち二つが、ストレートに子どもに与えるには疑問があるというものだったので、村瀬に敬意を表して二つともここにあげた。ついでにいうと、ぼく自身は『ちょんまげ手まり歌』という作品を子どもたちが直接手にとって読むことに何の疑問も持っていない。だから、「ストレートに子どもに与えるのには疑問がある」という考えには与していない。ぼくはただ、村瀬が語っているように、ぼくらの斬るべきものを矮小化したくないだけだ。

そろそろ本文について語らないと、礼を失することになりそうだから、先に行く。（それにしても最初の四行だけでこれだけのことを考えることができたのだから、もしかしたら村瀬の文章はとてつもなく良い文章なのかも知れない。その大上段に振りかぶった刃がそうさせるのにちがいない。が、これが刃ならば、どうして村瀬の刃はいつも片刃なのだろう。ぼくは批評というのはいつもダモクレスの剣のように両刃のものばかりだと思っていたが、啓蒙の剣にはやはり片刃が似つかわしいのだろうか。少しおしゃべりが過ぎたようだ。閑話休題。）

さて、村瀬は〈子ども時代の「三界論」〉を軸に論を展開していく。村瀬は、子ども時代に、「地上」の他に「上」や「下」の世界のあることを感じる感覚を「三界論」と名づける。そして、大人も基本的に三つの世界（「機構としての世界」「日常生活の世界」「類としての世界」）に分けて世界を意識しているという。

いま日常生活の世界に身を置いたとして、〈「ことば」は、基本的には「機構の世界」からやってくるものとしての性質があった〉と、村瀬はいう。ひるがえって上野瞭の作品に「唄」が多いのは「類としての世界」のリズムをこの「日常生活の世界」においても失わないようにするためのもの、言い換えるなら〈「類」あるいは「肉」としてのあり方への着目と重なってゆくところがある〉と、村瀬はいう。

村瀬は、じつは上野瞭の作品を引き合いに出しながら、〈三界論〉という自分自身の世界観を語っているにすぎないのだ。その中でも、ぼくがいま村瀬の「ことば観」を取り立てて取り上げたのは、村瀬の批評の「ことば」は、村瀬自身の評言でもって斬られねばならないと思うからだ。

村瀬は『ちょんまげ手まり歌』のラスト近くで、おみよがいろいろな事実を知り、知るほどに歳をとり〈ひとりのおばば〉になっていく過程を《情報》というひとつの「ことば」でもって説明している。おみよが山の上で老人に「やさしい藩」の秘密を見せられる場面を、村瀬はいみじくも《テレビ》によっておみよは《情報》を知ることになると言い切っている。ストーリー展開ではなく、イメージの連鎖によって積み重ねられていくこの物語に対して、これはじつに無残な評言であるとはいえまいか。

この《情報》という「ことば」でもって、『ちょんまげ手まり歌』を語っている村瀬の姿は、どうみても「類としての世界」からきたくらやみの使者とは思えない。「機構としての世界」からこの世を強制するためにやってきた硬い「ことば」の使い手としか思えない。村瀬が、上野瞭の作品について語ればほど、《闇》から遠ざかり「機構としての世界」の《声》ばかりが響いてくる。

村瀬は、まさに自らの〈三界論〉の刃でもっていますぐに自分自身に斬られねばなるまい。そして、自らをも傷つけうる両刃の刃を持ったときに、ぼくは初めて村瀬の「ことば」を聞こうと思う。それまではしばらく赤ずきんちゃんのように陽気に森を散歩しているか、ものぐさなおおかみのようにおばあさんのベッドの中で惰眠をむさぼっていたい。

＊

ここで、ぼくの『児童文学はどこまで闇を描けるか』についての感想は終わる。が、気になっていることがひとつだけある。それは、ぼくが好きだといった村瀬学の「いさぎよさ」の方について、ほとんど何も言わずにきてしまったということだ。誤解をされると困るのだが、ぼくは村瀬学のあの大風呂敷は好きなのである。だから、それぞれの作品について語る最初のひとことは、おおむね好きだといっていい。ただ、その仮説をシステムのことばで語ってほしくないと、ぼくは思っているにすぎないのだ。一番弱い敵を倒してまるで首でも取ったような言い方をしても、読み手は悲しくなるばかりだ。村瀬学は片刃の剣でいったい何を斬ろうとしているのか。

（『日本児童文学』一九九四年四月号　特集　児童文学批評への注文）

おもしろさとつまらなさの狭間で

1

ぼくは今、東京の東のはずれの小学校で教員をしている。小学校の教員をしているから、いま現在を生きている子どもたちと日々接しているということになる。だから、子どもたちの「おもしろさ」について何かおもしろいことを書けるだろう。あるいは、子どもたちの危機的な（?）状況について日々憂いていることだろう。また、そのことについて何かしらの考えを持っているにちがいない。と、そのように考えるのは、すべて大きな間違いである。

2

たしかに、ぼくは今、仕事として小学校の教員をしている。だいたいがおもしろおかしく生活している。たまにはおもしろくもおかしくもないつまらないこともしている。が、ただそれだけのことだ。もちろん、人によっては、子どもとじかに接して、そのことのおもしろさや危機的状況を生き生きとジャーナリスティックに語ることもできるだろう。実際そうしたルポや子ども論がちまたには溢れている。しかし、人にはそれぞれ得手不得手があるものだ。幸か不幸か、残念ながらぼくはそうしたことを生き生きと語ることのできる眼と口を持ち合わせていない。ただ、それだけのことだ。

3

ぼくは今、けっこうおもしろ、おかしく、たのしく毎日を過ごしている。そりゃあ、仕事がたまって、なかなか処理できないで困るときもある。「あしたまでに絶対やってくださいね」なんていわれれば、(今までさぼっていたぼくがバカなのね) なんて思いつつ、必死で机に向かったりもする。でも、特別にそれらのことを、おもしろいとかつまらないとか考えたことはない。

子どもたちも、けっこうおもしろ、おかしく、たのしく毎日を過ごしているにちがいない。そりゃあ、彼らだって宿題がたまったりしたら、たまったものじゃない。とくに夏休み終了直前なんぞは、もう地獄のような苦しみにちがいない。しかし、それはそれで仕方のないことだ。彼らは、おそらくそのことをおもしろいとか、つまらないとかいう次元で考えていたりはしないだろう。

子どもたちは、おおむね「おもしろいこと」について考えるのは苦手だ。これは彼らがおもしろく生きていないということではない。ただ「おもしろいこと」について事あらためて考えるのが苦手なだけなのだ。

4

それなのになぜ、ぼくらは今、とりたてて「おもしろさ」を取り上げ、また語ろうとするのか。とりたてて語られる「おもしろさ」は、どこか座りが悪くて、胡散臭い。犯罪のにおいがするといったら言い過ぎだろうか。

その胡散臭さを知ってか知らずか、那須正幹の『ぼくらは海へ』（偕成社　一九八〇年二月）に出てくる主人公と呼んでもいい少年、誠史は三回もたてつづけに「何かおもしろいことないかなあ」とつぶやいている。

立入禁止の埋め立て地の中に少年たちが隠れ家にしているプレハブ小屋がある。その中に誠史が入ると、中では、大人びた邦俊が女のはだかのグラビアが載っている週刊誌を読んでいる。ふとのぞくと、はだかの女の人の上に男がおおいかぶさっている絵がページいっぱいにかかれている。ぼんやりと絵をながめていた誠史が気がつくと、邦俊が誠史の顔をじっと見つめている。目のやり場に困った誠史がふとつぶやく。そんな場面だ。ちょっと長い引用になるが見てほしい。


「なんか、おもしろいことないかなあ」

腕をぶんぶんふりまわしながら、誠史は小屋のなかを歩きまわった。（中略）

「おーす。」

立川勇が、ひと声どなってどかどかと小屋のなかにはいってきた。

「イサム、なんかおもしろいことないか」

誠史のことばに、勇はめがねの底のちっちゃな目をぱちぱちさせながら、

「ない、ない。」

と、手をふってみせる。

それから邦俊のそばによると、ポンと肩をたたいた。

「よっ、エッチ先生……」

邦俊は知らん顔をしている。

「つまんないよなあ。なんか、おもしろいことないかなあ。」

誠史がもういっぺんくりかえしたとき、勇がふりむいた。

ふりむいた勇は、新しいごみが捨ててあったという。立入禁止の埋め立て地は、工事が途中で投げ出されたままの荒れ地で不法投棄のごみも多くあるのだろうか。ともかくも、そのごみの中の材木の山を見て、「これだけありゃあ、なんかでかいものがつくれるんじゃないかなあ」と言ったのが、この物語の発端だ。少年たちは船を造り、海へ出ていくことになる。

それにしても、なぜ、誠史は三回もたてつづけに「何かおもしろいことないかなあ」とつぶやいたのだろうか。ぼくは、この本が出た少し後で、この誠史のことばを取り上げて〈遊ぶこと自体を喪失してしまった子どもの姿が、ここにある〉（『季刊児童文学批評』第三号　一九八二年三月）と語ったことがある。そのときのぼく自身のことばをもう少し詳しくあげるとおよそ次のようなものだ。

ぼくの組の六年生に、この間、放課後の生活についてのアンケートをとってみた。その結果、予想どおりながら深刻な答えがかえってきた。遊んでいる場所はどこかという問いに対する答は、一位が家の中、二位が家のまわり、この二つで九割以上を占めてしまい三位と呼べるものはない。また、友だちとよくする遊びは何かという問いに対しては、当然のことながら、ただ何となく話をしているという答が一番多かった。

子どもたちは、遊ぶ場所と時間だけでなく、遊びそのものを失っている。誠史たちも塾へ通うまでのつかのまの時間とうめたて地のほったて小屋という空間を共有しながら、そこでの遊びを喪失しているのだ。

ぼくはこのとき誠史のことばを取り上げて「遊びを喪失している」と言い切っている。たしかに那須正幹は、ここで塾通いの子が持っている倦怠感と閉塞的な状況を象徴するために、誠史にたてつづけに三回も「なんか、おもしろいことないかなあ」ということばを口から発せさせているのにちがいない。その倦怠感と喪失感が、少年たちを舟造りの行動へと駆り立てていったにちがいない。

しかし、あれから十数年たったいま改めて考えてみると、ぼくの「遊びの喪失」という捉え方はずいぶんと真面目で硬くて大雑把だったようにも思えてくる。ぼくはこのとき「遊びの喪失」から「舟造り」へという過程の中で物事を考えていた。しかし、ほんとうに遊びは喪失していたのだろうか。遊びが喪失しているなんていう重大なことをこんなに簡単に言い切ってしまってよかったのだろうか。ぼくのひっかかりは、いまここにある。

ぼくはいま「なんか、おもしろいことないかなあ」ということばの中に「遊びの喪失」というより、もっと胡散臭い、犯罪に近いしたたかさを感じている。実際、彼らの舟造りの作業は嗣郎の死によって露見し、校長室での説教で一度目の幕は閉じることになるのだ。少年たちの舟造りの行動を、この校長の長い長い説教でもって評価するとおよそ次のようになる。――〈だいたいあのうめ立て地は、部外者立入禁止じゃないですか。〉〈あんな危険なあそびをしていれば、事故がおこるかもしれないと思わなかったのかね。そうでしょう。そりゃあ夏だから水あそびは気持ちがいい。いかだをつくったり、のってあそぶのはたのしいかもしれない。〉〈きみらは非行化しつつあったんだよ。そんなことじゃあ、いく

らよい中学にすすんでも、りっぱな人間になれるはずがない。〉

ぼくはかってこの校長の説教の長さとくだらなさは、そのまま那須正幹の現実認識の深刻さを物語るといったことがある。しかし、そう捉えて、那須正幹と一緒になって深刻になって考え込むよりも、子どもたちの考えつく「おもしろさ」というやつは、いつも犯罪と紙一重の胡散臭さの中でうごめいているものなのだと捉えていった方がおもしろそうなのだ。

5

ぼくが、那須正幹の『ぼくらは海へ』に出てくる誠史の「なんか、おもしろいことないかなあ」ということばに注意を引き付けられた一番大きな理由は、じつは、皿海達哉の「横山鉄雄の一週間」(『少年のしるし』理論社　一九七三年所収)という短編の中にも、これとそっくり同じ言葉があるからだ。那須と同じように皿海の中にも、「遊ぶことを失った子どもたち」(あるいは、もっとうがった見方をするならば、犯罪と紙一重のところにある「おもしろさ」)のイメージがあるということだろう。

ノラ犬収容所のコンクリートの塀は、けっこう長かった。鉄雄は、半ズボンのポケットに両手をつっこみ、足もとの地面を見ながら歩いた。まさるも同じように両手をポケットに入れ、顔を紙くずのようにしかめて歩いていた。ヒロシは、自動車にひかれてペッチャンコになり今は乾ききっているネズミの死骸を見つけ、それを蹴りながら歩いている。

「あーあー、なにかおもしろいことないかなあ……」

鉄雄は、そうつぶやいた。そのとたん、急に犬のほえ声が大きくなった。

「横山鉄雄の一週間」という作品は、クラスで三番目に弱いが足だけは速い「逃げ足のテツ」こと横山鉄雄の一週間の生活を描いたものだ。ノラ犬収容所の話は、その二日目「火曜日・犬だらけの町」の章にあたる。

腹をすかしたノラ犬たちに、パンをやったあと、鉄雄たちは、塀越しにノラ犬たちがついてきているのを知る。犬のほえ声が大きいのはそのためだ。ふと見ると、門のかぎがあいていて、番小屋の守衛もいない。鉄雄たちは、「いっちょう、やったるか?」と言って、犬たちが閉じ込められている戸をあけてしまう。犬たちは、どっととびだして夕暮れのせまった町の中に走り出す。足につけたアルミニウムの番号札をキラキラ光らせながら、夕暮れのせまった町へまるで洪水のように走っていく。その犬のイメージは鮮烈だ。

鉄雄たちはすたこらさっさと逃げ始める。鉄雄とまさるとひろしの三人である。さっき鉄雄をクラスで三番目に弱い男だと言ったが、まさるはクラスで一番、ひろしは二番に弱い男ということになっている。その三人がノラ犬収容所の扉を開けるという大胆な行動をとって逃げているということになる。

遠くでワンワンいう声がたくさん聞こえる。あっちでもこっちでも警察のパトロールカーのサイレンがウーウーと鳴りはじめる。鉄雄が(まさるのやつ、泣きだすかな?)と思って、見てみると、まさるは赤い顔をして愉快そうに走っている。ひろしも大きな口をあけて笑っている。鉄雄もつられて、プッとふきだす。自分より弱いと思っていたまさるやひろしが、泣き出すどころか、うれしそうに笑いながら、走っている。これは、鉄雄にとってもうれしい発見にちがいない。子どもにとって「おもしろさ」とは、いつも犯罪と紙一重のところにいる不健康さの冒険に他ならないのだ。

皿海は、少年の心の深部にあるわだかまりや傷を描いていく作家だ。少年たちは、いつも負のわだかまりを心のうちに抱え込み、しかもそれがだれかに理解されて、めでたしめでたしで終わることはない。同じような悩みを抱えた三人が、今一瞬垣間見せている「わらい」をこそ、ぼくたちは読みとらなければならないのだろう。

ぼくは今、この「何かおもしろいことないかなあ」という子どものつぶやきは、一種の起爆剤ではないかと思っている。

かって皿海はこの起爆剤でもって、ノラ犬収容所の扉を開けた。八〇年代の初頭、那須は同じ起爆剤を使って、舟を造り、海へ出た。シリアスな『ぼくらは海へ』で海へ出た那須は、同じ年の終わり近くに、今度は『あやうしズッコケ探険隊』で、海へ出て、漂流してしまったところからの物語を作っている。また、犯罪そのものに興味を持ってしまった那須が『お江戸の百太郎』（岩崎書店　一九八六年一二月）のシリーズで、江戸を舞台にした捕り物帖を書き、『さぎ師たちの空』（ポプラ社　一九九二年九月）では詐欺師たちに大活躍をさせる犯罪小説を書いたとしても、何の不思議もないものだ。子どもにとって「おもしろさ」と犯罪とはほとんど危うい近似の関係にあるものなのだ。

6

そういえばぼくがまだ高校に通っていた頃のことだから、今から数えると三十数年ものむかしの話になるが、ぼくの家に、中学三年の従兄弟がめずらしく遊びに来たことがある。遊びにきたというよりは両親についてたまたま来てしまったという方が正解のようだった。「何年生？」と尋ねられて「三年生！」と答えると、「ああ小学三年生かい」と返ってくるような小ささだったせいか、中学三年にしては幼い彼は、ぼくの家にいるあいだじゅう、ずうっと「つまらない。つまらない。何かおもしろいことはないか」を連発していた。だから何をしようというのでもない。何かをしたいというのでもない。ただ言い続けていた姿が今でも妙に心に残っている。ぼくが皿海や那須の作品の「何かおもしろいことないかなあ」という一言に惹かれるのも、もしかしたらその従兄弟の言葉がまだ心の片隅に残っているからかも知れない。彼は高校へ入ったら急に背が伸び始め、高校を卒業するころにはぼくよりずっと大きくなっていた。大きくなった彼はもう「つまらない」を連発することもなかった。ぼくはもう彼の「つまらない」を二度と聞くことはない。彼は、あっという間にぼくより大きくなって、あっという間にぼくより先に逝ってしまったからだ。

「つまらない」ということばを言わなくなった彼がいったいどんな「おもしろさ」を獲得したのかはついに聞かずに終わってしまった。

7

学校にあがるまえからテレビゲームばかりをしていた少年がいた。母親が勉強は読み書き計算だと考えていたのだろう。漢字練習はよくやり、計算もよくできた。できなかったのは、友達となかよくふつうにつきあうことだけだった。思い通りにならないと大声で泣きわめき、口の中でぶつぶつと文句を言い続け、ときには友達に歯形がつくほどにかみついた。

二年の終わり頃、友達にやはり歯形がくっきりと残るほどにかみついたことがあった。注意をした担任の教師に向かって「殺してやる」「学校に火を付ける」とわめきちらした。その教師は「殺せるものなら殺してみろ」と手をあげた。その結果は、母親が全治一週間の診断書を持って、教育委員会に抗議に行き、その教師は始末書をかかされることになった。日頃は明るくて能天気なぐらいのその教師がしばらくの間は、ほんとうに落ち込んでいた。自分の体罰を恥じたのか、それとも相手のひどさ、手強さに滅入ったのかは、とうとう聞かずに終わってしまった。

その子を三、四年と担任した。手はあげないで口だけはしつこく、相手が大声を出せば、こっちはもっと大きな声を出し、相手が黙れば、こっちも黙るといったことのくりかえしを二か月ほどやったら、向こうが根負けをして、何でもいうことを聞くようになった。手をあげないだけで、ほとんど相手の人格をつぶすようなやり方だったので、あまりたのしいものではなかった。

が、ここで何を言いたいのかというと、彼がぼくに問い詰められると、必ず発したことばが三つあった。「大怪我する！」「おかあさん！」「学校はクッパ城だ！」の三つだ。そのうち、最初のものと二つ目は二年の終わりのときのことを思い出して、こわがったり助けを求めたりしているのだろうという推測がつくが、三つ目の「クッパ城」だけは何とも不可解だった。今でこそ「ジョウ」を「城」と書いているが、はじめのうちは皆目見当もつかなかった。まわりの友達が「クッパ城だよ。マリオに出てくるやつだよ」と教えてくれて、やっと得心することができた。

彼は足がとても遅くて、かけっこのときはぼくの歩くのより遅かった。彼が一番早く走れるのは体育の競走のときではなくて、とても機嫌が良いときにぼくからキャッキャッと言いながら逃げるときの姿だった。そんな彼でも、テレビゲームの自動車レースはとても上手だと、まわりの友達は言っていた。もしかしたらゲームのやり過ぎが彼を友達とのつきあいかたを下手にしたのかもしれないが、そのゲームがまた彼と友達との関係を保つ道具にもなっていたようだ。

ぼくが知りたかったのは「学校はクッパ城だ」と言い放つ彼がいったいどのようにゲームの世界をた

のしんでいたのか、また現実をイメージ化していく手立てとして、それらゲームの中で培われてきた財産がどのように生かされていたのかということだ。

ぼくが彼のことを話したのは、ゲームをやりすぎると友達ときちんとしたつきあいかたをおぼえられなくなって困るということをいいたいからではない。むしろ逆である。ぼくはコンピューターゲームをことさらに悪者に仕立て上げる思想に与するつもりはない。学校をクッパ城だと言い切った彼の創造力の源を知りたかっただけである。「学校がクッパ城だとしたら、ぼくはいったい何だい」と聞いたとき、彼は「んーっ、○○かなーっ」と答えてくれたことがあったけど、ぼくは残念ながら、ファミリーコンピューターを持っていなかった。だから、スーパーマリオブラザーズも知らなかった。彼が答えてくれたのは、おそらく何面かのボスキャラの名前だったにちがいない。最初の面の弱いボスキャラだったのか、それとも最終面の強いボスキャラだったのか。彼が転校してしまった今となっては、もはや尋ねる術もない。

8

そういえば以前つとめていた学区には、一時期よく壱万円札が落ちていたものだった。一週間に三回も壱万円札を拾ったといって持ってこられても、正直いって困ってしまう。盗った金でエアーガンを買って、「君たちはもう包囲されている」なんて言われて学校の職員室の窓をめがけて撃たれるのも困るし、ゲームソフトをいっぱい買われるのも困るし、盗ったけれども使うのがこわくなったのか、あらかじめ隠しておいたお札を拾ったといって持ってこられても、あまり多額なお札を度々持ってこられると、ぼくとしても困ってしまう。子どもたちはもしかしたら、やはり犯罪と紙一重の「おもしろさ」をたのしんでいたのだろうか。

9

犯罪と紙一重のおもしろさというのでは、やはり日比茂樹の『東京どまん中セピア色』（小学館一九八一年九月）の「通知表強奪計画」を思い出す。

（まだだ。もう少し、がまん。）
ぼくの胸は破裂しそうになる。
ピ、ピ、ピー。
笛の音。
（いまだ！）
バッグは思ったより重かった。ぼくのからだはバランスをくずす。
（あわてるな！）
出入口にいた男の客が、なんだいまごろ、という顔で見る。
ぼくはホームにとびおりる。

小野寺稔が山手線の網棚から通知表の入っているかばんを盗る瞬間の場面だ。人は、ここをどう読むのだろうか。作者である日比茂樹は、どう考えても、道徳的に「だから人のものを盗るのは止めなさい」と語っているようにはみられない。むしろ、盗る瞬間の稔はじつに生き生きとかがやいているとは言えまいか。

子どもたちの中に犯罪と紙一重の麻疹のような「おもしろさ」がある以上、ぼくはもう不用意に「子どもの遊びが喪失している」と語るのは止めようと思う。おもしろさとつまらなさの狭間で、子どもたちはきょうも新しい「おもしろさ」のために牙を研ぎ、耳をすましているにちがいないから。

(『日本児童文学』一九九六年一二月号 特集 いま、児童文学の〈おもしろさ〉を考える)

ぼくらにとって原っぱとは何であったのか

＊原っぱⅠ（石の山）

日影丈吉の『泥汽車』（白水社　一九八九年一二月）に「石の山」という短編がある。〈私の子供の頃は町の中に原っぱが多かった〉という一文で始まるこの作品は、語り手である〈私〉が子どもの頃に遊んだ原っぱの真ん中になぜか積み上げられていた石の山にまつわる物語だ。

子どもたちはいつも小さな群れを作って遊び、隣町にあるこの原っぱを目の前にすると走り出し、〈石の山〉を越える。この石の山は、何軒かの家が壊され、土台石だけがまた使うために掘り出され積み重ねられたものらしく、大人の背ぐらいの高さでがっしりと幅広く積まれている。

　子供がこういうものに、眼をつけないはずはない。子供はいつも、いどみかかって征服する対象をさがしている、といえるかも知れない。この石の山は、それにぴったりの対象だった。（中略）子供たちは、この辺に来ると、この空地を駆けぬけて、そのまま広い草原まで駈けて行く。その途中で、その石の山に飛びつき、よじのぼって、むこう側に飛び降りる。それを、あっという間にやりとげるのだ。

しかし、群れの中でも一番幼い〈私〉は、駆け出したみんなに離されないようについていくのがやっとの状態だ。石の山はとても越えられる代物ではない。初めてその石の山を見たとき、みんなが吶喊をあげて走り、それに飛びつき、よじ登り、越えていく中で、〈私〉はその青黒い石の山にしがみつき、手がかりも足がかりもないままに一センチも首を伸ばせずに終わってしまうという憂き目に遭うことになる。

物語は、この少年が石の山を越えることができなかったという心の負い目を軸に進み、ラストは、少年が見事に石の山を登り切り、上に立ち、飛び降り、笑いながら風の中を駈けてゆくシーンになっている。じつに単純な物語だといっていい。

この単純さの中で、ぼくがおもしろいと思ったのは、石の山を越えられなかったことを、自分が一番幼いからだと納得せずに、越える〈その苦心をしなかった〉自分を恥じるところだ。ではなぜ、かれはその〈苦心〉をしなかったのか。それは、自分が石の山に手間取っている間に群から遠く引き離されてしまうというその恐怖心が大きかったからだ。物語は特別の事件もないままに進み、石の山のイメージと重ね合わされるように、学校での体育の授業の〈飛び台〉のことが語られる。少年は、石の山と同じようにこの飛び台を跳ぶのも最初は上手くいかない。両手をいっしょにつくことができずに片手ずついて跳ぶダブルモーションになってしまうのだ。そのとき、先生は眉をひそめ、心配そうな顔になる。

結局、少年は、飛び台をとびこし、石の山も無事に越えることができるようになるのだが、この少年は飛び台を越えるとき、いつも先生の顔色を見ている。他の子どもたちのときには「よし」という先生が、自分のときだけは心配そうにはらはらした顔でいる。そんな状態をこの少年は石の山のときと同じように恥じている。先生の顔色を気にし、仲間から離されるのを気にしているとき、彼は跳べない。そして、跳べない自分を恥じている。しかし、ぼくがおもしろいと思うのは、そのどちらもが跳べた瞬間だけは、ふと彼ら他の存在を忘れてしまったということだ。

何度目だったか、私はふと、先に駈けて行った友達のことを忘れた。それは私の右手が何か、しっかりとした手がかりをつかみ、そのため私の右半身が浮き上がって、そのうえ右足が、石のあいだに、たしかな足がかりを見つけていたからである。つまり私のからだ全体が持ちあがったのだ。はじめての経験だった。（p.99）

踏みきりに全力をかけて、思うところに両手をつけた。と、私は楽々と飛び台を飛び越えていた。できてみると、それはそんなにむずかしいことではなかった。それからはもう失敗はしなかった。私は先生のことも、気にしなかったから、私が飛び越えたとき先生が、よしといったかどうかも、気がつかなかった。（p.103）

少年は一心に両手を飛び台につけた瞬間、不安そうな先生の存在を忘れる。また、少年は石の山にたしかな手ごたえを感じた瞬間に、前を行く仲間のことを忘れる。こうして少年は、飛び台を越え、石の山を越えていくことになる。ぼくが興味深く思うのは、仲間から離されることへの恐怖ゆえに越えることができなかった石の山を、一瞬その仲間のことを忘れた「とき」に越えてしまったという心のありようだ。してみると、仲間とはいったい何なのか。原っぱとはいったい何なのか。

奥野健男は『文学における原風景』（集英社　一九七二年四月）の中で〈ぼくに〝原風景〟があるとすれば何なのか。じっと目をつぶって思い出してみると、そこには、〝原っぱ〟が浮かび上がってくる〉といっている。また、〈ぼくの記憶の中にあらわれる〝原っぱ〟は、なつかしさとともにいつもかなしさ、さびしさを伴っている〉とも言っている。原っぱは仲間とともに遊ぶ昔ながらの古典的な空間でありながら、そこで遊ぶ一人ひとりのために不思議な幻想の「とき」をも内在しているにちがいない。

＊足掛け上がり

ぼくが子どもだった頃、ぼくはかなり体育が苦手な方だった。ぼくは小学校、中学校を通じて野球というものをほとんどやったことがない。サッカーやバスケットボールというものがまだ一般に流布していないぼくの年代で野球をしたことがないものは稀だった。ぼくとほとんど同世代の皿海達哉は『野口くんの勉強べや』（偕成社　一九八一年五月）の中で道路でやる三角ベースの野球のことを書いたりしているが、ぼくは野球とは無縁の運動音痴だった。そういえば皿海の短編集『なかまはずれ町はずれ』（ポプラ社　一九七六年六月）の中に「ナイフ」という作品があった。この物語のラストは、学校対抗野球大会の熱狂的な応援の中で、主人公の斉木信雄少年が、ポケットに忍ばせたナイフの刃を自転車に突き立てていくという場面だった。〈信雄は、さりげなく、半ズボンのポケットにナイフをしのばせ、ときどき試合のほうに目をむけながら、あちこちのサイクリング車を見て歩いた。〉というラストが小気味良かった。皿海ももしかしたらほんとうは野球が好きではなかったのかも知れない。それにしても、ナイフの使い方を知らない子どもたちと、ナイフを持っていたら先生に出しなさいと子どもたちに呼びかけるわけのわからない大人たちのあいだで、子どもたちの遊びは、またナイフはいかなる運命を辿ることになるのだろうか。

ナイフが出たついでに言うと、大正十年（一九二一年）五月号の『童話』に千葉省三の幼年童話「十銭」が載っている。これは、圭ちゃんという男の子が一銭銅貨を十個持って〈赤い斧〉を買いにいく話だ。とちゅうおまんじゅうの甘さにつられて一銭出してしまった圭ちゃんは斧を買うことができない。しかし、通りがかりのおばあさんが大工さんの木っ端ひろいの仕事をさせてくれて一銭を手に入れた圭ちゃんは、無事に赤い斧を買うことができるという話だ。初めてのおつかいのようなほほえましい幼年童話で、買う品物がよく切れる斧だというところがおもしろい。省三は〈まったく、圭ちゃんの斧のように切れる斧は、日本中にないかも知れません。くぎもうちこめるし、板もけずれます。そして、たきぎをわることだってできるのです。ほんとに、おうちをつくることもできたかもしれませんが、そこまではわたしもよく聞かないでしまいました〉と、この掌編をまとめているが、全くのところ時代の違いというしかないが「刃物」について、ぼくらはもう一度よく考えた方がよさそうだ。ところで、ぼくは野球やナイフのことをしゃべりたかったわけではなかった。ぼくは、ぼくが運動音痴で逆上りがなかなかできなかったことを言いたかったのだ。

小学校の一年生か二年生の頃、逆上りのできないぼくは、毎日のように放課後の鉄棒で何度も逆上りの練習をした記憶がある。逆上りができるようになった瞬間に世界が変わるとよくいうが、おくてのぼくにはそのような鮮烈な記憶はない。逆上りはいつの間にかできるようになっていたが、その放課後の練習の結果できるようになったのか、それとも全くべつのときにできるようになったのか、定かな記憶はない。ぼくが憶えているのは、運動が苦手なぼくが鉄棒の足掛け上がりだけは上手かったことである。足を一つ鉄棒にかけてから上がるので、ぼくにとっては逆上りよりもはるかに楽な種目だった。別に体育に限らないが、できない子がいて、ぼくがそれをできるというのが不思議な体験で記憶に残っている。なぜ、ぼくは足掛け上がりを楽にできるのか。子ども心に自問したその答えは簡単だった。ぼくの家の前は、ぼくが小学校に上がる前から高校に通う頃までのかなり長い間、ずっと空地だった。市役所が移転した跡地には日本銀行が建つことになっていたが、それが実際に建てられたのは高校に入ってからのことで、それまではずっと板塀で囲われた空地だった。ぼくは毎日のように板塀を乗り越え、その空地で遊んでいた。それは近所の子どもたちはみなそうだった。手をかけ足をかけひょいと乗り越える。それは近所の子どもたちの中では運動が苦手なぼくでさえもふつうにやっていることだった。ぐらぐらの板塀の上だけを使って鬼ごっこをしていたぼくらにとって、足をかけてから鉄の棒の上にあがることなど造作のないことだった。

*原っぱII（モグラ原っぱ）

古田足日は、『モグラ原っぱのなかまたち』（あかね書房　一九六八年一二月）の中で、子どもたちの遊び場としての原っぱを、その存亡も含めて典型的に描いている。

まずは、子どもたちとその原っぱとの最初の出会いの場面を見てみよう。秋の虫を全部とろうと掃除機を持ってみんなの家からかき集めた長いコードを引きずって、子どもたちはフクロウ森に入る。森の中は暗くて、草もあまり生えていない。薄暗く、じめじめしていて道だってついてはいない。と、そのとき、かすかに「チョン・ギース」とキリギリスの鳴く声がする。四人の子どもたちは駆け出し、そして立ち止まる。

「うわぁ、すごい。」

あきらが立ちどまり、おいついた三人も立ちどまりました。

そこは森のはずれで、目の前には草いちめんの原っぱがひろがっていました。森は原っぱより一だん高くなっていて、左のほうにいくほど、その高さは高くなっています。

高くなったところで、森はおしまいになり、その前のほうはササやぶになっていて、ササやぶの下は切りたったがけでした。そのがけの下には、せの高い草がしげっています。


残念ながら、掃除機の延長コードをどんなに長くつないだところでその原っぱまでとどくはずもない。スイッチを入れてもカチッとしかいわない掃除機を前に四人の子どもはめげることもなく、森のはずれの家のコンセントを借りて、掃除機で虫をとりまくる。全くのところ、十編からなる短編連作の中で、古田は、思いつく限りの冒険を子どもたちに屈託なくやらせている。

あきら、なおゆき、かずお、ひろ子の四人組は、この原っぱでスギでっぽうごっこをやり、落とし穴をつくり、傘を落下傘がわりにして崖からロボットのモグラごうを飛ばし、原っぱを海に見立て海賊ごっこをやり、池にたらいのドーナツ丸を浮かべて遊ぶ。

古田の描くモグラ原っぱのモデルは、東京の郊外の東久留米にある。この物語の「あとがき」の中で、古田は東久留米に移り住んで、畑や森や原っぱがあるのがうれしくて毎日のように親子三人で散歩したという。――〈ある日、すみきった水の流れる小川を見て、そのみなもとがわき水であることを発見したときは、胸がぎゅっとなるほどでした。そのわき水のある場所は、小さな原っぱで、一方に赤土のがけがありました。この原っぱが、ぼくの頭の中で変化し、拡大されて、モグラ原っぱになりました。〉

古田はこの連作の最後を「モグラ原っぱ、さようなら」と名づけ、原っぱにダンプカーやブルドーザーが入って市営住宅に変わっていく話を書いている。モデルになった実際の原っぱの方もこの物語を書いた直後にパワーショベルが木を抜き崖を崩してなくなっている。四人の子どもたちは原っぱの木にのぼって、モグラ原っぱを壊さないようにと訴える。願いは聞き届けられ、モグラ原っぱは新しくモグラ公園としてよみがえることになる。

この公園を見て、あきらは〈これが山か！　これが森か！　フクロウもいないし、カブトムシもいないじゃないか！　市長のうそつき。〉とどなり、ひろ子は〈でも、ないよりはずっとましよ。わたしたちがああしなかったら、（中略）もっともっと小さいあそび場しか、この団地にはなかったもの。〉という。東京の郊外も都市化が進み原っぱや雑木林というものが次々に姿を消し始めていくちょうどその始まりあたりの時代だったのだろう。モグラ原っぱで遊ぶ子どもたちは本当に屈託なく明るい。

＊按針塚

佐藤さとるの『わんぱく天国』（講談社　一九七〇年六月）の遊び場は、正式名を塚山公園という按針塚だ。佐藤は、昭和十年代の按針塚周辺で遊ぶ子どもたちのことを克明に描く。手旗信号、めんこ、紙鉄砲、水鉄砲、凧、そして飛行機づくり。佐藤はそれらの遊びを図解し、ルールまできちんと説明しながら描いていく。圧巻は、やはり実際に人が乗ることのできる飛行機〈按針号〉を作って、飛ばしてしまう終章だろう。按針号を飛ばした満足感の中で、少年たちが、按針塚のひろっぱでこわれた按針号に火をつけるラストは、この少年たちが今ここに生きている、たしかに生きていたということを告げるように輝いている。夕暮れの中で、豪勢な炎が上がり、少年たちの夢を祝福するように派手な音をたてる。

――〈みんなは、ほっぺたにほのおをうつしながら、だまって立っていた。／海はしずかななまり色をしていて、軍艦がいくつか停泊しているのが、小さく見えていた。〉

少年たちが遊ぶその向こうに軍艦が見える。佐藤は、このあと二人の少年の戦死を告げる。佐藤が描く「わんぱく天国」の克明さは、按針塚という遊び場にこの時代たしかに生きていた少年たちへのレクイエムにちがいない。

＊ナイフと鉄砲と

そういえば按針塚の少年たちもナイフを使っていた。少年たちは〈メス〉と呼ばれる海軍ナイフをふところにしのばせて、墓地まで太い女竹を取りに来る。竹ひごを作り、紙鉄砲や水鉄砲を作る。モグラ原っぱの子どもたちも、〈スギでっぽうごっこ〉をやっていたが、これもおそらく手作りに違いない。

ひるがえって今の子どもたちは、数千円のエアーガンを親に買ってもらって、撃ち合いごっこをしている。弾は銀玉だが威力は文字通りの空気銃で運悪く眼になど当たれば失明もしかねない代物だ。以前勤めていた学校の校庭から職員室の窓に向けて「君たちはすでに包囲されている」とテレビの刑事ものまがいのパフォーマンスをした少年がいたが、彼は今どこで何をしているのだろうか。そのときの鉄砲の出どころを調べたら、全て盗んだ金で買ったもので、秘密の隠し場所などから押収したエアーガンは数十丁にのぼった。ぼくはしばらくのあいだ、自分が教師なのか警察官なのか、それとも保護司なのかわからないような生活をし、さすがに辟易としていた。あのエアーガンの少年たちもやはり、按針塚の少年たちやモグラ原っぱの子どもたちと同じように鉄砲ごっこを楽しんでいたのだろうか。子どもたちはいつの時代でも大人に対して秘密の時間と空間とを持っているにちがいないのだ。その意味からも、ナイフと鉄砲は、やはり手放さない方がいい。

＊街

子どもたちがいつも原っぱで虫をとり、元気いっぱいに遊び戯れていたわけではなかった。安藤美紀夫の『でんでんむしの競馬』（偕成社　一九七二年八月）に出てくる子どもたちはみな〈日あたりのわるい露地〉にいる。彼らは露地の中ででんでん虫を使った競馬を考えたり、いちじくの熟れどきに関心を寄せる。ここも一つの遊び場にちがいない。

佐藤さとるが本物の飛行機〈按針号〉を作って、本当に空を飛び、古田足日が木とボール紙で作ったロボット〈モグラごう〉に傘をつけて崖の上から飛ばしたのに比べると、露地の中の子どもたちは夢を見ながら一番星へいく貨物列車に乗り込む。現実と幻想とが入り交じった露地裏もまた、子どもたちのひとつの場所にちがいない。

ひるがえって現代の街のイメージについて語ろう。砂田弘は『街はジャングル』（草土文化　一九九二年七月）で、原っぱならぬ町のジャングルの中で明るく生き抜いていく子どもたちを描いている。

卓司、鉄男、勉の三人組は、「長命湯」の裏の材木置き場を秘密の遊び場にしている。ところが長命湯の廃業で、新しい遊び場を見つけなければいけなくなる。こうして呉服屋の蔵の中、路地の突き当たりのぽんこつ車、ビルの空き部屋と、子どもたちは、変わっていく町の中で次々に新しい遊び場さがしの探検をすることになる。

変貌していく都市の中に今までのような原っぱはない。しかし、どのように姿を変えても、街は子どもたちにとって冒険のジャングルにちがいない。『さらばハイウェイ』（偕成社　一九七〇年一一月）で社会悪の全てをまるでヘドロのように吐き出し告発した砂田弘は、いま変貌する都市をジャングルに見立てて明るく飛び込んでいく子どもたちを描く。

伊沢由美子の『走りぬけて，風』(講談社　一九九〇年六月)も気になる作品だ。主人公の少年ユウは、地元商店街の福引きの一等商品のサイクリング車を当てたくて、小学一年から六年間もメモをとりつづけている。ユウの住む街も変わっていく。スーパーマーケットが二つもできることになり、福引きも今年で最後になるという。そこには古典的な原っぱもなければ、公園もない。東京ディズニーランドのような華やかな装飾もない。しかし、ユウは確かにそこで福引きと格闘し、ハラハラドキドキの日を過ごしている。遊びとは本来このようなものではないか。そこには設定された空間としての遊び場はない。あるのは、ただ生活し、行動する子どもそれ自体といっていい。残るものは、ただ清々しい夏の風だけだ。

(『日本児童文学』一九九八年九・十月号　特集　遊び場と児童文学)

「事実」と「うそ」と

＊おことわり

児童文学と学校との関係は、二〇世紀という一〇〇年の間どうなっていたのか。仲がとっても良かったのか。それとも、とてつもなく悪かったのか。それを検証するのが、ぼくに与えられた課題ということになる。さてさて、困ったものだ。有り体に白状すると、ちょっと荷が重い。ぼくは三〇余年間、小学校の教員をしてきた。が、今までこんな問題について取り立てて考えてきたことはない。おそらくこれから先もあまりこんな風にものを考えたりしないだろう。さて、こまったものだ。

＊世の中にヒョウは降ってもライオンやトラは降らないこと。あるいは、ブタはときどき降りそうになること。

先日、関東地方のいくつかの場所で局地的に大粒のヒョウが降った。五月ごろは、まだ上空が冷えているので、よく降るらしい。テレビのニュースではピンポン玉ぐらい、ところによってはミカンぐらいの大きさのヒョウが降ったという。ぼくは、運良くピンポン玉、あるいはミカンほどに大きなヒョウにまだ出会ったことがない。もし、そのような大きなヒョウにおそわれたら、とても生きてはいられまい。気が動転して、おそわれる前に死んでしまいそうだ。それでも、ニュースでは農作物の被害の話は出ても、死者が出たという話は聞いたことがない。農作物に比べると人間は余程にしぶとい生き物らしい。（これは全くの余談だが、ヒョウというやつは上空で凍った水滴が雨になって地上に落ちようとしたときに、ちょうど上昇気流がやってきてまた上空に戻されて、それが何度も繰り返されて氷の粒が大きくなってしまった結果だそうだ。だから、ヒョウを切るとまるで木の年輪のように上昇気流で戻された分だけの輪を見ることができる。ヒョウもけっこうしぶといもののようだ。）

さてさて、ヒョウが降るという話は、それでもときどきは耳にする。が、ライオンやトラが降ってきたという話は、まだ聞いたことがない。「きょうは午後から天気がぐずついてきます。ところによってはライオンの降るところもあるでしょう。お出かけの際には、食べられないように防護用のオリの用意を忘れないようにして下さい」こんな天気予報が本当に流されたら、どうなるか。

矢玉四郎の『はれときどきぶた』（岩崎書店　一九九〇年四月）の楽しさは、やはりライオンではなくブタを降らせたところにあるのだろう。ブタはかわいい。ざしきブタなんていうキャラクターもあるくらいだ。パンダもかわいくて、たれパンダなんてキャラクターはずいぶんと人気者だ。が、希少価値の動物では、おいそれとは天から降らせるわけにいかない。ここは、やはり、ブタだ。ブタにかぎる。ブタなら、いくらでも降らせることができる。ブタの小雨。どしゃぶりブタ。ブタ台風。ブタのかみなり。ぶたのかみなりぐもなら、ほんとうにありそうだ。

「はれぶた」の主人公、「ぼく」こと畠山則安は小学三年生。「十円やす」というあだ名で呼ばれている。天才、秀才というよりは十人なみのどこにでもいる子どもにちがいない。その十円やすくんのじまんは「日記をつけていること」だ。二年生のときに和子先生にほめられてから、ずっとつけている。「日記というのは、人に見せるものじゃないのよ。だから、こんどからは、先生にも見せなくていいわ。そのかわり、ほんとうのことを書きなさい」と、和子先生はいった。それから毎日、「ぼく」は「ほんとうにあったこと」を書き続けている。

物語は、この「だれにも見せないほんとうのこと」を書いた日記を、母さんがぼくの知らない間に見ていたところから始まる。ぼくは、反撃に移る。日記に「変なこと」を書いて、母さんをびっくりさせるのだ。日記に「うそ」を書くわけにいかない。だから、「あしたの日記」を書くのだ。この「あしたの日記」という発想が『はれときどきぶた』という作品を支えている。大げさに言えば、命を与えたといっていい。「あしたの日記」の中で、ぼくは大蛇をやっつける。母さんはえんぴつの天ぷらを揚げる。父さんはそれをばりばりと食べる。ところが、次の日、母さんはほんとうにえんぴつの天ぷらをあげ、父さんはうまそうにばりばりと食べてしまう。これは全部母さんと父さんの芝居に違いないと思ったぼくは、絶対に芝居にできないことを書こうと考えて「きょうの天気ははじめははれていましたが、ごごからぶたがふりました」と書く。本のタイトルの「はれときどきぶた」の登場だ。主人公の十円やす少年は、空いっぱいに浮かんだぶたを見ることになる。あせった十円やす少年は、消しゴムで日記を全部消してしまって、全て世はこともなしということになる。せっかくの「あしたの日記」なのだから、ぶたがいっぱい降ってきて、世界中が大騒ぎになってほしかったと、ぼくは思うのだが、それでも、えんぴつを天ぷらにしたり、おだんごをのどにつまらせて、引っ張った首がろくろ首のようにのびたりと、けっこう楽しく遊んでいる。

ほんもののニュースで流すと、すぐにクレームが付きそうなブタの雨も、子どもの本の世界のことなら一躍人気者になれる。『はれときどきぶた』のもてもての状況をとらえて「はれぶた現象」という。ブタが空から降るぐらいだから、もはや、子どもの本の世界では何でもありなのだ。

では、学校という場所ではどうか。よその国のことは知らないが、日本では「教科」単位で子どもたちに物事を教えている。天気についていえば、教科は理科だ。西高東低の冬型の気圧配置で、日本海側には雪が降る。ぼくのふるさと上州前橋あたりは赤城颪の空っ風にみまわれる。北陸地方にブタが降る、あるいは赤城颪に吹かれたブタが風花のように関東平野の上空を舞っているという話を、学校は教えない。

学校は教えないと書くと、妙に学校が堅物で悪者みたいに聞こえる。が、実際のところそういうわけではない。「事実」に反することは学校で教えない。が、これは学校に限らず、すべての日常生活が「事実」を軸に動いているわけだから、おしなべて全ての人が全ての人に対して「事実」を語り、また「事実」を伝えているということになる。これに反すると、おおむね「犯罪」というものになるくらいのものだ。

それでは、子どもの本は犯罪なのか。『はれときどきぶた』は犯罪なのか。もしかしたら、犯罪なのかもしれない。いや、きっと犯罪にちがいない。

高橋いさをが主宰する劇団ショーマの『ルシファーは楽園の夢を見る』(一九八九年三月〜四月、新宿シアタートップスにて公演)は、のっけから「虚構取締法」が支配する近未来の世界だった。ドラマや小説が氾濫し現実逃避症が社会問題になった近未来という設定。そのために世の中は「虚構取締法」なるものが幅を利かせている。物語の下敷きにトリューフォーの映画『華氏451』があることは間違いないのだが、ショーマのおもしろさは、大掛かりな装置も道具も何も準備せずに、シンプルな舞台の上で、役者たちが動き回り、走り回るスピーディーさにある。演劇活動を続ける非合法グループとそれを追う虚構取締官とが、恋を交えた追跡劇を見せてくれる。ここでは「虚構」は命がけの犯罪なのだ。

高橋いさをの舞台作りが好きだ。「何でもある空間」の中で高橋は次のようにいう。「裸舞台、そこで生身の俳優が演技することによってたちあらわれてくる世界というのは、逆説的だが無限の可能性を秘めている。舞台に何もなければ、小は細胞から大は宇宙まで、俳優が演じることができる！　ここでなら、空もとべる、海にももぐれる、ここでなら、車がなくても車に乗れる、船にも乗れる。ここでなら、つまり何でもできる。」（『新劇』一九八八年一二月号）

ドラえもんのポケットのように「何でもできるうそ」が児童文学の本領だとしたら、『はれときどきぶた』の「あしたの日記」という思いつきは見事にその核心をつき、子どもたちもまた、素直にそれを受け取り、喜んだ。世の中、まだまだ捨てたものじゃない。

＊学校も児童文学も事実を伝えるということ。あるいは、伝えないということ。

ぼくには、学校と児童文学との関係について考えながら、二〇世紀を検証するという課題があった。あまりというか、全然それについて触れていないような気もする。そうでもない気もするのだが、少し学校に戻ると、ぼくは学校に限らず世の中の全ては、とりあえず事実を伝えることを旨としているといった。しかし、事実を伝えるところが学校かというと、現実は必ずしもそうではない。土家由岐雄『かわいそうなぞう』は反戦児童文学としては有名な古典的作品で、長い間教科書に載っていた。が、この作品には一つの大きな事実誤認があった。これもすでに有名な話だ。まだ東京に空襲が来ないときに上野動物園の動物たちが虐殺されたのに、「とうきょうのまちには、まいにち　まいばん、ばくだんが　あめのように　ふりおとされてきました。その　ばくだんが、もしも、どうぶつえんに　おちたら、どうなる　ことでしょう」とある。上野の動物が殺されたのが一九四三年。空襲が連日連夜行われるようになるのは一九四四年十一月二十四日以降。この事実誤認をどう読むか。いま教科書には『かわいそうなぞう』に替わって『そして、トンキーもしんだ』という作品が載っている。空襲と動物虐殺の時期の誤りを正した同種の物語ということになる。

さてさて、問題はここから始まる。土家由岐雄の『かわいそうなぞう』という作品の最大の問題点は、戦後の反戦の論理でもって戦中の動物虐殺のエピソードを語ったところにあった、と、ぼくは考えている。事実誤認はそれに付随して生じてしまった問題であった。もちろん空襲がない内に爆弾が雨霰と書いていいはずはないが、動物の虐殺が戦争反対に結びつくのは戦後の反戦の論理であって、当時の世の中では、むしろだからこそ憎い鬼畜米英を早くやっつけなければいけないという戦意高揚に結びついたはずである。その「事実」の方が、ぼくには大きい。『そして、トンキーもしんだ』という作品は、ぼくにとって困ったものである。確かに「事実」は正されたが、そのことによって、戦後の反戦の論理(心情)でもって戦中のエピソードを読み解いていくという論理はむしろ補完されている。作品としては、土家のものの方がはるかに良かったと言い切ってしまうと誤解を受けるだろうか。それもいいだろう。「トンキー」は一つの「事実」を正し、もう一つの「事実」をかえって深く隠蔽してしまったようにぼくには思える。

妹尾河童『少年H』(講談社　一九九七年一月)が「大人も新聞もウソつきや」というキャッチコピーで売り出して、ドラマや舞台にもなり大評判だった。これに対して、山中恒・山中典子が『間違いだらけの少年H』(辺境社　一九九九年五月)を出した。この本の帯には「作者はなぜこんなに間違えたのか?読者はなぜこんな間違いを見逃したのか?」とある。例えば、『少年H』上巻の「夏休み」という章では、昭和十七年当時の出来事として妹が『勝ち抜く僕らは少国民~』と学校で習った歌を歌うくだりがある。が、この歌が少国民歌謡として歌われ出したのは昭和二十年になってからだ、と山中はいう。明らかに事実に反することをあたかも「事実」であるかのように伝える「うそ」は、「はれぶた」の「うそ」とは別物だ。これは唾棄すべきものであって、座視すべきものではない。

学校は子どもたちに「事実」を伝え、児童文学もまた子どもたちに「事実」を伝えてきた。これはまちがいないだろう。しかし、伝えるべき「事実」とはいったい何か。考えてみたら、学校にしても子どもにしても、児童文学にしても「発見」されてから、まだ百年と半分ぐらいしかたっていない。一九〇一年一月から巌谷小波が使い始めた「わ仮名」について考えるのもおもしろそうだ。でも、きょうはこの辺で、さよならだ。

（『日本児童文学』二〇〇〇年七・八月号　特集　20世紀の児童文学Ⅰ――児童の世紀――）

連帯の想像力《イメージ》

1

〈少年文学宣言〉イコール「さよなら未明」という錯覚ほどおそろしいものはない。

2

〈宣言〉は小川未明を全否定した。小川未明だけでなく、従来の《童話》と名のつくいっさいのものを否定した。〈宣言〉はいう。――「いまここに、新しきもの、変革をめざすものが生まれた。『少年文学』の誕生、すなわちこれである。『少年文学』のめざすところ、それは、従来の児童文学を真に近代文学の位置にまで高めることであり、従ってそれはまた、一切の古きもの、一切の非合理的、非近代的なる文学とのあくなき戦いを意味する。」と。

そして、この〈宣言〉起草の中心メンバーのひとりとして、古田足日はいる。〈宣言〉の主張には二つあった。一つは、思想としての《変革の論理》であり、二つは、方法としての《童話から小説へ》である。この主張は、どちらも明快だ。迷いもない。夾雑物もない。これは、政治スローガンのような、見事な明快さをもったマニフェストだ。

3

「さよなら未明」は、（そのタイトルとはうらはらに）小川未明と見事に遭遇してしまった。独断的な言い方をすれば、これは、日本児童文学史上、最初の小川未明との遭遇であった。ぼくは、かつて、この評論以上に小川未明を高く評価したものを知らない。古田足日は、「小川未明の永遠」（『図書新聞』一九五八年二月一六日）を経由し、「さよなら未明」（『現代児童文学論』一九五九年九月所収）に至って、ついに小川未明と正面衝突してしまったのだ。そこでの未明評価には、あきらかにプラスとマイナスがある。明快さともほど遠い。「童話」の文体を《呪文》とよび、童話作家を《呪術者》とよび、そのモチーフを《原始心性》とよぶ「さよなら未明」の〝さよなら〟までの道すじは混沌として迂遠である。〈宣言〉と「さよなら未明」との間には、確かに《落差》とよび得るほどの質的なちがいがある。

4

ひと口に未明否定といっても、否定の具体像には大きなちがいがある。〈宣言〉の明快さと「さよなら未明」の混沌は、そのことを端的に示している。そして、〈宣言〉の明快さを、そのままひきついだのが鳥越信だ。鳥越はいう。――「なぜ未明が残らなかったか、答は至極簡単である。一口でいえば、そのテーマがすべてネガティヴなもの――人が死ぬ、草木が枯れる、町がほろびる等々――であり、その内包するエネルギーがアクティヴな方向へ転化していない点で児童文学として失格である」と。（小峰書店『新選日本児童文学・大正編』解説）鳥越信は、未明を完全に切り捨てている。だから、出会ってもいないし、さよならもしていない。古田足日の言葉をかりていえば、「鳥越は未明を否定したのではなく、除外し、結果として敬遠してしまった」ということになる。(「自分のうちにある伝統との戦いを」、『日本児童文学』一九六一年一〇月号)

5

古田足日イコール鳥越信という錯覚ほどおそろしいものはない。

6

〈宣言〉から「さよなら未明」まで、古田足日の評論の仕事は、どのような道すじをたどっているか。〈宣言〉という骨に、肉をつけるために、古田は評論をかきはじめる。そして、不思議なことに、その評論群は、〈宣言〉から時をへだてるごとに明快さを失っていく。だから、古田評論について考えるということは、とりもなおさず、〈宣言〉から「さよなら未明」に至る明快さの喪失過程について考えるということに他ならない。この視点をぬきにして、初期の古田足日の仕事を語ることはできない。全てをいっしょくたにして、未明否定論者として片づけてしまったり、あるいは未明否定の不徹底論者として断じてしまうことは、やさしいが無意味なことだ。ぼくらは、この変わり目に、古田評論の指標をさがす必要がある。

7

〈宣言〉の翌年にかかれた「近代童話の崩壊」(『小さい仲間』第五号、一九五四年九月)をみてみよう。古田は、ここで、未明・広介・賢治の三人の童話を次のように言い切っている。——「未明、広介、賢治と共に、まずその作品が心象の表現であったということである。事象が発展し、変革されていく過程は、『日本近代童話』の中には存在しない。彼らは人間を社会的存在としてとらえなかった。当然、事象――環境との相互作用において成長していく人間像は描かれない。」と。

また、古田は、岡本良雄の「あすもおかしいか」を批判して、その「おかしさ」という言葉に実体がないといい、次のように結論づけた。――「人間は人間に影響を及ぼさず、先行する事件は後続する事件に影響を与えない。ひとつの事件、ひとりの人間が有機的関連の中で発展し、成長していくという科学的見方はこの作品には見当らない。」

ここでの批判の道すじは、実に明快だ。「科学的見方」という言い方は、まっすぐに〈宣言〉の「科学的批判精神」とつながっている。ここでは、まだ〈宣言〉との《落差》はない。

8

では、《落差》はなぜ、どのように生じたか。ぼくは、その変わりめを《子どもへの関心》の有無にみる。《子ども》というファクターを視座にすえたときから、古田評論の明快さは序々に失われ、かわりにしつこいほどの混沌がやってくる。小川未明の追悼に際して、古田足日は、こういう。――「未明はぼくにとっては『混沌』なのです。」と。(「自分のうちにある伝統との戦いを」、『日本児童文学』一九六一年一〇月)

9

《子ども》というファクターを《人間》といいかえてもいい。こうかくと、「環境との相互作用において成長していく人間像」を描こうとする〈宣言〉の精神はどうなのかと反駁されるかも知れない。確かに、〈宣言〉および「あすもおかしいか」批判の中には、明快な《人間像》がある。しかし、この明快さは科学者の明快さだ。「科学的見方」の明快さだ。そして、暴論かも知れないが、この科学者の観点からの論理展開には個性はいらない。（というより、客観性、一般性の獲得が科学の側からの至上命令なのかも知れない。その意味から、この「あすもおかしいか」批判をとりあげて、上野瞭が「一作家の一作品の分析・批判にとどまらず、日本児童文学の伝統の本質を分析・批判したことに意味がある。」「伝統の核心に対して、論理的分析を加え、そこから心情的評価の方法を排除したことに意味がある。」といったのは、見事に当を得ている。（『戦後児童文学論』から）

10

しかしながら、散文性を獲得し、その散文の中で、状況との関連で有機的に生きる人間を描くということも、これ自身はひとつの公式にすぎない。上野瞭は「近代童話の崩壊」の「あすもおかしいか」批判をその論理性において評価したが、問題はやはりここから先である。この人間像の《公式》は、この日本の現実の児童文学の流れの中で、どう具体的に姿をあらわすことになるのか。古田足日の関心は具体的な《子ども》へとむかう。そして、過去の作品にあらわれた子どもと、現実の子どもと、自らがこうあるべきだと思う子どもの三つどもえの闘いがはじまる。科学的批判者・古田足日から創造者・古田足日への移行がはじまる。自分への反省もこめて、古田はいう。――「子どもへの関心というこの角度で未明の作品を見れば、「赤いろうそくと人魚」に「野ばら」に、ぼくたちは子どもという人間をどこまで追求したかということを発見できようか。答えは、ゼロに近いだろう。」（「子どもへの関心」、『日本児童文学』一九五七年二月）

11

古田足日は、〈宣言〉では「克服」の対象になっていた大衆的児童文学の中にも《子どものエネルギー》を発見する。例えば、『少年倶楽部』の再評価をした佐藤忠男を、鳥越信は「「イデオロギーの善悪はともかく」と、佐藤氏はいうが、これは驚くべき敗北思想であり、そうした考え方こそ「はっきり欺瞞的」である。」(『児童文学への招待』)と明快に切り捨てたのに対して、古田は、佐藤の考えに賛成するという。――「佐藤紅緑は子どもの立場から出発して彼らの行く手をはばむ障害との戦いを書き、その戦いのくりかえしの結果、少年たちは勝利する。紅緑は過程を書き、未明や広介は結果を書いた。」(「さよなら未明」)

鳥越信イコール古田足日という錯覚ほどおそろしいものはない。

12

古田足日は、子どもへの関心をもつ。子どもだといっても、古田のそれは《子どものエネルギー》である。古田はいう。――「呪文では変革は行なえない。変革にやくだつものはエネルギーであり、行動である。」と。(「さよなら未明」)

古田足日は、いつも使命感をもっている。それも、実に熱っぽく、しつこい使命感だ。それが何に対する使命感かというと、必ずしもはっきりはしない。熱っぽさとそれに輪をかけた執拗さはあるが、その対象は混沌としている。それでも、色々としつこくはりついている夾雑物をはぎとり、はぎとりみていくと、最後に残るものがひとつある。《変革の論理》に裏うちされた《連帯のイメージ》がそれだ。

古田足日が混沌としてうつるのは、その連帯の《イメージ》がゆれうごき、漠としているからだ。《イメージ》は、ひとつではない。しかし、どんなに大きなゆれをもとうと、それが常に《連帯》についてのイメージであることだけは、一定している。そしてこれが、古田足日の批評の性格を最も基本的なところで規定しているものなのである。――「他人はどうであれ、ぼく自身には原理がいる。体系がいる。そのような教育でぼくは教育されてきた。」（「実感的道徳教育論」、『人間の科学』一九六四年三月）

13

古田足日にとって、《連帯》のイメージは《天皇》と同じ重さをもっている。

14

が、天皇は静的な原理だ。連帯の《イメージ》の方は、ゆれうごいている。それは、〈宣言〉の中では科学的合理的な見方としてあらわれ、児童文学の流れを原則的に規定しようとした。ここでの連帯のイメージは〝環境との相互作用において成長していく社会的存在としての人間像〟の創造にあった。それは、実際の創造の場面では《子どものエネルギー》というファクターをみつけ出し、そこに拠った。古田足日が「さよなら未明」の冒頭で「童話イコール児童文学という錯覚ほどおそろしいものはない。」といったとき、その《眼》はどのあたりまで見まわし、あるいは見定めて、そう言い切っていたのだろうか。古田は、未明に始まる日本の近代童話の主流を「未分化の児童文学」と定義し、その言葉を呪文とよんだ。そのとき、古田の頭の中では、どのような《連帯のイメージ》が浮かんでいたのだろうか。ストレートに言ってしまえば、古田足日は、ここで、状況をかく散文、エネルギーあふれる子どもをとらえる散文、それからこのような散文を書き得る想像力を獲得しようとした。そして、それが、この時点における古田足日の《連帯のイメージ》だったともいえるのである。

15

古田足日は、《原始心性》という言葉を使って、未明とさよならした。そして、この言葉自身がひとつの《呪文》である。だから、これは《原理》的なわかれである。小川未明という《原理》と古田足日という《原理》が出会い、そして、わかれたのである。

16

だから、やはり、古田足日にとって《連帯》は、かつての《天皇制》ほどの重みをもっている。そういう《重み》をもって児童文学を生きてきた古田足日を、ぼくは、えらいと思う。そして、いつか、そういう《重み》を原理として生きてきた古田足日と「さよなら」をしなければいけないとも思っている。

（『日本児童文学』一九七九年一一月号　特集　古田足日の世界）

砂田弘の「少年」

――『砂田弘評論集成』のこと――

『砂田弘評論集成』（てらいんく　二〇〇三年五月）が出た。「あとがき」によれば一九六〇年代から今日に至るまでに、砂田が書いてきた評論、エッセー類は四千枚を超えるという。その中から、著者自身が選んだ千枚ほどの評論、エッセー等を集めたものが本書である。

千枚となると大きな本になる。Ｂ５判の上下二段組に活字がいっぱいである。「一九六〇年代」「一九七〇年代」「一九八〇年代」「一九九〇年代」とシンプルに編年体で集められたこの本には、三十五本の評論、十八本のエッセー、五十五本の時評・書評と、ところどころに砂田独特の機知に富んだパロディや川柳が配されている。この本に活字がいっぱいつまっているということは、砂田がそれだけ子どもの本に関わる批評の仕事をしてきたという証でもある。

砂田弘は作家である。ささやかなピカレスクロマンの『東京のサンタクロース』にはじまり、『道子の朝』『さらばハイウェイ』で現代社会の政治的矛盾を鋭く衝き、『六年生のカレンダー』『五年生のスケッチ』では子どもの日常の心象スケッチを巧みに描き、『二死満塁』ではスポーツエンターテインメントに徹して子どもの姿を楽しく描いてきた作家である。その作家である砂田が四千枚を超える批評を書き続け、また、その四分の一にあたる本書のボリュームの大きさもたいしたものである。作家、砂田弘の評論活動の多彩さは、一方で、児童文学批評を旨とする人間たちの層の脆弱さを物語ることになる。が、その話はここではやらない。むしろ、砂田の批評精神の旺盛さをこそたたえるべきであろう。

砂田弘の評論は、一言でいうと作家の批評である。それも、少年の心を持った作家の批評であるといっていい。

この評論集を読んで、まず驚かされるのは、一九六〇年代から今日に至るまでの砂田の語り口にブレがないことである。全体として、六〇年代、七〇年代に情況への発言が色濃く、八〇年代、九〇年代に入ってからは、作家論、作品論風な語りが見られるという大雑把な流れはあるにしても、そんな流れなどものともしない砂田独特の語り口がある。それが全体を支配している。しかも、その語り口にブレがないのである。

なぜ、砂田の語り口にはブレがないのか。また、砂田の語り口とは、いったい何か。何が砂田の語りを支えているのか。ぼくは、ここに砂田の「少年」を見る。佐藤紅緑の少年小説に胸を熱くした自らの少年時代を語るときの砂田。現代資本主義社会の矛盾を衝き、今を生きる少年少女たちへの責任を忸怩たる思いで語るときの砂田。砂田の批評の基調には、いつもゆるぎない「少年たち」がいる。

今回この集成を読みながら、砂田の批評に、ある種の清々しさというか、いさぎよさを感じたのは、この「少年」のせいだろう。砂田の批評には、一瞬少年に憑依する瞬間がある。そのときが、読み手であるぼくの心を共振させて、砂田の語り口をいさぎよいものとする。砂田の批評の基底には、いつも少年の心がある。それが砂田批評の第一の特徴だと、ぼくは考える。

冒頭の「少年少女小説の位置—佐藤紅緑試論」は、砂田弘の「少年」を端的に語っていて、興味深い。

これは、佐藤忠男の「少年の理想主義について」（『思想の科学』一九五九年三月）を批判したものだが、佐藤の『少年倶楽部』再評価を認めつつ、佐藤が『少年倶楽部』そのものを児童文学として論じた点を児童文学の概念規定が曖昧であると断じて、当時の児童文学を『少年倶楽部』の中の少年小説群、とりわけ佐藤紅緑のみを児童文学であると限って論じたものである。佐藤の『少年倶楽部』再評価が三月、砂田の批判が同じ年の七月。佐藤の論に砂田がすぐに反応したと考えていいだろう。批評が熱く語られていた時代を感じる。

砂田は紅緑の作品を第一に、明確な主張を持っていたこと、第二に、現実生活の中に子どもをとらえようとしたこと、第三に、小説という手法を用いたことの三点で評価している。が、第二の特徴である子どもについての語りにすでに砂田の「少年」の原点を見ることができる。砂田は、ここで紅緑のとった小説的手法が結果として「子どものエネルギーを外発的なものとしてとらえた」と評価し、その外発性ゆえに当時の少年読者たちを惹きつけたという。この「少年性」と「エネルギーの外発性」が、こののちも砂田の批評の基底となっていく。

ぼくはいま、「子どものエネルギーの外発性」を、砂田の大情況を語る批評と連動させて考えている。砂田は、紅緑の主人公たちの活躍を「子どものエネルギーを外発的なものとして理解し、しかもロマンというかたちをとってはじめてそれは可能なのだった」と捉えるが、その根拠は「昭和という年代が独占資本主義の確立によって一般市民の生活をたえず不安に陥れていた時代であり、それだけに子どもたちの社会への興味がより強力であったこと」に措いている。資本主義社会の矛盾という大情況からストレートに紅緑の小説に胸を熱くする少年の心にまでその思いをシンクロさせていく批評、それが大情況について語る砂田批評の第二の特徴である。

作家、砂田弘が作品の中で書ききれなかったものを批評というかたちであらわしていったとするならば、砂田批評の全ては、現体制に対する異議申し立てであったといっていいだろう。とくにタイムリーな感性を要求される時評に、それはよく出ている。「子どもの精神を誘拐するな」はタイトルだけ見ると何だかわからないが、吉展ちゃん誘拐事件にからめて当時の児童誌のあり方を批判したものである。吉展ちゃん誘拐にはプラカードを持って抗議の行進をした「その同じ母親たちが、子どもの精神が誘拐されることについては、いささかも関心を示さないのは奇妙である。」という砂田のアフォリズムは、四十年後の今日にこそ有効ではないのかと思えてくる。

砂田の書いてきた時評やエッセーをこういうかたちでまとめてみていくと、課題図書、政治、公害、日中国交、国鉄労働者の順法闘争、沖縄問題、子どもの反乱、天皇制、湾岸戦争など、ほんとうにそのときどきの社会矛盾に対して多岐にわたって砂田が発言し続けてきたことがよくわかる。また、そのコピーライター的な感覚の良さにも感心させられる。例えば、児童図書の商品化については「児童図書の商品化のなかで、私たちは鬼子母神となっているのではあるまいか」という長いタイトルで語られ、一方で、沖縄については「沖縄へ行くな！」と短くしかし直截に語る。そのいさぎよさは、やはり作家、砂田弘の語りなのだろうか。

大情況を語ることのできる数少ない批評家という点で砂田弘は、そのつど大きな役割を担ってきた。戦後児童文学批評の流れの中で、情況の曲がり角には、いつも砂田弘の批評があったといっても言い過ぎにはならないだろう。とくに、「激動する社会と児童文学者」と「変革の文学から自衛の文学へ」の二つは、大情況とその節目を語るという意味で、砂田批評の中で見落とすことのできない批評である。「激動する社会と児童文学者」は、『日本児童文学』の一九六九年五月号が「変貌する社会と児童文学」という特集を組んだときの巻頭の批評である。翌年には七〇年安保をひかえ、ベトナム反戦、大学闘争、基地闘争、沖縄や三里塚の戦い、また、少年たちの造反といった既成秩序への糾弾が相次いだ時代に書かれたもので、現体制への異議申し立てを旨とする砂田批評の中でも、とりわけ先鋭的である。ここでも、砂田は「少年少女たち」を「体制に加担することの殆ど無い、それゆえに確実に反体制の岸に立つことのできる、唯一の存在」として捉え、そこに語りかけようとしている。砂田の批評は、ときに少年に憑依し、ときに仮託する。砂田は「反体制を志向しながら、体制にコミットすることによってしか、自己を表出することができない」自分の自責の念を、少年に憑依し、仮託することによって、乗り越えようとする。

「変革の文学から自衛の文学へ」は、『日本児童文学』の一九七五年十一月号が「現代児童文学における「変革の思想」」という特集を組んだときの巻頭の批評である。翌十二月号で「現代児童文学における「おもしろさの思想」」という特集が組まれたことからもわかるように、すでに「変革の思想」は戦後児童文学の潮流のひとつとして語られている。そのような情況の変化の中で、砂田は、「新しい〝共通理念〟も〝敵〟も見出せないままに、戦後児童文学は七〇年代に突入する。」と語っている。そして、そうした矛盾の「ツケが、すべて次代に生きる子どもたちに回されることも明らかになる」と、やはり「少年たち」への忸怩たる思いを語る。そう、砂田の語る少年たちは、全くのところ砂田の自責からくる忸怩たる思いに裏打ちされている。

九〇年代に入ってからのものでは「坪田譲治論」「大石真にとっての少年」の二つがいい。前者は、譲治が「子どものネガの部分」を描いた点を評価するもので、後者は、大石が一貫して「小学校高学年の〝少年〟の生きざまを書いた」点を強調する。とくに、遺作「眠れない子」とデビュー作「風信器」

のラストシーンの少年を対比していく出だしは、大石作品を通して砂田自身の少年を語っていくようで印象深い。砂田は、ここでも坪田、大石の少年たちがその内面を描きながら、「社会という大きな枠組みの中で〝少年〟をとらえている」点を高く評価している。『教室二〇五号』も「子どもが魂の餓えとたたかわねばならぬ時代が来ていた」と語っていく。

砂田の批評は、一瞬少年に憑依する。その少年が全幅の信頼を持って、情況に否を唱える。また、「多少のことでは決してたじろぐことのない、たくましさとしなやかさ」（大石真の〝少年〟への砂田弘のことば）を持って明るく生き抜いていくのだろう。

砂田弘の「少年」を通して、集成を見てきた。「少年」に拘泥してきたのは、最近、子どもたちを「悪者」にするところから物を考えている風潮があるように、ぼくには思えるからだ。「少年たち」に全幅の信頼を措く砂田の批評は、もはや時代遅れなのか。それとも、子どもたちを安易に「悪者」に仕立て上げて危機意識をあおっている現状に風穴をあけ得るものなのか。この先の道筋は、ぼくら自身が引き受けていくしかない。

（『日本児童文学』二〇〇四年五・六月号　特集　児童文学批評の収穫）

異質のイメージあるいは思い込み、思い違い、うそ付き、決め付け、レッテル、きわめつけに遭遇したときに批評家は何をするかについて

児童文学の批評が好きだ。いくつかの《言葉》による感動あるいは、誤解、誤読、誤魔化しに遭遇したときの、あの電気が走るような一瞬が好きだ。

これは前にも言ったことがあるけれども、巌谷小波の「蛙の腹綿」という何の変哲もない御伽噺が好きだ。話の中身をいうと、登場人物はドジな蛙と木兎の二人、それから蛙の陽気な仲間たちというところだ。まず、世間が春めいてきて穴から這い出した蛙が花見に出かけて煙草を拾う。蛙は人間の真似をしてそれを吸って毒気に当てられる。腹綿を洗濯して干しているところへ木兎がやって来て、見張り番をしてやると嘘をいって蛙の腹綿を盗み食べてこれも毒気に当てられてしまう。最後は、腹綿さがしに山へ行った蛙たちが苦しがっている木兎の腹の中に手を突っ込んで、みんなで腹綿を引っ張り出しておしまいという他愛無い筋立ての御伽噺だ。

この話を初めて読んだとき、うれしくなって心がおどった。《封建道徳のイデオローグ巌谷小波》という小波像にしか接していなかったぼくは、この人を食ったような（といっても本当に食べたのは蛙の腹綿なのだが）話に出会ったとき、世の中捨てたものじゃないぜと思って、うれしくなった。もう三十

年近い昔の学生時代の頃の話だ。「蛙の腹綿」の初出は『少年世界』第二巻（一八九六年）第七、八号。ひと月に二回発行されていたから、ちょうど世間が春めいてきた四月の号である。ぼくが読んだのは木村小舟編『明治のお伽噺』（小学館　一九四四年七月）で、これは古本屋で友達が見つけたものだ。

古本屋で見つけたといえば、滑川道夫の『少國民文学試論』（帝国教育会出版部　一九四二年九月）と初めて古本屋の書棚で出会ったときも、ずいぶんと驚かされた。本を開くとまず「開戦の朝」という児童詩が出ている。〈日・米英開戦の朝だ／校庭は静まった／寒さはけしとんだ／「君が代」の声がふるえる／するすると／大空へ国旗があがる／神の光に、おごそかに／美しくひるがへる／胸が一ぱいになる／涙が出さうになる／今こそ米英撃滅の時だ〉と続く詩だ。これに滑川のコメントが付く。〈昭和十六年十二月八日のこの感激、この意志こそ一億國民の胸を厳粛に貫くものであった〉〈ことばは描くとも、このいさゝかも偽りのない感激の底に見られる少國民の意志、このひたむきな直き心こそは一時の昂奮によって成立つものではない。まことに永く伝統された歴史的形成の現実である。〉

ぼくにとって滑川のこの言葉は偽りの言葉の手本である。中学時代に、ぼくは滑川道夫編『少年少女つづり方作文全集5　しあわせを求めて〈戦争平和編〉』（東京創元社　一九五九年八月）という本を読んだことがある。これは明治から昭和戦後までの平和というより戦争をテーマにした子どもの作文の集成で、最後に滑川の解説が付いている。その昭和戦前に次のような文章がある。〈いよいよ太平洋戦争に突入（昭和十六年十二月八日）してからは、ますます作品は概念的になっていく。自由を失っていくにつれて、きまり文句を使うようになり、「新秩序建設」「一億一心」式な語感によい、ことばだけの勇壮さが表面化してくる。これは当然のなりゆきではあるが、戦時中の「ことばの魔術性」が作文にも反映してくるのである。（中略）「鬼畜米英」ということばを指導者が流して、「にくしみ」を形成させることと、つ

ながっている。〉

ぼくにとって、滑川自身が「ことばの魔術性」を駆使して「にくしみ」を形成させていた指導者その人であったという事実に初めて遭遇したときの驚きは、やはり拍手喝采もので忘れられない。そのときも、世の中なかなかおもしろいものだと思った。

いままでで一番電気が走ったのは、百田宗治の『砂糖の木』（光風館　一九四三年七月）と出会ったときかも知れない。やはり、学生時代に古本屋の店先の山積みの中から見つけた。二十円という値段は当時でも破格の掘り出し物であった。

出版された時期も戦中ならば、とりあげられている児童詩も戦争に関するもので埋まっていた。何気なくページをめくっていくうちに、ふと「東ごうげんすゐ」という二年生の詩が目に止まった。全部で六行の短い詩の最後の二行に〈東ごうさんの　ひげは／そばの花みたいに　白いね〉とあった。ぼくは一瞬自分の体が内側からカーッと熱くなっていくのを感じていた。滑川が「きまり文句」しかないといっていた時代に、東郷元帥のひげを〈そばの花のように白いね〉とあっさり言ってしまっている子どもがいる。そのことを知ったぼくは、世の中やっぱり捨てたもんじゃないぜと思った。涙が出るほどうれしかった。（これは、あとで知ったのだが、この「東ごうげんすゐ」の詩は、百田自身もずいぶんと気に入っているらしく、『童詩教育体系』（晃文社　一九三九年十一月）や『綴方の世界』（新潮社　一九三九年二月）にも載せられている。けっこう有名なものらしい。古本屋の山積みの二十円の初対面という奇遇に感謝している。世の中かなしいこともいっぱいあるが、うれしいことや不思議なこともけっこういっぱいあるもんだ。）

斎藤隆介の『モチモチの木』という作品は二つあると言ったら変に思われるだろうか。爺さまが「シモ月ミッカのウシミツにャァ、モチモチの木に灯がともる」と言っているものと、もう一つ「シモ月二十日のウシミツにャァ、モチモチの木に灯がともる」と言っているものだ。

「モチモチの木」の悲劇は教科書に載ったところから始まったのかも知れない。三日月はたしかにモチモチの木に灯をともすには細すぎるし、第一真夜中には出ていない。二十日ぐらいの月ならば夜中にも出ているし雪とともにモチモチの木に灯をともすのに適当にちがいない。

しかし、ぼくらはこの科学的合理的正当さのために《シモ月ミッカのウシミツにャァ、モチモチの木に灯がともる》という作者、斎藤隆介さえもが思い込み、思い違えてしまった音の響きの良さを捨ててしまっている。モチモチの木に灯がともること自体がすでに異世界の幻想のイメージであるならば、三日月をバックにモチモチの木に灯がついてどこが悪いのだろうか。

霜月三日の晩に豆太を走らせた斎藤隆介の頭の中には、おそらく三日月が光っていたに違いない。その三日月をバックにして、モチモチの木に灯がともる。致命的だったのは三日月が真夜中には出ていないことだった。でも、ぼくにとってそんなことはどうでもいい。それら全てをひっくるめて、やっぱり世の中おもしろいものだと思えてくる。

先日、職場の友人が那須に家族旅行に行ったと言って、洋風のクリーム入りの菓子をくれた。けっこううまいあまい菓子だったが、その菓子を食べながら聞いた〈お菓子の城〉の話がおもしろかった。

〈お菓子の城〉というのはその菓子を買った土産物屋の名前で、菓子作りの工程が全てガラス張りになって見えるようになっているらしい。土産物屋だからもちろん売る方が本業なのだが、菓子作りの工程を見て回って楽しめるのだからたしかに《城》と呼べるほどの広さはあるらしい。ぼくがおもしろいと思ったのは、その友人のおじいさんがずっと本当にお菓子で作った大きな城があると思い込んでいたということだ。そういえば、ヘンゼルとグレーテルの絵本を読んでやったら、本当にお菓子の家が欲しいと子どもたちにせがまれて、これも我が子を本好きにするためだと悪戦苦闘の末に本物のお菓子の家を作ってあげたという友人もいた。その子らは今は大きくなって、サッカー好きとマンガ好きの子になって、友人を落胆させている。世の中やっぱりいろいろあっておもしろい。

（『日本児童文学』一九九三年六月号）

著者による覚書

この巻は、日本児童文学者協会の機関誌『日本児童文学』に載せたものを中心に収めた。「新美南吉論」は、巻末評論というかたちで載った。翌三月号の編集後記に、砂田弘が「巻末評論についても、さまざまな意見は耳にするものの、反論の名に価するものはまだほとんど手元に届いていない」と書いている。巽氏がかなり激昂しているとの話は聞いたが、何の反論もないまま、四月に急逝してしまった。巽氏の南吉作品改竄問題で、巽氏の生前に、きちんと文章化したかたちでの批判が行われたのは、この評論が最初で最後のものになってしまった。

『龍の子太郎』の発想」は砂田弘編集長時代の『日本児童文学』に、古田足日責任編集で行われた「現代児童文学の出発点」という特集に載った。まだほとんど無名だった若手の批評家を集め、話し合い、書いたものを批評し合うかたちで、雑誌が作られた。藤田のぼるが『赤毛のポチ』、天野悦子が『だれも知らない小さな国』、松田司郎が『木かげの家の小人たち』について書いている。この、批評を一つの作品として、文章表現から話し合う体験の共有が、のちに児童文学評論研究会（評論研）を立ち上げることにもつながった。

この論集も評論研の仲間がいたから出来たもので、がまん強いみんなに感謝したい。とくに出版にあたっていろいろと骨を折ってくれた藤田のぼるさん、解説を書いてくれた佐藤宗子さん、宮川健郎さんには、深く感謝したい。また、ぼくの文章をかたちあるものにしてくれたてらいんくの佐相さんに、心からのお礼をいいたい。ありがとう。

新美南吉論そして異質のイメージ、あるいは……の先に

藤田のぼる（児童文学評論家・作家）

1

この度、全三巻にまとめられた「細谷建治児童文学論集」。これが最終巻である第Ⅲ巻であり、僕が著者と共に全体の巻構成に関わったこともあり、ここで改めてそれぞれの巻の枠組みというか、構成を確認しておきたい。第Ⅰ巻、Ⅱ巻の解説や各巻の著者による巻末の覚書と一部重なる点は、ご容赦いただきたい。

まず第Ⅰ巻の『児童文学批評というたおやかな流れの中で』は、巻タイトルにもなっている『日本児童文学』への連載（二〇一七年1・2月号〜11・12月号）と、それと前後して著者が復刊した個人誌『童話ノート』に掲載された評論をメインにした巻で、児童文学評論研究会メンバーによる評論アンソロジー『児童文学批評・事始め』（二〇〇二年）に書いた「日本児童文学批評史のためのスケッチ」を除けば、すべてここ数年のうちに書かれたものである。日本の児童文学の現代史というものを一方で意識しつつ、一方で児童文学批評の方法論といったものを意識しつつ、全体として今、児童文学批評が何をどう語るべきかという問いへの、著者としての現時点での回答が示されていると思う。

第Ⅱ巻『町かどをまがるとゴジラがいる』は、『季刊児童文学批評』に掲載した評論がメインになっている。従って、主には一九八〇年代、著者の年齢でいえば、三十代半ばから四十代あたりということになる。いくつかの論考に見られるように、細谷は一九八〇年を日本の児童文学の転換点としており、その転換がどこへ向か

うのか、あるいは転換の意味をどう受け止めるのかという《問い》に満ちた巻、といえるように思う。

そして、この第Ⅲ巻である。一口でいえば、この巻は「その他」ということになる。つまり、細谷がこれまで書いてきた多くの評論の中から、第Ⅰ巻と第Ⅱ巻に収録されなかった様々なものを、ここに集めたというのが、実際のところだ。見ればわかることながら、Ⅰは新美南吉に関するもの、Ⅱは細谷の一つの原点ともいえる『だれも知らない小さな国』に関するもの、そしてⅢは普通の意味での作品論。作家論的なモチーフのものもあれば、ある問題意識からいくつかの作品を合わせて論じたものもある。Ⅳは、「その他の、更にその他」とでもいったところで、いわゆる児童文化的な題材を含めて、読者としての子どもという存在の意味やありようが意識されている論考が多い。そして、「連帯の想像力」以下、児童文学批評そのものについて論じた三篇を、最後に置いた。

ということで、書かれた年代はかなりバラバラなのだが、集計してみると、全四十一編のうち、七〇年代に書かれたものが十九編、八〇年代と、九〇年代が共に十編で、二〇〇〇年以降のものは二編のみである。七〇年代、つまり著者の二十代から三十代前半に書かれたものが全体の半分近くになるわけで、収録された評論が書かれた年代としては、概ねⅢ巻、Ⅱ巻、Ⅰ巻という順序になる。

もう一つ言えば、この巻に収録された評論が発表された媒体としては、著者の覚書にもあるように、『日本児童文学』が大半である。この雑誌への細谷の初登場は、Ⅲに入っている「《語りつぐ》ということ」の七二年8月号で、この時細谷は二十五歳。今回の全三巻に収録された中では、もっとも初期の評論になる。そしてその次に、Ⅰの「新美南吉論」（七三年2月号）、「〝ふたたび偽装を問う〟」（七四年2月号）と続いて掲載されたわけだが、その長さやインパクトから言っても、この新美南吉をめぐる論考で、細谷は児童文学評論家としてデビューしたといっていいだろう。更にその次に掲載されたのが、Ⅲの冒頭の「『龍の子太郎』の発想」で、後でも述べるが、これはかなり物議を醸した。これが掲載された七四年10月号は「現代児童文学の出発点」という特集で、この時僕も山中恒の『赤毛のポチ』論を書き、僕の場合はこれが『日本児童文学』への初めての寄稿だった。以来、特に七〇年代から八〇年代にかけて、細谷も僕も、言わば『日本児童文学』のレギュラー執筆者という感じで、様々な特集に駆り出された。つまり、第Ⅰ巻と第Ⅱ巻の収録論文は、そのほとんどが細谷が言わば自主的に書いた評論だが、このⅢ巻は、『日本児童文学』の編集委員会や掲載誌の求めに応じて書いたものであることが、この巻を特徴づけている。従って、それぞれの評論がどのような要請の下で書かれたかを明らかにするために、『日本児童文学』掲載のうち特集関連のものについては、末尾に掲載号と共に特集タイトルも記した。更にこの解説で、そうした各論文が書かれた背景や反響などを中心に述べることになる。

2

さて、まずは、冒頭の新美南吉に関する論考から見ていきたい。最初の「新美南吉論——ぼくらがどのように状況にかかわったらよいのかを考えるためのひとつの長い問題提起として——」は、前記のように七三年2月号に掲載されたが、著者の覚書にもあるように、「巻末評論」という枠での掲載だった。巻末評論というのは、『日本児童文学』の場合、そこに掲載される評論のほとんどが、特集という枠の中での編集委員会からの注文原稿なわけで、それとは関わりなく、執筆者の書きたいテーマについて自由に展開してもらおうと設けられたものだった。長さもおそらく四百字で五十枚近くあるのではないか。当時は活字も小さく、ページ数が定まっている今の隔月刊の雑誌に比べれば長いものが多かったが、それにしても破格の長さだった。この巻末評論の場が設けられたのは、七三年1月号からで、初回は奥田継夫、細谷は二人目の執筆者だった。この後は、3月号（佐藤通雅）、6月号（読書運動家の徳村彰）、7月号（長谷川潮）、8月号（浜野卓也で「新美南吉の虚像と実像」）、とやや断続的に続き、11月号の岩崎清一郎の「「ヒロシマ」をめぐる認識の構造」が最後となっている。

つまり、六回しか続かなかったわけで、その二人目に無名の新人の細谷が登用されたのは、異例ともいえよう。僕が細谷に聞いたところでは、編集長の砂田弘から電話があり、二週間ほどという短い執筆期間だったらしい。察するに、先に依頼された誰かが結局書けないということになり、急遽代役で指名されたのではないか。新美南吉の作品をめぐる巽聖歌の関りについてはここでは深入りしないが、当時巽の改作の問題がようやく明るみに出され、問題となりつつあった時に、言わばたまたま細谷が巻末評論という場を得て、火をつけたことになる。そしてそうした動きを受けて、一年後の『日本児童文学』七四年2月号で「新美南吉の再検討」特集が組まれることになった。折も折、巽聖歌が七三年4月に亡くなり、重しが取れたような状況になったこともあろう。この特集の巻頭は、鳥越信と浜野卓也の「討論・南吉の文学を問いなおす」で、その後に巽の死後、南吉の原稿整理に当たった佐藤通雅の「調査覚書」が置かれ、その後に五本の評論が続く、その最初が細谷の「〝ふたたび偽装を問う〟」である。更に、その二年後の七六年に『日本児童文学』別冊として『新美南吉童話の世界』が出され、この巻頭は「南吉研究を深めるために」という座談会になっているが、その出席者として、関英雄、鳥越信、西本鶏介、浜野卓也という〝錚々たる〟顔ぶれと並んで若き細谷建治がいることは、彼の新美南吉についての論考が与えたインパクトの大きさを、充分に物語っているだろう。

時間が前後するが、先に述べたように、この二つの論考に続いて細谷が書いたのが、Ⅲの冒頭に収録した「『龍の子太郎』の発想」（七四年10月号）だった。この時の「特集・現代児童文学の出発点」は、砂田弘が編集長で特集担当の編集委員が古田足日。現代児童文学の出発から十五年というこの時期に、その出発の内実を若い世代の評論家に検証させようという意図で、総論が大岡秀明、作品論が松田司郎（『木かげの家の小人たち』）、細谷建治（『龍の子太郎』）、天野悦子（『だれも知らない小さな国』）、そして藤田のぼる（『赤毛のポチ』）という布陣だった。僕の『赤毛のポチ』論は、大学の卒業論文の該当部分を古田に見せ、それで「書かせよう」という次第になったようなことだった。そして、この時の掲載評論は、全員が書いた原稿を持ち寄り、古田、砂田を交えて何度か合評し、掲載原稿に仕上げた。そして僕は、この時に初めて細谷建治に会った。評論、特に作品論というのは、書き手である作家を友好的に（？）説得することだ、というような思いを抱えていた僕から見て、細谷の「『龍の子太郎』の発想」は「なんだ、これは!?」という感じだったが、案の定というか、この評論はかなりの逆風を引き起こし、作者である松谷みよ子の児童文学者協会退会の引き金になった。僕はこの評論自体には好意的でなかったが、同時に「作者が一生懸命（子どものために）書いた作品を冒瀆するのか」といった反発にも違和感を覚え、児童文学の世界で評論が評論として読まれることの難しさを、一発目で味わうことになった。

ということで、七〇年代前半、良くも悪くも細谷建治は児童文学評論家としてかなりに華々しく登場したわけだが、もしもこの時、細谷が『龍の子太郎』でなく、彼の児童文学との出会いの一つの原点ともいえる『だれも知らない小さな国』か、せめて（？）彼が「もんく・たらたら。あるいは、いぬいとみこ論序説」の冒頭で「ファン」だと宣言しているいぬいの『木かげの家の小人たち』を担当していたら、細谷の印象もかなり違って受け止められ、その後の評論家人生（？）も少し違ったものになっていたのではと、余計なことを考える。確かに、「異議申し立て」が細谷のモチーフの一つであり持ち味ではあるが、それは彼の一部でしかない。細谷の発想の柔らかさや、児童文学の枠に止まらないバックボーンの広さを、この巻の評論からもぜひ受け取ってほしい。

3

さて、このペースで各論文の背景を延々と語っていくわけにはいかないが、少なくとも注釈をつけておくべき評論が、もう一つある。Ⅳの三番目に置かれた「ナットクできないことはナットクできない『おおきなかぶ』作品を論じる」である。細谷が書いたものの中で、僕が好きな文章の一つでもあるのだが、これは日本児童文学者協会編で八一年に青木書店から刊行された『国語教科書攻撃と児童文学』のために書かれたものである。七〇年代末から八〇年代初頭にかけての自民党による国語教科書「偏向」攻撃の中身については、細谷の文章でほぼ語られているが、「教科書問題」という場合、普通は歴史とか公民とか社会科系の教科書を連想する。ところが、この時は国語教科書、特に小学校国語教科書の文学教材がことごとくといっていい程、やり玉にあがった。宮澤賢治や新美南吉まで「偏向」しているという始末で、児童文学の側にとっては当初は笑い話のネタのようなものだったが、教科書改訂を前にして、小学校国語教科書の6割以上のシェアを持つ光村図書が、「おおきなかぶ」と「かさこじぞう」を差し替える準備をしているという報道がなされて、冗談ではなくなった。この報道が出たのが八一年4月頃だったろうか、これに対する児童文学の側の反撃もさすがにすばやく大きく広がり、多くの作家、画家が、教科書会社がそうした攻撃に屈するならば執筆拒否も辞さないと共同声明を出す展開になった。そうした動きの中で、日本児童文学者協会編で緊急出版されたのが『国語教科書攻撃と児童文学』だった。二、三ヵ月で10刷を越えたように記憶している。それほど反響が大きかった。

この本のメインは、第二章の「われわれは反論する」で、攻撃された作品や作家それぞれについて、まず作品そのものを掲載し、次に偏向攻撃に対する反論が述べられ、その後に作者(翻訳者)の反論的エッセイが並ぶという構成だった。それが十三本並び、その冒頭が「おおきなかぶ」だった。ちなみに十三番目は「その他」という感じで、「田中正造」「おこりじぞう」、いわさきちひろ、滝平二郎」に対する攻撃への反論で、ここは僕が書いた。つまり、十三本の「反論」が並んだわけだが、この本が出た時、僕は細谷の文章が圧倒的に出色だと思った。というのは、僕も含めて他の反論には、どこか「作者が心を込めて書いたものに対する冒瀆だ」

あるいは「自民党の言うような偏向など決してありません。児童文学（者）はもっと〝純粋〟です」といったニュアンスがつきまとった。しかし細谷の論には、そうした作品への「弁護」などまったくない。細谷の論を読むと、「偏向」攻撃が「子どもが文学作品を読む」という現場とはまったく無縁な論理でできていること、そしてそれゆえに、偏向攻撃が、子どもが言葉というものと出会う、あるいは言葉を通して自分自身や他者と出会う権利を根こそぎ奪うものであることが、自ずから得心されてしまうのだ。

作品が読まれる現場から問題を立てていく、いやそのように書くと細谷評論の戦略性が失われてしまう感じがするから、自身のイデオロギー（あえてこの言葉を使うが）と作品が読まれる現場との対話から作品の内実を浮かび上がらせようというモチーフというか方法は、ここまで述べた初期の評論にも見られることではあるが、第Ⅱ巻に収録された八〇年代の評論でそうしたモチーフがより明らかになっていく様を見ると、この「ナットクできないことはナットクできない」が一つの結節点になっている、とは言えないだろうか。

4

先にも述べたように、この巻の最後には、細谷が児童文学評論そのものを題材として書いた評論三本が置かれている。最初の「連帯の想像力」は、『日本児童文学』七九年11月号（特集「古田足日の世界」）に掲載されたもの、二つ目の「砂田弘の「少年」」は、『砂田弘評論集成』の刊行を受けて書かれたものである。そして、三つ目の「異質のイメージあるいは思い込み、思い違い、うそ付き、決め付け、レッテル、きわめつけに遭遇したときに批評家は何をするかについて」（同九三年6月号）という、細谷の中でも極めつけに長いタイトルの文章は、この年の3月号から『日本児童文学』で始まったリレー連載「批評の現場から」の第4回として書かれたもので、この時の編集長は僕だった。だからということもあるまいが、このエッセイは読んだ相手を煙に巻こうという感じ満々である。それに、長いのはともかく、タイトルの表記が良くない。この書き方だと、「遭遇したときに」が何を受けているかがよく分からない。「異質のイメージ」と「思い込み……」以下の両方を並立的に受けるのか、あるいは「異質のイメージ」が言葉として独立していて、「遭遇したときに批評家は何をするかについて」は「思い込み……」以下のみを受けていると読めなくもない。前者の読みが普通だろうが、「異質のイメージ」は、この時期の細谷の切札的ワードでもあったから、後者のようにも思える。いずれにしろ、この文章は、第Ⅱ巻に収録した評論と対照させながら読まないと、理解しにくいだろう。

僕が細谷の「異質のイメージ」という言葉をはっきりと意識したのは、多分第Ⅱ巻の冒頭に置かれた、つまり細谷も僕も同人として参加した『季刊児童文学批評』再刊1号に書かれた「町かどをまがるとゴジラがいる――「雪渡り」と『E．T．』の奇妙な関係について。あるいは「雪わたり」の読みに関するいくつかの雑感――」を読んだ時である。僕自身が〝登場〟するからというわけではないが、これを初めて読んだ時の鮮烈さは、今でも覚えている。「かた雪」と「しみ雪」をめぐって僕が飲み屋で語ったという話はまったく忘れていたが、これまでの文章を読んで、僕は子どもの頃の雪渡り体験をまざまざと思い浮かべた。雪というもの自体が、それまでの風景を一変させる、ある意味ファンタジックな仕掛けだが、ほとんど田んぼに囲まれて生活している農村の子どもたちにとって、まわりの空間が全部自分のためにしつらえたように思える雪渡りは、世界が変わる体験といってもおかしくない。だが、あの作品は細谷の言うように、そういう体験のない子どもたちにも伝わっていく。そのことは、僕にはまるでそれまで歩けなかった田んぼのすべてが道に変貌するように、虚構空間の可能性が一気に広がったように思えたのだ。細谷は言う。

ぼくは、子どもの読みというものはそれ自体は不完全なひとつひとつの読みの集積だと考えている。生活経験や知識が少ない子どもたちは、それでも自分の手持ちのふだを、とっかえひっかえ繰り出しながら、物語を読んでいくのだ。だから、個々のディテールではとんでもない間違った読みもしているはずなのだ。ぼくは、それでいいと思っている。子どもたちは自らの既知のイメージを総動員して、作品を読むのだ。その中には正系のイメージからははるかにかけ離れた異質なイメージも含まれているはずだ。それを、最終的には、どうにかこうにかつじつまをあわせて読んでいく。その子どもの《読み》のかたち、あるいはイメージがつくり上げられていく過程を、ぼくはみたい。

子どもの「読み」の実相を探る、というのは、児童文学評論家の見果てぬ夢といえるかもしれない。僕を含む多くの大人たちは、作品の文章の「意味」というところから、意味と子どもとの対話というところから作品を語ろうとしてきた。「意味」は読者のものでもあるが、どちらかというと作者の側のものであろう。しかし、イメージはより読者の側のものであり、しかもそれぞれ個々の読者のものである。細谷は「異質のイメージ」という言葉で、それを更に読者の側、子ども読者の側に引き寄せようとする。作品を、意味から、大人から、作者から奪還しようという企てを、言わば細谷は五十年近く続けてきた。その模索の跡がこの全三巻の評論集である。

全巻作品索引

本シリーズで取り上げた書名・作品名，児童文学関連の記事

左から書名・作品名，作者名，出版社名，発行年度，収録巻，頁

〔ア〕

『あゝ玉杯に花うけて』佐藤紅緑（『少年倶楽部』 1927年5月～1928年4月，大日本雄弁会講談社 1928年4月）――（Ⅰ）289

『アーノルドのはげしい夏』タウンゼンド（1969年／神宮輝夫訳，岩波書店 1972年11月）――（Ⅰ）137 （Ⅲ）197-198, 235

『愛の学校 二年生』（東洋書館 1951年10月）――（Ⅰ）114

「青い鳥」メーテルリンク（1908年／島田元麿・東草水訳，実業之日本社 1911年8月，他多数翻訳）――（Ⅱ）175

『青い目のバンチョウ』山中恒（講学館 1966年5月）――（Ⅱ）303

「青空の下の原っぱ」小川未明（『青空の下の原っぱ』六文館 1932年3月）――（Ⅰ）81

『赤い鳥』児童雑誌，鈴木三重吉主宰（赤い鳥社前期1918年7月～1929年3月 127冊，後期1931年1月～1936年10月 69冊，196冊）――（Ⅰ）99

「『赤い鳥』と日本の児童文化」佐藤忠男（『権利としての教育』筑摩書房 1968年5月）――（Ⅲ）347

「赤いろうそくと人魚」小川未明（『東京朝日新聞』1921年2月16日～20日，『赤い蠟燭と人魚』天佑社 1921年5月）――（Ⅰ）87-88, 90, 128 （Ⅲ）397

『赤毛のポチ』山中恒（『小さい仲間』創刊号～22号（欠12, 16, 20号）19回連載 1954年7月～1956年6月，理論社 1960年7月）――（Ⅰ）98, 108 （Ⅲ）275

「〈『あかつき戦闘隊』大懸賞〉問題」古田足日（『日本児童文学』1968年6月号, 8月号，『児童文学の旗』理論社 1970年6月）――（Ⅱ）204-205

『赤とんぼ』児童雑誌（実業之日本社 1946年4月～1948年10月 全31冊）――（Ⅲ）238

『亜細亜の曙』山中峯太郎（『少年倶楽部』1931年1月～1932年7月，大日本雄弁会講談社 1932年9月）――（Ⅱ）152 （Ⅲ）158, 173

『足柄山』阿地努＊［改作『足柄山』］（『少年戦旗』戦旗社 1930年1月）――（Ⅰ）78-80

『あしたがひっこし』新冬二（小峰書店 1974年10月）――（Ⅱ）423

『あしたもあ・そ・ぼ』伊沢由美子（偕成社 1985年7月）――（Ⅱ）437

「あずき色のかくれ家」国松俊英（『日本児童文学』1980年2月号，『お父さんが2/5』偕成社 1980年9月）――（Ⅱ）319

「あすもおかしいか」岡本良雄（雑誌『銀河』1947年11月，『岡本良雄童話文学全集 第2巻』講談社 1964年7月）――（Ⅱ）225-226, 228 （Ⅲ）396-397

『あたしたちのサバイバル教室』高橋桐矢（ポプラ社 2014年8月）――（Ⅰ）346, 355, 367, 384

『頭のさきと足のさき』山中恒（講学館　1965 年）――（Ⅱ）303
「新しい児童文学の創造を」講演　古田足日（『あたみ』速報 No.4 の B　1975 年 8 月 16 日）――（Ⅱ）196
「新らしいステロタイプのおそれ」神宮輝夫（『日本児童文学』1960 年 7 月号）――（Ⅰ）89
「新しい波とその萌芽」研究会報告　大石真・西本鶏介（『日本児童文学』1969 年 6 月号）――（Ⅲ）358
『新しき児童文学の道』小川未明（フタバ書院成光館　1942 年 2 月）――（Ⅰ）75
「あのこ」今江祥智（『日本児童文学』1966 年 1 月号）――（Ⅱ）417
『あひるの手紙』朽木祥（佼成出版社　2014 年 3 月）――（Ⅰ）35-36
『雨ニモマケズ』宮澤賢治（1931 年 11 月 3 日執筆（推定），『校本宮澤賢治全集　第 6 巻』筑摩書房　1976 年 11 月）――（Ⅲ）62
『雨やどりはすべり台の下で』岡田淳（偕成社　1983 年 10 月）――（Ⅱ）71, 73, 352, 355
『あやうしズッコケ探険隊』那須正幹（ポプラ社　1980 年 12 月）――（Ⅰ）6, 8-9, 111-112（Ⅲ）279-281, 369
「あるおかあさんの話」アンデルセン（大畑末吉訳『アンデルセン童話全集　第 3 巻』講談社　1963 年 12 月）――（Ⅲ）118-119
『アンデルセン童話全集』全 8 巻（講談社　1963 年 10 月～ 1964 年 5 月）――（Ⅲ）118

〔イ〕
「いい子という呪文，わるい子というレッテル」細谷建治（『童話ノート』復刊 1 号　2016 年 1 月，本論集第Ⅰ巻所収）――（Ⅰ）182
『家出 12 歳の夏』M・D・バウアー（1976 年／平賀悦子訳，文研出版　1981 年 10 月）――（Ⅱ）258, 280, 283-284, 287, 294
『いえでぼうや』灰谷健次郎（理論社　1978 年 10 月）――（Ⅱ）257, 269
『家なき子』エクトール・アンリ・マロ（1878 年／五来素川訳『家庭小説未だ見ぬ親』警醒社書店　1903 年 7 月，他多数翻訳）――（Ⅰ）300（Ⅱ）99
「生きる意味との出会い」神宮輝夫（『佐藤さとる全集 8　だれも知らない小さな国』講談社　1973 年 8 月）――（Ⅲ）97
『池田小百合なっとく童謡・唱歌』（http://www.ne.jp/asahi/sayuri/home/doyobook/doyostudy09.htm）――（Ⅰ）307, 343
「石の山」日影丈吉（『泥汽車』白水社　1989 年 12 月）――（Ⅲ）375
『イジメ・サバイバル あたしたちの居場所』高橋桐矢（ポプラ社　2016 年 8 月）――（Ⅰ）349, 355
「イソップ」アイソーポス（BC7 世紀）――（Ⅱ）176（Ⅲ）153
「1 ねん 1 くみシリーズ」 後藤竜二（ポプラ社　1984 年～ 2009 年　25 冊）――（Ⅰ）242
『いっすんぼうし』日本昔話（西郷竹彦『いっすんぼうし』講談社　1966 年 1 月）――（Ⅲ）

320
「井戸のある谷間」佐藤さとる（『豆の木』創刊号　1950年3月19日，『佐藤さとる全集9　豆つぶほどの小さないぬ』講談社　1973年8月）——（Ⅲ）85, 89-90, 104
「猪熊入道」巌谷小波（『少年世界』博文館　1899年1月前号〜3月後号)——(Ⅱ)95　(Ⅲ)　175
『いま，教科書は…教育正常化への提言』自由民主党（1980年12月25日，自由民主党広報委員会新聞局）——（Ⅲ）311, 314, 318
「芋虫」江戸川乱歩（『新青年』1929年1月，掲載時タイトル「悪夢」）——（Ⅲ）184
『いやいやえん』中川李枝子（福音館書店　1962年12月）——（Ⅰ）92　（Ⅱ）197　（Ⅲ）154
『イルゼ姉さんの家出』クリスティーネ・ネストリンガー（1974年／西島洋造訳，ＴＢＳブリタニカ　1981年8月）——（Ⅱ）281-283

〔ウ〕

「ウーフは，おしっこでできてるか？？」神沢利子（『くまの子ウーフ』ポプラ社　1969年6月）——（Ⅲ）265
「兎とオバケの対話」瀬名恵子（『児童文学1973—2』通巻4号　1973年12月）——（Ⅱ）185
『兎の眼』灰谷健次郎（理論社　1974年6月）——（Ⅰ）203-205, 240
『牛』同人誌（1968年5月〜2017年8月現在52号）——（Ⅱ）383, 416
「喪われた“共通理念”を求めて」藤田のぼる（『日本児童文学』1980年4月号，『児童文学に今を問う』教育出版センター　1990年）——（Ⅰ）126
『牛をつないだ椿の木』新美南吉（『少國民文化』1943年6月号，『牛をつないだ椿の木』大和書店　1943年9月）——（Ⅰ）388　（Ⅲ）27, 32, 56, 70
「うそつき」中脇初江（『きみはいい子』ポプラ社　2012年5月）——（Ⅰ）165, 172, 180
『うそつき咲っぺ』長崎源之助（佼成出版社　1995年5月）——（Ⅰ）62-63
『宇宙怪人』江戸川乱歩（『少年』光文社　1953年1月〜12月，のち光文社，ポプラ社で単行本化　1964年9月）——（Ⅲ）255-256
『宇宙のみなしご』森絵都（講談社　1994年11月）——（Ⅰ）23, 331, 333
「うつっちゃった」伊沢由美子（『あしたもあ・そ・ぼ』偕成社　1985年7月）——（Ⅱ）437
「うばすて山」中脇初枝（『きみはいい子』ポプラ社　2012年5月）——（Ⅰ）173, 179-180
「海と街の日」伊沢由美子（第11回（1979年）北川千代賞入選作品，改題して出版『ひろしの歌がきこえる』（講談社　1979年12月））——（Ⅱ）432
『うみねこの空』いぬいとみこ（理論社　1965年5月）——（Ⅲ）147-148, 154
「海のあなたの」テオドール・オーバネル（上田敏訳『海潮音』本郷書院　1905年）——（Ⅱ）161-162

「海のイメージ」細谷建治（『季刊児童文学批評』第6号　1983年8月，本論集第Ⅱ巻所収）――（Ⅰ）6
『うみのしろうま』山下明生（実業之日本社　1972年10月）――（Ⅱ）315
「海の中から電話です」山下明生（『2年の学習／かがく・読み物特集』学研　1977年7月）――（Ⅱ）320
『海のメダカ』皿海達哉（偕成社　1987年9月）――（Ⅱ）72
「うみはだれのおねしょかな」神沢利子（『ねしょんべんものがたり』童心社　1971年11月）――（Ⅲ）306
『海へいった赤んぼ大将』佐藤さとる（あかね書房　1968年7月）――（Ⅰ）460

〔エ〕
「江戸川乱歩解説―孤独すぎる怪人」中井英夫（『日本児童文学大系』第29巻，ほるぷ出版　1977年11月）――（Ⅲ）254
『エルマーのぼうけん』ガネット（1948年／渡辺茂男訳，福音館書店　1963年7月）――（Ⅲ）335
『園芸少年』魚住直子（講談社　2009年8月）――（Ⅰ）46
「煙突掃除の子」ウイリアム・ブレイク（『無垢の歌』1789年）――（Ⅰ）250, 254, 262
『えんの松原』伊藤遊（福音館書店　2001年5月）――（Ⅰ）386, 417-418, 420

〔オ〕
『お江戸の百太郎』シリーズ　那須正幹（岩崎書店　1986年12月～1994年11月）――（Ⅲ）369
「大石真にとっての少年」砂田弘（『季刊・びわの実学校』No.8冬号　1991年1月，『砂田弘評論集成』てらいんく　2003年5月）――（Ⅲ）405
『大岡越前守』新美南吉（学習社　1944年6月）――（Ⅲ）34
「大おとこと小人」佐藤さとる（『童話』1946年9月，『佐藤さとる全集1　おばあさんのひこうき』講談社　1972年11月）――（Ⅲ）85, 91
「狼が水を飲む所」トリスタン・ツァラ（浜田明訳『ツァラ詩集』思潮社　1981年8月）――（Ⅲ）269
『大きい1年生と小さな2年生』古田足日（偕成社　1970年3月）――（Ⅱ）195-196
「おおきなかぶ」ロシアの昔話（内田莉莎子訳，佐藤忠良画『おおきなかぶ』福音館書店　1962年5月）――（Ⅲ）309-312, 314-319, 321
『おおきなきがほしい』佐藤さとる（偕成社　1971年1月）――（Ⅱ）31-32, 34-35, 39
『大盛りワックス虫ボトル』魚住直子（講談社　2011年3月）――（Ⅰ）47
『おかあさんの木』大川悦生（ポプラ社　1969年12月）――（Ⅲ）137-138, 140-141
『おかしな金曜日』国松俊英（偕成社　1978年8月）――（Ⅰ）183, 188, 195, 200, 210　（Ⅱ）297, 299

「小川未明の永遠」古田足日（『図書新聞』1958 年 2 月 16 日，『児童文学の思想』牧書店 1965 年 1 月）――（Ⅲ）394
「臆病木兎」巌谷小波（『幼年雑誌』第 3 巻第 13 号, 1893 年 7 月前号）――（Ⅰ）476 （Ⅱ）147
「幼い子のための創作児童文学」古田足日（日本子どもの本研究会編『子どもの本の学校』講談社 1970 年 12 月）――（Ⅱ）197
『幼い子の文学』瀬田貞二（中公新書 1980 年 1 月）――（Ⅰ）133
『おしいれのぼうけん』古田足日（童心社 1974 年 11 月）――（Ⅰ）312, 316, 319-320, 324-327
『おしいれのぼうけんすごろく』（童心社 2014 年 7 月）――（Ⅰ）326
『オズのまほうつかい』ライマン・フランク・ボーム（1900 年）――（Ⅱ）64
「おぢいさんのランプ」（「おじいさんのランプ」）新美南吉（『おぢいさんのランプ』有光社 1942 年 10 月）――（Ⅲ）17-18, 27, 35, 46-48
『おぢいさんのランプ』新美南吉 （有光社 1942 年 10 月）――（Ⅰ）392 （Ⅲ）13
「「おじいさんのランプ」論」佐々木守（『日本児童文学』1959 年 12 月号）――（Ⅲ）42
『おとうさんがいっぱい』三田村信行（理論社 1975 年 5 月）――（Ⅱ）388, 395
「おとなの論理，子どもの論理」鳥越信 （『児童文学への招待』くろしお出版 1964 年 5 月→風濤社 1976 年 1 月）――（Ⅱ）15
『乙女はせつないバレンタイン』薫くみこ（ポプラ社 1985 年 6 月）――（Ⅲ）250
『鬼ヶ島通信』同人誌（1983 年 5 月～ 2019 年春号現在 70+2 号）――（Ⅰ）288
「鬼瓦」巌谷小波（『少年世界』博文館，第 2 巻第 4 号 1896 年 2 月後号）――（Ⅰ）470, 473
『おばあさんのひこうき』佐藤さとる（小峰書店 1966 年 9 月，『佐藤さとる全集 1』講談社 1972 年 11 月）――（Ⅰ）452, 458-460, 480
「おまかせ探偵局」シリーズ 全 10 作 薫くみこ（ポプラ社 1985 年 2 月～ 1992 年 1 月）――（Ⅲ）246-247, 249-250, 253-254, 258
『オリヴァー・ツイスト』チャールズ・ディケンズ（1837 年～ 1839 年）――（Ⅰ）250
「おれのこと」坂田金太郎（『童話研究』日本童話協会出版部 1930 年 4 月号）――（Ⅰ）79
『おれはなにわのライオンや』さねとうあきら（文溪堂 1995 年 7 月）――（Ⅱ）157

〔 カ 〕

『怪奇四十面相』江戸川乱歩（『少年』光文社 1952 年 1 月～ 12 月，のち光文社，ポプラ社で単行本化 1955 年）――（Ⅲ）255
「改作『足柄山』に就て」ピーパン（『童話研究』日本童話協会出版部 1930 年 4 月号）――（Ⅰ）79
「改作『足柄山』の思想的素描」中根茂（『童話研究』日本童話協会出版部 1930 年 3 月

号）――（Ⅰ）78
「怪人二十面相」シリーズ　江戸川乱歩――（Ⅲ）252, 254-258
「解説」菅忠道（『日本児童文学大系』第3巻，三一書房　1955年6月）――（Ⅰ）99
「開戦の朝」児童詩　（滑川道夫『少國民文学試論』帝国教育会出版部　1942年9月）――（Ⅲ）408
『かいぞくオネション』山下明生（偕成社　1970年4月）――（Ⅱ）184, 242, 314
『海賊島探検株式会社』古田足日（毎日新聞社　1970年9月）――（Ⅱ）200, 210, 220　（Ⅲ）195
『海潮音』上田敏訳（本郷書院　1905年）――（Ⅱ）160-162
『海洋冒険物語』南洋一郎（大日本雄弁会講談社　1935年11月）――（Ⅲ）162
「蛙の死」萩原朔太郎（『月に吠える』感情詩社　1917年2月）――（Ⅲ）268-269
「蛙の腹綿」巌谷小波（『少年世界』博文館，第2巻第7，8号，1896年4月前号，後号）――（Ⅱ）135-136　（Ⅲ）407-408
『かぎっ子たちの公園』エリック・アレン（1963年／清水真砂子訳，大日本図書　1972年7月）――（Ⅲ）194, 196
「かげ」新美南吉（『校定新美南吉全集　第4巻』大日本図書　1980年9月）――（Ⅱ）305, 307
「かさこじぞう」岩崎京子（『かさこじぞう』ポプラ社　1967年，教科書掲載は1977年光村図書版から）――（Ⅲ）310
『かさねちゃんにきいてみな』有沢佳映（講談社　2013年5月）――（Ⅰ）48-49, 53
『風の十字路』安藤美紀夫（旺文社　1982年7月）――（Ⅱ）288, 299
「風の又三郎」宮澤賢治（『宮澤賢治全集　第3巻　作品』文圃堂書店　1934年10月，『【新】校本宮澤賢治全集　第11巻』筑摩書房，1996年1月では「風〔の〕又三郎」）――（Ⅰ）134　（Ⅱ）10, 95　（Ⅲ）235, 300-301, 322, 324, 333
「肩たたき」西条八十（『幼年の友』実業之日本社　1923年5月号，中山晋平の楽譜付きで掲載）――（Ⅱ）133
「語ることへの信頼・その行方を追う」村中李衣（『研究＝日本の児童文学4　現代児童文学の可能性』東京書籍　1998年8月）――（Ⅰ）176, 197, 200, 208
『カツオドリ飛ぶ海』日比茂樹（講談社　1978年8月）――（Ⅱ）371-375, 377, 379-380, 384, 391, 398, 409, 411, 413
『学校ウサギをつかまえろ』岡田淳（偕成社　1986年12月）――（Ⅱ）357-358, 360, 362, 366-369
『過渡期の児童文学』（『資料・戦後児童文学論集第3巻　過渡期の児童文学』偕成社　1980年7月）――（Ⅰ）113
「過渡期の児童文学運動」横谷輝（『日本児童文学』1969年5月号，のち『児童文学の思想と方法』啓隆閣　1969年6月）――（Ⅰ）124
「カニ」日比茂樹（同人誌『牛』第8号　1977年9月）――（Ⅱ）416

「カニになりたかった少女」日比茂樹（『バレンタインデーの贈り物』偕成社　1981 年 12 月）――（Ⅱ）415-416
「カバン旅行」巌谷小波（『幼年雑誌』第 3 巻第 7 号　博文館　1893 年 4 月前）――（Ⅰ）477　（Ⅱ）145-146　（Ⅲ）174
「かべの中」佐藤さとる（『神奈川新聞』1947 年 8 月・原題「デヴィスとポリー」，『佐藤さとる全集 5　赤んぼ大将山へいく』講談社　1973 年 3 月）――（Ⅲ）85, 87-88
「かみなりさまのふろおけ」大川悦生（『ねしょんべんものがたり』童心社　1971 年 11 月）――（Ⅲ）305
『神の守り人』上橋菜穂子（偕成社　2003 年 2 月）――（Ⅰ）29, 32, 336, 485
「加代の四季」杉みき子（『白いとんねる』偕成社　1977 年 10 月）――（Ⅱ）429
「雁とり爺」（「雁取爺」）日本昔話（関敬吾『日本昔話集成第二部本格昔話 2』角川書店　1953 年 8 月）――（Ⅲ）59, 297-299, 301-302
『かれ草色の風をありがとう』伊沢由美子（講談社　1981 年 12 月）――（Ⅱ）428, 435
「川」新美南吉（『おぢいさんのランプ』有光社　1942 年 10 月）――（Ⅱ）390-391
『かわいそうなぞう』土家由岐雄（『愛の学校二年生：少年少女のための美しい話』東洋書館　1951 年，のち〈おはなしノンフィクション絵本〉として金の星社　1970 年 8 月）――（Ⅰ）114-115　（Ⅱ）157　（Ⅲ）390-391
『かはたれ―散在ガ池の河童猫』朽木祥（福音館書店　2005 年 10 月）――（Ⅰ）34, 418-419
「川と自転車」伊沢由美子（マッチ箱の会作品研究会）――（Ⅱ）439
「がんがらがんの雁」巌谷小波（『少年世界』博文館，第 1 巻第 22 号　1895 年 11 月後号）――（Ⅰ）472, 479-480, 504
『感受性の領分』長田弘（岩波書店　1993 年 7 月）――（Ⅱ）141
「感動の向こう側へ―『兎の眼』ロングセラーの秘密と問題点―」村中季衣（『日本児童文学』1987 年 4 月号）――（Ⅰ）204
「カンパチ」日比茂樹（同人誌『牛』再刊 1 号　1972 年 9 月）――（Ⅱ）416

〔 キ 〕

『季刊子どもの本棚』日本子どもの本研究会（機関誌『月刊子どもの本棚』の別冊，1971 年 7 月～ 1980 年 10 月　全 32 号，1981 年から「臨時増刊」と改題）――（Ⅲ）123, 125, 135
『季刊児童文学批評』同人誌，児童文学批評の会（1981 年 9 月～ 1983 年 8 月 6 号，再刊 1987 年 7 月～ 1989 年 2 月 5 号　計 11 冊）――（Ⅰ）6, 109-110, 114　（Ⅲ）68, 74, 327, 365
「機関車のうた」丸山亜季作曲，保坂純子作詞の歌曲――（Ⅱ）350
「危機とエネルギー」古田足日（『教育科学』1958 年 8 月，『現代児童文学論』1959 年 9 月）――（Ⅱ）199

「きく童謡・みる童話」坪田譲治（「朝日新聞」1960 年 9 月 21 日）――（Ⅰ）90
「旗手の文学／古田足日に関する覚書」上野瞭（『戦後児童文学論』理論社　1967 年 2 月）――（Ⅱ）201-202
『きっどなっぷ』同人誌（1977 年 7 月～ 1985 年 3 月　全 10 冊）――（Ⅱ）287
「狐」新美南吉（自筆原稿　1943 年 1 月 8 日，『校定新美南吉全集　第 2 巻』大日本図書　1980 年 6 月）――（Ⅲ）28
「キミのおなかの中に」新冬二（同人誌『児童文学者』2 号　1966 年 3 月，『ぼくたちは飛ぶ』太平出版社　1975 年 11 月）――（Ⅱ）421, 422
『きみはいい子』中脇初枝（ポプラ社　2012 年 5 月）――（Ⅰ）140, 156, 172, 179
「きみは少年義勇軍」巽聖歌（『内原詩集 日輪兵舎の朝』大和書店　1944 年 4 月）――（Ⅰ）120
「疑問符の向こうがわへ」細谷建治（『童話ノート』復刊 8 号　2017 年 7 月，本論集第Ⅰ巻所収）――（Ⅰ）417-418, 424, 426
「久助君の話」　新美南吉（『おぢいさんのランプ』有光社　1942 年 10 月）――（Ⅲ）48
『9 ゾウくんげんきかるた』子どもの本・九条の会編（ポプラ社　2009 年 7 月）――（Ⅰ）59-61
「教育の中の絶望と希望」灰谷健次郎（『世界』1981 年 3 月，『島へゆく』理論社　1981 年 6 月）――（Ⅲ）227
「共感をよぶ生きた少年群像」木暮正夫（『ぼくらは海へ』偕成社　1980 年 2 月「解説」）――（Ⅰ）109
『教室二〇五号』大石真（『びわの実学校』1965 年 10 月～ 1968 年 8 月，実業之日本社　1969 年 6 月）――（Ⅰ）109-110　（Ⅲ）406
「共通理念について」大藤幹夫（『日本児童文学』1967 年 10 月号）――（Ⅰ）122
「共同討議・古田足日作品」川北亮司（『日本児童文学』1979 年 11 月号）――（Ⅱ）220
「銀色の手錠」次良丸忍（『銀色の日々』小峰書店　1995 年 11 月）――（Ⅰ）408, 415, 424, 426, 431, 437, 449
『金色の流れの中で』中村真里子（新日本出版社　2016 年 6 月）――（Ⅰ）61
『銀色の日々』次良丸忍（小峰書店　1995 年 11 月）――（Ⅰ）407, 420, 424, 451
『銀河』児童雑誌（新潮社　1946 年 10 月～ 1949 年 8 月　全 34 冊）――（Ⅱ）225
「銀河鉄道の夜」宮澤賢治（『宮澤賢治全集　第 3 巻』文圃堂書店　1934 年 10 月，『校本宮澤賢治全集　第 10 巻』筑摩書房　1974 年 3 月）――（Ⅱ）10-11, 92-93　（Ⅲ）59, 293-296, 302
「金魚」北原白秋（『赤い鳥』1919 年 6 月）――（Ⅲ）268
「近代童話の崩壊―その一例としての『あすもおかしいか』―」古田足日（同人誌『小さい仲間』5 号　1954 年 9 月，『現代児童文学論』くろしお出版　1959 年 9 月）――（Ⅱ）225, 227-228, 231　（Ⅲ）395, 397
『銀のほのおの国』神沢利子（福音館書店　1972 年 11 月）――（Ⅲ）306

〔ク〕

『くいしんぼうの　あおむしくん』まきひろし（「こどものとも」福音館書店　1975年10月）——（Ⅱ）331
『クオレ』アミーチス（1886年／前田晁訳『クオレ愛の学校』岩波書店　1929年，他翻訳多数）——（Ⅲ）161
「草」新美南吉（自筆原稿　1942年5月29日，『校定新美南吉全集　第2巻』大日本図書　1980年6月）——（Ⅲ）47-51
「グスコーブドリの伝記」宮澤賢治（『児童文学』第2冊　文教書院　1932年3月，『校本宮澤賢治全集　第11巻』筑摩書房　1974年9月）——（Ⅱ）10
「くたばれ！　しゅくだい」古田足日（『赤旗』日曜版　1964年1月19日）——（Ⅱ）230
『くたばれボスザルそうさく隊』新冬二（ＰＨＰ研究所　1980年9月）——（Ⅱ）423
『口笛のあいつ』新冬二（理論社　1969年11月）——（Ⅱ）102, 407, 419, 424
『くつがいく』和歌山静子（童心社　2013年3月）——（Ⅰ）309-310
「靴が鳴る」清水かつら作詞（『少女号』小学新報社　1919年11月号）——（Ⅰ）304-308, 310-311
「くまーぴきぶんは，ねずみ百ぴきぶんか」神沢利子（『くまの子ウーフ』ポプラ社　1969年6月）——（Ⅲ）265
『くまの子ウーフ』神沢利子（ポプラ社　1969年6月）——（Ⅱ）197, 290, 308（Ⅲ）265
「くまの子ウーフ」中川正文（『日本児童文学100選』〈『日本児童文学』別冊〉偕成社　1979年1月）——（Ⅱ）197, 308
「暗いデパート」新冬二（同人誌『やっこだこ』6号　1959年，のち「グリーンの手ぶくろ」と改題して『ぼくたちは飛ぶ』太平出版社　1975年11月）——（Ⅱ）422
『鞍馬天狗・角兵衛獅子』大佛次郎（『少年倶楽部』大日本雄辯会　1927～1928年）——（Ⅰ）289
『くらやみの谷の小人たち』いぬいとみこ（福音館書店　1972年6月）——（Ⅲ）142, 145-146, 148-149, 151
「グリーンの手ぶくろ」新冬二（原題「暗いデパート」，同人誌『やっこだこ』6号　1959年，『ぼくたちは飛ぶ』太平出版社　1975年11月）——（Ⅱ）422
『車のいろは空のいろ』あまんきみこ（ポプラ社　1968年3月）——（Ⅰ）130-131, 133
「くろいとりとんだ」次良丸忍（『銀色の日々』小峰書店　1995年11月）——（Ⅰ）424, 426, 449
『クローディアの秘密』Ｅ・Ｌ・カニグズバーグ（1967年／松永ふみ子訳，岩波書店　1969年10月）——（Ⅱ）258-260, 271-273, 275, 278, 283-284, 287, 291, 294
『クロニクル千古の闇』シリーズ　全6巻　ミシェル・ペイヴァー（2004～2009年／さくまゆみこ訳，評論社　2005年6月～2010年4月）——（Ⅰ）357, 361
『クロニクル　千古の闇1　オオカミ族の少年』ミシェル・ペイヴァー（さくまゆみこ訳，

評論社　2005年6月）――（Ⅰ）357, 394, 417
『クロニクル　千古の闇6　決戦のとき』ミシェル・ペイヴァー（さくまゆみこ訳，評論社　2010年4月）――（Ⅰ）395

〔ケ〕
「激動する社会と児童文学者」砂田弘（『日本児童文学』1969年5月号，のち『砂田弘評論集成』（てらいんく　2003年5月）――（Ⅰ）124　（Ⅱ）191　（Ⅲ）404
『獣の奏者』シリーズ　全4巻外伝1巻　上橋菜穂子（講談社　2006年11月～2010年9月）――（Ⅰ）484
『獣の奏者　Ⅰ 闘蛇編 Ⅱ 王獣編』上橋菜穂子（講談社　2006年11月）――（Ⅰ）482, 484
『獣の奏者　Ⅲ 探求編 Ⅳ 完結編』上橋菜穂子（講談社　2009年8月）――（Ⅰ）484, 487
「現下に於ける童話の使命」小川未明（『新しき児童文学の道』フタバ書院成光館　1942年2月）――（Ⅰ）75
「賢治童話からなにを受けつぐか　古びない文体」いぬいとみこ（『日本児童文学』1968年2月号）――（Ⅲ）155
「賢治童話と民話」続橋達雄（『日本児童文学』1974年5月号）――（Ⅲ）299
『ケンジントン公園のピーター・パン』ジェームズ・バリ（1906年）――（Ⅰ）462-463
『現代子ども気質』阿部進（新評論社　1961年3月，のち『新版現代子ども気質』三一書房　1962年8月）――（Ⅱ）213
「現代児童文学史への視点」古田足日（『講座＝日本児童文学＝⑤現代児童文学史』明治書院　1974年3月）――（Ⅲ）125
『現代児童文学の語るもの』宮川健郎（日本放送出版協会　1996年9月）――（Ⅰ）22
「現代児童文学の可能性」（『研究＝日本の児童文学4　現代児童文学の可能性』東京書籍　1998年8月）――（Ⅰ）110, 176, 197
『現代児童文学の世界』松田司郎（毎日新聞社　1981年6月）――（Ⅱ）221
「現代児童文学の方法」鳥越信（『国文学 解釈と教材の研究』1987年10月号）――（Ⅰ）110
「現代児童文学への視点」古田足日（『講座・日本児童文学5　現代日本児童文学史』明治書院　1974年3月，のち『現代日本児童文学への視点』理論社　1981年4月）――（Ⅰ）123
『現代児童文学論』古田足日（くろしお出版　1959年9月）――（Ⅰ）85-86, 101　（Ⅱ）199-200, 225　（Ⅲ）394
「「現代児童文学」をふりかえる」佐藤宗子（『日中児童文学シンポジウム報告書』大阪国際児童文学館　1991年，『〈現代児童文学〉をふりかえる』久山社　1997年2月）――（Ⅰ）111
「現代童話論」鳥越信（『言語生活』1966年12月号，『児童文学の世界』鳩の森書房，1973年11月）――（Ⅰ）102-103

『現代にとって児童文化とは何か』佐野美津男（三一書房　1965 年 4 月）――（Ⅰ）117, 121
『現代日本児童文学作品論』（『日本児童文学』盛光社　1973 年 8 月臨時増刊号）――（Ⅲ）82, 111, 132, 162, 221
『現代日本児童文学への視点』古田足日　（理論社　1981 年 4 月）――（Ⅰ）123
『現代の児童文学』上野瞭（中公新書　1972 年 6 月）――（Ⅰ）129 （Ⅱ）287 （Ⅲ）162
「現代の児童文学におけるリアリズム」神宮輝夫（『日本児童文学』1968 年 4 月号）――（Ⅰ）103-104
「現代の童話文学と童話作家」滑川道夫（『少國民文学試論』帝国教育会出版部　1942 年 9 月）――（Ⅰ）83
「現代のファンタジーを＝児童文学時評 '68」古田足日（『学校図書館』1968 年 7 ～ 9 月号，『児童文学の旗』理論社　1970 年 6 月）――（Ⅰ）106, 130
『権利としての教育』佐藤忠男（筑摩書房　1968 年 5 月）――（Ⅲ）347

〔 コ 〕

「こいのぼりのおまじない」佐々木悦（『ねしょんべんものがたり』童心社　1971 年 11 月）――（Ⅲ）305
『講座　現代教育学の理論』全 3 巻　青木書店（1982 年 2 月～ 10 月）――（Ⅰ）321, 405
『講座･日本児童文学』全 8 巻別巻 2 巻（明治書院　1973 年 9 月～ 1977 年 8 月）――（Ⅰ）108, 123 （Ⅱ）51
『講座・日本児童文学③　日本児童文学の特色』（明治書院　1974 年 4 月）――（Ⅰ）108 （Ⅱ）51
『講座・日本児童文学⑤　現代日本児童文学史』（明治書院　1974 年 3 月）――（Ⅰ）123
『校定新美南吉全集』全 12 巻別巻 2 巻　新美南吉（大日本図書　1980 年 6 月～ 1983 年 9 月）――（Ⅰ）388-391, 393 （Ⅱ）128 （Ⅲ）38, 58, 60, 64-66, 68
「『校定新美南吉全集』の『語注』について」鳥越信（『季刊児童文学批評』第 2 号　1981 年 12 月）――（Ⅲ）68
「『校定新美南吉全集』の周辺」佐藤通雅氏（『季刊児童文学批評』第 3 号　1982 年 3 月）――（Ⅲ）74
『幸福な王子』（『幸福の王子』）オスカー・ワイルド（1888 年／西村孝次訳，新潮文庫　969 年，他多数翻訳）――（Ⅱ）133 （Ⅲ）62
『校本宮澤賢治全集』全 14 巻　宮澤賢治（筑摩書房　1973 年 5 月～ 1977 年 10 月）――（Ⅰ）461 （Ⅲ）292, 296
『荒野の魂』斎藤了一（理論社　1959 年 10 月）――（Ⅰ）343
『氷の海のガレオン／オルタ』木地雅映子（ジャイブ株式会社ピュアフル文庫　2006 年 11 月，2009 年 11 月より，発売・発行元をポプラ社へ移管し，ポプラ文庫ピュアフルとして再スタート）――（Ⅰ）59

『木かげの家の小人たち』いぬいとみこ（中央公論社　1959 年 12 月）――（Ⅰ）124 （Ⅱ）319 （Ⅲ）96, 110, 133, 142-146, 155, 162
『こがね丸』巌谷小波（博文館　1891 年）――（Ⅰ）70
『虚空の旅人』上橋菜穂子（偕成社　2001 年 8 月）――（Ⅰ）29
『国語教育と現代児童文学のあいだ』宮川健郎（日本書籍　1993 年 4 月）――（Ⅲ）286
「故国」オーバネル（上田敏訳『海潮音』本郷書院　1905 年）――（Ⅱ）161-162
「ゴジラ，探偵物語それから自由」石井直人（児童文学評論研究会 100 回記念誌『批評へ』1983 年 11 月）――（Ⅱ）14
「こっそりした仕事」巽聖歌（『少年詩集』有光社　1942 年 6 月）――（Ⅰ）120
『子どもが扉をあけるとき』松田司郎（五柳書院　1985 年 1 月）――（Ⅱ）287
「子どもたちへの責任」小川未明（『日本児童文学』1946 年 9 月号）――（Ⅰ）75
「子どもと文化」古田足日（『講座　現代教育学の理論　第2巻』青木書店　1982年4月所収，『子どもと文化』久山社　1997 年 2 月）――（Ⅰ）321-323
『子どもと文化』古田足日（久山社　1997 年 2 月）――（Ⅰ）321, 405
『子どもと文学』石井桃子，いぬいとみこ，鈴木晋一，瀬田貞二，松居直，渡辺茂男（中央公論社　1960 年 4 月）――（Ⅰ）85-91, 93-94, 97, 100, 104, 128, 133 （Ⅲ）219, 228, 299
「子どものエネルギー」佐野美津男（『現代にとって児童文化とは何か』三一書房　1965 年 4 月）――（Ⅰ）121
『子どもの替え歌傑作集』鳥越信（平凡社　2005 年 3 月）――（Ⅰ）310
『コドモノクニ』絵雑誌（東京社　1922 年 1 月～ 1944 年 3 月　全 285 冊）――（Ⅰ）91 （Ⅲ）226
「子どもの想像力を分析する」佐藤忠男（『児童心理』1967 年 10 月号，『資料・戦後児童文学論集第 3 巻　過渡期の児童文学』〈『日本児童文学』別冊〉 偕成社　1980 年 7 月）――（Ⅱ）15, 238
『〈子供〉の誕生』 フィリップ・アリエス （1960 年，1973 年／杉山光信・杉山恵美子訳，みすず書房　1980 年 12 月）――（Ⅰ）15, 135
「子どもの " 同伴者 " たる大人の像を」藤田のぼる（『ＪＢＢＹ』32 号　1984 年 7 月，『児童文学に今を問う』教育出版センター　1990 年 12 月）――（Ⅰ）127
『子どもの図書館』石井桃子（岩波新書　1965 年 5 月）――（Ⅰ）93
『子どもの本の事典』坪田譲治他（第一法規　1969 年 12 月）――（Ⅲ）123
『子どもの本の百年史』西郷竹彦・尾崎秀樹・鳥越信・宗武朝子（明治図書　1973 年 10 月）――（Ⅲ）41
『子どもの館』雑誌 （福音館書店　1973 年 6 月～ 1983 年 3 月　全 118 冊）――（Ⅲ）197
「子供は虐待に黙従す」小川未明（『未明感想小品集』創生堂　1926 年 5 月）――（Ⅰ）74
「子どもへの関心」古田足日（『日本児童文学』1957 年 2・3 月号，『現代児童文学論』くろしお出版　1959 年 9 月）――（Ⅲ）397
『子どもを見る目を問い直す』古田足日（童心社　1987 年 10 月）――（Ⅰ）313, 319-320,

406
「小鳥とばら」安房直子（『花のにおう町』岩崎書店　1983 年 8 月）――（Ⅰ）137
『五年生のスケッチ』砂田弘（偕成社　1977 年 4 月）――（Ⅲ）401
『こぶたものがたり　チェルノブイリから福島へ』中澤晶子（岩崎書店　2016 年 3 月）――（Ⅰ）58
「コロボックル物語」シリーズ　全 6 巻　佐藤さとる（講談社　1959 年 8 月～ 1987 年 12 月）――（Ⅲ）84, 87, 97
「ごん狐」「ごんぎつね」（権狐）　新美南吉（『赤い鳥』 1932 年 1 月号，のち『花のき村と盗人たち』帝國教育會出版部　1943 年 9 月，『校定新美南吉全集　第 3 巻』大日本図書　1980 年 7 月）――（Ⅰ）87, 160, 390　（Ⅱ）128, 130　（Ⅲ）27, 29-30, 53-57, 60, 70, 72, 329, 331-333
「『ごんぎつね』を読む―〈影法師〉をめぐる大事な問い」高橋勉（『図書新聞』 第 433 号　1985 年 1 月 19 日）――（Ⅲ）60, 329
「ごんごろ鐘」新美南吉（『おぢいさんのランプ』有光社　1942 年 10 月）――（Ⅰ）392　（Ⅲ）10-12, 14, 16-18, 20-21, 27, 35-37, 39-43, 46-48, 50, 56, 64-65, 70
「今後を童話作家に」小川未明（「東京日日新聞」1926 年 5 月）――（Ⅰ）73
『昆虫記』ファーブル（1879 年～ 1907 年／山田吉彦・林達夫訳『完訳ファーブル昆虫記　全 10 巻』岩波書店　1989 年，他翻訳多数）――（Ⅲ）153, 293
「こんにちは，さようなら」中脇初枝（『きみはいい子』ポプラ社　2012 年 5 月）――（Ⅰ）179
『今夜はパーティー』新冬二（小峰書店　1987 年 12 月）――（Ⅱ）114, 117

〔 サ 〕

『西郷竹彦文芸教育著作集　第 17 巻』（明治図書　1975 年 9 月）――（Ⅲ）320
「最後の胡弓ひき」新美南吉（『哈爾賓日日新聞』1939 年 5 月 17 日～ 27 日，『校定新美南吉全集　第 3 巻』大日本図書　1980 年 7 月）――（Ⅲ）47
『さがしてください』新冬二（小峰書店　1976 年 4 月）――（Ⅱ）419, 423
『さぎ師たちの空』那須正幹（ポプラ社　1992 年 9 月）――（Ⅱ）119　（Ⅲ）369
「作品の〈出口〉へ―一九八〇年代児童文学，その結末をめぐる一考察―」奥山恵（『研究＝日本の児童文学 4　現代児童文学の可能性』東京書籍　1998 年 8 月）――（Ⅰ）110
『小波お伽全集』全 15 巻別巻 2 巻　巌谷小波（吉田書店出版部　1933 年 5 月～ 1934 年 8 月）――（Ⅰ）478
「ざしき童子のはなし」宮澤賢治（『月曜』第 1 巻第 2 号　1926 年 2 月，『校本宮澤賢治全集　第 11 巻』筑摩書房　1974 年 9 月）――（Ⅲ）299-301
『さすらいのジェニー』ポール・ギャリコ（矢川澄子訳，学習研究社　1971 年）――（Ⅱ）85
『さすらいのジェニー』唐十郎（福武書店　1988 年 4 月）――（Ⅱ）85

『砂糖菓子の弾丸は撃ちぬけない』桜庭一樹（富士見書房　2004 年 11 月）――（Ⅰ）262
『佐藤さとる全集』全 12 巻　佐藤さとる（講談社　1972 年 11 月～ 1974 年 6 月）――（Ⅰ）452, 457　（Ⅲ）79, 84, 86, 90, 92, 97, 103-104
『砂糖の木』百田宗治（光風館　1943 年 7 月）――（Ⅰ）83　（Ⅲ）409
「サバクの虹」坪田譲治（『少国民世界』1947 年 1 月号）――（Ⅲ）270, 278
「「サバクの虹」論」古田足日（『坪田譲治童話全集　別巻　坪田譲治童話研究』岩崎書店　1971 年 3 月）――（Ⅲ）278
『サムライの子』山中恒（講談社　1960 年 4 月）――（Ⅱ）303
「さよなら未明―日本近代童話の本質―」古田足日（『現代児童文学論』1959 年 9 月）――（Ⅰ）85-86, 94-98, 101　（Ⅱ）200-201, 226　（Ⅲ）393-395, 398-399
「さらば，金のさお銀のさお―ワカシ釣りの巻」日比茂樹（『少年釣り師・近藤たけし』偕成社　1984 年 7 月）――（Ⅱ）416
『さらばハイウェイ』砂田弘（偕成社　1970 年 11 月）――（Ⅰ）125, 289　（Ⅱ）110, 190, 399　（Ⅲ）384, 401
『三コ』斎藤隆介（『ベロ出しチョンマ』理論社　1967 年，絵本『三コ』福音館書店　1969 年 8 月）――（Ⅲ）287
「サンタさんの来ない家」（『きみはいい子』中脇初枝　ポプラ社　2012 年 5 月）――（Ⅰ）141, 148, 153, 173, 179
『三人泣きばやし』山中恒（福音館書店　1973 年 12 月）――（Ⅱ）303
『三びきのやぎのがらがらどん』アスビョルセンとモーによるノルウェーの昔話（瀬田貞二訳，マーシャ・ブラウン絵，福音館書店　1965 年 7 月）――（Ⅲ）313

〔シ〕

「実感的道徳教育論」古田足日（『人間の科学』1964 年 3 月，『児童文学の思想』牧書店　1965 年 1 月）――（Ⅲ）399
「十銭」千葉省三（『童話』1921 年 5 月号，『千葉省三童話全集　第 1 巻』岩崎書店　1967 年 10 月）――（Ⅲ）350, 352, 354, 379
『児童』雑誌（刀江書院　1934 年 6 月～ 1940 年 12 月　全 78 冊）――（Ⅲ）266
『児童虐待物語』田中惣五郎（『児童』創刊号～第 1 巻第 1，2，4，5 号，1934 年 6，7，9，10 月）――（Ⅲ）266, 267
「児童の発見」柄谷行人（『群像』1980 年 1 月号，『日本近代文学の起源』講談社　1980 年 8 月）――（Ⅰ）136
『児童文学研究』日本児童文学学会紀要（第 1 号（1971 年秋季号）～ 2019 年 3 月現在 51 号）――（Ⅱ）287
「児童文学時評」古田足日（『近代文学』1959 年 7 月号，後に『児童文学の旗』理論社　1970 年 6 月）――（Ⅰ）100
「『児童文学者の戦争戦後責任』への疑問」上野瞭（『戦後児童文学論』理論社　1967 年 2

月）——（Ⅰ）117
『児童文学 1972 — 1』聖母女学院短大児童教育科編（1972 年 6 月）——（Ⅱ）185
「児童文学で真に深い感動を！」皿海達哉（『日本児童文学』1975 年 8 月号）——（Ⅱ）195
「児童文学にあらわれた国家」三木卓（『思想の科学』1971 年 4 月号）——（Ⅲ）357
『児童文学に今を問う』藤田のぼる（教育出版センター　1990 年 12 月）——（Ⅰ）126-127
「児童文学における近代性への疑問─児童文学者の戦争戦後責任─」佐々木守（『小さい仲間』26 号　1957 年 3 月，のちに，加太こうじ・上笙一郎編『児童文学への招待』南北社　1965 年）——（Ⅰ）117
「児童文学における〈成長物語〉と〈遍歴物語〉の二つのタイプについて」石井直人（『日本児童文学学会会報』1985 年 3 月）——（Ⅰ）137
「児童文学の姿勢を問う」長崎源之助（『日本児童文学』1993 年 8 月号）——（Ⅰ）19
『児童文学の思想』古田足日　（牧書店　1965 年 1 月）——（Ⅰ）123
『児童文学の思想と方法』横谷輝（啓隆閣　1969 年 6 月）——（Ⅰ）124, 125
『児童文学の旗』古田足日（理論社　1970 年 6 月）——（Ⅰ）100, 106, 108　（Ⅱ）205
『児童文学はどこまで闇を描けるか』村瀬学（JICC 出版局　1992 年 3 月）——（Ⅲ）356, 361
『児童文学への招待』鳥越信（くろしお出版　1964 年 5 月→風濤社　1976 年 1 月）——（Ⅰ）101　（Ⅱ）15　（Ⅲ）398
『児童文学への招待』加太こうじ・上笙一郎編（南北社　1965 年 7 月）——（Ⅰ）117　（Ⅲ）173
『児童文学論』リリアン・H・スミス（1953 年／石井桃子・瀬田貞二・渡辺茂男訳，岩波書店　1964 年 4 月）——（Ⅰ）88, 89
「自分のうちにある伝統との戦いを」古田足日（『日本児童文学』1961 年 10 月号，『児童文学の思想』牧書店　1965 年 1 月）——（Ⅲ）395, 396
『島へゆく』灰谷健次郎（理論社　1981 年 6 月）——（Ⅲ）227
『豹《ジャガー》の眼』高垣眸（『少年倶楽部』1927 年 1 月～ 12 月，大日本雄弁会講談社　1928 年 3 月）——（Ⅲ）170
『十五少年漂流記』ジュール・ヴェルヌ（1888 年／森田思軒訳「冒険奇談十五少年」（『少年世界』博文館　第 2 巻第 5 号～第 19 号，1896 年 5 月前号～ 10 月前号），『十五少年』博文館　1896 年 12 月，他翻訳多数）——（Ⅲ）161
「集団主義童話の提唱」塚原健二郎（『都新聞』1933 年 9 月）——（Ⅰ）80
「十二歳」シリーズ　薫くみこ（ポプラ社　1982 年 12 月～ 1986 年 12 月　全 5 作）——（Ⅲ）250
「十二歳の少女の旅立ち＝児童文学に於ける文学性」松田司郎（『きっどなっぷ』第 7 号　1981 年 12 月，後に『子どもが扉をあけるとき』五柳書院　1985 年）——（Ⅱ）287
『しゅくだい』いもとようこ（岩崎書店　2003 年 9 月）——（Ⅰ）145, 148-149, 151
「しゅくだいグループ」宮川ひろ（『日本児童文学』1970 年 11 月号）——（Ⅱ）236-237,

240
「しゅくだいひきうけかぶしき会社」古田足日（『赤旗』日曜版　1963年11月10日）――（Ⅱ）230
「宿題ひきうけ株式会社」西田良子（『日本児童文学100選』〈『日本児童文学』別冊〉偕成社　1979年1月）――（Ⅱ）212
『宿題ひきうけ株式会社』古田足日（理論社　1966年2月，『新版宿題ひきうけ株式会社』理論社　1996年9月）――（Ⅰ）108, 319, 323 （Ⅱ）184, 187-189, 191, 197, 201-204, 212, 216, 220-221, 225, 227, 229-236, 238-239, 240-242, 250, 314, 360, 362-363, 367 （Ⅲ）275
『ジュニア・ブラウンの惑星』ヴァジニア・ハミルトン（1971年／掛川恭子訳，岩波書店　1988年7月）――（Ⅰ）291
「状況と主体」荒木せいお（『日本児童文学』1985年7月号）――（Ⅰ）109
『少国民世界』児童雑誌（国民図書刊行会　1946年7月～1948年10月　全25冊）――（Ⅲ）270
『少國民文学試論』滑川道夫（帝国教育会出版部　1942年9月）――（Ⅰ）82 （Ⅲ）408
『少女倶楽部』児童雑誌（大日本雄弁会講談社　1923年1月～1962年12月　全504号）――（Ⅲ）169
『少女探偵事件ファイル』砂田弘（岩崎書店　1989年8月）――（Ⅰ）289
『少年H』妹尾河童（講談社　1997年1月）――（Ⅰ）23, 116 （Ⅲ）391
「少年期」吉本隆明（『吉本隆明詩集』書肆ユリイカ　1958年1月）――（Ⅱ）209
『少年倶楽部』児童雑誌（大日本雄弁会講談社　1914年11月～1962年12月　全611冊，1946年4月『少年クラブ』に改名）――（Ⅰ）85-86, 98-101 （Ⅱ）152 （Ⅲ）159, 161-162, 165, 168-169, 172, 174, 176, 181, 398, 403
「少年主人公の文学」小川未明（『未明感想小品集』創生堂　1926年5月）――（Ⅲ）189
「少年少女小説の位置―佐藤紅緑試論」砂田弘（『日本児童文学』1959年7・8月号，『砂田弘評論集成』てらいんく　2003年5月）――（Ⅲ）402
『少年少女つづり方作文全集5　しあわせを求めて〈戦争平和編〉』滑川道夫編（東京創元社　1959年8月）――（Ⅲ）408
『少年世界』児童雑誌（博文館　1895年1月創刊，1933年1月まで　587冊）――（Ⅰ）470, 472, 478 （Ⅱ）95, 135, 148-149 （Ⅲ）408
『少年戦旗』児童雑誌（戦旗社　1929年5月～1931年12月）――（Ⅰ）78
『少年探偵　江戸川乱歩全集』全46巻　江戸川乱歩（光文社，ポプラ社版　現在は26巻）――（Ⅲ）251
『少年探偵事件ノート』砂田弘（岩崎書店　1986年4月）――（Ⅰ）289
『少年釣り師・近藤たけし』日比茂樹（偕成社　1984年7月）――（Ⅱ）380, 416
『少年のしるし』皿海達哉（理論社　1973年5月）――（Ⅲ）367
「少年の理想主義について」佐藤忠男（『思想の科学』中央公論社　1959年3月，『少年の理

想主義』明治図書　1964年5月）――（Ⅰ）85-86, 98, 101　（Ⅲ）160, 181, 403
「少年文学」（『帝国文学』1898年4月）――（Ⅰ）71
「少年文学第一編を読んで漣山人に寄す」堀紫山（『読売新聞』1891年3月12日）――（Ⅰ）70
「「少年文学」の旗の下に！」（『少年文学』19号，早大童話会　1953年9月）［「少年文学宣言」早大童話会］――（Ⅰ）85, 95-97, 107　（Ⅲ）275
「昭和→戦後」古田足日（『国文学解釈と鑑賞』1962年11月臨時増刊号，「戦後児童文学史ノート」と改題され，『児童文学の思想』牧書店　1965年1月）――（Ⅰ）123
「賞をもらって」古田足日（『日本児童文学』1967年7月号）――（Ⅱ）227
『食卓のフォークロア』春山行夫（柴田書店　1975年）――（Ⅲ）209
「「叙事」の方へ―斎藤隆介に関する18章」宮川健郎（『日本児童文学』1979年2月号，『国語教育と現代児童文学のあいだ』日本書籍　1993年4月）――（Ⅱ）131　（Ⅲ）286
「ションベン稲荷」千葉省三（『児童文学』1936年11月号「みち」として発表，「ションベン稲荷」と改題して『竹やぶ』古今書院　1938年2月，『千葉省三童話全集2　トテ馬車・竹やぶ』岩崎書店　1967年11月）――（Ⅱ）22, 95
『資料・戦後児童文学論集』全3巻（『日本児童文学』別冊　偕成社　1979年3月～1980年7月）――（Ⅰ）113　（Ⅱ）238, 387　（Ⅲ）227
『白いとんねる』杉みき子（偕成社　1977年10月）――（Ⅱ）429
「白い三日月のつめ」北村けんじ（『ねしょんべんものがたり』童心社　1971年11月）――（Ⅲ）306
『白クマそらをとぶ』いぬいとみこ（小峰書店　1962年11月）――（Ⅲ）153
「新興童話の強圧と解放」小川未明（『童話雑感及小品』文化書房　1932年7月）――（Ⅰ）74
『新児童文学理論』槇本楠郎（東宛書房　1936年7月）――（Ⅰ）81
『新精神と詩人たち』ギョーム・アポリネール（1918年／若林眞，他訳『アポリネール全集』紀伊國屋書店　1959年）――（Ⅲ）199
『新選日本児童文学・大正編』「解説」鳥越信（小峰書店　1959年3月）――（Ⅲ）394
「ジンタの音」小出正吾（『日本児童文学』1966年1月号）――（Ⅱ）417
『新日本童話』小川未明（竹村書房　1940年6月）――（Ⅰ）75
「新・三橋美智也論」佐野美津男（『現代にとって児童文化とは何か』三一書房　1965年4月）――（Ⅰ）121
「神武天皇」巽聖歌（『少年詩集』有光社　1942年6月）――（Ⅰ）118, 120

〔ス〕

「推敲を「読む」―「ごん狐」と「手ぶくろを買ひに」を中心に」保坂重政（『日本児童文学』1990年8月号，『新美南吉を編む 二つの全集とその周辺』アリス館　2000年4月）――（Ⅲ）59

「図工室の色ネコ」岡田淳（『放課後の時間割』偕成社　1980 年 7 月）――（Ⅱ）339
「進め！　ぼくらの海ぞく旗」古田足日（『教育研究』不昧堂出版　1964 年 1 月号～ 65 年 2 月号）――（Ⅱ）204, 229
「ズッコケ三人組」シリーズ　那須正幹（ポプラ社　1978 年 2 月～ 2004 年 12 月　全 50 巻，その後『ズッコケ中年三人組』2005 年 12 月～ 2014 年 12 月　全 10 巻，『ズッコケ熟年三人組』2015 年 12 月で完結）――（Ⅰ）110 （Ⅲ）279-280
『すてきなすてきなキー子』新冬二（太平出版社　1968 年 12 月）――（Ⅱ）99, 103, 418 （Ⅲ）355
「すてちゃう」伊沢由美子（『あしたもあ・そ・ぼ』偕成社　1985 年 7 月）――（Ⅱ）438
『砂田弘評論集成』砂田弘（てらいんく　2003 年 5 月）――（Ⅰ）288 （Ⅲ）401
『砂のあした』小沢正（国土社　1969 年 2 月）――（Ⅱ）106
「スパルタノート」新美南吉（『校定新美南吉全集　第 10 巻』大日本図書　1981 年 2 月）――（Ⅱ）128
『炭焼きの辰』岸武雄（偕成社　1971 年 11 月）――（Ⅲ）239

〔 セ 〕

「〈成長物語〉のくびきをのがれて」石井直人（『飛ぶ教室』第 39 号～ 48 号，1991 年 8 月～ 93 年 11 月）――（Ⅰ）137
『青銅の魔人』江戸川乱歩（『少年』光文社　1949 年 1 月～ 12 月，のち光文社，ポプラ社で単行本化）――（Ⅲ）255-258
「制度としての〈子供〉」中村雄二郎（『毎日新聞』1981 年 4 月 24 ～ 25 日）――（Ⅰ）136 （Ⅱ）186
『精霊の守り人』上橋菜穂子（偕成社　1996 年 7 月）――（Ⅰ）27-29, 336, 364
『世界児童文学ノートⅠⅡⅢ』安藤美紀夫（偕成社　1975 年 5 月～ 1977 年 4 月，のち『世界児童文学ノート』（てらいんく　2002 年 5 月））――（Ⅰ）134 （Ⅲ）213
「セロ弾きのゴーシュ」宮澤賢治（『宮澤賢治全集　第 3 巻　作品』文圃堂書店　1934 年 10 月，『校本宮澤賢治全集　第 10 巻』筑摩書房　1974 年 3 月）――（Ⅱ）133 （Ⅲ）61-62
「一九七二年の児童文学･創作児童文学」代田昇（『日本児童文学』1973 年 3 月号）――（Ⅲ）303
「一九八七年の作品回顧」藤田のぼる（『日本児童文学』1988 年 7 月号）――（Ⅱ）71
「一九六七年度日本児童文学者協会「活動方針」」那須田稔・鳥越信（『日本児童文学』1967 年 7 月号）――（Ⅰ）122
「戦後児童文学の位置づけ」神宮輝夫（『日本児童文学』1967 年 10 月号）――（Ⅰ）103
『戦争児童文学 350 選』石上正夫・時田功編著（あゆみ出版　1980 年 12 月）――（Ⅰ）112
『戦後児童文学論』上野瞭（理論社　1967 年 2 月）――（Ⅰ）117, 120 （Ⅱ）173, 202-203,

229, 310 （Ⅲ）96, 108, 155, 275, 397
「戦後の子ども・子ども像」座談会　戸塚廉（『日本児童文学』1973 年 5 月号）――（Ⅱ）223
『先生のつうしんぼ』宮川ひろ（偕成社　1976 年 2 月）――（Ⅱ）233-236, 240
「戦争体験の作品化」乙骨淑子（『日本読書新聞』1966 年 5 月 16 日,『資料・戦後児童文学論集第 3 巻　過渡期の児童文学』偕成社　1980 年 7 月）――（Ⅰ）113
「善太と汽車」坪田譲治（『赤い鳥』第 19 巻第 4 号, 1927 年 10 月号,『魔法』健文社　1935 年 7 月）――（Ⅰ）99 （Ⅲ）161

〔 ソ 〕

『ぞうのたまごのたまごやき』寺村輝夫（福音館書店「こどものとも」4 号　1956 年 7 月, のち理論社　1961 年 6 月）――（Ⅰ）92 （Ⅱ）169
「ぞうもかわいそう」長谷川潮（『季刊児童文学批評』創刊号　1981 年 9 月）――（Ⅰ）114
「そこなし森の話」佐藤さとる（『そこなし森の話』実業之日本社　1966 年 12 月）――（Ⅱ）323, 326
『そこなし森の話』佐藤さとる（実業之日本社　1966 年 12 月）――（Ⅱ）323
『そして, トンキーもしんだ』たなべまもる（国土社　1982 年 11 月）――（Ⅰ）115-116 （Ⅲ）391
『その名はオオカミタケル』山中恒（講談社　1965 年 7 月）――（Ⅱ）303
『空とぶ木のひみつ』いいだよしこ（新日本出版社　1986 年 10 月）――（Ⅱ）30, 35, 41, 44, 46-48, 52
『空飛ぶ二十面相』江戸川乱歩（『妖星人 R』のタイトルで『少年』光文社　1961 年 1 月～12 月,『空飛ぶ二十面相』と改題　ポプラ社　1970 年 9 月）――（Ⅲ）255

〔 タ 〕

第 11 回北川千代賞「選考評」 木暮正夫（『日本児童文学』1979 年 7 月号）――（Ⅱ）432
第 13 回日本児童文学者協会新人賞「選考評」 清水真砂子（『日本児童文学』1980 年 7 月号）――（Ⅱ）432
「大衆的児童文学―佐藤忠男氏批判―」鳥越信（『児童文学への招待』くろしお出版　1964 年 5 月）――（Ⅰ）101
第 26 回日本児童文学者協会賞「選考評」 高木あきこ（『日本児童文学』1986 年 7 月号）――（Ⅱ）53
「鷹の巣とり」千葉省三（「童話文学」1928 年 7 月号）――（Ⅰ）80
『宝島』スティーブンソン（1883 年／佐々木直次郎訳, 岩波書店　1935 年, 他多数翻訳）――（Ⅰ）103, 108 （Ⅱ）67 （Ⅲ）212, 215-216
「だっこへの愛着ととまどいの欠落：いもとようこ『しゅくだい』の読まれ方」酒井一郎（『人間学紀要』(40) 上智大学一般人間学研究室編　2011 年 1 月）――（Ⅰ）149

「脱走バスの五十人」皿海達哉（同人誌『牛』創刊号　1968年5月）――（Ⅱ）383
「たったーどのおねしょのはなし」生源寺美子（『ねしょんべんものがたり』童心社　1971年11月）――（Ⅲ）305
『龍の子太郎』松谷みよ子（講談社　1960年8月）――（Ⅲ）116, 118, 120, 122-126, 129, 131-135, 166-168, 180-181
「『龍の子太郎』が生まれるまで」松谷みよ子（『季刊子どもの本棚』第2号　1971年11月）――（Ⅲ）135
「「龍の子太郎」から「龍の子三太郎」」松田司郎（『児童文学評論』第9号，1974年12月）――（Ⅲ）167
『龍の子太郎』の「作品覚書」松谷みよ子（『松谷みよ子全集5　龍の子太郎』講談社　1971年10月）――（Ⅲ）132
『たにんどんぶり』あかねるつ（講談社　1995年2月）――（Ⅰ）245
「たまごやきとウインナーと」（『たまごやきとウインナーと』偕成社　1992年11月）――（Ⅰ）175, 178, 182-183, 195-196, 197, 200, 206-207, 210, 212-213
『たまごやきとウインナーと』村中季衣（偕成社　1992年11月）――（Ⅰ）175-176, 182, 195, 197, 201-202
『たまごやきとウインナーと』評　甲木善久（『読書人』(1993年2月13日)）――（Ⅰ）202-203
「だれも知らないおおきな木」天野悦子（『日本児童文学』1978年3月号）――（Ⅱ）34
『だれも知らない小さな国』佐藤さとる（私家版　コロボックル通信社　1959年3月，講談社　1959年8月）――（Ⅰ）107-108, 123-124, 129, 131, 265　（Ⅱ）22, 34, 94, 169, 310, 319, 325-326　（Ⅲ）78, 82-85, 87-88, 90, 93, 95-98, 101-105, 107-109, 111, 143, 162, 270-276, 278
「『だれも知らない小さな国』に関して」天野悦子（『日本児童文学』1974年10月号）――（Ⅲ）95
「『だれも知らない小さな国』について」安藤美紀夫（日本児童文学臨時増刊『現代日本児童文学作品論』1973年8月）――（Ⅲ）82
「だんごじぞう」日本昔話　西郷竹彦（『いっすんぼうし』講談社　1966年1月）――（Ⅲ）320
『ダンプえんちょうやっつけた』古田足日・田畑精一（童心社　1978年4月）――（Ⅰ）320　（Ⅱ）184, 242, 250
『たんぽぽ先生 あのね』宮川ひろ（ポプラ社　2001年12月）――（Ⅰ）145-146, 148

〔チ〕
「治安維持法案の反道徳的個条」小川未明（『未明感想小品集』創生堂　1926年5月）――（Ⅰ）74
『ちいさいえりちゃん』村山早紀（あかね書房　1993年3月）――（Ⅰ）26

『小さい仲間』同人誌（小さい仲間の会　1954 年 7 月～ 1958 年 5 月 32 号）——（Ⅰ）97, 117 （Ⅱ）225 （Ⅲ）395
『ちいさいモモちゃん』松谷みよ子（講談社　1964 年 7 月）——（Ⅱ）197, 308 （Ⅲ）344-345
『ちいさなうさこちゃん』ディック・ブルーナ（1955 年／石井桃子訳，福音館書店　1964 年 6 月）——（Ⅲ）313
『小さな町の風景』杉みき子（偕成社　1982 年 9 月）——（Ⅱ）410
「千葉省三再評価の歩み」古田足日（『千葉省三童話全集　第 3 巻』所収，岩崎書店　1967 年 12 月）——（Ⅱ）23
『千葉省三童話全集』全 6 巻　岩崎書店（1967 年 10 月～ 1968 年 3 月　全 6 巻）——（Ⅱ）23 （Ⅲ）350
『ちびくろ・さんぼ』（『ちびくろさんぼ』『ちびくろサンボ』）ヘレン・バンナーマン（1899 年／岩波書店　1953 年 12 月，他）——（Ⅰ）93-94 （Ⅲ）334-336
『ちびっこカムのぼうけん』神沢利子（理論社　1961 年 12 月）——（Ⅰ）124 （Ⅲ）306
『チャーシューの月』村中李衣（小峰書店　2012 年 12 月）——（Ⅰ）174, 177-178, 182-183, 211-213, 219, 225
「注文の多い料理店」宮澤賢治（『イーハトヴ童話　注文の多い料理店』杜陵出版部　1924 年 12 月）——（Ⅱ）134 （Ⅲ）61, 292, 335
『超・ハーモニー』魚住直子（講談社　1997 年 7 月）——（Ⅰ）46
『ちょんまげ手まり歌』上野瞭（理論社　1968 年 11 月）——（Ⅰ）328 （Ⅱ）171, 176, 313-314 （Ⅲ）356-360

〔ツ〕

「ツグミ」いぬいとみこ（『麦』3 号　麦の会　1953 年 12 月，『空からの歌ごえ』三十書房　1963 年 11 月）——（Ⅲ）144-146, 154
「附木舟紀行」巌谷小波（『少年世界』博文館，第 3 巻第 12 号～ 16 号，1897 年 6 月前～ 8 月前）——（Ⅱ）149, 151
『綴方の世界』百田宗治（新潮社　1939 年 2 月）——（Ⅲ）409
「つばきの木から」佐藤さとる（『こども部屋』こども部屋社　1965 年，『佐藤さとる全集 7　てのひら島はどこにある』講談社　1973 年 6 月）——（Ⅲ）103
『翼もつ者』みおちづる（新日本出版社　2016 年 7 月）——（Ⅰ）492, 495
「坪田譲治論　その生涯と文学」砂田弘（『日本児童文学』1990 年 6 月号，『砂田弘評論集成』てらいんく　2003 年 5 月）——（Ⅲ）405

〔テ〕

『帝国文学』文芸雑誌（帝国文学会　1895 年 1 月～ 1920 年 1 月　296 冊）——（Ⅰ）71-72
『敵中横断三百里』山中峯太郎（『少年倶楽部』1930 年 4 月～ 9 月，大日本雄弁会講談社

1931 年 3 月）――（Ⅲ）181
『鉄塔王国の恐怖』江戸川乱歩（『鉄塔の怪人』のタイトルで『少年』光文社　1954 年 1 月～ 12 月，光文社　1954 年 12 月，『鉄塔王国の恐怖』と改題　ポプラ社　1970 年 10 月）――（Ⅲ）256
『てのひら島はどこにある』佐藤さとる（理論社　1965 年 1 月）――（Ⅲ）89-90
「てぶくろをかいに」『手袋を買ひに』新美南吉（『牛をつないだ椿の木』大和書店　1943 年 9 月）――（Ⅰ）388, 390-391, 417-418, 420　（Ⅱ）290　（Ⅲ）27, 29-30, 55-59, 66, 69-74
『てんからどどん』魚住直子（ポプラ社　2016 年 5 月）――（Ⅰ）47
『電人M』江戸川乱歩（『少年』光文社　1960 年 1 月～ 12 月，ポプラ社　1964 年 9 月）――（Ⅲ）255-256
『でんでんむしの競馬』安藤美紀夫（偕成社　1972 年 8 月）――（Ⅰ）132, 134　（Ⅲ）384
『天と地の守り人〈第三部〉』上橋菜穂子（偕成社　2007 年 3 月）――（Ⅰ）32

〔 ト 〕

『ドイツ古典哲学の本質』ハイネ（1834 年／伊東勉訳，岩波書店　1951 年 11 月）――（Ⅲ）112, 262
『東京どまん中セピア色』日比茂樹（小学館　1981 年 9 月）――（Ⅰ）12, 15　（Ⅱ）119, 372-373, 376, 380, 396, 400, 404-405, 409-410, 412-413　（Ⅲ）373
『東京のサンタクロース』砂田弘（理論社　1961 年 12 月）――（Ⅰ）124, 277-279, 282-283, 288-290　（Ⅱ）109, 119　（Ⅲ）401
「『東京のサンタクロース』を書いた頃」砂田弘（『鬼ヶ島通信』35 号　2000 年 5 月，『砂田弘評論集成』てらいんく　2003 年 5 月）――（Ⅰ）288
「東ごうげんすい」児童詩　（『砂糖の木』百田宗治　光風館　1943 年 7 月）――（Ⅰ）83　（Ⅲ）409
『童詩教育体系』百田宗治（晃文社　1939 年 11 月）――（Ⅲ）409
『透明怪人』江戸川乱歩（『少年』光文社　1951 年 1 月～ 12 月，光文社　1951 年 12 月）――（Ⅲ）255-256
『童謡の秘密～知ってるようで知らなかった』合田道人（祥伝社　2003 年 6 月）――（Ⅰ）304
『童謡のふるさと』上笙一郎（理論社　1962 年 7 月）――（Ⅰ）343
『童話』日本童話会機関誌（1946 年 5 月～）――（Ⅲ）84-85
『童話』雑誌　（コドモ社　1920 年 4 月～ 1926 年 7 月　全 75 冊）――（Ⅲ）235, 350, 379
『童話研究』日本童話協会機関誌，芦谷重常主宰（1922 年 7 月～ 1941 年 8 月）――（Ⅰ）78
「童話今日の問題」坪田譲治（『保育の手帖』1960 年 12 月号，1961 年 1，2 月号，『資料・戦後児童文学論集第 2 巻　革新と模索の時代』 1980 年 5 月）――（Ⅰ）90
『童話雑感及小品』小川未明（文化書房　1932 年 7 月）――（Ⅰ）74

「童話とその社会的使命について―改作「足柄山」を繞るポレミック―」中根茂（『童話研究』日本童話協会出版部　1930 年 5 月号）——（Ⅰ）79
『どうわＮＯＴＥ』個人誌　細谷建治（1971 年 12 月～ 1975 年 8 月　全 15 号）——（Ⅱ）220　（Ⅲ）195
『童話文学』同人誌（童話文学社　1928 年 7 月～ 1931 年 11 月）——（Ⅲ）192
『童話文学と人生』浜田広介（集英社　1969 年 2 月）——（Ⅰ）73
『遠野物語』柳田国男（聚精堂　1910 年）——（Ⅲ）300
「毒もみのすきな署長さん」宮澤賢治（『校本宮澤賢治全集　第 9 巻』筑摩書房　1974 年 1 月）——（Ⅲ）62
『時計塔の秘密』江戸川乱歩（『少年探偵　江戸川乱歩全集』ポプラ社　1970 年 8 月）——（Ⅲ）251
『時計のめもりは 13』新冬二（太平出版社　1976 年 12 月）——（Ⅱ）419
「戸だなの中のマリオネット」岡田淳（『放課後の時間割』偕成社　1980 年 7 月）——（Ⅱ）77
『扉のむこうの物語』岡田淳（理論社　1987 年 7 月）——（Ⅱ）68-69, 71, 73-75, 79-80, 85, 87
『飛ぶ教室』エーリッヒ・ケストナー（1933 年／高橋健二訳，岩波書店　1962 年 5 月，他翻訳多数）——（Ⅲ）161
『とべたら本こ』山中恒（理論社　1960 年 4 月）——（Ⅱ）302
「飛べない鳥たちの騒めき」細谷建治（『批評へ』評論研 100 回記念誌，1983 年 11 月）——（Ⅰ）131
「トマト・ゲーム」皆川博子（『トマト・ゲーム』講談社　1974 年 3 月）——（Ⅰ）397
『トマト・ゲーム』皆川博子（講談社　1974 年 3 月）——（Ⅰ）397
『トム・ソーヤーの冒険』マーク・トウェーン（1876 年／石田英二訳，岩波書店　1946 年 5 月，他多数翻訳）——（Ⅰ）108　（Ⅱ）14　（Ⅲ）162, 211, 212, 226
『ともに明日を見る窓 児童文学の中の子どもと大人』きどのりこ（本の泉社　2017 年 1 月）——（Ⅰ）387
「虎ちゃんの日記」千葉省三（『童話』　1925 年 9，10 月号，『トテ馬車』古今書院　1929 年 6 月）——（Ⅰ）80, 87　（Ⅲ）235
「鳥右エ門諸國をめぐる」新美南吉（『校定新美南吉全集　第 3 巻』大日本図書　1980 年 7 月，『花のき村と盗人たち』帝国教育会出版部　1943 年 9 月，「鳥山鳥右エ門」と改題『新美南吉全集　第 3 巻』牧書店　1965 年 10 月）——（Ⅲ）28
『泥汽車』日影丈吉（白水社　1989 年 12 月）——（Ⅲ）375
「泥の河」宮本輝（『文芸展望』18 号　1977 年 7 月，のち『螢川』筑摩書房　1978 年）——（Ⅱ）261, 263
『どろぼう橋わたれ』一色悦子（童心社　1982 年 10 月）——（Ⅱ）409

〔 ナ 〕
「泣いた赤おに」浜田広介（「おにのさうだん」の表題で『カシコイ小学二年生』 精文館 1933年8月号から連載，「鬼の涙」で『童話童謡』童話童謡研究会2号 1934年7月，「泣いた赤おに」で『ひらかな教訓お伽噺六の巻』宏文堂 1937年6月）——（Ⅰ）87-88
「ナイフ」皿海達哉（『なかまはずれ町はずれ』ポプラ社 1976年6月）——（Ⅲ）378
『ながいながいペンギンの話』いぬいとみこ（宝文館 1957年3月，のち理論社 1963年）——（Ⅰ）92 （Ⅲ）228
『長くつ下のピッピ』リンドグレーン（1945年／大塚勇三訳，岩波書店 1964年12月）——（Ⅲ）201, 204, 208
『長ぐつをはいたねこ』フランスの昔話（ペロー『寓意のある昔話，またはコント集～がちょうおばさんの話』1697年／矢川澄子訳，福音館書店 1980年5月，他翻訳多数）——（Ⅲ）313
『なかまはずれ町はずれ』皿海達哉（ポプラ社 1976年6月）——（Ⅲ）378
「なぜ遠山の金さんは桜吹雪を見せるのか」細谷建治（『童話ノート』復刊5号 2016年10月，本論集第Ⅱ巻所収）——（Ⅰ）478
『夏の庭 The Friends』湯本香樹実（福武書店 1992年5月）——（Ⅰ）16, 18, 21-22
「名なしの童子」佐藤さとる（『豆の木』再刊第1号 1953年3月1日，『佐藤さとる全集8 だれも知らない小さな国』講談社 1973年8月）——（Ⅲ）85, 89-90
「七〇年代を考えるおぼえ書」古田足日（『児童文学の旗』理論社 1970年6月）——（Ⅰ）108
『何かが来た』東野司（岩崎書店 2013年7月）——（Ⅰ）397, 417, 420
「南吉と半田と私と」安藤美紀夫（『校定新美南吉全集 第2巻』大日本図書「月報」 1980年6月）——（Ⅲ）65
「ナンデモ ハイリマス」小川未明（『コドモノクニ』東京社 1932年1月号）——（Ⅰ）91-92, 130 （Ⅲ）226, 228

〔 ニ 〕
『にいちゃん根性』佐野美津男（太平出版社 1968年12月）——（Ⅱ）257, 267, 269, 274, 288
『新美南吉全集』全8巻 巽聖歌・滑川道夫責任編集（牧書店 1965年9月～12月）——（Ⅰ）392-393 （Ⅲ）14-15, 24, 30, 44, 46-47, 49, 64
『新美南吉童話全集』全3巻 新美南吉（大日本図書 1960年5月～7月）——（Ⅲ）18, 38
『新美南吉童話論』佐藤通雅（牧書店 1970年11月）——（Ⅲ）16
「新美南吉論」細谷建治（「日本児童文学」1973年2月号）——（Ⅲ）39, 57, 65
「“肉声”による作品」小沢正（『日本図書新聞』1966年6月20日 第1362号）——（Ⅱ）

421
『二死満塁』砂田弘（ポプラ社　1977年11月）――（Ⅲ）401
『日よう日が十回』新冬二（太平出版社　1972年5月）――（Ⅱ）419-420, 422
「日曜日のバス停で」次良丸忍（『銀色の日々』小峰書店　1995年11月）――（Ⅰ）425, 437, 449
『日本イデオロギー論』戸坂潤（白揚社　1935年,『戸坂潤全集　第2巻』勁草書房　1966年2月）――（Ⅲ）172
『日本近世教育史』石川謙（甲子社書房　1935年1月）――（Ⅲ）165
『日本近代文学の起源』柄谷行人（講談社　1980年8月）――（Ⅰ）136
『日本児童文学大系』菅忠道　第3巻「解説」（三一書房　1955年6月）――（Ⅰ）99
『日本児童文学100選』（『日本児童文学』別冊　偕成社　1979年1月）――（Ⅱ）197, 212, 308　（Ⅲ）344
「日本的童話の提唱」小川未明（『新日本童話』竹村書房　1940年6月）――（Ⅰ）75
『日本伝承童謡集成』全6巻　藪田義雄編（三省堂　1974年9月～1976年2月）――（Ⅰ）474-475
『日本童謡全集』全6巻　川添利基編（日本蓄音器商会　1937年4月～9月）――（Ⅰ）307
『日本図書新聞』――（Ⅱ）421
『日本の絵本100選』（『日本児童文学』別冊　ほるぷ　1977年7月）――（Ⅱ）185
『日本の児童文学』菅忠道（大月書店　1956年4月, 増補改訂版　1966年5月）――（Ⅰ）119
「入道雲」巌谷小波（『少年世界』博文館, 第3巻19号～25号, 1897年9月前～12月前）――（Ⅰ）478-480　（Ⅱ）149, 151, 153
『人魚の身の上相談』薫くみ子（ポプラ社　1985年2月）――（Ⅲ）249
「人間解体，未来のプログラム」上野瞭（『日本児童文学』1959年11月号）――（Ⅱ）202
「にんじん」佐々木宏子（『日本の絵本100選』〈『日本児童文学』別冊〉　ほるぷ　1977年7月）――（Ⅱ）185
『にんじん』せな けいこ（福音館書店　1969年11月）――（Ⅱ）185-186

〔ヌ〕

『ぬすまれた町』古田足日（理論社　1961年）――（Ⅰ）108, 124　（Ⅲ）275
「ぬすまれた町の少年たち」小沢正（『日本児童文学』1969年8月号）――（Ⅱ）224, 229

〔ネ〕

『ねしょんべんものがたり』椋鳩十編（童心社　1971年11月）――（Ⅲ）303-304, 308
『ネバーランドの発想』上野瞭（すばる書房　1974年7月）――（Ⅱ）185　（Ⅲ）283
『ねむりひめ』グリム（1812年／小沢俊夫訳『子どもと家庭のメルヒェン集』ぎょうせい

1985年，瀬田貞二訳『ねむりひめ』福音館書店　1963年10月，他翻訳多数）――（Ⅲ）313
『眠れない子』大石真（講談社　1990年3月）――（Ⅲ）405

〔ノ〕

『野口くんの勉強べや』皿海達哉（偕成社　1981年5月）――（Ⅱ）353　（Ⅲ）378
『野ばら』小川未明（「野薔薇」（『大正日日新聞』「日曜文壇」欄　1920年4月12日），『小さな草と太陽』赤い鳥社　1922年9月）――（Ⅲ）397

〔ハ〕

『パール街の少年たち』モルナール（1906年／岩崎悦子訳，学習研究社　1969年11月，他）――（Ⅲ）274, 276
『ハイジ』ヨハンナ・スピリ（1880年～1881年／野上弥生子訳，家庭読物刊行会　1920年，他翻訳多数）――（Ⅲ）212-213
「箱舟物語再説」宮川健郎（『季刊児童文学批評』創刊号　1981年9月）――（Ⅰ）109　（Ⅱ）244
『馬車』同人誌（馬車の会　1954年11月～1958年11月　33号）――（Ⅰ）117
「パジャマガール」きどのりこ（『パジャマガール』くもん出版　2005年4月）――（Ⅰ）37, 162
『パジャマガール』きどのりこ（くもん出版　2005年4月）――（Ⅰ）37, 162
『走りぬけて，風』伊沢由美子（講談社　1990年6月）――（Ⅱ）119, 438　（Ⅲ）385
「「走る」ということ＝斎藤隆介論」上野瞭（『ネバーランドの発想』すばる書房　1974年7月）――（Ⅲ）283
『八月の冒険』砂田弘（小学館　1980年1月）――（Ⅱ）399
『八郎』斎藤隆介（『秋北中学生新聞』1950年4月号，絵本『八郎』福音館書店　1967年11月，『ベロ出しチョンマ』理論社　1967年12月）――（Ⅱ）130　（Ⅲ）282, 284-285, 287, 289
八郎伝説（秋田県を中心に語り継がれている変身譚）――（Ⅲ）133
『ハックルベリー・フィンの冒険』マーク・トウェーン（1885年／吉田甲子太郎訳『世界少年少女文学全集35』創元社　1956年，他翻訳多数）――（Ⅲ）161
『花咲き山』斎藤隆介（『ベロ出しチョンマ』理論社　1967年12月，絵本『花さき山』岩崎書店　1969年12月）――（Ⅰ）174　（Ⅲ）54-55, 288
「花のき村と盗人たち」新美南吉（『花のき村と盗人たち』帝国教育会出版部　1943年9月）――（Ⅰ）390-391, 394　（Ⅲ）27, 34-36, 56, 58, 70
『花のにおう町』安房直子（岩崎書店　1983年8月）――（Ⅰ）137
『花をくわえてどこへゆく』森忠明（文研出版　1981年12月）――（Ⅱ）288, 299-300
「浜千鳥」鹿島鳴秋作詞（『少女号』　1920年新年号）――（Ⅰ）340, 342-343, 345

「浜千鳥のふる里（上）」川崎吉近（『越後タイムス』 1960年8月7日）――（Ⅰ）342
『はれときどきぶた』矢玉四郎（岩崎書店　1980年9月）――（Ⅰ）10-11 （Ⅲ）387-390
『バレンタインデーの贈り物』日比茂樹（偕成社　1981年12月）――（Ⅱ）414-415
「万国の王城」山中峯太郎（『少女倶楽部』1931年6月～1932年12月，大日本雄弁会講談社　1933年3月）――（Ⅲ）169-170, 179-181
「晩年（戦時中）の創作活動とその作品群」滑川道夫（『新美南吉全集　第3巻』牧書店　1965年10月）――（Ⅲ）15

〔 ヒ 〕

『ピーターのくちぶえ』E・T・キーツ（1964年／木島始訳, 偕成社　1974年2月）――（Ⅱ）290
『ピーター・パン』ジェームズ・バリ（『ケンジントン公園のピーター・パン』（1906年），『ピーター・パンとウェンディ』（1911年）／本多顕彰訳『ピータァ・パン』岩波文庫　1933年10月，他翻訳多数）――（Ⅰ）461-462, 466, 481
『ぴいちゃあしゃん』乙骨淑子（理論社　1964年3月）――（Ⅰ）113
「飛行学校の桜」小林純一（日本少国民文化協会『少国民詩年刊』帝国教育会出版部　1944年2月）――（Ⅰ）118
『一目小僧その他』柳田國男（小山書店　1934年6月）――（Ⅲ）133
『非・バランス』魚住直子（講談社　1996年6月）――（Ⅰ）46
『批評へ』（児童文学評論研究会100回記念誌 1983年11月）――（Ⅰ）131 （Ⅱ）14
「瓢箪船」巌谷小波（『幼年雑誌』博文館　第3巻第8号，1893年4月後号）――（Ⅰ）477 （Ⅱ）145-146 （Ⅲ）174
『ビルマの竪琴』竹山道雄（『赤とんぼ』実業之日本社　1947年3月～1948年2月，中央公論社　1948年3月）――（Ⅲ）238
「ビルリバンががっこうへいくよ！」エドアルド・ペティシカ（『日本児童文学』1968年11月号）――（Ⅲ）206
『ひろしの歌がきこえる』伊沢由美子（講談社　1979年12月）――（Ⅱ）426-428, 430, 432-433, 439
『びわの実学校』児童雑誌, 坪田譲治主宰（1963年10月～1986年4月　134号）――（Ⅰ）109
「貧乏な少年の話」新美南吉（『おぢいさんのランプ』有光社　1942年10月）――（Ⅲ）23, 27-28, 47-48, 50, 56, 70

〔 フ 〕

「ファンタジーの死滅」小沢正（『日本児童文学』1966年5月号，『資料・戦後児童文学論集　第3巻　過渡期の児童文学』）――（Ⅱ）387 （Ⅲ）206, 220
『ファンタジーの世界』佐藤さとる（講談社現代新書　1978年8月）――（Ⅰ）129, 460

（Ⅲ）94, 111
「風信器」大石真（『童苑』早大童話会　9号　1953年9月，『少年のこよみ』三十書房　1963年11月）――（Ⅲ）405
『福岡子どもの文化』福岡子どもの文化研究所機関誌――（Ⅰ）320
『ふしぎなさかなカカーミゴラス』久保村恵（太平出版社　1968年12月）――（Ⅱ）257, 264-265, 274
『ふしぎな目をした男の子』佐藤さとる（講談社　1971年12月）――（Ⅲ）97
「不思議の画筆」巌谷小波（『日本昔噺第20編金太郎』博文館　1896年4月巻末付録）――（Ⅰ）11
『不思議の国のアリス』ルイス・キャロル（1865年／須磨子訳『アリス物語』（『少女の友』1908年～1909年），他翻訳多数）――（Ⅰ）369　（Ⅱ）134　（Ⅲ）80, 210
「ふたたび，ぼくらは，どこへ」細谷建治（『季刊児童文学批評』第3号　1982年3月，本論集第Ⅱ巻所収）――（Ⅰ）6, 110　（Ⅲ）365
「再び紫子」巌谷小波（『読売新聞』　1891年3月20日）――（Ⅰ）70
『ふたつの家のちえ子』今村葦子（評論社　1986年5月）――（Ⅲ）260-261, 264-265, 267
「二つの死」砂田弘（『日本児童文学』1966年7月号）――（Ⅱ）397
「二つの風景·二つの家」細谷建治（『日本児童文学』1995年12月号, 本論集第Ⅲ巻所収）――（Ⅰ）6
『ふたりのイーダ』松谷みよ子（講談社　1969年5月）――（Ⅱ）84
『プチコット 村へいく』安藤美紀夫（新日本出版社　1969年9月）――（Ⅱ）45, 51
『二日間の夏』日比茂樹（偕成社　1980年12月）――（Ⅱ）371, 379, 386, 388-389, 391-392, 395, 411, 413
『ふとんかいすいよく』山下明生（あかね書房　1977年8月）――（Ⅱ）315, 317
「部分的『怪獣大戦争』論／ゴジラの変貌について」上野瞭（『戦後児童文学論』理論社　1967年）――（Ⅱ）203
「部分的巽聖歌論―戦中の仕事について―」佐野美津男（『日本児童文学』1958年9月号のち，『現代にとって児童文化とは何か』三一書房　1965年4月）――（Ⅰ）117, 120-121
『フラダン』古内一絵（小峰書店　2016年9月）――（Ⅰ）54-55
『「フララ，フララ！」』岸武雄（小学館　1981年8月）――（Ⅲ）239
「フランダースの犬」ウィーダ（1872年／日高善一訳『フランダースの犬』内外出版協会　1908年，他多数翻訳）――（Ⅰ）300　（Ⅱ）99
『プロレタリア児童文学の諸問題』槇本楠郎（世界社　1930年4月）――（Ⅰ）77
『プロレタリア童謡講話』（紅玉堂書店　1930年6月）――（Ⅰ）77
「文学作品を読むとは」篠崎五六（『ひと』290号　太郎次郎社　1997年3月）――（Ⅰ）207
「文学賞審査評」関英雄（『日本児童文学』1967年7月号）――（Ⅱ）188

『文学読本・はぐるま』部落問題研究所（1967 年〜）――（Ⅲ）314
『文学における原風景』奥野健男（集英社　1972 年 4 月）――（Ⅲ）378

〔 ヘ 〕

「ヘイタイのいる村」鈴木実・高橋徳義・笹原俊雄・槇仙一郎・植松要作の共同創作（『もんぺの子』 1955 年 1 月）――（Ⅰ）102
「べっぴんさん」中脇初枝（『きみはいい子』ポプラ社　2012 年 5 月）――（Ⅰ）157-158, 173, 180
『ベトナム観光公社』筒井康隆（早川書房　1967 年）――（Ⅰ）65
『へび山のあい子』古田足日作，田畑精一絵（童心社　1987 年 10 月）――（Ⅰ）327, 330
「『へび山のあい子』をふりかえる」古田足日（『日本児童文学』1989 年 5 月号　教育出版センター）――（Ⅰ）328
「ベロ出しチョンマ」斎藤隆介（『ベロ出しチョンマ』理論社　1967 年 11 月）――（Ⅱ）129-131
『ベロ出しチョンマ』斎藤隆介（理論社　1967 年 11 月）――（Ⅱ）31, 129
「変革の文学から自衛の文学へ」砂田弘（『日本児童文学』1975 年 11 月号，『砂田弘評論集成』てらいんく　2003 年 5 月）――（Ⅰ）125 （Ⅲ）404-405
「辺境への旅立ち」本田和子（『日本児童文学』1976 年 3 月号）――（Ⅲ）164

〔 ホ 〕

『保育の手帖』雑誌（フレーベル館）――（Ⅰ）90
『放課後の時間割』岡田淳（偕成社　1980 年 7 月）――（Ⅱ）77, 337-338, 341-343, 358
「冒険小説の未成熟―架空リアリズムの可能性―」鳥越信（講座・日本児童文学③ 『日本児童文学の特色』 明治書院　1974 年 4 月）――（Ⅰ）108 （Ⅱ）51
『吼える密林』南洋一郎（「密林の王者」（『少年倶楽部』1932 年 1 月〜 3 月），「吼える密林」（同 4 月〜 12 月），『吼える密林』大日本雄弁会講談社　1933 年 3 月）――（Ⅲ）162
「ホームズ」シリーズ　コナン・ドイル（1887 年〜 1927 年／山中峯太郎訳『名探偵ホームズ全集』全 20 巻　ポプラ社　1956 年 3 月〜 1957 年 3 月，他翻訳多数）――（Ⅲ）255
「ぼくが罪を忘れないうちに」吉本隆明（『吉本隆明詩集』書肆ユリイカ　1958 年 1 月）――（Ⅱ）206
『ぼくがぼくであること』山中恒（実業之日本社　1969 年 12 月）――（Ⅰ）137 （Ⅱ）183, 257, 271-273, 275-278, 280, 283, 287, 294, 302-303
『ぼくたちの家出』ウィリアム＝コズロフ（内田莉莎子訳，偕成社　1969 年 6 月）――（Ⅱ）252, 257-258, 265, 274
「ぼくたちは飛ぶ」新冬二（原題「キミオくんのせなかにつばさがある」，同人誌『やっこだこ』7 号　1960 年，『ぼくたちは飛ぶ』太平出版社　1975 年 11 月）――（Ⅱ）422
『ぼくたちは飛ぶ』新冬二（太平出版社　1975 年 11 月）――（Ⅱ）421, 422 （Ⅲ）353

『ぼくは王さま』寺村輝夫（理論社　1961 年 6 月）――（Ⅰ）92
『ぼくはレース場の持主だ！』パトリシア・ライトソン（1968 年／猪熊葉子訳，評論社　1972 年 11 月）――（Ⅲ）198
『ぼくら三人にせ金づくり』赤木由子（小峰書店　1984 年 2 月）――（Ⅲ）240, 242
『ボクラ少国民』全6部　山中恒（辺境社　1974年11月～1981年12月）――（Ⅰ）116　（Ⅱ）207
『ぼくらは海へ』那須正幹（偕成社　1980 年 2 月）――（Ⅰ）6-7, 9, 109-112, 135　（Ⅱ）184, 242-244, 246, 248-250, 319-320, 351　（Ⅲ）270-271, 274, 279-281, 364, 367, 369
『ぼくらは機関車太陽号』古田足日（新日本出版社　1972 年 12 月）――（Ⅱ）243, 245, 248-250
「ぼくらは，どこへ」細谷建治（『季刊児童文学批評』3 号　1982 年 3 月，本論集第Ⅱ巻所収）――（Ⅱ）241-242
「ポケットだらけの服」佐藤さとる（『神奈川新聞』1947 年 2 月，『佐藤さとる全集 4　海へいった赤んぼ大将』講談社　1973 年 3 月）――（Ⅲ）85
『星からおちた小さな人』佐藤さとる（講談社　1969 年 11 月）――（Ⅲ）97, 110
『星の王子さま』サン＝テグジュペリ（1943 年／内藤濯訳，岩波書店　1953 年 3 月，他翻訳多数）――（Ⅱ）345　（Ⅲ）11-12, 61, 150
「ポストのはなし」佐藤さとる（『幼児絵本』小学館　1963 年，『佐藤さとる全集 1　おばあさんのひこうき』講談社　1972 年 11 月）――（Ⅲ）79, 81, 83
「螢川」宮本輝（『文芸展望』19 号　1977 年 10 月）――（Ⅱ）263
『ほろびた国の旅』三木卓（盛光社　1969 年 5 月）――（Ⅲ）358
『ぼんぼん』今江祥智（理論社　1973 年 10 月）――（Ⅱ）169, 171

〔 マ 〕

「まだのこっているわんぱくの天国」長崎源之助（『佐藤さとる全集 12　わんぱく天国』講談社　1974 年 6 月）――（Ⅲ）90
『間違いだらけの少年H』山中恒・山中典子（辺境社　1999 年 5 月）――（Ⅰ）23, 116　（Ⅲ）391
『街はジャングル』砂田弘（草土文化　1992 年 7 月）――（Ⅱ）111　（Ⅲ）384
「松谷文学の思想性」勝原裕子（『季刊子どもの本棚』第 10 号　1974 年 2 月）――（Ⅲ）125
「松谷みよ子論」関英雄（『日本児童文学』1969 年 8 月号）――（Ⅲ）123
『マッチ売りの少女』アンデルセン（1848 年／大畑末吉訳『アンデルセン童話全集　第 3 巻』講談社　1963 年 12 月，他翻訳多数）――（Ⅰ）299-300
『窓辺のふくろう』歌集　奥山恵（コールサック社　2017 年 10 月）――（Ⅰ）468
『豆つぶほどの小さないぬ』佐藤さとる（講談社　1962 年 8 月）――（Ⅲ）83, 97, 110
『豆の木』同人誌（豆の木舎　第 1 期　1950 年 3 月～8 月　全 5 冊，第 2 期　1953 年 3 月

〜5月　全2冊）――（Ⅲ）84-85
『マルコヴァルドさんの四季』イタロ・カルヴィーノ（1963年／安藤美紀夫訳，岩波書店，1968年7月）――（Ⅰ）134

〔ミ〕

『身がわりロマンチック』薫くみこ（ポプラ社　1987年11月）――（Ⅲ）246, 250
「未成と本郷義昭」尾崎秀樹（『児童文学への招待』南北社　1965年7月）――（Ⅲ）173
「みち」千葉省三（『児童文学』1935年11月号，『竹やぶ』古今書院　1938年2月，『千葉省三童話全集2　トテ馬車・竹やぶ』岩崎書店　1967年11月）――（Ⅱ）18, 21, 23, 95（Ⅲ）190
『道子の朝』砂田弘（盛光社　1968年10月）――（Ⅰ）125, 289（Ⅲ）401
「道はとおい」新冬二（同人誌『やっこだこ』4号　1959年，『ぼくたちは飛ぶ』太平出版社　1975年11月）――（Ⅱ）422（Ⅲ）353
『みどりの川のぎんしょきしょき』いぬいとみこ（実業之日本社　1968年12月）――（Ⅲ）148, 151, 155
「耳」新美南吉（『少國民文化』1943年6月号，『校定新美南吉全集　第2巻』大日本図書　1980年6月）――（Ⅲ）50-51
『未明感想小品集』小川未明（創生堂　1926年5月）――（Ⅰ）74
「宮沢賢治『風の又三郎』紀行―“二重の風景”への旅」宮川健郎（『日本児童文学』1981年6月号，『宮沢賢治，めまいの練習帳』久山社　1995年10月）――（Ⅰ）134
『宮沢賢治，めまいの練習帳』宮川健郎（久山社　1995年10月）――（Ⅰ）134
『民間伝承』民間伝承の会機関誌（秋田書店　1935年9月〜1983年6月　全324号）――（Ⅲ）297
「民話の再創造と松谷文学」市原陽子（『季刊子どもの本棚』第10号　1974年2月）――（Ⅲ）123

〔ム〕

『昔，そこに森があった』飯田栄彦（理論社　1985年9月）――（Ⅱ）30, 35-36, 41
『昔話と文学』柳田國男（創元社　1938年12月）――（Ⅲ）298
『無垢の歌』ウイリアム・ブレイク（1789年）――（Ⅰ）250, 254
『ムンジャクンジュは毛虫じゃない』岡田淳（偕成社　1979年8月）――（Ⅱ）74, 330, 355

〔メ〕

『明治のお伽噺』上下2巻　巌谷小波著，木村小舟編（小学館　1944年7月，12月）――（Ⅲ）408
『目こぼし歌こぼし』上野瞭（あかね書房　1974年3月）――（Ⅲ）134
『目白児童文学』児童文学研究誌（日本女子大学児童文学研究会　1962年6月〜1999年10

月　34／35合併号）――（Ⅰ）195
「メルヘンに就いて」巌谷小波（『太陽』博文館　1898年5月前号）――（Ⅰ）71, 476　（Ⅲ）175
『目をさませトラゴロウ』小沢正（理論社　1965年8月）――（Ⅱ）386, 388, 395　（Ⅲ）153, 219, 221

〔モ〕

「モグラ原っぱ，さようなら」古田足日（『月刊ほるぷ』図書月販　1968年9月号，のち『モグラ原っぱのなかまたち』あかね書房　1968年12月）――（Ⅰ）404　（Ⅲ）194, 382
『モグラ原っぱのなかまたち』（あかね書房　1968年12月）――（Ⅰ）322, 403, 406, 417, 421, 423　（Ⅱ）245　（Ⅲ）193-194, 277, 380
『もぐりの公紋さ』岸武雄（童心社　1970年3月）――（Ⅲ）233-236
『モチモチの木』斎藤隆介（『ベロ出しチョンマ』理論社　1967年11月，のち滝平二郎によって絵本化される。岩崎書店　1971年11月）――（Ⅱ）31, 33, 35-36, 40　（Ⅲ）409-410
「物語体験としてのイニシエーション―「家出」の象徴をめぐって」本田和子（『児童文学研究』第8号　1978年8月）――（Ⅱ）287
『桃太郎主義の教育』巌谷小波（東亞堂書房　1915年2月）――（Ⅰ）69
『守り人シリーズ』上橋菜穂子（偕成社　1996年7月～2007年2月）――（Ⅰ）27-28, 334, 336, 364
「問題群としての〈子供〉」中村雄二郎（『世界』岩波書店　1981年12月号）――（Ⅰ）136
『もんぺの子』同人誌，山形童話の会機関紙　（1954年4月～2018年9月現在125号）――（Ⅰ）102　（Ⅱ）51

〔ヤ〕

『やかまし村の子どもたち』リンドグレーン（1947年／大塚勇三訳，岩波書店　1965年5月）――（Ⅲ）192, 208
『夜光人間』江戸川乱歩（『少年』光文社　1958年1月～12月，光文社　1958年）――（Ⅲ）255
『やっこだこ』同人誌（やっこだこの会　1958年1月～1960年2月　全7号）――（Ⅱ）422　（Ⅲ）353
「奴凧の幽霊」巌谷小波（『幼年雑誌』第4巻第3号，1894年2月前号）――（Ⅲ）175
「やぶにらみ絵本論」上野瞭（『児童文学1972―1』1972年6月所収，のちに『ネバーランドの発想』すばる書房　1974年7月）――（Ⅱ）185
『山が泣いてる』共同創作（鈴木実・高橋徳義・笹原俊雄・槇仙一郎・植松要作）（「ヘイタイのいる村」改題　理論社　1960年8月）――（Ⅰ）102-103　（Ⅱ）51
「やまなし」宮澤賢治（『岩手毎日新聞』1923年4月8日，『校本宮澤賢治全集　第11巻』

筑摩書房　1974年9月）――（Ⅲ）63
「山のあなた」カール・ブッセ（上田敏訳『海潮音』本郷書院　1905年10月）――（Ⅱ）160, 162
「山の上」詩（『小學国語読本』巻二（1933年～1940年）と『ヨミカタ』二（1941年～1945年））――（Ⅱ）166-168
『山のむこうは青い海だった』今江祥智（「岐阜日日新聞」1959年12月～1960年3月連載，理論社　1960年10月）――（Ⅱ）162, 166, 168-169, 171, 173, 309, 311
『闇の守り人』上橋菜穂子（偕成社　1999年1月）――（Ⅰ）29, 336, 364, 384

〔ユ〕

『幽霊はデートがおすき』薫くみ子（ポプラ社　1986年2月）――（Ⅲ）249
「雪渡り」宮澤賢治（雑誌『愛国婦人』1921年12月，1922年1月，『校本宮澤賢治全集第11巻』筑摩書房　1974年9月）――（Ⅰ）461　（Ⅱ）6-9, 16-20, 23-26, 28-29, 133　（Ⅲ）60-62
「ゆめのあとしまつ」清水達也（『ねしょんべんものがたり』童心社　1971年11月）――（Ⅲ）305
『夢の守り人』上橋菜穂子（偕成社　2000年6月）――（Ⅰ）334
『夢を追う子』ハドソン（1905年／網野菊　岩波書店　1951年6月）――（Ⅲ）149

〔ヨ〕

『ようこそ，おまけの時間に』岡田淳（偕成社　1981年8月）――（Ⅱ）74, 344-345, 351, 366
「幼児の心，幼児のことば」鳥越信（『言語生活』1962年5月，「おとなの論理・子どもの論理」と改題して『児童文学への招待』くろしお出版　1964年5月→風濤社　1976年1月，『資料・戦後児童文学論集第2巻　革新と模索の時代』偕成社　1980年5月）――（Ⅱ）15　（Ⅲ）227
『幼年雑誌』児童雑誌（博文館　1891年1月～1894年12月　全96冊）――（Ⅰ）71, 476　（Ⅱ）145-147
「横山鉄雄の一週間」皿海達哉（『あかべこ』東京学芸大学児童文学研究部　31号　1966年4月，『少年のしるし』理論社　1973年5月）――（Ⅲ）367-368
「四ツ葉のクローバー」日比茂樹（『バレンタインデーの贈り物』日比茂樹　偕成社　1981年12月）――（Ⅱ）414-415
『よるの美容院』市川朔久子（講談社　2012年5月）――（Ⅰ）367, 372

〔ラ〕

『ラビリンス』新井素子（徳間書店　1982年8月）――（Ⅱ）60-61

〔リ〕
「リスのえさの花咲く日」次良丸忍（『銀色の日々』小峰書店　1995年11月）――（Ⅰ）425, 446

〔ル〕
「ルパン」シリーズ　モーリス・ルブラン（1905年～1939年／南洋一郎訳『怪盗ルパン全集』全30巻　ポプラ社　1958年5月～1980年3月）――（Ⅲ）255

〔ロ〕
『六年生のカレンダー』砂田弘（偕成社　1973年5月）――（Ⅲ）401
『ろくべえ　まってろよ』灰谷健次郎（文研出版　1975年8月）――（Ⅱ）360, 361
『ロシア民話集』全8巻　アファナーシェフ　（1855年～1863年／中村喜和編訳『ロシア民話集上・下』岩波書店　1987年7月，11月）――（Ⅲ）311, 313
「驢馬《ろば》」巽聖歌（『満洲の燕：青少年のために』中央公論社　1943年11月）――（Ⅰ）120
「ろばの耳の王さま後日物語」佐藤さとる（『童話』1948年12月，『佐藤さとる全集12　わんぱく天国』講談社　1974年6月）――（Ⅲ）85

〔ワ〕
『わたしが子どもだったころ』エーリヒ・ケストナー（1957年／高橋健二訳，みすず書房　1958年12月）――（Ⅱ）290　（Ⅲ）106
『わたしたちの島で』リンドグレーン　尾崎義訳（岩波書店　1970年9月）――（Ⅲ）192, 208
「和太郎さんと牛」新美南吉（『花のき村と盗人たち』帝国教育会出版部　1943年9月）――（Ⅰ）390　（Ⅲ）27, 70
『わらいねこ』今江祥智（理論社　1964年1月）――（Ⅱ）134
『悪いやつは眠らせない』砂田弘（ポプラ社　2007年10月）――（Ⅰ）279
『ワルのぽけっと』灰谷健次郎（理論社　1979年11月）――（Ⅲ）225, 227, 230
『わんぱく天国』佐藤さとる（講談社　1970年6月，『佐藤さとる全集12』講談社　1974年6月）――（Ⅰ）457, 459-460, 466-467, 480　（Ⅲ）90, 382

細谷　建治（ほそや　けんじ）

1946年群馬県生まれ。
群馬大学教育学部卒業後、東京都江戸川区の小学校に、40年ほど勤め退職、現在に至る。
日本児童文学者協会会員。日本児童文学学会会員、児童文学評論研究会会員。
個人誌『童話ノート』を刊行。
「どろぼうたぬき」で第一回船橋市文学賞、児童文学部門文学賞受賞。
編著に『資料戦後児童文学論集全三巻』（偕成社）
共著に『国語教科書攻撃と児童文学』（青木書店）
　　　『現代児童文学の可能性』（研究＝日本の児童文学4、東京書籍）
　　　『児童文学批評・事始め』（てらいんく）

◇カバーイラスト　細谷葉月「ガラパラ島の宝の地図」

てらいんくの評論
細谷建治児童文学論集　Ⅲ
新美南吉論／異質のイメージあるいは……

発行日　2019年10月20日　初版第一刷発行
著　者　細谷建治
装　幀　長谷川芳一
発行者　佐相美佐枝
発行所　株式会社てらいんく
〒215-0007　神奈川県川崎市麻生区向原3-14-7
TEL　044-953-1828　　FAX　044-959-1803
振替　00250-0-85472
印刷所　モリモト印刷

ISBN978-4-86261-148-2

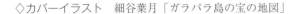